Timo Radler

Hinter den Kulissen

Tagebuch eines Erziehers

Impressum:

c/o AutorenServices.de
Birkenallee 24
36037 Fulda

Druck: Gedruckt von Amazon KDP

Hinweis:

Bibliografische Information der Deutschen Nationalbibliothek:

Die Deutsche Nationalbibliothek verzeichnet diese Publikation in der Deutschen Nationalbibliografie; detaillierte bibliografische Daten sind im Internet über http://dnb.dnb.de abrufbar.

ISBN Taschenbuch: 979-8-6008-2509-3

Inhalt

Prolog

Bei den nachfolgenden Erzählungen, die allesamt auf wahren und persönlichen Begebenheiten beruhen, habe ich aus Datenschutzgründen sämtliche Orte, Namen und daraus resultierende Details verändert, die jedoch den Kern des Inhalts nicht berühren. Etwaige Übereinstimmungen und Ähnlichkeiten wären rein zufällig. Ich beschreibe in diesem Buch meinen beruflichen Alltag unter dem Pseudonym und aus der Sicht von Timo Radler, zwanzig Jahre alt und aus Nordrhein-Westfalen. Wenn in diesem Buch von Kindergärten die Rede ist, so sind damit umgangssprachlich Kindertagesstätten gemeint. Gleiches gilt für die männliche oder weibliche Form der Berufsbezeichnung des Erziehers, bei der beide Geschlechter gemeint sind. Zudem möchte ich durch die von mir gemachten Erfahrungen keinerlei Verallgemeinerungen ziehen, sondern lediglich einen Einblick in die verschiedensten pädagogischen Konzepte ermöglichen. Dementsprechend ist nicht jeder Kindergarten vom Träger X mit dem pädagogischen Ansatz Y stets so, wie er hier beschrieben wird. Einzelne Einrichtungen leben von ihrer individuellen Auslegung und ihren vielschichtigen Teams, die ihre Arbeit unterschiedlich definieren. Ziel ist es nicht dem Leser eine fundierte Konzeptvorstellung im Alltag aufzuzeigen, sondern durch einen subjektiven Blick meinen Alltag in den verschiedenen Konzepten offenzulegen. Ebenso ist es nicht mein Ziel, diesem Beruf, in dem ich mich sehr wohl fühle, den Schwarzen Peter zuschieben zu wollen. Im Gegenteil: Ich möchte keineswegs abschrecken, sondern subjektiv darlegen, wie der Alltag im Erzieherberuf aussehen kann.

Die nachfolgenden Zeilen zeigen den Ist-Zustand und sollen sowohl für diesen Beruf unpassende Anwärter zum Nachdenken anregen und Motivierte bestärken diesen Weg einzuschlagen. Ich bin mir sicher, dass es viele gute Einrichtungen gibt, die hervorragende Arbeit leisten und in denen es ein Traum ist, sowohl als Kind seine Kindheit verbringen zu dürfen als auch dort arbeiten zu dürfen. Anhand der vielen persönlichen abenteuerlichen Erfahrungen könnte der Anschein entstehen, dass dieses Buch als Sinnbild für alle Einrichtungen gilt. Dem ist nicht so, da ich mich speziell für die verschiedenen Einrichtungen mit ihren besonderen pädagogischen Ansätzen entschieden habe, die teilweise vorab schon exotisch und herausfordernd erschienen.

Mit diesem Buch möchte ich keine Schwarzmalerei betreiben. Die Arbeit, die in Kindertagesstätten geleistet wird, ist bei so mancher Rahmenbedingung kaum von *Normalsterblichen* zu leisten: Die Belastung ist hoch und die Anerkennung gering. Ein gesundes Maß an Vertrauen und Kommunikation mit den ausführenden Personen kommen dem Kind am Ende zugute, denn nur zufriedene und wertgeschätzte Erzieher/-innen können auch gute Leistungen hervorbringen.

Dieses Buch richtet sich an alle

- Menschen, die diesen Weg einschlagen wollen,
- Menschen in der Berufsorientierung,
- Menschen mit pädagogischen Ausbildungshintergründen,
- sozialpädagogische Kindergartenleitungen,
- Eltern und
- Querdenker.

Berufsorientierung – Erste Hinweise der Berufung

Da stehe ich nun. Mit einem mäßigen Fachabitur unter dem Arm verlasse ich die Komfortzone namens Schule und bin mir zum jetzigen Zeitpunkt absolut unsicher darüber, wohin die Reise gehen soll. Eine Tätigkeit am Schreibtisch? Oder doch an der frischen Luft? Arbeiten im Team oder lieber in Eigenregie? Uniform oder Alltagsklamotte? Leider kommt in den Schulen das Thema „Wie soll's beruflich weitergehen?" deutlich zu kurz, sodass man als Schüler der offenen Bandbreite aller Berufe ausgesetzt ist ohne wirklich zu wissen, welcher Beruf einem liegt und Spaß bereitet. Oder kommt vielleicht doch ein Studium in Frage? Nein! Nach zwölf Jahren der Theorie steht für mich fest, dass ich nun in die Praxis eintauchen möchte. Vom Finanziellen mal ganz abgesehen. Dieser zukunftsorientierten und höchst wichtigen Frage sind früher oder später alle Schulabgänger ausgesetzt, sodass ich mich kurzerhand dazu entschließe das berühmt-berüchtigte Berufsberatungsgespräch der Arbeitsagentur in Anspruch zu nehmen.

Als ich vier Wochen nach Terminvereinbarung – eine gefühlte Ewigkeit in der Phase der Ungewissheit – höchst motiviert und gespannt zum Termin antrete, gelange ich über einen mit Gleichgesinnten völlig überfüllten Korridor zu dem Zimmer, in dem sich meine Zukunft entscheiden soll. Die Anspannung in mir ist kaum zu bändigen. Die Atmosphäre im Vorraum ist hingegen trotz der etwa dreißig wartenden Erwachsenen äußerst schläfrig und ruhig. Sie ähnelt der eines Wartezimmers beim Hausarzt – antriebslos und ansteckend. Viele scheinen sich bereits aufgegeben zu haben, anders kann ich mir die Gleichgültigkeit, die sie ausstrahlen, nicht erklären.

Als nun meine Nummer, die ich mir vorab am Automaten gezogen habe, an der Anzeigetafel erscheint, trete ich nervös in das Büro, in dem sich mein zukünftiges Leben entscheiden wird. An Grautönen ist das Zimmer schwer zu übertreffen. Es spiegelt die Atmosphäre aus dem Vorraum wider, die von der gelangweilt wirkenden Angestellten ebenfalls ausgestrahlt wird. Die Ausstrahlung ist ansteckend, aber ich kämpfe dagegen an. Schnell wird mir bewusst, dass man vorab nicht bloß eine Nummer aus dem Automaten gezogen hat, sondern schnell selbst zur Nummer geworden ist. Ganz nach dem Motto: Berufsberatung am Fließband. Den Gedanken, dass man sich keine Stunde mit mir individuell auseinandersetzen wird, versuche ich weitestgehend zu verdrängen.

Nach einer schlichten Begrüßung und Vorstellung beginnt nun die Stunde der Wahrheit mit einer Einstiegsfrage der Berufsberaterin.

„Gut, was wollen Sie denn beruflich machen?“

Die Frage lässt mich erstaunen und erstarren. Bin ich nicht genau deswegen hier, da ich es selbst nicht weiß? Anhand meines verdutzten Gesichtes schießt sie eine zweite Frage hinterher:

„Haben Sie bereits eine Richtung, die Sie sich vorstellen können? Wie sieht es mit einem Studium aus?“

„Ich muss zugeben, dass ich zurzeit ziemlich unschlüssig bin. Jedoch kann ich ein Studium ausschließen“, gebe ich ihr zu verstehen. „Zudem würde ich es gut finden einen Beruf auszuüben, der abwechslungsreich und lebendig ist, also mit Menschen zu tun hat.“

Sie nickt und hakt ein: „Arbeiten Sie lieber in Räumlichkeiten oder in der freien Natur?“

Ahnungslos anhand mangelnder beruflicher Erfahrungen beantworte ich die Frage mit einem erkennbar ungewissen: „Sowohl als auch“.

Durch die monoton wirkende Abfrage einzelner Kriterien wird mir bewusst, dass ich zwar noch nicht weiß, was ich machen möchte, jedoch sehr wohl weiß, was ich nicht machen will. Nach wenigen weiteren Fragen steht das Ergebnis fest. Die Spannung steigt. Die zukunftsweisende Dame verkündet ihr Urteil:

„Gut, ich fasse zusammen: Sie möchten gerne mit Menschen arbeiten und eine abwechslungsreiche Tätigkeit ausüben. Sie wollen eine dankbare Arbeit verrichten, bei der Sie Ihren Lebensakku aufladen, statt ihn zu entladen. Sie arbeiten sowohl gerne in der Natur als auch innerhalb von Räumlichkeiten. Der Verdienst darf auch nicht zu gering sein und der Schulabschluss dem Beruf angemessen. Da kommen wir auf einen gemeinsamen Nenner. Anhand der Kriterien sind Sie ziemlich genau für den Erzieherberuf geeignet.“

Mich trifft der Schlag! Ich hatte bereits einige Onlinetests gemacht, um mehrere Meinungen einzuholen. Seltsamerweise standen in den Top-drei-Berufen immer der Erzieherberuf und zwei weitere Berufsgruppen, die für mich ebenfalls nicht in Frage kamen: Gastronom und Astronaut. Jetzt hatte ich mich schon so sehr auf diesen entscheidenden Termin gefreut und wieder kommt etwas heraus, was einfach nicht sein kann. Ich und Kindergärtner? Nein, das kann nicht sein. Dafür braucht man doch bestimmt bloß den Hauptschulabschluss. Wieso habe ich denn dann das Fachabitur gemacht? Es ärgert mich, weil ich wieder in der Ungewissheit stehe. Außerdem ist mir bekannt, dass man als Kindergärtner nicht sonderlich viel verdient. Das deckt sich nicht mit meinem Vorhaben, später mit meiner eigenen Familie in finanzieller Unabhängigkeit zu leben.

Ich bedanke mich bei der Dame für die investierte Zeit und verlasse ihr Büro. Es ist kaum zu glauben, was innerhalb von fünfzehn Minuten passieren kann. Von meinem vorherigen Tatendrang ist kaum noch etwas zu erkennen. Im Gegenteil, mein Ausdruck deckt sich dem der wartenden Besucher.

Da ich zurzeit keine konkreten beruflichen Pläne verfolge und ich meinen Zivildienst irgendwann antreten muss - so dachte ich es jedenfalls damals, bevor diese Form des sozialen Engagements abgeschafft wurde - bewerbe ich mich in einer Werkstatt für angepasste Arbeit. Ein Freund hatte vorab bereits seinen Zivildienst in dieser Werkstatt für Menschen mit Behinderungen abgeleistet und war sehr zufrieden. Der Vorteil besteht darin, dass ich knapp ein Jahr mehr Zeit habe mich zu orientieren und mir überlegen kann, wie meine beruflichen Vorstellungen aussehen. Die Nachteile erscheinen mir hingegen deutlich schwerer ins Gewicht zu fallen: Zum einen befindet sich der Arbeitsort in einer anderen Stadt, was mit öffentlichen Verkehrsmitteln etwa zweimal eineinhalb Stunden Fahrtzeit täglich bedeutet, zum anderen habe ich bislang noch keine Erfahrungen mit Menschen mit Behinderung gemacht. Nichtsdestotrotz bleibt mir keine andere Wahl, sodass ich mich der Herausforderung stelle. geeignet."

Die Nacht vor dem Arbeitsantritt kann ich vor lauter Nervosität kaum schlafen. Mir schießen Gedanken durch den Kopf, die mich hellwach im Bett liegen lassen. Bin ich der Herausforderung gewachsen? Was ist, wenn ich keinen Anschluss zur Arbeit finde und dann neun Monate durchhalten muss? Wie werden die Kollegen sein? Hoffentlich kommt mir keiner der Menschen dort zu nahe! Wofür gebe ich meinen ersten Lohn aus? Wie viel Freizeit werde ich noch haben? Ist es das, wohin die Reise geht? Jedenfalls sind die Tickets der nächsten neun Monate schon gezogen.

Der Wecker läutet um fünf Uhr dreißig. Clever wie ich bin, habe ich ihn am Abend zuvor ziemlich weit vom Bett weggestellt, sodass ich gezwungen bin aufzustehen. Sicherheitshalber liegt aber noch mein Handy mit gestelltem Wecker neben dem Bett, für den Fall, dass einer der Wecker nicht funktioniert. Meine Motivation endlich arbeiten zu können, ist trotz der großen Nervosität kaum zu übertreffen. An die Uhrzeit werde ich mich aber als Langschläfer wohl nie gewöhnen. Nach ein paar Tropfen Wasser ins Gesicht und in die Haare mache ich mich um sechs Uhr müde auf den Weg zur Bushaltestelle, damit ich um halb acht auf der Arbeit bin. „Lieber zu früh als zu spät", denke ich pflichtbewusst. Auf den Straßen ist niemand zu sehen, selbst Autos fahren keine und das, obwohl ich mich auf einer Hauptstraße befinde. Sie wirkt wie ausgestorben, denn sogar die Lichter in den Wohnungen sind alle ausgeschaltet. Ist heute Sonntag und ich habe mich im Tag vertan? Dass ich nicht träume, merke ich, nachdem ich mich naiv einmal gezwickt habe. Irgendetwas scheine ich falsch gemacht zu haben, wenn ich so früh zur Arbeit losfahren muss. Aber das Gefühl von Tüchtigkeit in mir ist immens, während ich sehe, dass alle anderen noch schlafen. Der frühe Vogel fängt eben den Wurm.

Als der Bus vor mir hält, steige ich in den Lebensabschnitt *Werkstatt für Menschen mit Behinderung* ein, der mich viel mehr prägen wird, als zuvor erwartet. Vor der heilpädagogischen Einrichtung angekommen bin ich über die Größe der Halle und des gesamten Geländes verwundert. Was erwartet mich hier? Es scheint, als hätten hier mindestens fünfhundert Menschen Platz um unbeschwert zu arbeiten, ohne sich auf die Füße zu treten. Ein künstlicher Geruch nach Chemie begleitet die ausgestorbene Atmosphäre. Auch hier, nach eineinhalb Stunden Fahrt, scheint noch niemand auf den Beinen zu sein.

Ich bemerke nach einiger Zeit zwei Gleichaltrige, die sich beeindruckt zeigen, als sie das Gelände betreten. Sie scheinen ebenfalls Zivildienstleistende zu sein. Eine sympathisch wirkende Dame, die sich uns als pädagogische Leiterin der Einrichtung vorstellt, begrüßt uns herzlich und begleitet uns in ihr Büro. Es wirkt ganz anders als das bei der Berufsberatung. Einige selbstgemalte Kinderbilder von Häusern und Sonnen hängen an der Wand. Außerdem ist es deutlich farbenfroher gestaltet, sodass ich mich wohl fühle, obwohl in mir der Grad an Nervosität stetig steigt.

Nach einer kurzen Vorstellungsrunde mitsamt der von uns genannten Gründen, wieso wir den Zivildienst hier ableisten wollen, übernimmt freudestrahlend die pädagogische Leiterin das Wort und startet mit einer Ansprache, die einerseits sehr authentisch wirkt, bei der ich aber andererseits merke, dass sie die kommenden Sätze bereits einige Male vor uns losgeworden ist.

„Ich finde es super, dass Sie sich für unsere Einrichtung entschieden haben, um Ihren Zivildienst zu leisten. Jedoch möchte ich Ihnen gerne vorab einige wichtige Regeln mit auf den Weg geben."

Regeln klingen schon einmal gut, denke ich mir. Wenigstens etwas, woran man sich festhalten kann. Alles Bevorstehende scheint sich Mal für Mal zu konkretisieren. Ich hänge sprichwörtlich an jedem ihrer Sätze.

„Achten Sie bitte darauf, dass Sie keiner unserer Frauen schöne Augen machen und in ihr Hoffnungen entfachen, die Sie so oder so nicht erfüllen können und sollten. Ich kann mir vorstellen, dass sich das für Sie auf den ersten Moment unsinnig anhört, aber ich erzähle das nicht zum Spaß – das ist alles schon vorgekommen. Verärgerte Eltern, deren erwachsenen Kinder unter Liebeskummer litten, standen um Punkt acht bei mir auf der Matte! Deswegen sage ich es Ihnen vorab. Außerdem: Seien Sie sich bitte stets bewusst, dass Sie eine Vorbildfunktion haben. Es kann gut sein, dass Sie in gelegentlichen Situationen Entscheidungen treffen müssen, die sich auf die gesamte Gruppe auswirken. Des Weiteren suchen einige Menschen mit Behinderung Körperkontakt, um mit denen zu interagieren, die sie mögen. Jeder von Ihnen sollte es handhaben, wie es ihm am wohlsten ist und seine persönlichen Grenzen aufzeigen. So, das wäre es fürs Erste. Haben Sie noch Fragen? Ansonsten wissen Sie, wo Sie mich finden. Ich bin jederzeit für Sie ansprechbar."

Ich weiß noch nicht so recht, was ich davon halten soll. Ich werde hier sicherlich niemandem Hoffnungen machen, geschweige stündliche Umarmungen zulassen. Wo bin ich hier gelandet? Nichtsdestotrotz sitze ich bereits mit einem Bein im Boot und das zweite steigt ziemlich bald hinzu, als uns die pädagogische Leiterin in die jeweiligen

Gruppen zuordnet. Wir Zivis schauen uns alle noch einmal leicht verängstigt in die Augen und nicken uns zu, rein nach dem Motto: Ab jetzt kämpft jeder für sich allein, aber viel Erfolg!

Als wir über den langen Gang laufen, überkommt mich leichte Furcht. Viele sitzen etwas verstört wirkend an Tischen, wackeln hin und her, bohren sich selbst oder auch gegenseitig in der Nase herum und freuen sich am erbeuteten Gut. Wieder überkommt mich die Frage, ob es wirklich das ist, was ich will. Meine Blicke sammeln auf dem kurzen Weg zu meiner Einsatzgruppe so viele Eindrücke ein, dass ich überwältigt bin. Jeder übertrifft den Nächsten an Unwohlsein und Verwunderung. Schließlich erreichen wir meine Einsatzgruppe. Sie nennt sich ASB, ein Arbeitsbereich mit sonderpädagogischer Betreuung. Nun ja, kurioser wird es wohl nicht werden, denke ich mir. Die pädagogische Leitung und ich erreichen einen großen Raum, der durch eine Glastür von den anderen offenen Gruppen abgeschirmt ist. Das Team wirkt sympathisch, motiviert und engagiert.

Aus der hinteren Ecke des Raumes beobachtet mich eine Arbeiterin, die an Körpermasse kaum zu übertreffen ist. Bei knapp 1,60 m Größe schätze ich eine etwaige Breite von 1,50 m. Ich versuche nicht zu intensiv hinzuschauen, um keinen Blickkontakt mit ihr aufzubauen. Ich möchte nicht hinsehen, aber ich kann auch nicht wegschauen. All das, samt der Ansprache im Büro, erscheint mir zum jetzigen Zeitpunkt erst einmal zu viel. Eine Verschnaufpause, um Erlebtes einmal sacken zu lassen, täte mir jetzt gut.

Das Team klärt mich grob über die Tätigkeiten in der Gruppe auf, die ich jedoch bloß zweitrangig mitbekomme. Mein Blick schwenkt weiterhin möglichst unauffällig aus sicherer Entfernung zu der Arbeiterin. Doch schon der Zweite scheint einer zu viel gewesen zu sein. Freie Bahn für sie! Von weitem ruft sie mich mit Lauten, die keiner Sprache zuzuordnen sind, und begleitet das mit aufdringlichem Winken, als ob wir uns bereits ein Leben lang kennen würden und seit Ewigkeiten aus den Augen verloren hätten. Völlig überfordert schaue ich meine neuen Kollegen an, die erheitert dreinblicken. Mit großen Augen macht sich die Arbeiterin im schleppenden Lauf mit ausgebreiteten Armen auf den Weg zu mir – ohne Rücksicht auf Verluste. Stühle, die im Weg stehen, werden kurzerhand zur Seite gestoßen und ich bekomme es mit der Angst zu tun. Als meine Kollegen sich einen Schritt nach hinten bewegen, um ihr wohl mehr Platz für die Umarmung zu machen, überlege ich mir im Höchsttempo, wie das alles hier weitergehen soll. Szenario eins: Sie verkalkuliert sich beim Berechnen ihres Bremsweges, was ich anhand der Geschwindigkeit und des Gewichtes für durchaus möglich halte, und überrennt mich geradewegs. Szenario zwei: Sie tritt vor mir deutlich auf die Bremse, umarmt mich und gibt mir einen Kuss auf die Wange, worüber sich meine Kollegen vermutlich amüsieren, ich mich hingegen unwohl fühle. Für ein weiteres Szenario verbleibt leider nicht mehr genug Zeit, sodass ich zwischen beiden abwäge und völlig überfordert mit der Situation zum spontanen Entschluss komme ebenfalls zu laufen – jedoch nicht in ihre Richtung. Meine Flucht scheint sie als Herausforderung anzusehen und legt einen Gang zu. In der Mitte des Raumes steht ein großer runder Tisch, um den wir nun seit knapp drei Runden herumlaufen. Aufgrund ihrer Körpermasse und Geschwindigkeit reißt sie beim ständigen Im-Kreis-Laufen die Zentrifugalkraft zu Boden. Leicht verärgert lässt sie sich von vier Mitarbeitern mühevoll aufhelfen. Den Rest des Tages muss ich sie wohl im Auge behalten, denn quitt scheinen wir nicht zu sein.

Ich baue langsam Kontakt zu einigen Menschen mit Behinderung auf, indem ich mich an deren Tisch setze und vorsichtig ein Gespräch beginne. Von Mal zu Mal werden mir die unterschiedlichsten Lebensgeschichten, die jeder mit sich trägt, deutlicher bewusst. Von einer Mitarbeiterin erfahre ich Hintergründe zu den Personen. Mir fällt ein großer Mann mit Brille auf, der kugelrunde Ohren hat. Von der Ohrmuschel ist nichts zu erkennen. So etwas habe ich noch nie gesehen. Und wieder mal kann ich einfach nicht wegschauen, obwohl es nicht sonderlich ansehnlich ist. Mir wird erstmals von der Entwicklungsstörung Autismus erzählt. Bei ihm treten die typischen Anzeichen auf, sobald nur Kleinigkeiten nicht ihren gewohnten Verlauf nehmen, und er boxt sich wie von Sinnen auf die Ohren. Das erklärt sein aufgequollenes Aussehen. Bereits meine Anwesenheit scheint ihn zu stören, sodass ich intensiveren Kontakt zu ihm erst in einigen Wochen aufnehmen darf.

Ein anderer junger Mann sitzt im Rollstuhl und hat eine extrem eingeschränkte Körperhaltung. Sein Kinn liegt abstützend auf der

Tischkante, was auch schon das Höchste der Gefühle zu sein scheint, da ich bemerkt habe, dass er beim Rollstuhlfahren den Kopf auf seinen Oberschenkel legt. Ich stelle mir das Leben vor, das er wohl führt, und was er alles durch seine Behinderung nie erfahren wird. Sein Gesichtsausdruck wirkt sehr verkrampft, leidend und passiv. Ihm gegenüber sitzt eine zappelige, etwa fünfzig Jahre alte Dame im Rollstuhl, die keine Zähne zu haben scheint und durch ihre unruhige und hastige Art auffällt. Der Kontrast zwischen den beiden ist so extrem, wie er nur sein kann.

Während des Mittagessens setze ich mich neben den jungen Mann, um ihm das Essen anzureichen, da er seine Arme kaum bewegen kann. Heute gibt es Gemüsesuppe. Jackpot für die Dame ohne Zähne. Sie verschlingt das Essen ohne zu schlucken, indem sie es einfach ihren Hals herunterlaufen lässt. Diese Art zu essen ist mir neu. Aus ihrer Kehle hört man ein Plätschern und Gurgeln. Von der anderen Seite des Tisches empfehle ich ihr in Ruhe zu essen, es sei genug für alle da. Ob sie mich versteht, weiß ich gar nicht, weil ich sie auch noch nie habe reden hören. Sie macht jedenfalls weiter wie zuvor und kommt mit dem Essen nicht mehr nach. Der Moment ist gekommen, in dem sie sich verschluckt. Ein erstes Würgen und Husten ertönen und alle Mitarbeiter geben spontan ein synchrones „Oh, oh" von sich. Zu spät, es hat mich erwischt. Angewidert putze ich mir so schnell es geht die Gemüsestücke vom Gesicht, aber auch die des jungen Mannes neben mir im Rollstuhl, der ebenfalls etwas abbekommen hat. An seiner Reaktion merke ich, dass ihm so etwas nicht zum ersten Mal passiert ist. Er runzelt bloß ein wenig die Stirn und tut so, als wäre nichts geschehen. Kurz darauf kommt mir eine Kollegin zur Hilfe und stellt eine selbstkonstruierte Schutzwand aus Plexiglas um den Essensplatz der älteren Dame. Jetzt wird mir endgültig bewusst, dass das schon häufiger vorgekommen ist.

Am Ende des Tages gehen wir in den großen Garten des Geländes und pflücken mit einigen Arbeitern der Gruppe Äpfel vom Baum. Andere liegen bloß in der Sonne und ruhen sich aus. Die Atmosphäre ist auch wegen des schönen Sommerwetters entspannt und idyllisch. Ich fange an mich mit Abstrichen an diese Art von Arbeit zu gewöhnen, auch wenn sie psychisch sehr belastend sein kann.

Langsam fahren die Sprinter auf das Gelände der Einrichtung, welche die Arbeiter abholen. Ein Großteil von ihnen lebt in Wohnheimen, wo die Reise im Kleintransporter auch hingehen wird. Als der Letzte im Auto sitzt, packen wir die Picknickdecken zusammen und beseitigen die letzten Apfelreste auf der Wiese. Auf einmal herrscht eine große Unruhe. Ein Fahrer winkt uns wie von einer Tarantel gestochen aus fünfzig Metern Entfernung zu. Eine Kollegin und ich sprinten so schnell es geht dorthin und merken beim Laufen, dass der Autist in seinem Auto sitzt. Mit voller Kraft schlägt er auf seine Ohren, die ihm förmlich aufplatzen. Das Blut schießt aus allen Poren, bis er schließlich ohnmächtig zusammensackt. Als wir ankommen, hängt er völlig erschöpft und abwesend in den Gurten. Die Heilerziehungspflegerin vermutet, dass der Farbwechsel des Sprinters ihn wohl verstört haben könnte, da er – anders als heute – seit Jahren in einem blauen Fahrzeug abgeholt wird. Verstärkung ist ebenfalls eingetroffen, sodass ich mich vom Geschehen löse und versuche, es zu verarbeiten. So viel Blut auf einmal habe ich noch nie gesehen.

Auf der Rückfahrt nach Hause reflektiere ich den erlebnisreichen Tag. Ich kann mich schwer konzentrieren und weiß nicht, an welchem Gedanken ich dranbleiben soll. So etwas habe ich in zwölf Jahren Schule nicht mal ansatzweise erlebt. Die emotionalsten Höhepunkte meiner Schulzeit waren die Rückgaben der Klausuren, bei denen panische Blicke unter uns Schülern ausgetauscht wurden, sobald im Notenspiegel die Anzahl der Fünfen und Sechsen angeschrieben wurde. Schnell wird mir klar: Ganz genau das, was heute geschah, ist das Leben!

Dennoch mache ich mir Gedanken, ob ich dem psychischen und emotionalen Druck neun Monate standhalten kann. Nach langem Hin und Her und einer Runde Schlaf entschließe ich mich dazu, in eine andere Gruppe der großen Werkstatt zu wechseln. Ich entscheide mich für eine Gruppe, die für mich weniger einschlagende Nebenwirkungen bereithält, mit der Option wieder in die alte Gruppe zurückzukehren, sobald ich mich akklimatisiert habe.

Die Wochen und Monate vergehen wie im Flug. Zugeteilt wurde ich einer Gruppe mit weniger pflegerischem Anteil, aber dennoch relativ starker Beeinträchtigung der körperlichen und psychischen Leistung.

Drei Viertel des Jahres beschäftigt sich ein Großteil der Arbeiter dieser Einrichtung mit dem Einsortieren von Backaromen, deren Geruchsrichtungen sich farblich voneinander unterscheiden. Da ein einziges Fläschchen mit der Größe einer Parfümprobe beim Zerbrechen einen gesamten Raum mehrere Stunden treu begleitet, kann ich den Geruch der Werkstatt dank grobmotorischer Fähigkeiten einiger Arbeiter bereits vom Hauptbahnhof aus riechen.

Den Leuten tut es gut, einer Aufgabe nachzugehen. Sie verfolgen gemeinschaftlich ein Ziel und verbringen den Tag mit Freunden. Schlimm sind immer die Zeiten, in denen nichts zu tun ist und man den meisten Arbeitern die Langeweile ansieht, obwohl sie diese verhältnismäßig selten äußern. Es kam vor, dass eine stark körperlich eingeschränkte Gruppe mangels Arbeit knapp eine Woche nichts zu tun hatte und die gesamte Zeit bloß wartete. Es hat mich verwundert, dass sich die Empörung in Grenzen hielt, wobei unsereiner am nächsten Tag eventuell gar nicht zur Arbeit käme. Die Zeit kann man immerhin auch anders nutzen. Ich sehe den rollstuhlfahrenden Arbeitern an, dass sie im Warten geübt sind und nicht zum ersten Mal auf das Abstellgleis geschoben werden. In der heilpädagogischen Einrichtung könnte es für einige das erste Mal sein, dass sie nichts zu tun haben, da man sich sehr bemüht, den Menschen Erfolgsmomente zu ermöglichen. Jedoch weiß man nie so wirklich, was sich bei einigen zu Hause abspielt und wie lange sie bereits in ihrem Leben warten müssen, da möglicherweise kein soziales Umfeld und nötige Betreuung gegeben ist.

In dieser Zivildienstzeit habe ich sehr viel gelernt. Ich kam in den Kontakt mit Autismus; mit täglich auftretender und vielseitiger Epilepsie; mit einem etwa fünfzigjährigen Herrn, der überzeugt war ein Ferrari zu sein und den ganzen Tag den langen Korridor auf- und ablief; mit Gleichaltrigen, die die Härte der Pubertät erlebten; mit gewaltbereiten Menschen und solchen, die so viele Medikamente nahmen, dass sich ihre Persönlichkeit vollkommen veränderte; mit sich selbst verletzenden Menschen, deren Hände sich beispielsweise durch Beißen und der somit wachsenden Hornhaut um das Doppelte vergrößert hatten; mit Toilettenbegleitungen auf freiwilliger Basis und mit Menschen, bei denen Schicksalsschläge wie Misshandlungen oder Unfälle aus einst gesunden Menschen geistig und körperlich behinderte Menschen gemacht hatten.

Der letzte Tag steht bevor. Ein Gefühl von Trauer und Loslassenmüssens macht sich breit. Abschied nehmen liegt mir nicht. Ein Lebensabschnitt, gefüllt mit Erlebnissen und Geschichten, endet hier. Lange Zeit war ich Teil dieser Einrichtung. Ich übernahm mehrere Wochen vertretungsweise die Leitung über einzelne Gruppen, lernte so gut wie alle Menschen mit ihren ganz eigenen Lebensgeschichten kennen und schätzen, legte ziemlich schnell die Hemmungen im Umgang mit Menschen mit Behinderung ab, entwickelte einen enormen Anstieg an Empathie und Toleranz, wuchs auch an mir selbst, sodass ich weniger introvertiert und schüchtern war, sondern Führungseigenschaften entwickelte.

Am Tag des Abschieds bin ich den Tränen nahe. Als die ersten Arbeiter zu weinen anfangen, muss ich einen Kloß im Hals herunterschlucken, um Herr meiner Emotionen zu bleiben. Nach einer intensiven Abschiedsrunde und Danksagungen aller Kollegen, Vorgesetzten und Werkstattarbeiter bekomme ich einige individuelle Geschenke zum Abschied, wobei ich mich frage, wie ich diese alle per Zug nach Hause transportieren soll. Ich bin mir nicht sicher, ob ich die Einrichtung zu einem späteren Zeitpunkt je besuchen werde. Man fühlt sich in solchen Momenten als Gast, der für ein Stündchen vorbeischaut, und man merkt, dass man einfach nicht mehr dazugehört. Ich denke, das Gefühl würde mir wehtun, und ich nutze den heutigen Abschiedstag, um alle Eindrücke, die gerade herrschen, einzusammeln und zu archivieren. Denn ganz genau so soll mein letzter Gedanke an diese wunderschöne und bereichernde Zeit in Erinnerung bleiben.

Nachdem sich einige Werkstattarbeiter die Tränen weggewischt haben, flüstert mir mein Vorgesetzter wohlwollend zu: „Du darfst heute eher Feierabend machen."

Ich versuche ein Lächeln auszupacken, um mich zu bedanken, obwohl ich mich viel lieber gar nicht verabschieden würde. Dennoch denke ich mir, dass am Spruch „Man sollte gehen, wenn es am Schönsten ist" irgendetwas Wahres dran sein muss. Somit packe ich schweren Herzens meine Sachen zusammen und setze mich in den Zug. Auf der Heimfahrt bin ich ununterbrochen in Gedanken bei der aromatisierten, heilpädagogischen Einrichtung.

Waldorfkindergarten – Der Beginn einer Karriere

Der Anschluss an den Zivildienst steht nach unerfindlichen Gründen fest: Eine Ausbildung zum Bürokaufmann. Die Zeit in der Werkstatt für Menschen mit Behinderung war zwar sehr schön, aber der Lohn ist im Gegensatz zum Bürokaufmann äußerst gering. Mir fallen jede Menge nebensächliche Gründe ein, die mir diesen Beruf schmackhaft machen und mich blenden.

Nach vier Wochen Probearbeiten in einem Bürobetrieb stelle ich jedoch fest, dass es mir an Herzlichkeit fehlt. Neben dem Siezen stören mich ebenso das tägliche Kostüm sowie der unfreundliche und kalte Umgangston untereinander. Das ist selbstverständlich in jedem Unternehmen anders, aber der Arbeitsalltag passt nicht zu meinem Leben. Nach einer Woche merke ich, dass ich an diesem Tag ganz genau das erledigen werde, was ich die gesamte letzte Woche gemacht habe. Eintippen von Zahlen und Buchstaben, eventuell kommen bereits erste Telefonate hinzu. Ein kaltes Gefühl von Unwohlsein überkommt mich. Ist es das, was ich den Rest meines Berufslebens machen möchte? Abgeschottet in einem kleinen Büro, in dem ich Dinge erledige, die in meinen Augen völlig irrelevant sind und die mir nichts zurückgeben, bis auf einen am Abend leeren und am Morgen vollen Schreibtisch?

Ich merke schnell, dass dieser Beruf nichts für mich ist, und lege ihn nieder, bevor ich richtig damit angefangen habe. Ich verlasse das Bürogebäude und fühle mich wie ein Reisender, der die letzte Fähre zum Traumstrand verpasst hat, bei dem all seine Freunde sind: Allein und orientierungslos.

Ich nehme mir vor, die Frage „Welcher Beruf wird es werden?" eine Woche aus meinem Kopf zu streichen, um zur Ruhe zu kommen. Per Zufall erfahre ich jedoch, dass ein ehemaliger Klassenkamerad ein einwöchiges Praktikum in einem Waldorfkindergarten gemacht hat. Er redet genau so, wie ich in der Zivildienstzeit. Lauter lustige Geschichten füllen unser Gespräch und ich denke an den Moment der Berufsberatung sowie an die vielen Onlinetests, bei denen sich der Beruf des Erziehers herauskristallisierte. Nach kurzem Zögern entschließe ich mich dazu den gleichen Kindergarten anzurufen, um dort ein Praktikum zu machen. Was habe ich schon zu verlieren? Die Nummer ist gewählt. Wieder überlege ich: Ist es das Richtige? Willst du das wirklich? Ich, im Kindergarten, und dann auch noch Waldorf? Nachher muss ich noch meinen Namen tanzen. Ich hasse tanzen. Aber vielleicht mache ich mir lieber selbst ein Bild von dem Waldorfkindergarten. Was ist, wenn die Medien mit dem Hohn und Spott über dieses pädagogische Konzept Recht haben? Doch bevor ich mir weiter Gedanken machen kann, ertönt eine äußerst herzliche und warme männliche Stimme am anderen Ende der Leitung. In dem Gespräch wird mir klar, dass ich diesen Schritt unbedingt wagen muss und vereinbare kurzerhand in einer Stunde einen spontanen Vorstellungstermin. Auf die Schnelle versuche ich einen vernünftigen Lebenslauf und eine eindrucksvolle Bewerbung zu schreiben. Zum Glück funktioniert diesmal der Drucker, der normalerweise nie seinen Job erledigt, wenn man ihn braucht. Es geht alles sehr schnell, sodass ich mich schon bald vor dem Kindergarten wiederfinde, der fünf Minuten Fußweg von meiner Wohnung entfernt ist. Das Gelände, auf dem sich auch eine Waldorfschule von der ersten bis zur dreizehnten Klasse befindet, ist beeindruckend. Es ähnelt einem Dorf, in dem alles seinen Platz hat. Ordentlich und völlig reizarm erscheint mir der Anblick. Die vielen aus Holz erbauten Fassaden sind mit sanften und weichen Farben gestrichen, der mittelgroße Teich wirkt idyllisch und die Kinder sind bei dem tollen Sommerwetter bestens gelaunt. Von Smartphones oder Nintendos ist nichts zu sehen. Irgendetwas sagt mir, dass dieser Ort etwas Einzigartiges und zugleich Geheimnisvolles besitzt. Ich schaue mich um und suche vergebens die in der Innenstadt dominierenden Lichtreklamen, schlecht gelaunten Gesichter, Lärm, Versuchungen und grellen Farben. Am Kindergarten angekommen, öffne ich die aus robustem Holz verarbeitete Eingangstür und erlebe einen Moment, der mir gleichermaßen magisch und behütet erscheint. Mein Bauchgefühl schreit mir unmissverständlich zu, dass dies hier der richtige Schritt ist. Neben den gedämpften Kindergeräuschen entnehme ich dem stark nach Holz riechenden, offenen Raum einen Frauengesang, der sich mir Schritt für Schritt nähert. In Gedanken versuche ich mir auszumalen, wie die herantretende Frau aussehen mag, die das mir unbekannte Kinderlied mit geschulter Gesangsstimme singt. Verblüffung macht sich in mir breit, als ich sie vor mir sehe. Ich schätze sie auf Mitte fünfzig und ihre Haare sind größtenteils offen, wobei zwei geflochtene Strähnen von der Seite nach hinten zu einem Zopf gebunden sind. Wegen der vielen Falten kann ich nicht erkennen, ob sie lacht oder neutral schaut, aber ich denke mir, dass sie sich wohl freut. Sie trägt ein langes helles Kleid, bei dem ich schätze, dass sie es möglicherweise sogar selbst genäht hat, und wirkt rundherum wie eine Mischung aus Schneewittchen und einem Familienmitglied der Serie *Unsere kleine Farm*. Jedoch suche ich vergebens die Kinder, denen sie das Lied vorgesungen hat. Schnell wird mir klar, dass sie das Modell Kindergarten in Perfektion verinnerlicht hat und sie der Gesang von Kinderliedern zufrieden stimmt. Nach einer herzlichen Begrüßung fragt Schneewittchen mich, wohin ich möchte, und zeigt mir anschließend das Büro des Kindergartenleiters. Als ich nach zweimaligem Klopfen das Büro betrete, empfängt mich die warme Stimme, die ich bereits am Telefon gehört hatte. Das Zimmer wirkt gemütlich, mit gedimmter Helligkeit und jeder Menge Fachliteratur im Regal. Ich stelle mich kurz vor, woraufhin er sich meinen Lebenslauf durchliest und beim Zivildienst einhakt. Ich erzähle ihm grob von meinen bisher gemachten Erfahrungen und über die Freude, die ich bei der Arbeit mit Menschen erlebt habe. Schnell wird durch seine Formulierungen deutlich, dass ich mein einjähriges Praktikum hier absolvieren darf, sodass ich bereits einer Gruppe zugeteilt werde, in der ich zum neuen Kindergartenjahr anfangen darf. Ich merke, dass sich das Zahnrad des Lebens dreht und immer schneller wird, aber ich halte es sicher in den Händen. Ich fühle mich sehr gut, weil ich weiß, dass es der absolut richtige Weg ist. Als sich unser angenehmes Gespräch dem Ende neigt, kann ich bis dato nichts von dem feststellen, was die Medien oftmals über die Waldorfkindergärten berichten. Vielleicht reicht hierzu auch nicht bloß der erste Eindruck, sondern das tiefe Eintauchen in die Materie. Dennoch schiebt der Leiter des Kindergartens bei der Verabschiedung einen lockeren Kommentar ein, den ich nicht genau zu deuten weiß:

„Und wenn du mal durch den Wald gehst und ein schönes Stück Holz siehst, dann bring es doch ruhig mit! Wir freuen uns über jede Spende."

Ist das ein Scherz, um die ganzen Klischees selbstironisch

abzuschmettern? Oder steckt in dem Satz ein Funken Wahrheit? Ich vermute Letzteres, was mich aber nicht sonderlich stört. Ich fühle mich an diesem Ort schlagartig wohl und denke mir, dass ich hier auch gerne Kind gewesen wäre. Es scheint alles sehr behütet und fern von jeglichem Konsumdenken zu sein. Als ich mich der Außentür nähere, kann ich es kaum erwarten endlich hier zu arbeiten. Zwar plagt mich auch ein wenig die Sorge, dass ich eine völlig falsche Richtung eingeschlagen habe, aber ich rufe mir den Satz ins Gedächtnis: „Wer nicht wagt, der nicht gewinnt".

Als ich beim Herausgehen den ersten Fuß in die mir bekannte Welt setze, merke ich, dass die Luft, die Atmosphäre und die Eindrücke ganz andere sind, als die der letzten zwanzig Minuten. Auf der gegenüberliegenden Straßenseite des Waldorfgeländes befindet sich eine Förderschule. Hier muss man keinen Professorentitel haben, um erahnen zu können, dass gelegentlich Stress vorprogrammiert ist. Ich bemerke aus etwa fünf Metern Entfernung auf dem gegenüberliegenden Bürgersteig eine Gruppe von Schülern, die Freude daran haben sich gegenseitig mit Hilfe ihrer Spucke zu fangen. Einer von ihnen hat jemanden getroffen, sodass dieser nun an der Reihe ist. Die Regeln sind allen klar und es scheint, als ob es niemanden ausmacht mit dem Speichel seiner Freunde bedeckt zu sein. Nun fällt einem auch noch beim Rennen das Handy aus der Jackentasche und zerschellt in grobe Einzelteile. Natürlich ist der Fänger schuld, denn hätte er ihn nicht fangen wollen, müsste er nicht wegrennen und somit wäre das Handy noch intakt. Als das Opfer der Geschichte nun mit derben Beleidigungen, die ich in meiner Fantasie noch nie zu denken wagte, zum Täter wird, verlasse ich das Szenario. Der Kontrast könnte nicht extremer sein. Auf der einen Straßenseite die Waldorfschule samt Kindergarten, die nach meinem ersten Eindruck in einer wohlbehüteten Fantasiewelt leben, und auf der anderen Seite eine Förderschule mit Kindern, von denen mir einige stark auffällig und grenzenlos erscheinen. Wann kann das Kind entscheiden, auf welche Schulform es gehen will? Wie viel kann das Kind selbst beeinflussen? Sind wir nicht von Geburt an mit Rohlingen zu vergleichen? Natürlich ist eine gewisse Menge an vererbten Genen vorhanden, aber zu welchem Anteil bestimmt die Umwelt den Rest des Werdegangs? Es ist traurig mit anzusehen, dass einige Kinder nicht erfahren werden wie es ist, einen angenehmen Umgang miteinander zu führen oder sich sprachlich auseinandersetzen zu können.

Auf dem Weg nach Hause bleibe ich bei dem Gedanken der Chancenungerechtigkeit in der Gesellschaft hängen, welches besonders viel Klischeedenken auslöst. Oft ergeht es einem wie folgt: Man hört oder sieht jemanden, Schublade auf, Individuum hinein, Schublade zu. Es ist fast unmöglich zwischen Schubladen zu wechseln, denn das Motto gilt: Einmal Schublade A, immer Schublade A. Das scheint vielen Menschen unbewusst klar zu sein, sodass sie die ihnen zugewiesene Rolle in der Gesellschaft besonders im jungen Alter prompt annehmen, um einen gewissen Grad an wegweisender Sicherheit zu haben. Denn Rollen bieten Kindern Sicherheit, auch wenn sie erst einmal nicht die Vorzüge des Einzelnen wiedergeben. Daher ist der Schulabschluss bei einigen Schülern ein Wendepunkt, nach dem sie aus der Rolle ausbrechen und sich so verhalten, wie sie wirklich sind. Dass das derzeitige Schulsystem dieses Schubladendenken unterstützt, stört mich in diesem Moment ungemein. Man kann die Menschen präzise in Förder-, Haupt-, Realschule und Gymnasium einteilen. Beim Modell Gesamtschule ist alles möglich, was ich persönlich als am sinnvollsten empfinde. Die Separation von Bildungs- sowie auch sozialen Schichten ist deutlich reduziert und es bestehen gleiche Chancen für jedes Kind. Demzufolge empfinde ich für die Schüler von vorhin, die eventuell ohne eigene Wahlmöglichkeiten einen Stempel aufgedrückt bekommen großes Mitgefühl.

Doch was ist überhaupt Waldorf? Um dem Kapitel einfacher folgen zu können, möchte ich gerne an der Stelle den pädagogischen Ansatz grob zusammenfassen. Als Begründer des Waldorfkonzepts hat Rudolf Steiner 1920 die Pädagogikszene revolutioniert. Die Kernelemente bei dem anthroposophischen Ansatz sind feste Rhythmen im Tages- und Wochenablauf und ein starker Bezug zu den Jahreszeiten. Der wichtigste Ansatz der Waldorfpädagogik ist die Nachahmung/Begegnung. Die Kinder sollen die Atmosphäre, die innere Haltung und Gesinnung der Erwachsenen wahrnehmen und nachahmen. Ihnen wird durch Handlungen und Aktionen der Erzieherinnen ein Vorbild gegeben. Das Spielzeug ist oft ungegenständlich und besteht aus Naturmaterialien wie Holz, Wolle, Filz, Tüchern, Körben mit Nusskernen und Ähnlichem. Das freie Spiel nimmt im Tagesablauf einen sehr großen Raum ein und ist so frei wie man es sich nur denken kann.

Der Tag ist gekommen, an dem ich den Grundstein meines beruflichen Werdeganges legen werde. Am Morgen stelle ich mir die Frage, wie ich mich am besten anziehe. Ich möchte zwar einen guten Eindruck machen, aber auch mit den Kindern spielen können. Ich entscheide mich gegen meine sehr gute und für meine halbwegs gute Kleidung meines Kleiderschrankes. Ohne etwas im Gepäck steige ich nun auf das Fahrrad und fahre zu dem Waldorfkindergarten. Auf dem Weg dorthin überlege ich noch schnell, wie ich mich am besten vorstelle und welche Rolle ich als Berufseinsteiger einnehmen soll. Auf der einen Seite steht die extreme Rolle des strengen Gefängniswärters, der seine Augen überall hat und bloß unter Kollegen ein Hauch von Grinsen herauspresst, oder die des Vollzeitanimateurs, der jederzeit dafür sorgt, dass alle glücklich sind, und dem nach Feierabend nicht mehr zu Lachen zumute ist. Beides erscheint mir wenig sinnvoll und zeigt nicht mich als Person. Ich versuche also, um gesund aus der Geschichte zu kommen, ich selbst zu sein, jedoch anfangs mit einer gewissen Zurückhaltung, um mich an die Regeln der Gruppe zu gewöhnen, mich zu akklimatisieren und überhaupt einen Eindruck von einem Kindergarten zu bekommen, ohne selbst vorab zu viel zu beeinflussen. Abgesehen vom Vorstellungsgespräch habe ich seit Jahren keinen Kindergarten mehr von innen gesehen und an meine eigene Kindergartenzeit kann ich mich leider so gut wie gar nicht erinnern. Würde ich nicht hin und wieder kleinste Bruchstücke ins Gedächtnis rufen, hätte ich mich längst gefragt, ob ich je in einem Kindergarten war.

Als ich ankomme, erscheint mir das gesamte Gelände wie ausgestorben. Niemand ist zu sehen. Ein Blick auf die Uhr sagt mir, dass wir Montag haben und es kurz vor acht ist. Nun gut, vielleicht beginnt der Kindergarten auch erst um acht Uhr. Ich pilgere eine Runde um das Gelände, um eventuell eine offene Hintertür zu entdecken, komme jedoch mit einer negativen Bilanz vor dem Kindergartentor wieder an. Ich bemerke eine ebenfalls orientierungslose etwa fünfzigjährige Dame, die auf mich besonders wirkt. Sie hat langes schwarzes Haar, weit geöffnete Augen und ein so ansteckendes Lächeln, das vermuten lässt, dass wir das gleiche Reiseziel haben. Ihr Kleidungsstil wirkt sehr ausgefallen, bunt und jung. Er würde gut in die Hippie-Zeit passen. Ich taufe sie in Gedanken auf den Namen Miss Crazy. Wegen ihrer vertrauten und freundlichen Ausstrahlung nähere ich mich ihr und bekomme direkt ihr wohl nettestes Lächeln zu Gesicht. Es stellt sich heraus, dass sie ebenfalls in den Kindergarten möchte und darauf wartet, bis jemand die Pforte öffnet.

Kurze Zeit später erblickt uns Schneewittchen vom Inneren des Hauses, die ich bereits vom Vorstellungstag kenne, und lässt uns daraufhin eintreten. Gemeinsam stehen wir im Vorraum, in dem mir wieder der intensive und frische Geruch von Holz auffällt.

Nachdem sich Miss Crazy vorstellt, mache ich es ihr gleich und bekomme mit einem erfreuten Gesicht eine noch nie erhaltende Resonanz: „Ach, Sie sind also der Engel".

Im ersten Moment denke ich mir bloß „Nein, danke. Timo reicht", überspiele es aber mit einem Lächeln. Das überaus unangenehme und unpassende Kompliment stört mich.

Mit einem mir unwohlen Gefühl führt uns Schneewittchen in die alles entscheidende Gruppe, in der ich nun ein Jahr arbeiten werde. Auf dem Weg dorthin erzählt sie uns von den insgesamt drei Gruppen, die sich hier befinden. Die rote, blaue und gelbe Gruppe. In jeder der Gruppen finden bis zu fünfundzwanzig Kinder von drei bis sechs Jahren Platz. Ich hatte mich bereits vorab erkundigt, dass Männer in Kindertagesstätten absolute Rarität sind, aber den Aufstieg zum Engel empfinde ich dennoch etwas hochgestapelt. Wobei mir nun der Gedanke in den Sinn kommt, dass ich das Jahr unentgeltlich ableiste. Insofern finde ich „Engel" eine absolut gelungene Bezeichnung und stehe gehobenen Hauptes vor meiner Vorgesetzten, der sogenannten Gruppenleitung.

Wie auch Schneewittchen strahlt sie eine überaus liebevolle Herzlichkeit aus, die ich selten in der Häufigkeit an einem Ort beobachten konnte. Sind es die Gemäuer, die alle Menschen hier so weichspülen? Ich merke, dass ich eine andere Welt betreten habe und gar nicht mitkomme, das Erlebte gedanklich mitzuschreiben, um am

Nachmittag Gesehenes verarbeitend jemandem Nahestehenden zu erzählen. Meine neue Vorgesetzte hat einen mittelstarken holländischen Akzent, der sie noch sympathischer macht als ohnehin. Bisher kannte ich den niederländischen Akzent in deutscher Sprache bloß aus der Stand-up-Comedy. Wahrscheinlich ist dies der Grund, wieso ich bei fast jedem Satz auf der Suche nach dem versteckten Witz bin. Miss Crazy, Frau Holland, wie ich sie insgeheim von nun an nenne, und ich stellen uns gegenseitig vor, wobei deutlich wird, dass wir für das kommende Kindergartenjahr das neue Team der blauen Gruppe sein werden, bis der eigentliche Gruppenleiter, der gesundheitlich zurzeit außer Gefecht gesetzt ist, wiederkommt.

Nach einer kurzen Vorstellungsrunde beginnen wir mit der Arbeit. Alles aus Holz muss geölt werden, um seinen Glanz zurückzugewinnen. Dies stellt sich in einem Waldorfkindergarten als Mammutaufgabe dar, da quasi alles aus Holz ist. Ich beginne mit der Garderobe und arbeite mich über Tische, Stühle und Raumteiler bis zur Fensterbank durch. Meine Kolleginnen bearbeiten den Boden. Tief in der Arbeit versunken, lasse ich mich von der Atmosphäre leiten und bin zwiegespalten, was ich von der aktuellen Situation halten soll. Da zurzeit Sommerferien sind, besteht bloß eine Feriengruppe, in der die Kinder der drei Gruppen gesammelt betreut werden, deren Eltern keinen Urlaub haben. Nach etwa zwei Stunden kommt das erste Kind mit seiner Mutter in die Kindergartengruppe, um während der Ferien Frau Holland zu besuchen. Der etwa vierjährige Junge wirkt vom Kleidungsstil recht naturbezogen und vom Wesen her wie ein gut erzogenes Kind. Aber mir ist anhand meiner eigenen Kindheit klar, dass auch dieser Junge die üblichen Kinderscherze machen wird. Nachdem die Mutter kurze Zeit später den Raum verlässt, versuche ich mit dem Kleinen ins Gespräch zu kommen.

„Na, wie sind deine Ferien so?"

„Gut."

„Bist du auch hier in der Kindergartengruppe?", lege ich nach, um das Gespräch aufrecht zu erhalten.

„Ja", antwortet er wieder einmal kurz angebunden.

Ich streiche die mageren Ja-/Nein-Fragen und frage: „Erzähl doch mal, was machst du so in deinen Ferien? Was sind deine Hobbys?"

„Blätter sammeln."

Ich warte einen Moment, um eventuell ein Grinsen als entlarvten Witz zu erkennen. Aber es tut sich nichts. Meint er das ernst? Hat ein vierjähriger Junge in der Blüte seines kindlichen Daseins, geprägt von jeder Menge Quatsch und peinlicher Momente, die man zwanzig Jahre später bereut, am meisten Spaß beim Blättersammeln? Nun gut, jeder Mensch ist halt verschieden. Aber ich hoffe, dass die Individualität in der Gruppe ebenso weit gefächert ist. Ansonsten wartet im kommenden Jahr jede Menge Arbeit auf mich.

Nachdem wir die erste Woche damit beschäftigt waren in Abwesenheit der Kinder unsere Gruppe auf Vordermann zu bringen und uns grob in Tagesablauf, Regelwerk und Frühstücksrezepte einzuarbeiten, steht nun die erste Woche mit fünfundzwanzig Kindern auf der Tagesordnung. Ich muss zugeben, dass die Woche zwar recht nett war, aber es fehlte das Fünkchen Vitalität. Das erste junge Leben betritt die Gruppe und fokussiert mich von weitem. Ich halte den Blickkontakt und winke dem schätzungsweise dreijährigen Jungen zu, der schlagartig mit Quengelei auf den Arm seines Vaters möchte. Meine Kollegin versucht mir im charmanten niederländischen Akzent zu sagen, dass ich es nicht persönlich nehmen soll.

„Es ist das übliche Montagssyndrom. Außerdem sind die Kinder nun schon seit knapp drei Wochen nicht mehr im Kindergarten gewesen und müssen sich erst langsam wieder eingewöhnen. Die meisten Kinder, die gleich ankommen, hatten drei Wochen lang von morgens bis abends Mama und Papa um sich herum."

Ich gebe ihrem Argument eine Chance und halte mich erst einmal im Hintergrund des Geschehens. Während so langsam alle ankommen, wird an einem Tisch mit freiwilligen Kindern gemeinsam das Frühstück zubereitet. Ich lasse mir erklären, dass es montags Milchreis mit Zimt und Zucker, dienstags Sauerteigbrot mit Marmelade oder Kräutersalz, mittwochs Hirsebrei, donnerstags Brötchen mit Marmelade oder Kräutersalz und freitags Obstmüsli zum Frühstück gibt. Und das Tolle ist, dass alles selbst mit den Kindern täglich zubereitet wird. Für mich klingt das im ersten Moment etwas utopisch, daher schaue ich es mir direkt vor Ort an, um mich von der Umsetzung überzeugen zu lassen.

Nach und nach sind alle Kinder der blauen Gruppe an Bord, was man auch deutlich hören kann. Ich kann mich kaum mit meinen Kolleginnen unterhalten. Es hat etwas von einer Clubatmosphäre: Es ist laut, alle stehen dicht beieinander und man bekommt kein richtiges Gespräch zustande, weil man immer wieder nach fünf Wörtern aus dem Konzept gerissen wird. Schnell wird mir klar, dass man sich auch ohne Worte verstehen muss. Anhand von Zeichensprache und Mimik versuche ich nach und nach die Verständigungstaktik in diesem Beruf zu beherrschen, ähnlich der eines Anschleichmänovers beim Militär, um ab einer Distanz von zwei Metern mit meinen Kolleginnen auf einer Frequenz zu bleiben. Hier ein kleiner Auszug der absoluten Basics:

- Augen schlagartig weit öffnen = Vorsicht, Gefahr in Verzug!
- Penetrant auf ein Kind im Rücken einer Kollegin schauen = Handle schnell! Du bist näher dran.
- Mit dem Kopf auf ein Kind zeigen und zur Seite nicken = Das Kind muss raus aus dem Geschehen!
- Wiederholtes Augenbrauen hochziehen = Blickkontakt mit Kollegin aufbauen
- Mit drei Fingern auf drei Kinder zeigen und auf sich deuten = Ich kümmere mich um diese Gruppe
- Einen kurzen Pfiff ausstoßen = Ich brauche ganz schnell die Aufmerksamkeit einer Kollegin
- Mit den Händen ein T formen = Ich bin mal eben auf Toilette
- Heranwinken einer Kollegin aus größerer Entfernung = Komm bitte, ich brauche Unterstützung (Intensität des Winkens macht die Notwendigkeit deutlich)
- Hand unbemerkt nach unten ausgestreckt halten = Warte, ich mache das selbst!
- Daumen hoch = Kollegin loben

Während einige Kinder beim Kochen helfen, verteilen sich die restlichen Kinder im Gruppenraum und spielen. Plastikspielzeug, Gesellschaftsspiele und Puzzles sind nicht vorhanden. Stattdessen gibt es mittelhohe Weidenkörbe, aber auch Flache, die ich bisher bloß im Zusammenhang mit dem Hund meines Opas kenne; auch genannt: Hundekörbchen. Zudem gibt es noch jede Menge Stofftücher, bunte Seidentücher, geflochtene Stoffbänder, hölzerne Raumteiler und jede

Menge Holzbretter. Wie nicht anders zu erwarten war, befindet sich im Nebenraum an der Werkbank jede Menge Holz und kindgerechtes Werkzeug (Säge, Hammer, Schleifpapier) sowie auch Schnitzmesser auf Anfrage. In einer Ecke steht der Jahreszeitentisch, der, wie der Name bereits vorwegnimmt, je nach Jahreszeit neu geschmückt wird. In der Puppenecke sehe ich neben zwei Puppen ohne Gesicht einige Holzschalen und erstaunlicherweise knallige Metalltöpfe, die für mich einem Kulturschock gleichen. Irgendwie passen sie nicht ins naturfarbige Gesamtbild. Abgerundet wird die Ecke mit einem seidigen Baldachin, der bis zum Boden reicht. Der Kaufladen umfasst Holzschalen und in Scheiben geschnittene Äste, die als Taler dienen. Im Hauptraum, in dem das Essen zubereitet wird, ist ein Maltisch zu finden, an dem die Kinder mit Wachsmalstiften zeichnen. Ebenso gibt es einen Bauteppich, auf dem Holzbausteine, Tannenzweige, dicke Äste, Baumstümpfe, Wurzeln, kleine Stoffpuppen und Bauernhoftiere zum Spielen bereitliegen.

Ich setze mich mit einer kleinen Gruppe von Vorschulkindern im Halbkreis um die Werkbank und wir schnitzen gemeinsam Äste, die die Kinder für ihren eigenen Webrahmen benötigen. Viel muss ich den Kindern beim Schnitzen nicht erklären, sie scheinen das nicht zum ersten Mal zu machen.

In einer gemütlichen Lagerfeueratmosphäre lerne ich die Kinder nach und nach kennen, die weiterhin etwas verdutzt sind einen Mann im Kindergartengeschehen zu erleben. Die Späne fallen und häufen sich zu kleinen Bergen. Es wundert mich, wie viel wir schon geschnitzt haben und wie schnell die Zeit vergeht. Im Hintergrund höre ich meine Kollegin am Herd ein beruhigendes Lied singen. Ich halte ein, als mir klar wird, dass ich gerade total geistesabwesend bin und auf der gleichen Welle schwimme wie meine Kollegin. Ich versuche mich etwas zu bremsen und weiterhin bei Sinnen zu bleiben. Gut, dass nach einer Stunde kaum noch Kinder Lust haben zu schnitzen, denn somit kann ich mich auch aus dem Bereich lösen, nachdem ich die Schnitzmesser eingesammelt habe.

Ich gehe in die Küche, um aus einem der robusten Keramikbecher einen Schluck kaltes Leitungswasser zu trinken. Mich verblüfft der Moment, als ich genauer hinsehe. Während ich im Nebenraum geschnitzt habe, hat sich innerhalb der Stunde der gesamte

Gruppenraum verändert. Überall liegen Tücher, Bänder, Bretter, Höhlen aus Stoffdecken und Holzständern, selbst auf dem Tisch im Nebenraum wurden Ständer gestellt und mit Brettern verkleidet; es entsteht ein zweistöckiges Haus, das auch so bewohnt wird. Mama tritt aus der Puppenecke und sagt mit ernster Miene zu Papa, dass sie ja noch einkaufen müsse, da morgen Sonntag sei. Sie bindet sich ihr Baby um den Bauch und geht eine Runde einkaufen. Die Späne der Werkbankecke fegt ein Kind konzentriert zusammen, während immer wieder irgendwelche Kinder dazwischen laufen und mit ihren schleifenden Tüchern den Haufen zunichtemachen. Bei genauerer Betrachtung finde ich keinen Punkt, an dem ich den Holzboden der Gruppe sehen kann, da überall etwas herumliegt. Das ist der Zeitpunkt, an dem eine Person mit ausgeprägtem Ordnungszwang panisch den Raum verlassen würde und nie wieder zu sehen wäre.

Ich fange an, vereinzelt das Gröbste aufzuräumen, als mich auf einmal Frau Holland bremst und sagt: „Das machen alles die Kinder selbst, wir räumen denen nicht hinterher. Wer ausräumen kann, kann auch aufräumen".

Mitten im Satz beginnt sie in ruhiger Stimmlage das Lied *„Aufräumzeit, ihr lieben Leut', alle blauen Kinder räumen auf"* in Endlosschleife zu singen.

Ab dem ersten Wort ist es schlagartig ruhig und einige Kinder beginnen mitzusingen und aufzuräumen. Wie konnten sie das Lied hören, wo es doch so laut war und sie in ihr Spiel vertieft waren? Hat sie beim Gesang eine bestimmte Frequenz erwischt, ähnlich wie bei Hunden, die die Kinder sofort wahrnehmen? Es ist mir ein Rätsel. Ich versuche, in den überschaubaren Text einzusteigen und ähnlich wie meine Kolleginnen in der Küche aufzuräumen. Bänder werden zusammengerollt, Bretter zum dafür vorgesehenen Platz geräumt, die Rollenspielecken wieder sortiert und Tücher gefaltet. Beim Falten der Tücher hat der Kindergarten einen speziellen Liedtext parat:

„Die Engelchen werden gewogen, geschoben und fliegen zum Himmel hinauf."	(zwei Kinder halten jeweils zwei Ecken fest, schaukeln das Tuch und lassen es in die Höhe ziehen, anschließend einmal falten)

„Die Teufelchen werden gerüttelt, geschüttelt und fliegen zum Tor hinaus." (Tuch weiterhin festhalten und kräftig die Falten herausschütteln)

Kaum zu glauben, aber nach fünf Minuten ist die Gruppe wieder im Normalzustand und es scheint, als sei nichts gewesen. Die ersten Kinder werden zum Händewaschen geschickt und setzen sich auf ihren Platz in der Garderobe. Dort spielen wir kleine Kreisspiele wie *Bello, Bello, dein Knochen ist weg* und *Im Keller ist es duster*.

Nachdem fast jedes Kind einmal drangekommen ist, machen die Kinder mit ihren Händen eine Schale. Die Erzieherin verteilt nun das Goldtröpfchen. In einem kleinen Gefäß befindet sich ein gut duftendes Hautöl, das sie jedem Kind in die Handflächen reibt. Wieder einmal wird dies mit einem Lied begleitet:

„Hier hast du einen Taler,
geh damit auf den Markt.
Kauf dir eine Kuh
und ein Kälbchen dazu,
das Kälbchen hat ein Schwänzchen,
macht dideldideldänzchen."

Nachdem nun alle Kinder und Erwachsenen ölige, aber gut riechende Hände haben, setzen wir uns an den Frühstückstisch und essen gemeinsam den frisch zubereiteten Milchreis mit Zimt und Zucker. Dazu gibt es frischen Fencheltee. Der Tischspruch beginnt und ich kann wieder einmal nicht mitreden.

„Jedes Tierlein hat sein Essen,
jedes Blümlein trinkt von dir,
hast auch unser nicht vergessen,
lieber Gott wir danken dir!"

Die Kinder beginnen zu essen und ich merke, dass ich zum ersten Mal halbwegs zur Ruhe komme. In kleiner Runde finden Gespräche in normaler Lautstärke statt, wobei meine Kollegin mir schmunzelnd zeigt, dass ich durch die ersten Stunden etwas geschafft bin, mich aber wacker geschlagen habe.

Nachdem alle Kinder fertig gegessen haben, gehen wir gemeinsam in den Garten. Das Wetter schreit förmlich danach genutzt zu werden. Mit T-Shirts, kurzen Hosen und Sandalen laufen die Kinder auf das Außengelände und vermischen sich mit den Kindern der anderen beiden Gruppen. Neben einem großen Sandkasten und einer Schaukel für jede Gruppe verfügt das Außengelände über viele Ebenen und Nischen, um ein bewegtes und vielseitiges Spiel zu ermöglichen. Die selbstkonstruierten Tipis regen zum Rollenspiel an und sind bei den Kindern sehr beliebt.

Da alle Kinder beschäftigt sind, nutze ich die Möglichkeit gruppenübergreifend meine Kolleginnen kennenzulernen. Mir fällt auf, dass alle Kleider tragen. Das macht sie allesamt gefühlt etwa zehn Jahre jünger, obwohl einige von ihnen bereits graue Haare haben. Selbst, wenn man vergessen haben sollte, sich die Beine zu rasieren, ist es kein Grund dafür, kein Kleid zu tragen.

Ich muss an meine Begegnung mit Schneewittchen denken und mir fällt auf, dass es mich gar nicht mehr so stark verwundert, wie meine Kolleginnen sich kleiden. Wenn man gerade von Schneewittchen spricht, da kommt sie auch schon. Sie hat einen ernsten Gesichtsausdruck, den sie mit einem kindgerechten Lächeln überspielen will. So ganz gelingt es ihr aber nicht. Als sie mich wahrnimmt, kommt sie auf mich zu und lockert ihre ernste Miene. Dennoch bemerke ich, dass sie gedanklich nicht ganz abschalten kann und stets die Kinder im Blick behält. Nach einem kurzen Gespräch stoßen weitere Erzieherinnen gestandenen Alters hinzu, um mich endlich kennenzulernen. Ein neuer Mitarbeiter, noch dazu ein junger männlicher, scheint hier ein Meilenstein zu sein. Den anderen Erzieherinnen scheint es weniger Schwierigkeiten zu bereiten als der Kollegin zuvor, einen freundlichen Blick aufzusetzen.

Sie wirken sehr entspannt, stressfrei und reinen Herzens. Mir stellt sich die Frage, wie so mancher die letzten Jahre in der Wildnis überleben konnte, die sich Gesellschaft nennt: Immer gut gelaunt und sehr jugendlich, gekoppelt mit einem schrägen Auftreten. Das scheint eine harte Schulzeit gewesen zu sein. Kinder können grausam sein. Aber ich muss zugeben, dass ich dieses liebevolle Miteinander wirklich toll finde. Es scheint etwas weltfremd zu sein, was sich diese Menschen hier aufbauen, aber um einen Akzent in der Gesellschaft zu setzen, ist es nicht verkehrt.

Immer wieder versuchen Kinder mich während der Gespräche in ihr Spiel zu ziehen oder brauchen Hilfe beim Schaukeln. Seltsam, wieso sie ausgerechnet zu mir kommen, obwohl sie mich doch kaum kennen. Ich beobachte die Spielsituationen der Kinder und mir fällt auf, dass jedes Kind sehr aktiv ist. Selbst der Junge aus meiner Gruppe, dessen Hobby es ist Blätter zu sammeln. Umringt von vielen Kindern läuft er mit zufriedenem Gesichtsausdruck über die Wiese.

Ich bemerke einen Jungen, der am Morgen in meiner Gruppe mit rosa Stoffen gespielt hatte und stets Kontakt mit Mädchen aus der Puppenecke suchte. Dass er durch den Garten läuft und sanft in die Ferne „Ich bin eine Fee!" ruft, bestätigt mir, dass er wohl eine stark ausgeprägte weibliche Ader hat, wie man es in der Gesellschaft oft unüberlegt kategorisiert.

In einer ruhigen Minute versucht meine Kollegin Frau Holland mir etwas zu einzelnen Kindern zu erzählen, um mir einen Überblick über die Entwicklungsstände zu verschaffen. In der Gruppe befinden sich unter anderem zwei russischsprachige Mädchen, von denen eine noch kein Wort deutsch sprechen kann und auch allgemein sehr selten redet. Der Junge mit ausgeprägten in der Gesellschaft stigmatisierten weiblichen Zügen ist mit sechs Jahren der Älteste in der Gruppe und befindet sich wohl in einer Art Selbstfindungsphase, was sich mit meiner Annahme deckt. Des Weiteren ist da noch ein Junge mit einem hohen Bewegungsdrang, wenig Konzentration und innerer Unruhe. Und zu guter Letzt gibt es laut meiner Kollegin noch zwei Kinder, die ohne Vater aufwachsen, wobei sie persönlich gespannt sei, wie sie mich als männliche Bezugsperson aufnehmen.

Während des gesamten Gespräches merke ich, dass ein kleiner Junge hinter meinem Rücken steht. Er ist mir bereits am Morgen aufgefallen und es scheint so, als wäre eine Schnur zwischen uns gespannt. Die Erkennungsmerkmale des kleinen Dreijährigen sind seine knopfgroßen braunen Augen und seine liebevolle Art. Doch sobald ich Blickkontakt aufbaue, wendet er seine Augen verschämt von mir ab.

Meine Kollegin muss beim Zusehen grinsen und sagt: „Du scheinst einen neuen Fan zu haben. Besonders für die neuen Kinder ist es jetzt wichtig, dass du zu ihnen eine besondere Bindung aufbaust, um ihnen den Einstieg zu erleichtern. Das kann für einige Kinder die erste Krisenbewältigung sein, wenn sie von Mama und Papa weg sind."

Das klingt einleuchtend und ich versuche es zu verinnerlichen. Schnell merke ich, dass man hierfür gemacht sein muss. Auf alles und jeden muss man Rücksicht nehmen, um allen gerecht zu werden.

Wir werden wieder einmal von einer Schar Kinder unterbrochen, als auf einmal eine Erzieherin und daraufhin alle Kinder anfangen *„Aufräumzeit, ihr lieben Leute, alle Kinder räumen auf"* in Endlosschleife zu singen.

Als alle Kinder nach dem Aufräumen und Händewaschen einen Platz im Stuhlkreis eingenommen haben, beginnt mein erster Morgenkreis. Mit einem ritualisierten Fingerspiel wird dieser eingeleitet:

„Es plaudert der Bach
vom Felsen gemach,
vom steinernen Tisch,
von Vogel und Fisch,
von Sonne und Stern,
von Blüte und Kern.
Wer still ist und lauscht,
der hört, was da rauscht."

Die Kinder sind richtige Profis. Ob Bach, Vogel oder Blüte – alles können sie mit zwei Händen pantomimisch darstellen. Die Choreografie der Gruppe ist wirklich schön anzusehen.

Frau Holland zückt ihr großes Geschichtsbuch, in dem bestimmt an die hundert Geschichten geschrieben stehen müssen. Die Kinder sind gespannt, welche sie vorlesen wird. Es ist eine Zwergengeschichte, die sich in einem Wald abspielt. Etwa zehn Minuten lang liest sie in Ruhe vor, bis die Geschichte zu Ende ist. Die Erzieherin erhebt sich und mit ihr stehen alle Kinder auf. Sie kreuzen die Arme über den Oberkörper und beginnen zu singen:

„Schutzengel mein, behüt' mich fein,
Tag und Nacht, früh und spät,
bis meine Seele zum Himmel eingeht.
Schutzengel mein, behüt' mich fein."

Daraufhin setzen sich alle Kinder wieder auf ihren Stuhl und ich merke, wie ausgeglichen alle im Raum sind. Ich bin zwar nicht der Typ Mensch, der überall schlafen kann, aber würde hier jetzt ein Bett stehen, dann würde ich in fünf Minuten ins Land der Träume eintauchen.

Frau Holland wählt ein Kind aus, das im Eingangsbereich nachschauen darf wessen Eltern schon bereitstehen, um ihr Kind abzuholen, und überwacht die Abholsituation in meinem Beisein. Wie von selbst eilt das Kind im Schritttempo, da Rennen wegen der Rutschgefahr untersagt ist, zwischen Gruppenraum und Eingangsbereich umher, um die Kinder mit ihren Eltern wie ein Memory zusammenzufügen. In der Zwischenzeit spielen die anderen noch kleine Kreisspiele. Am Ende bleiben eine Handvoll Kinder übrig – die sogenannten Tageskinder. Diese bleiben bis über das Mittagessen hinaus, einige davon legen sogar einen Mittagschlaf ein. Als das Mittagessen beginnt, ertönt das Tischgebet:

„Erde, die uns dies gebracht,
Sonne, die es reif gemacht,
liebe Sonne, liebe Erde,
euer nie vergessen werde."

Ein einfaches „Piep, piep, piep, guten Appetit!" passt mittlerweile auch für mich nicht mehr in diese Einrichtung. Aufgetischt werden zur Vorspeise Gurkensticks mit einem Joghurtdip, zum Hauptgang frisch gekochte Vollkornnudeln mit vegetarischen Frikadellen und Tomatensoße und zum Nachtisch Obst. So gesund habe ich schon lange nicht mehr gegessen. Frau Holland erklärt mir, dass immer vegetarisch gekocht wird. Ich lasse die Sache langsam angehen. Schließlich möchte ich im Kindergarten keinen Kulturschock bekommen und meinen Magen überfordern. Ich wundere mich über die vegetarischen Fleischbällchen und stelle fest, dass sie fast nur aus

Hirse bestehen. Der Hunger treibt es rein, auch wenn mein Geschmacksinn während der Mahlzeit in Depressionen verfällt.

Nach und nach werden die restlichen Kinder entweder abgeholt oder sie gehen ins Bett beziehungsweise zum Spielen. Für mich heißt das, dass ich Feierabend habe. Als ich mich verabschiede, fällt es mir schwer den Kindergarten zu verlassen. An meinen Beinen haben sich jeweils zwei Kinder festgekrallt, die nicht wollen, dass ich schon gehe. Weil ich die Situation echt süß und schmeichelhaft finde, nehmen die Kinder mein halbherziges „Lasst mich mal bitte los!" kaum zur Kenntnis, erst recht nicht, als ich anfange zu grinsen. Na gut, das Spiel kann ich auch. Es scheint die Zeit gekommen zu sein, die Geheimwaffe auszuwählen: Auskitzeln und schnell wegrennen. Innerhalb von fünf Sekunden lösen sich alle Kinderarme von mir, ich nehme meine Beine in die Hand und bin in Windeseile fort. Durch die geschlossene Tür höre ich Frau Holland lachen. Als ich zu meinem Fahrrad gehe, das ich vor dem Gruppenfenster geparkt habe, bemerke ich, dass alle Kinder meiner Gruppe am Fenster auf mich warten, um sich nochmals zu verabschieden. Frau Holland öffnet das Fenster, aus dem sich nun sechs Kinderköpfe herausquetschen. Mit ihren schrillen Stimmen rufen sie mir viele liebe Sätze zu, sodass das halbe Schulgelände nebenan diese mitbekommt. Die Fanrufe lauten in etwa so:

„Geh nicht weg!"

„Bleib bei uns!"

„Nimm mich mit!"

„Wir haben dich lieb!"

„Kommst du morgen wieder?"

Als das erste Kind versucht aus dem Fenster zu steigen, schließt Frau Holland es und verabschiedet sich mit einem sehr herzlichen „Bis Morgen!". Was ich zu dem Zeitpunkt noch nicht weiß: Diese Prozedur wird sich so gut wie jeden Nachmittag wiederholen: Mal weniger extrem und mal deutlich heftiger.

Mit einem Grinsen auf dem Gesicht setze ich mich auf mein Fahrrad und fahre winkend am Fenster vorbei. Einige lächelnde Eltern und Schüler haben dieses Geschehen verfolgt, was mir ein wenig unangenehm ist. Aber das Gefühl von Anerkennung ist größer, sodass ich stolzen Hauptes auf meinem zum Pferd verwandelten Drahtesel davonreite.

Als ich aus dem Tor hinausfahre, sehe ich auf der anderen Straßenseite Schüler der Förderschule, die den Rucksack gleichgültig auf halb acht hängen haben oder sich mit solchen schleudernd versuchen zu berühren. Es muss bestimmt wehtun, wenn einer von einem solchen Rucksack am Kopf erwischt wird. Hoffen wir mal, dass er seine Schulbücher vergessen, verloren oder verkauft hat. Raus aus der Traumwelt und zurück in die Realität.

Am nächsten Morgen ist die Gruppe noch sehr leer, als ich in den Kindergarten komme. Die Lampen haben gefühlt ein Watt und machen wenig Unterschied zu ausgeschaltetem Licht. Herzlich werde ich von meinen beiden Kolleginnen begrüßt. Da der Waldorfkindergarten den pädagogischen Ansatz verfolgt, sich stetig einer Aufgabe zu widmen, suche ich mir etwas zu tun, um nicht beschäftigungslos wieder einzuschlafen. Dieser Ansatz bedeutet in der Kindergartenwelt, dass man stets als Teil des Geschehens handelt und durch sein Handeln beispielsweise Impulse für Kinder setzt, die nicht ins Spiel finden können. Es bedeutet auch, dass man stets ein Vorbild ist. Also schnappe ich mir auf Empfehlung von Frau Holland einen Stapel Blätter und runde die Ecken ab. Ganz genau: Klischee bewahrheitet. So ganz verwundert mich der Arbeitsauftrag nicht, um ehrlich zu sein finde ich ihn völlig nachvollziehbar. Ecken haben etwas unruhiges, Abrundungen sind allein optisch bereits deutlich schöner. Ich weiß zu diesem Zeitpunkt noch nicht, dass dies alle zwei Tage meine Einstiegsaufgabe in den Tag sein wird. Und da diese Gruppe sehr fleißig malt, schaffe ich es in dem Jahr auf geschätzte dreitausend Malblätter, aber dazu später mehr. Dies ist eine an sich recht dankbare Aufgabe, da es mir die Möglichkeit gibt, richtig wach zu werden.

Als ich am Maltisch die Blätter zurechtschneide, gesellen sich die ersten Kinder zu mir und malen auf besagte Blätter ihre Kunstwerke. Eigentlich seien Scheren im Waldorfkindergarten nicht gern gesehen, teilt mir Frau Holland still und heimlich mit. Viel lieber werde hier das Papier gerissen. Aber da das Ecken abreißen unschön aussehe, dürfe ausnahmsweise hierfür die Schere benutzt werden. So gehe ich also der Beschäftigung nach und beobachte das Malverhalten der sieben Kinder. Auf der einen Seite sitzen drei Mädchen, auf der anderen vier Jungen. Während die ruhigen Mädchen mit schrägem Kopf bunte

Regenbogenmuster malen, scheint an der anderen Kante des Tisches eine Schlacht ihren Höhepunkt gefunden zu haben. Mit synchroner und monotoner Kriegsmusik begleiten die Jungen ihr Malen. Es wird auffällig viel rot und schwarz verwendet, das Blatt sieht deutlich verbraucht aus. Kaum ein Fleck ist nicht mit Farbe oder Speichel bedeckt, den die Kinder beim Imitieren der Schussgeräusche verlieren. Der Geräuschpegel steigt und steigt. Hin und wieder erkenne ich Wortfetzen:

„... Tot ..."

„... Oh nein! ..."

„... Captain Jack Sparrow ..."

„... Ich krieg dich!"

Einige der Kinder scheinen am Wochenende *Fluch der Karibik* gesehen zu haben. Ist der nicht erst ab zwölf Jahren? Ich frag mich, wozu es diese Altersbegrenzungen gibt, wenn diese von einem Großteil der Gesellschaft sowieso nicht beachtet werden. Abgesehen von den reizüberflutenden Bildern und Kontexten, die die Kinder maßlos überfordern müssen, schadet es der inneren Ruhe sowie dem Gefühl für Brutalität. Natürlich beschäftigt das Gesehene die Kinder auch im Schlaf. Es entstehen Probleme wie Schlaflosigkeit, Müdigkeit am nächsten Tag, Konzentrationsprobleme etc. Das zieht einen Rattenschwanz an negativen Dingen in der Entwicklung der Kinder nach sich. Positiv an der ganzen Geschichte ist, dass die kleinen Racker am nächsten Tag ihren Freunden davon berichten können und zum Helden des Tages werden, indem sie auf Anweisung vom Experten gezeigte Szenen nachspielen. Natürlich versuchen die anderen Kinder dann am Nachmittag ihre Eltern zu bearbeiten, dass sie besagten Film auch sehen dürfen, um mitreden zu können. Das stellt konsequente Eltern auf die Probe. Schließlich möchten sie nicht, dass ihr geliebtes Kind deswegen von seinen Freunden geärgert oder gar ausgeschlossen wird. Das reflektierte Dasein im Waldorfkindergarten scheint so langsam auf mich überzuschwappen.

Nachdem die Bilder abschließend zusammengeknüllt werden und als Geschosse dienen, spreche ich ein Machtwort und beende die nachgespielten Kämpfe in der blauen Gruppe. Kurzzeitig bin ich der Spielverderber, in der nächsten Minute bin ich aber wieder Helfer in der Not, um fiese Knoten aus Bändern zu lösen.

Als ich aus meiner Versunkenheit auftauche, bemerke ich den zurechtgeschnittenen Stapel gleichmäßig abgerundeter Blätter. Um mir noch ein wenig Arbeit für den Rest der Woche aufzubewahren, widme ich mich der Schafwolle und befreie die Maldecke von ihrer Wachsmalfarbe, indem ich sie sauber reibe. Da zwei der Captain-Jack-Sparrow-Jungs derzeit nichts zu tun haben, bitte ich sie mir zu helfen, da ein Großteil der Farbe auf der Maldecke ihr Werk ist. Die Motivation hält sich in Grenzen, sodass ich den Arbeitsauftrag ziemlich simpel in ein Spiel verpacke: Wer bekommt seine Ecke am saubersten? Ich muss grinsen, weil ich Reaktionen wie „Sind wir blöd oder was?" erwarte. Die Kinder steigen jedoch voll darauf ein und mir wird bewusst: Wir sind im Kindergarten, hier ziehen diese Methoden noch!

Während Frau Holland in der Kochnische Brot backt, trudeln nach und nach die restlichen Kinder ein. An einem speziellen Fenster dürfen die Kinder ihren Eltern noch zuwinken und sich verabschieden. Ich bin der Meinung, dass dieses Winkefenster besonders unseren Kleinsten in der Gruppe den Einstieg in den Kindergarten sichtlich erleichtert. Natürlich begleitet diese Situation eine meiner Kolleginnen, damit das Kind von einem von uns auch wieder aufgenommen wird und nicht allein dort stehen bleibt.

Als nach einiger Zeit ein Gesang den Raum erfüllt, ist mir klar, dass wieder Aufräumzeit angesagt ist. Tücher werden gefaltet, Bänder aufgerollt, Porzellan in die Puppenecke und Bretter an ihren Platz gestellt. Eine sogenannte Müllabfuhr von vier Kindern kontrolliert anschließend die Spielbereiche und räumt gegebenenfalls Reste an ihren Platz. Das ist eine bei den Kindern wirklich sehr beliebte Aufgabe. Mir scheint es, als ob sie dankbar für jede beliebige Rolle sind, die zur Auswahl steht. Liegt es daran, dass sie in der Rollenfindungsphase Orientierung bekommen und Verantwortung übernehmen dürfen? Anders kann ich es mir nicht erklären, wieso Kinder bei Theatervorstellungen um die Rolle des Windes, um das Aufräumen oder um das Managen der Abholsituation bitten.

Als wir nach dem Goldtröpfchen das leckere selbstgebackene Brot mit Marmelade oder Kräutersalz genießen, wird am Frühstückstisch wieder viel geredet und gelacht. Viele Kinder bemühen sich in Ruhe ihr Brot zu bestreichen und sind stolz, wenn es am Ende auch mehr oder weniger geklappt hat. Ich bemerke, wie sich neben mir die zwei russischsprachigen Mädchen in ihrer Landessprache unterhalten, wobei eine von beiden den größeren Gesprächsbedarf hat. Das andere Mädchen ist seit diesem Kindergartenjahr neu hier und fällt durch ihre ruhige Art auf. Ich würde zu gerne wissen, worüber sie sich unterhalten. Was interessiert dieses Mädchen? Wie bekommt man sie zum Reden? Eventuell sollte ich mir als Eisbrecher ein paar Wörter russisch aneignen.

Das Frühstück ist an diesem Sommertag, wie auch am Tag zuvor, ein richtiges Erlebnis. Gute Stimmung, Kinderlachen und jede Menge Gespräche – so soll doch bestenfalls eine gemeinsame Mahlzeit sein. Man merkt, wie wichtig das gemeinsame Essen für jedermann ist. Man kommt mit anderen Kindern in Kontakt, denen man im Freispiel weniger begegnet. Man lernt mit seiner Geschichte, die man erzählen will, abzuwarten und andere aussprechen zu lassen. Esskultur kann durch Nachahmung viel intensiver und ohne Druck beigebracht werden. Ich genieße den Moment, als plötzlich ein Engel den Gruppenraum betritt. Sie scheint etwa fünfunddreißig Jahre alt zu sein, hat blonde Haare und trägt ein leichtes weißes Kleid. Alle Kinderaugen leuchten wegen der von ihr ausgehenden Helligkeit. Bei den Mädchen ist sie allein schon wegen ihres Kleides äußerst beliebt und kann kaum noch was falsch machen, um sich die Sympathien zu verspielen. Sie stellt sich als Eurythmistin vor und verschafft sich einen Überblick über die heutige Kinderzahl. Was nun genau passiert, ist mir absolut unbekannt. Obwohl ich ein recht neugieriger Mensch bin, bleibe ich noch völlig entspannt. Denn was soll mich hier noch großartig verwundern? Sollten wir einen Baum im tiefen Wald umarmen, Gemüse im Garten pflanzen oder unseren Namen tanzen – ich bin dabei. Mit meiner Prognose scheine ich gar nicht so verkehrt zu liegen, denn am unteren Ende ihres Kleides erkenne ich Gymnastikschuhe, die Bewegung versprechen.

Als wir nach dem Frühstück unsere Eurythmieschuhe anziehen, fassen sich alle Kinder an den Händen und das Lied beginnt:

„Wir haben ein goldenes Band, das geht von Hand zu Hand.
Es kommt vom blauen Himmelszelt, wo Gott die funkelnden Sterne hält."

Im Turnraum des Kindergartens angekommen, alle Hand in Hand in einer langen Reihe, stellen wir uns um eine dekorierte Mitte in Kreisform auf. Der Eurythmie-Engel beginnt eine Geschichte zu erzählen, zu der sich die Kinder nach Vorgaben bewegen. Heute startet sie mit der Geschichte von Dornröschen. Dass Kinder nicht allzu lange ruhig sitzen bleiben können, ist nicht unüblich. Und dass man eine Geschichte besser verstehen kann, indem man sie direkt nachspielt, erscheint mir logisch. Zudem bewegen sich die Kinder anders als im Alltag und so werden ungewohnte Muskelpartien beansprucht. Daher ist der kleine Zirkus, in dem ich mich gerade befinde, pädagogisch gar nicht so verkehrt. Als größter Tanzmuffel unter der Sonne bewege ich mich zu diesem Schauspiel, um den Jungen der Gruppe, die sich stark an mir orientieren, eine Vorbildfunktion zu bieten. Gezielte Passagen des Textes wiederholt der blonde Engel drei bis fünfmal hintereinander, um bestimmte Bewegung zu festigen. Die Kinder geraten nach einer Viertelstunde teilweise etwas ins Schwitzen. Das Ende der Geschichte wird mit einer Entspannungseinheit abgerundet. Mit spürbarer Freude an der Sache bedanken die Kinder sich im Gruppenraum herzlich beim Eurythmie-Engel, indem sie sie alle auf einmal umarmen. Ein wirklich schöner und herzlicher Moment, den man selten im Erwachsenenalltag erlebt.

Eurythmie wird in vielen Waldorfkindergärten auch in Einzelstunden angeboten und kommt der Ergotherapie sehr nahe: Es werden Körperwahrnehmung und Entspannung geschult. Jedenfalls ist zu beobachten, dass die Kinder einen Hauch ausgeglichener aus der Stunde kommen, als sie es vorher waren.

Als sich der Arbeitstag dem Ende neigt, wiederholt sich die Prozedur des Vortages – der intensive Abschied. Nachdem ich draußen angekommen bin, schüttele ich alle Holzspäne und Flusen ab. Ich schaue ganz genau nach, ob sich vielleicht nicht doch noch irgendwo ein Kind festgebissen hat. Als die Luft rein ist, steige ich auf mein Rad, das wie gewohnt vor dem Gruppenfenster angeschlossen ist. Der Aufschrei ist wieder riesengroß. Nun kennen auch die halbe Nachbarschaft und die gesamte Schule meinen Namen. Für mich eine ziemlich unangenehme Situation, die ich aber schnell als Anerkennung meiner Tätigkeit ansehe.

Mit den Worten „Bis morgen früh um acht, wenn die Sonne wieder lacht!" verabschiede ich mich mit einem Grinsen von den Kindern. Alle Eltern, die diese Szene beobachtet haben, lächeln.

Der Mittwoch beginnt wie der Dienstag zuvor: Papierecken abrunden was das Zeug hält. Schlau wie ich bin, schnappe ich mir gleich vier Blätter gleichzeitig und habe die zu schneidenden Blätter in einem Viertel der Zeit erledigt. Aber die Rechnung habe ich ohne Frau Holland gemacht, die mich nett darauf hinweist, dass es nicht darauf ankommt wie viele Blätter ich in einer gewissen Zeit geschnitten habe, sondern darauf, nicht untätig vor den Kindern zu sitzen. Prozessorientiert vor produktorientiert, ich vergaß. Sie tröstet mich aber mit einer neuen Aufgabe, denn heute feiern wir den Geburtstag eines Kindes. Es wird vier Jahre alt. Ich schneide also die schlichte Krone aus dem wertvollen Goldpapier aus und binde sie zu einem Königinnenschmuck. Wertvoll ist diese Goldpappe nicht aus dem Grund, weil sie deutlich teurer ist als andere Pappfarben, sondern weil sie bei allen Kindern und auch den Erzieherinnen sehr beliebt und daher recht schnell aufgebraucht ist. Da dies unser letztes Stück Goldpappe war, wie sollte es auch anders sein, gehe ich in die zwei Nebengruppen, um mir welches zu besorgen, damit ich schon einmal einige Rohlinge für die nächsten Geburtstage zurechtschneiden kann. Das erweist sich schwieriger als erwartet.

Schneewittchen aus der roten Gruppe antwortet mit einem nicht verhandlungsbereiten und klaren „Nein!".

Sie wirkt nun weniger wie Schneewittchen, sondern mehr wie Medusa. Ich frage mich insgeheim, wieso sie kein Neues besorgt, wenn sie am Morgen schon nichts mehr auf Vorrat hat. Nun gut, weiter zur gelben Gruppe. Als ich die heitere Kollegin nach der Pappe frage, wird sie schlagartig bockig und traurig. Ich habe dich doch gerade nicht um eine Niere gebeten, denke ich mir, versuche aber meinen höflichen Gesichtsausdruck beizubehalten. Sie gibt mir einen Din-A3-Block Goldpappe ab, woraufhin ich dankend die Gruppe verlasse.

Merke: Sollte einmal die Goldpappe ausgehen, dann machst du dir keine Freunde, wenn du deine Nebengruppen danach fragst. Zum Glück konnte ich noch den Bonus des neuen Praktikanten ausspielen.

Als ich in der blauen Gruppe angekommen bin, darf sich das Geburtstagskind noch einen aus Goldfolie zurechtgeschnittenen

Goldstern aussuchen, den es an die Vorderseite der Krone klebt. Als alle Vorbereitungen erledigt sind, treffen wir uns am Frühstückstisch wieder. Das Geburtstagskind sitzt selbstverständlich zwischen seinen Geburtstagshelfern, den zwei besten Freunde aus der Gruppe. Gemeinsam genießen wir an der langen Tafel das Essen. Anders als sonst singen wir zuvor ein Geburtstagslied und jedes Kind darf dem Geburtstagskind etwas wünschen. Hierbei kommen die süßesten Wünsche zum Vorschein, zum Beispiel:

„Ich wünsche dir einen Regenbogen."

„Ich wünsche dir, dass du heute ein Eichhörnchen siehst."

„Ich wünsche dir ganz viele Sonnenstrahlen."

„Ich wünsche mir, dass ich heute von Oma abgeholt werde."

„Ich wünsche dir, dass du heute das Goldtröpfchen verteilen darfst."

Viele der Wünsche werden von den Kleinsten der Gruppe wiederholt, wodurch sie aber keineswegs ihren Wert verlieren. Alles in allem merkt man die Harmonie, die von diesem Geburtstagstisch ausgeht.

Nach den Wünschen verspeisen wir den Geburtstagskuchen. Da bei uns ausschließlich Bioessen verzehrt wird und ein besonderes Augenmerk auf der Menge der Süßigkeiten liegt, die die Kinder konsumieren, ist besonders den neuen Eltern die Anspannung anzumerken. Einerseits wollen sie die Erwartungen der Erzieherinnen erfüllen, indem sie ihren insgeheim ersten Dinkelkuchen backen, andererseits ist eine Schokoladentorte mit Zuckerguss und Smarties der Eisbrecher schlechthin bei allen Gästen, wobei das Geburtstagskind die Kuchenteller mit dem Süßigkeitenkuchen verteilen darf und somit jedem Kind auf Süßigkeitenentzug das Tor zur Zuckerwelt öffnet. Das ist ein schmaler Grat zwischen sozialer Isolation des Kindes und den Schwarzen-Peter-Ziehen bei den Erzieherinnen. Die Eltern vom heutigen Geburtstagskind haben sich für einen schlichten Kuchen entschieden und vereinzelt zur Dekoration eine Handvoll Gummibärchen an den Tellerrand gelegt, sodass die Erzieherinnen nach eigenem Ermessen entscheiden können, ob sie eine extra Runde Gummibärchen ausgeben oder nicht. Das ist diplomatisch durchdacht von den Eltern.

Als wir das Geburtstagsfrühstück allmählich auflösen, verteilen sich die Kinder wieder selbstständig in die Räume und tauchen in ihre neuen Rollenspiele ein. Ich begleite am Maltisch die kreativen Köpfe und reibe mit der Schafswolle die Maldecke sauber. Als ich mich mit den Kindern am Tisch unterhalte, stelle ich fest, wie die Lautstärke allmählich abnimmt. Irgendetwas ist hier faul. Wieso ist es auf einmal so angenehm ruhig? Ein Blick durch die Gruppe verrät mir, dass hier eindeutig zu wenig Kinder zu sehen sind. Es fehlen knapp sechs von den lauteren, was sich deutlich bemerkbar macht. Ich schaue in den vielen Tücherhöhlen nach und entdecke unsere Gruppenpuppe Paul, die zwischen den Beinen eines halb entkleideten Mädchens hinausplumpst. Alle anderen Kinder in der Höhle schauen mit ernstem bis hin zu glücklichem Blick auf das Ereignis. Was ist hier gerade passiert? Doch bevor ich den Kindern diese Frage stelle, holt mich Frau Holland aus der Situation. Aus sicherer Entfernung hat sie diese Situation schon länger beobachtet und klärt mich auf, dass die Kinder eine Geburt nachspielen. Ella bekommt bald ein Geschwisterchen und scheint das Bevorstehende nachzuspielen, um es auf eine gewisse Art zu verarbeiten und zu verstehen.

„Nun gut, das leuchtet mir ein. Aber wieso sind da so viele Schaulustige in der Höhle, um das Spektakel zu beobachten?" frage ich Frau Holland.

Wie selbstverständlich antwortet diese: „Ist man denn bei einer Geburt alleine? Da sind doch zum einen der Papa sowie sonstige Verwandte und zum anderen der Arzt, die Hebamme und die Arzthelferinnen."

Ich bin von der Genauigkeit der kindlichen Phantasie beeindruckt und lasse die Kinder in ihrem Spiel.

„Wo wir gerade beim Thema sind: Wieso haben die beiden Puppen hier eigentlich kein erkennbares Gesicht? Die sehen so ... nichtssagend aus."

„Du meinst Paul und Anna? Genau das ist der Hintergedanke. Sie sollen möglichst neutral sein, damit die Mimik die Kinder im Spiel nicht beeinflusst. Man kennt die üblichen Puppen mit einem Lächeln auf dem Gesicht. Aber das Spiel ist mit solchen Puppen recht eingeschränkt. Traurig können diese nicht sein, jedenfalls nicht authentisch. Daher sind unsere Puppen neutral gehalten."

Von einem neuen Gruppenkind – Braunauge – werde ich am

Finger aus dem Gespräch gezogen und soll es auf die Toilette begleiten. Zugegeben, das Bad sieht im Vergleich zum Gruppenraum recht kalt und düster aus. Da hätte ich als Neuankömmling im Kindergarten anfangs auch ein wenig Angst. Also warte ich, bis Braunauge fertig mit dem Unvermeidbaren ist und Bescheid gibt:

„Fertig."

Eine immer länger werdende Pause sagt mir, dass nun ich am Zug bin. Um mir etwas einfallen zu lassen, verschaffe ich mir ein wenig Zeit und fange einen kleinen Smalltalk an.

„Womit denn?"

Doch noch bevor ich die Frage zu Ende stellen kann, gibt mir eines meiner Sinne die Antwort. Okay, was tun? Allein der Geruch verschafft mir eine volle Woche Herpes an der Lippe. Ich werde ihm jetzt sicher nicht den Po sauber machen. Ich habe gar keine Übung darin, jemand Fremdem den Po abzuputzen. Man stelle sich vor, ich verkalkuliere mich jetzt, putze an der Kante des Papiers ab und mich berührt *sein Werk* am Finger. Allein der Gedanke daran verschafft mir eine Gänsehaut. Doch muss ich das als Praktikant eigentlich? Was kann schlimmstenfalls passieren? Eigentlich nichts. Also gehe ich zu Frau Holland und sage ihr, dass Braunauge nach ihr gerufen habe. Eine kleine Lüge ist schon nicht so verkehrt, besonders, wenn sie mich aus der äußerst unangenehmen Situation rettet. Frau Holland hat doch sicher schon unzählige Popos abgeputzt. Da macht der eine mehr oder weniger auch nichts mehr aus.

Der Vormittag geht mal wieder schnell vorbei. Nachdem das letzte Kind abgeholt wurde, steht mir die erste Gruppenkonferenz bevor, an der ich teilnehme. Im Gruppenraum sitzen bereits Frau Holland und Miss Crazy auf den Kinderstühlen am runden Esstisch und naschen Dinkelplätzchen aus einer Schüssel. Als ich mich zu ihnen geselle, übernimmt Frau Holland das Wort und heißt mich nochmal herzlich Willkommen in der blauen Gruppe. Das breite Lächeln der Frauen verrät mir, dass sie sich wirklich sehr freuen. Eine etwas längere Pause und zwei nicht schwindende grinsende Gesichter rufen einen Hauch von Scham hervor. Ich übernehme das Wort.

„Ja ... danke. Ich freue mich auch sehr hier zu sein und meine Erfahrungen hier zu machen. Ich arbeite ... sehr gerne mit Euch zusammen."

Arbeiten ist eventuell das falsche Wort, wie ich an Frau Hollands Gesichtsausdruck ablesen kann.

„Viel mehr verbringen wir ja den Tag zusammen, als dass wir die Gesellschaft der Kinder als Arbeit ansehen", denke ich mir als mögliche Antwortmöglichkeit von Frau Holland. Sie bestätigt meinen Gedanken und fügt an, dass sie auch sehr gerne mit mir hier zusammen sei.

Ich darf einige noch offene Fragen stellen, von denen ich bereits einen Großteil während des laufenden Betriebes beantwortet bekommen habe. Anschließend wird sich über bevorstehende Aktivitäten, Termine und Auffälligkeiten seitens der Kinder ausgetauscht, um auf den neusten Stand zu bleiben. In der lockeren Atmosphäre lernen wir uns ein wenig besser kennen und merken, dass wir einen ziemlich ähnlichen Humor haben. Schnell vergeht die Stunde Besprechungs- beziehungsweise Vorbereitungszeit. Auch wenn ich mir vorab hundert schönere Dinge hätte vorstellen können, als mit zwei etwa sechzigjährigen Damen über die Arbeit zu reden und Bio-Dinkelplätzchen zu naschen, so bereue ich es nicht an der Vorbereitungsstunde freiwillig teilgenommen zu haben. Diese Stunde schweißt ziemlich zusammen und wir alle drei strotzen vor Tatendrang, das Besprochene in den kommenden Tagen umzusetzen. Als Kollektiv gehen wir nun aus unserer Gruppe Richtung Großteam-Konferenz, an dem alle Erzieherinnen des gesamten Kindergartens teilnehmen. In der Mitte des Tischs stehen zwei sehr lecker aussehende Kuchen. Nachdem sich nach und nach alle Erzieherinnen versammelt haben, stößt zum Schluss der Leiter zu uns in die Runde. Als alle sitzen, klinkt auch er sich in das Gespräch ein. Doch dann, nach etwa einer Minute, bemerke ich von ihm ein ruhiges Nicken in die Runde, woraufhin alle ihren Satz unterbrechen und anfangen ohne große Betonung mitzusprechen:

„Dem Stoff sich verschreiben, heißt Seelen zerreiben.
Im Geiste sich finden, heißt Menschen verbinden.
Im Menschen sich schauen, heißt Welten erbauen."

„Amen" füge ich in Gedanken hinzu. Okay Leute, wo bin ich hier? Bestätigen sich die Gerüchte, dass die Waldorfpädagogik nicht nur eine andere Lebenseinstellung ist, sondern gar sektenähnliche Ansätze hat? Ich kann es verneinen. Dennoch hatte das von sechs Erwachsenen monoton gehaltene Gedicht Ansätze vom Vaterunser in der Kirche. Fakt ist, dass ich diesen ritualisierten Einstiegsspruch in der Konferenz nie mitreden werde, auch wenn ich ihn ziemlich bald durch stetiges Hören mitsprechen könnte. Das ist mir dann doch ein wenig zu ominös.

Nachdem ich Tagesordnungspunkt Nummer eins der Sitzung bin und meine ersten Eindrücke gut verpackt erzähle, folgen Punkte wie Eingewöhnung, Terminübersicht des Kindergartenjahres, Fortbildungen und Sonstiges. Die Konferenz plätschert vor sich hin und hat aufgrund der immer ruhiger werdenden Gesprächsstimme des Kindergartenleiters eine recht einschläfernde Wirkung, doch der Kuchen hilft dabei wach zu bleiben. Als nach einer gefühlten Ewigkeit die Wörter und Sprechpausen immer länger werden, ist die Konferenz nach bloß dreißig überzogenen Minuten zu Ende. Aber was soll's, wir sind ja aus reiner Freude und Liebe zu den Kindern hier. Ich verlasse an diesem erfahrungsreichen Tag recht nachdenklich die Institution Waldorfkindergarten und werde höchstwahrscheinlich diese Nacht wieder schwer in den Schlaf finden, weil ich alle Vorkommnisse gedanklich sortiere und verarbeite.

Am nächsten Morgen habe ich wegen des Schlafmangels einen dicken Kopf. Das sind doch beste Voraussetzungen, um sich ins Getümmel mit vielen Kindergartenkindern zu werfen, denke ich mir. Also fahre ich leicht genervt mit meinem Rad zur Arbeit und merke, wie meine Laune kippt, sobald ich über die Schwelle trete. Meine ersten Worte des Tages verliere ich seit Anfang der Woche immer nach spätestens fünf Sekunden im Kindergarten, aber nicht so muffelig wie das heimische wortkarge „Hm", sondern mit einem ernstgemeinten „Guten Morgen!". Heute Morgen merke ich, dass die Kinder weniger scheu sind als die Tage zuvor. Sogleich springen mich zwei Kinder an, während sie meinen Namen rufen. Mit ihnen im Gepäck setze ich mich in die ruhige Atmosphäre, die am Frühstückstisch herrscht. Frau Holland bereitet mit einigen Frühaufstehern den Brötchenteig zu. Die Stimmung kommt mir sehr entgegen – wenig Worte, gemütliches Wachwerden. Auf meinem Schoß sitzt immer noch der kleine Niklas, der Freude an meinem leicht unrasierten Kinn zeigt. Erforschend streicht er über meinen Bartansatz und macht ganz große Augen als er merkt, dass sich das Streichen in die entgegengesetzte Richtung deutlich borstiger anfühlt. Über Niklas hat mir Frau Holland neulich erzählt, dass er nicht bei seinem Vater aufwächst. Ich bin mir bewusst, dass ich als Explorationszone diene, und lasse ihn seine Erfahrungen mit männlichen Bezugspersonen machen. Mit einem grinsenden Auge merke ich, wie Frau Holland uns beobachtet und sich freut, dass er die Möglichkeit sucht, wahrnimmt und bekommt. Ich versetze mich in seine Lage und merke, wie schwierig es sein muss ohne Vater aufzuwachsen. Viele Kindergärten sind meist ganz von Frauen besetzt. In Grundschulen sieht es oft nicht anders aus, sodass viele Kinder, die mit ihrer Mutter zusammenleben, erst in der weiterführenden Schule mit männlichen Bezugspersonen in Kontakt treten.

Der Raum füllt sich allmählich, was man an der zunehmenden Lautstärke erkennt. Ich begebe mich mit einem Großteil der Kinder in den Nebenraum, in dem wir schnitzen, malen oder spielen können. Schlagartig wird es ruhiger, da sich die Kinderdichte verringert. Der Morgen geht fast unbemerkt in den Vormittag über. Die ganzen Rituale haben eine treibende Wirkung und der Tag geht schnell vorbei, was wohl auch damit zusammenhängt, dass man immer beschäftigt und Teil der Situation ist.

Heute Mittag gibt es Reis mit dunkler Soße und Tofuwürstchen, sowie ein kleines persönliches Problem. Ich mag keinen Reis. Ich bin mir meiner Vorbildfunktion bewusst und schlucke auch unangenehm schmeckende Champignons herunter, aber bei Reis hört der Spaß auf. Den würde ich bei bestem Willen nicht essen können, ansonsten ist ein baldiges Wiedersehen garantiert. Also verzichte ich mit der Ausrede, dass ich zu Hause essen werde und mir jetzt nicht den Appetit verderben möchte. Frau Holland habe ich dahingehend natürlich vorher eingeweiht, die jedoch, wie alle anderen im Laufe meines Lebens, große Augen macht und fragt: „Wie kann man denn keinen Reis mögen?".

Nichts kommt von ungefähr, sage ich mir. Als ich noch ein kleiner Junge im Alter von sechs Jahren war, sind wir umgezogen, allerdings nur ein paar Häuser weiter. Weil mein älterer Bruder und ich noch sehr klein waren und durch den Umzug im Sommer nicht verreisen konnten, schenkten uns unsere Eltern eine Ferienreise nach Bayern. Die Anfahrt war schon recht traurig. Als Kind konnte ich nicht einmal bei meinem besten Freund im Nachbarhaus übernachten, ohne Heimweh zu bekommen. Mein Bruder und ich hatten von unseren Eltern Zettel an die Koffer geklebt bekommen, auf denen stand, dass wir dasselbe Zimmer beziehen sollen. In der Jugendherberge angekommen, wurde unser Gepäck in Beschlag genommen und auf die Zimmer verteilt. Jeder Koffer wurde durchsucht, Leckereien aussortiert und auf einen Stapel gelegt. Bei mir machte die Erzieherin halt, las sich den Zettel durch und riss ihn vor meinen Augen in viele kleine Stücke. Ich hätte sofort weinen können, aber ich verbot es mir, um keine Schwäche zu zeigen. Was muss das für ein Mensch sein, der so etwas tut? Die Folge war, dass mein Bruder und ich auf zwei verschiedene Zimmer aufgeteilt wurden. Mit mir auf dem Zimmer waren drei Jungen: Ein Taffer, ein Weinerlicher und ein Bettnässer. Im Laufe des ‚Urlaubs', der eine gefühlte Ewigkeit dauerte, stellte ich fest, dass der Bettnässer jeden Morgen sein Bett vor der versammelten Kinderschar neu beziehen musste. Ich erlebte jedoch nicht, dass die anderen Kinder über ihn lachten, sondern sie hielten aus Solidarität zu ihm. Er war auch nicht der einzige Bettnässer auf unserem Flur. Woran mag es gelegen haben? War es die Angst, die Unterdrückung oder das Verbot während der Schlafenszeit auf Toilette zu gehen? Mein Bruder, ein aufgeweckter Junge, war schon lange über die Bettnässerphase hinweg und ging einmal abends schnell auf die Toilette. Eine Erzieherin erwischte ihn beim Gang dorthin und schloss das Badezimmer kurzerhand ab. Er verbrachte die ganze Nacht auf dem dreckigen Badezimmerboden.

Beim Mittagessen verspeisten die Erzieherinnen vor unseren Augen unsere mitgebrachten Leckereien. Täglich gab es Reis mit irgendeiner Beilage. Wir durften erst aufstehen, wenn der Teller leer war. Bis zu diesem Zeitpunkt hatte ich keine Abneigung gegen Reis, aber ich musste ihn bislang auch nie täglich essen und schon gar nicht, wenn ich schon satt war. Von Tag zu Tag verschlimmerte sich mein Verhältnis zu dem Lebensmittel, die Mengen hingegen wurden nicht kleiner. Ständig schwirrte das Weinen von Kindern in dem Gemäuer.

Es war bei einem dieser Mittagessen, als aus einem benachbarten Essensraum eine der Erzieherinnen auf mich zukam und mich fragte, ob ich der Bruder von dem weinenden Kind sei. Als ich genauer hinhörte und es bejahte, folgte ich ihr und stand vor meinem selten Schwäche zeigenden großen Bruder. Ich sah, wie er heulend vor seinem Teller mit Spargel saß, den er nicht gewillt war leer zu essen. Von der Erzieherin bekamen wir die Aufforderung, dass der Teller leer gegessen wird, entweder von ihm oder mir. Also zwang ich mir den ganzen Spargel rein, um dem Graus ein Ende zu machen. Ein Lebensmittel mehr, was ich bis heute nicht mag. Zu Trinken gab es für zwanzig Kinder sechs Kannen mit Tee und eine kleine Kanne Orangensaft. Dreimal dürft ihr raten, was alle Kinder haben wollten. Komischerweise stand ich immer im letzten Drittel der Schlange und bekam den ekligen Tee zu trinken, den ich stets bemüht in die Vasen goss. Ein Getränk, was ich ebenfalls bis heute aus meiner Favoritenliste gestrichen habe.

In der Mitte unseres Urlaubes bekamen wir Anrufe von zu Hause, die wir vor einem Spielraum entgegennehmen konnten. Aus einer halboffenen Kabine heraus hörte man die positiven und vertrauten Stimmen der Familie. Trotzdem konnte man ihnen nicht sagen, wie schlecht es einem geht, denn die Erzieherin saß genau neben einem und belauschte jedes Wort mit strengem Blick. Ich weiß noch, dass ich in dieser Nacht unter der Decke bitterlich geweint habe. Die Tage wurden seit der ersten Stunde runtergezählt. Irgendwann hatten es mein Bruder und ich geschafft. Auf der Fahrt nach Hause haben wir zwei uns wortlos geschworen, nie mit unseren Eltern hierrüber zu sprechen. Abhaken und weiter geht's.

Hätten wir das doch lieber gemacht, denn irgendwann sagten unsere Eltern: „Weil es ja so schön war, dürft ihr nochmal dorthin!". Sie ahnten nichts von alledem und das Geheul war groß, als es in den Zug Richtung Bayern ging.

„Das Heimweh vergeht, glaub' mir, du wirst viel Spaß haben! Wie letztes Jahr."

Ich hoffte, es würde nicht so wie letztes Jahr werden. Über das zweite Mal dort kann ich leider anhand von Verdrängung gar nichts sagen, die Erinnerungen scheinen völlig gelöscht. An was ich mich jedoch auf Lebenszeit erinnern werde, ist der Geruch der Erzieherin, die ein ganz bestimmtes Parfüm trug. Zu meinem Pech besaß meine Klassenlehrerin in der weiterführenden Schule auch dieses Parfüm und sah der Erzieherin ziemlich ähnlich. Für mich stand fest, dass sie ein und dieselbe Person sein müssen. Also verhielt ich mich extrem unauffällig und kein Schimpfwort verließ meine Lippen, denn ich wusste, wozu diese Frau imstande war. Bis zur siebten Klasse glaubte ich fest zu wissen, wer meine Klassenlehrerin wirklich ist, bis ich irgendwann herausfand, dass sie es gar nicht gewesen sein kann. Blöd nur, dass ich quasi täglich von den Lehrern vor gesammelter Klasse zum Vorbild der Schule ernannt wurde und die Rolle des lieben Schülers innehatte. Viele meiner Noten entstanden auf der Basis des Bildes des verantwortungsbewussten, fleißigen, ruhigen und immer mitdenkenden Schülers. Viel schwerer war es jedoch zwischenmenschlich aus dieser Rolle zu fliehen und man selbst zu sein. Jemand, der auch mal „Scheiße" sagt oder sich mit jemandem streitet. Das fiel mir jedoch zu schwer und so füllte ich diese Rolle bis zum Ende der zehnten Klasse aus.

Es ist faszinierend, wie ein Moment ein ganzes Leben beeinflussen kann. Die gesamte Vergangenheit – sogar ein stückweit die Persönlichkeit – beruht auf diesem Moment. Wie wäre ich geworden, wenn ich nicht unter die Fittiche einer solchen Erzieherin gekommen wäre? Hätte ich einen anderen Weg eingeschlagen oder hätte ich vielleicht sogar während der Schulzeit eine Freundin gehabt? Leider wirkte ich wegen meiner fremdgesteuerten und zurückhaltenden Art wenig ansprechend auf das andere Geschlecht. Es gab nicht viele, die einen stummen Ja-Sager als festen Partner haben wollten. Und wenn doch, dann wäre es nicht Ich gewesen. Die Schulzeit hätte anders laufen können, aber diese Geschichten und Schicksale schreiben das Leben.

Vielleicht ist auch gerade das der Moment gewesen, der mich auf den Lebensweg gebracht hat, auf dem ich mich derzeit befinde.

Aus den Gedanken gerissen, höre ich die Frage: „Möchtest du einen Riesenhaps oder Zwergenhaps?". Ich lehne ab und sage, dass ich gleich zu Hause essen werde.

Am letzten Tag meiner ersten Woche im Waldorfkindergarten ist zu merken, dass die Eingewöhnung der neuen Kinder ziemlich gut verlaufen ist. Die leichten Tränen in den Augen beim Verabschieden der Eltern nehmen ab und die erste Hürde im Kindergartenjahr ist somit überwunden. Eingewöhnung wird hier recht individuell durchgeführt. Das Elternteil bleibt anfangs nach der Verabschiedung des Kindes in den Räumlichkeiten der Einrichtung, sodass es im Ernstfall wieder schnell zurückgerufen werden kann. Die ersten Tage bleibt das Kind auch möglichst nicht den vollen Tag dort, damit es sich langsam an die Lebensumstellung gewöhnen kann. Für viele Kinder ist dieser Moment der Start in ein neues Leben. Hundert Prozent Mama und Papa am Tag werden zu achtzig Prozent Kindergarten. Nachdem das Kind sich eingewöhnt hat, wird sein Aufenthalt im Kindergarten verlängert.

Ich beginne meinen Tag, indem ich mit drei Kindern Obst in Würfel schneide. Das wird unser gemeinsames Frühstück, es gibt heute wie jeden Freitag Obstmüsli. Nebenbei mahle ich mit einem Kind an einer Handmühle Haferflocken. Wie soll es anders sein, die Situation ist wie gehabt idyllisch. Streckenweise ist es wirklich sehr laut, aber es passt zur aktuellen Atmosphäre. Mich wundert, dass keine der Erzieherinnen dazwischen geht und die Kinder in ihrer Lautstärke bremst. Sobald ich mich jedoch meiner Arbeit mit den Kindern widme, nehme ich das Kindergeschrei kaum noch wahr und denke mir: Wir sind doch hier im Kindergarten und nicht im Altenheim!

Aus dem Bad höre ich jemanden meinen Namen rufen. Als ich hingehe, sehe ich Braunauge auf der Toilette. Dem Geruch in meiner Nase entnehme ich, dass es ein großes Geschäft ist. Wieso ruft der Kleine immer mich für diese Art von Arbeit? Klar, er klebt quasi an mir, wenn er nicht gerade auf der Keramik sitzt. Also wenn das seine Art ist, sich für meine geschenkte Aufmerksamkeit zu bedanken, dann müssen wir demnächst klare Spielregeln aufstellen.

„Braunauge, ich hole eben Frau Holland."

Noch bevor er etwas sagen kann, habe ich das Bad verlassen. Mich überkommt ein schlechtes Gewissen. Moralisch war das jetzt nicht in Ordnung. Der Kleine sucht sich von drei Erwachsenen mich aus, der ihm in so einem intimen Moment helfen soll. Eventuell spielt da auch ein „von-Mann-zu-Mann-Faktor" mit rein. Vielleicht möchte er auch meine Hilfe, weil zwischen uns die Chemie stimmt und ich eine Bezugsperson geworden bin. Beim nächsten Mal werde ich mich der Angst stellen, wie eklig es auch sein mag. Letztendlich zögere ich es nur heraus, irgendwann würde es eh passieren, sofern ich weiter im Kindergarten arbeiten würde. Frau Holland spinnt in Seelenruhe am

Spinngerät Schafswolle zu einem Knäuel. Ich halte inne, als ich bei ihr stehe und denke mir: So etwas kennt man doch bloß noch aus alten Filmen. Ich reiße sie nur ungern aus ihrer Arbeit heraus. Aber der Ekel ist größer.

Der Tag vergeht wie im Flug. Man ist immer beschäftigt. Da das Wetter sehr gut ist, gehen wir zügig nach draußen. Frau Holland huscht im Gemüsebeet herum, Miss Crazy flechtet ein neues Springseil, ich fege den Sand zurück in den Sandkasten und um uns herum spielen die Kinder. Irgendwie stimmt es hier einfach. Ich kann es nicht oft genug sagen. Es gibt keinen Streit und keine Erzieherin, die die Kinder ausschimpfen muss. Totale Harmonie. Und auf den Gesichtern meiner Kolleginnen ist immer ein Lächeln zu sehen. Nicht gekünstelt oder erzwungen, sondern authentisch und selbstzufrieden. Ich halte inne und stelle fest, dass ich hier gerne Kind oder gar Erzieher sein würde. Das scheint ein sehr tolles Jahr zu werden und ich erwische mich, wie sich meine Mundwinkel nach oben bewegen.

Am Mittag kommt Frau Holland auf mich zu und fragt: „Sag mal, traust du es dir zu, die Hälfte der Kinder beim Mittagessen mit in den Nebenraum zu nehmen und dort zu essen? Hier bei uns wird es allmählich sehr voll und laut. Wir könnten das ein bisschen entzerren."

Ich bin etwas erstaunt, aber merke, wie mein Kopf zustimmend nickt und ich passend dazu „In Ordnung!" sage.

Bevor das Essen verteilt wird, kündigt Frau Holland mich an und ich darf daraufhin fünf Kinder mit in den Nebenraum nehmen, um dort in Ruhe zu essen. Um nicht unfair zu sein, halte ich meine Kinderauswahl ausgeglichen: Drei Mädels und zwei Jungs, die von den ganzen lieben Kindern noch als Auffälligste gelten.

Das Essen ist verteilt und wir stimmen den Tischspruch an. Der Nebenraum, der die meisten Spielmöglichkeiten bietet, verleitet die Kinder zum Aufstehen und Spielen. Wie kriege ich sie wieder an den Tisch? Kinder mögen Spiele, also gestalte ich aus dem Mittagessen eine Mahlzeit mit Spielregeln.

„Mal schauen ob wir es schaffen so leise zu sein, dass die anderen im Raum denken, wir wären nicht mehr da."

Die Kinder springen total drauf an. Höchstens ein Flüstern ertönt. Im Laufe der Zeit merke ich aber, dass schweigendes Essen langweilig und nicht Sinn der Sache ist. Esskultur bedeutet doch auch sich zu unterhalten und auszutauschen. Also ändere ich kurzerhand die Regeln und erlaube Flüstern. Das Essen verläuft gut. Frau Holland ist stolz darauf, dass sie mich als fast vollwertige Kraft einsetzen kann. Zwar unentgeltlich und ohne Ausbildung, aber mit jeder Menge Spaß und Kreativität.

Die nächsten Tage verfliegen sehr schnell. Alle Kinder sind eingewöhnt und die Wandersaison hat somit angefangen. Weil wir drei Erwachsene in der blauen Gruppe sind, können wir uns recht gut auf dem Weg in den Wald aufteilen. Einer läuft wegweisend voran, einer bleibt in der Mitte und einer bildet das Schlusslicht. Das ist eine eher unbeliebte Position, da man besonders auf dem Rückweg die Schleichkinder sprichwörtlich zum schnelleren Gehen peitschen muss, um den Abstand möglichst klein zu halten. Die Strecke im Wald ist so gut wie allen in Matschhosen gekleideten Kindern bekannt, aber es gibt drei bis vier Alternativziele, die als Rastplatz dienen. Auf dem Weg merke ich, wie aus der griesgrämigen Ellbogengesellschaft auf einmal lächelnde Menschen werden. Wir werden alle zwei Minuten freundlich von fremden Spaziergängern gegrüßt. Wieso ist das eigentlich nicht immer so? Den Kindern ist anzusehen, dass sie mit Matsch an den Fingern absolut keine Probleme haben. Wo Unsereiner direkt ein Taschentuch herausziehen und die bematschte Hand möglichst nicht mehr in Gesichtsnähe lassen würde, bis man ein Waschbecken gefunden hat, haben die Kinder ganz andere Sorgen: Hoffentlich bleiben wir hier noch möglichst lange zum Spielen. Ein Kind mit Schnodder in der Nase hält mit zwei Händen eine gute Portion Matsch fest und präsentiert mir diese. Als ich es motivieren möchte weiterzumachen, fällt mir auf, dass unter dem vielen Matsch eine Nacktschnecke ist. Für das Mädchen ist das nichts Neues, denn genau diese wollte sie mir zeigen. So etwas würde ich niemals anfassen, aber für die kleine Rotznase ist das absolut kein Problem. Als ich sie ein zweites Mal darum bitte, sich die Finger sauber zu machen, nachdem die Schnecke am Wegesrand abgesetzt wurde, gibt sie klein bei und wischt sich grob die Handflächen ab. Sauber sind sie dennoch nicht geworden.

An unserem Rastplatz angekommen, bauen wir uns aus kleinen Baumstämmen auf die Schnelle einen Sitzkreis, in dem wir gemeinsam frühstücken. Das ist ein schönes Gefühl. Wie oft sitzt man für gewöhnlich schon mit seinen alltäglichen Klamotten auf einem Baumstamm im Wald, packt sein Frühstücksbrot aus und verspeist es zwanzig Zentimeter über Spinnen, Asseln und Käfern? Für alle gibt es noch eine Runde Tee und abschließend dürfen die Kinder auf den Spielplatz gehen, auf dem wir uns derzeit befinden.

Der Weg zurück in den Kindergarten erweist sich als schwierig, denn ich bilde das Schlusslicht. Eine Erfahrung ist es auf jeden Fall wert. Eine Horde Kinder schleppt sich vor mir zurück in die behütete Stube. Auf uns warten noch locker zwanzig Minuten Waldweg. Man glaubt kaum wie einfallsreich man werden kann, wenn man auf sich allein gestellt ist. Die Kolleginnen sind etwa schon hundert Meter weit weg und um mich herum befinden sich knapp zehn Kinder. Also, was tun?

Plan A: Ich gestalte aus der Situation ein Fangspiel und alle Kinder versuchen mich zu fangen. So bekomme ich sie wenigstens zum Aufholen.

Plan B: Ich nehme den Müdesten auf die Schultern und laufe im Pferdegalopp, neben mir die restlichen neun Fohlen.

Plan C: Ich spiele mit ihnen *Wer ist zuerst bei Frau Holland?* Dann müsste ich eventuell nur noch zwei Kinder an die Hände nehmen und nach vorne schleifen.

Ich entscheide mich spontan für Plan B und zum Glück klappt es. Einige Kinder verfallen in das Wiehern von Pferden. Jeder geht in seiner Rolle auf und nach drei Minuten ist Frau Holland überholt. Nun möchte natürlich jeder auf meine Schulter, also tausche ich alle hundert Meter die Kinder aus. Frau Holland und Frau Crazy freuen sich darüber, wie ich mich aus der Situation gerettet habe, und zwinkern mir bestärkend zu. Ich zwinkere zurück und rufe ihnen im Galopp zu: „Das nächste Mal dürft ihr auf die Schultern."

Neuer Tag, neues Glück. Heute gibt es anstelle des Stuhlkreises eine Puppentheatervorführung. Vier Kinder dürfen heute parallel zur erzählten Geschichte mit selbstgemachten Filzpuppen das Szenario nachstellen. Doch bevor es losgeht, dürfen sie das Bühnenbild aufbauen, solange die anderen Kinder im Garten spielen. Mit Tüchern, Rinde und Moos werden Flüsse, Berge, Bäume und Wälder dargestellt.

Die Erzieherin sagt mir vorab, dass sie gerne diesmal auch Jungen mit einbeziehen würde. Das könnte spannend werden, denke ich mir. Jungen, die vor ihren besten Freunden mit Puppen spielen. Aber hier gelten ja ganz andere Regeln, nichts kann mich noch überraschen. Nachdem das Bühnenbild steht und die Kinder sich ins Publikum gesetzt haben, scheinen die beiden männlichen Puppenspieler nervös zu werden, weil sie gleich mit Puppen spielen. Ein krasser Rollenkonflikt spielt sich hier ab. Frau Holland holt mich mit auf die Bühne. Ich gebe den Jungs Rückdeckung und spiele die erste Szene mit zwei Puppen vor. Die Mädels steigen mit ein und die Resonanz der Kinder zeigt, dass es doch nichts Natürlicheres gibt, als dass Kinder mit Puppen spielen, egal welches Geschlecht sie haben. Ziemlich schnell nehmen mir beide Jungs die Puppen aus den Händen und übernehmen. Ich verziehe mich in den Backstagebereich und nicke den beiden motivierend zu, sobald sie in mir Kraft und Zuspruch suchen.

Ich freue mich darüber, dass es so gut gelaufen ist. Auch wenn viele Erwachsene über eine solche Situation schmunzeln, so sehe ich es inzwischen aus einer ganz anderen Perspektive, und zwar der des Kindes. Im Puppen- beziehungsweise Rollenspiel können Kinder die immer komplizierter werdende Erwachsenenwelt begreifen und verarbeiten. Nicht selten werden detaillierte Szenen aus dem Alltag der Familie im Kindergarten nachgespielt. Wieso machen Erwachsene das, was sie tun? Wie gehen sie miteinander um? Wie geht nochmal der neue Tischspruch im Kindergarten? All das sind Fragen, denen die Kinder im Rollen- und Puppenspiel nachgehen und in ihrem Tempo nacherleben. Wieso darf dieses gesellschaftliche Recht nur ein Mädchen haben? Und hat nicht jedes Kind das Recht mit Puppen spielen zu dürfen, ganz gleich mit welchem Geschlecht es auf die Welt kommt? Ob im Kinderzimmer eines Jungen nun eine kleine Puppenecke zu finden sein sollte, möchte ich als beantwortet in den Raum stellen.

Ausnahmezustand im Kindergarten! An der Eingangstür steht auf einem aufgehängten Zettel „Die Läuse sind im Haus. Bitte überprüfen Sie Ihre Kinder nach Läusen und halten Sie Rücksprache mit ihren Erzieherinnen."

Na wunderbar, schlagartig krabbelt es auf meinem Kopf. Natürlich ist das reine Einbildung, ich bleibe davon verschont. Wir beginnen zu dritt alle Kinder bei der Aufnahme zu überprüfen. Der Übeltäter ist schon bald gefunden. Der Kleine weiß nicht so recht, was mit ihm los ist. Die Mutter beginnt zu weinen. Ich erfahre später, dass diese Familie dieses Jahr schon zum dritten Mal die Läuse zu Gast hat. Ein elender und nerviger Dauerzustand. Alle Stoffe müssen gewaschen werden, und man kann sich vorstellen wie viele davon in einem Ökohaushalt zu finden sind. Am liebsten würde Frau Holland sie jetzt in den Arm nehmen, aber die Gefahr ist zu groß, dass sie auch befallen wird. Also bleibt es beim verbalen Beistand. Das scheint ein toller Tag zu werden.

Als wir nach dem Frühstück die Kinder in den Garten schicken, höre ich ein lautes Rufen aus dem Sandkasten. Frau Holland schreit sich erschrocken die Seele aus dem Leib und das ist ungewöhnlich für die sonstige Waldorfidylle. Ich eile schnell dorthin. Vielleicht ist ja eine Maus oder eine tote Katze im Sandkasten, oder ein fremder Mann steht im Garten. Alles ist möglich. Als ich draußen ankomme, stampft mir Frau Holland mit geballten Fäusten entgegen.

„Weißt du was ich gerade im Sandkasten gefunden habe?"

Alle Kinder sind total verdutzt und wissen gar nicht so recht, was gerade passiert ist. Ich verneine. Daraufhin öffnet sie vor den Kindern versteckt ihre Faust und präsentiert mir eine acht Zentimeter große muskelbepackte Wrestling-Actionfigur in knapper Unterhose. Diese Figur steht in krassem Kontrast zu dem sonstigen Spielzeug hier. Ich tue erstaunt und frage, wo sie sie gefunden hat, um ihr etwas Raum zur Verarbeitung zu geben. Nach fünfminütiger Konversation übernehme ich die Skandalfigur, die mir als kleiner Junge wohl viel Spielzeit gefüllt hätte, und werfe sie mit drei spontanen Flüchen in den außerhalb des Einrichtungsgeländes stehenden Müllcontainer. Zwei Welten treffen aufeinander. Frau Holland ist besorgt, dass die Kinder mit einer Figur, die so viele sexistische Klischees verkörpert, und dem damit zusammenhängenden stereotypischen Männerbild konfrontiert werden. Da sich solche Figuren in einigen Kinderzimmern wiederfinden und im Kinderfernsehen zu sehen sind, zumal wohl ein Kind dieses Spielzeug im Sandkasten verloren hat, sehe ich persönlich diese Figur als Bestandteil der heutigen Zeit. Klar, Rudolph Steiner wird keine Poster mit Wrestlingstars an seine Wände geklebt haben, aber das waren auch andere Zeiten. Kinder sind heutzutage ganz anderen Medien und Impulsen ausgesetzt. Aber richtig und wichtig finde ich es, dass man als Institution nicht allen davon Raum und Platz bietet.

Nachdem sich die Gemüter beruhigt haben, widmen wir uns unseren täglichen Aufgaben. Frau Holland geht ins Beet, ich kehre und Frau Crazy flicht. Schneewittchen begutachtet den geliebten Kletterbaum und stellt fest, dass ein recht großer Ast schräg wächst und mit den Jahren problematisch werden könnte.

Sie kommt zu mir und fragt: „Ihr habt doch bei euch die große Zweimannsäge im Gruppenraum hängen, oder?"

Mehr muss nicht gesagt werden und ich hole sie. Diese schweißtreibende Hürde bewältigen wir mit Ausdauer, Muskeln und Willenskraft. Eine aggressive und gewaltbereite Aura umgibt uns, der Ast möchte einfach nicht nachgeben. Nach wenigen Minuten nehme ich eine ganze Kinderschar um uns herum wahr, die uns als zusätzliche Motivationsspritze dienen. In der letzten Reihe stehen die Waldorfpädagoginnen, die uns anschauen, als hätte jemand auf offener Straße sein Kind geschlagen – eine Mischung aus Fassungslosigkeit und Wut. Ich bin unentschlossen, ob ich jetzt weitermachen oder die Säge ruhen lassen soll. Aber Schneewittchen macht doch auch mit, eine, die die Waldorfpädagogik vollständig verinnerlicht hat. Scheinbar mit mittelstarken Aussetzern. Sie scheint sich jedenfalls nicht daran zu stören. Meine Hand klebt zwar noch an der Säge, aber Schneewittchen sorgt dafür, dass sich mein gesamter Oberkörper nach vorne und hinten bewegt. Wir sägen den Ast ab, um ihn nicht halbtot leiden zu lassen. Meinen Triumph werde ich aber nicht mit einer Sektdusche feiern und mich über die Kindermenge tragen lassen, sondern mich mit stark beschämtem und betroffenem Blick aus dem Vorfall zurückziehen. Wie konnte ich vergessen, dass dieser Baum, quasi das Heiligtum des Waldorfkindergartens, ebenfalls ein Lebewesen ist, den wir gerade auf schreckliche Art vor den Kinderaugen verletzt haben.

Auf dem Weg zurück zur Gruppe höre ich jemanden vom Klo aus meinen Namen rufen. Wer soll es auch anderes sein, es ist Braunauge. Ich ahne Schlimmes. Doch diesmal gibt es kein Zurück. Ich betrete das Badezimmer. Vor mir sitzt auf der Kindertoilette, die knapp vierzig Zentimeter über den Boden ragt, mein kleiner Fan. Ich frage verdächtig überfreundlich:

„Ja, bitte? Du hattest gerufen?"

„Ja. Kannst du mir den Popo abputzen?"

Ich sammle mich einen Moment.

„Du wirst es nicht glauben, aber heute ist dein Glückstag."

„Warum?", fragt mich Braunauge.

„Weil heute der Tag ist, an dem du lernst, dir den Popo alleine sauber zu machen."

Er schaut mich mit seinen großen Augen irritiert an. Ich beginne mit der Einführung in das selbstständige Popoabwischen. Verwundert und gleichzeitig angeekelt stelle ich fest, dass er sich traut, seinen Popo bloß mit einem Blatt Toilettenpapier abzuputzen – wohl bemerkt ohne zu falten. Ich würde ja zu gern seinen Gesichtsausdruck sehen, wenn das Papier reißt, man lernt ja bekanntlich am besten aus seinen eigenen Fehlern. Aber irgendwo gibt es auch Grenzen, denke ich mir, und gönne ihm sechs Blätter mehr, um absolut sicher zu gehen. Wunderbar, er hat es verstanden und mit ein bisschen Übung wird er in seinem Alter wahre Pionierarbeit leisten. Und wer weiß, vielleicht entwickelt sich das ja zu einem Lauffeuer und ich brauche dieses Jahr keine stinkenden Popos abzuputzen. Netter Nebeneffekt: Die Kinder werden selbstständiger. Weil der Gestank kaum noch auszuhalten ist, möchte ich nicht unnötig viel Zeit hier verbringen und sage ihm, dass er sich anschließend die Hände waschen soll. Ich trete kurz vor die Tür in den Garten, um meiner Lunge reinen Sauerstoff zu gönnen. Als ich wieder ins Bad gehe, ist das Waschbecken immer noch leer. Ich öffne die Toilettenkabine und sehe Braunauge, wie er seine Hände in die Toilette hält und dabei die Spülung abzieht.

„Was wird das?", frage ich ihn völlig von den Socken.

„Ich wasche mir die Hände", sagt er mir klar und deutlich, als gäbe es nichts Natürlicheres.

Ich schicke ihn an das Waschbecken und fahre mit meiner Toiletteneinführung fort. Kaum zu glauben, dass der Kleine das gerade ernst gemeint hat. Wie waschen sich denn seine Eltern, also seine Vorbilder, zu Hause die Hände? Ich kann nicht fassen, was ich gerade gesehen habe. Zur Sicherheit zwicke ich mich, aber nein, ich spüre es ganz genau. Das scheint wohl einer der Momente gewesen zu sein, die man in seinem Leben niemals vergisst.

Mit den Eindrücken dieses Tages mache ich mich nach dem Mittagessen auf dem Weg nach Hause. Mit einem Kopf, der sich anfühlt als würden darin Autoscooter fahren, schwinge ich mich auf mein Fahrrad und winke wie jeden Tag den Kindern meiner Gruppe am Fenster zu – mit einem authentischen Lächeln inklusive großer Lust morgen dennoch wieder am Start zu sein.

Nun ist es soweit: Karneval im Kindergarten! Das am wenigsten von mir gemochte Fest, was Jahr für Jahr wiederholt wird. An so einem Tag kann sich jeder zum Affen machen und gleichzeitig muss einem nichts peinlich sein. Schlagartig haben alle Menschen gute Laune. Als ich am Morgen verschlafen und natürlich unverkleidet im Kindergarten ankomme, werde ich mit einem herzlichen Narrengruß empfangen. Schnell wird mir klar, dass ich im Bett hätte bleiben sollen. Nun ja, die gute Laune ist mir hier ja nicht fremd, dennoch hätte mir als Karnevalsmuffel ein „Guten Morgen" zum Einstieg auch gereicht. Aus der Verkleidungskiste darf ich mir ein Kostüm zu unserem Zirkusthema aussuchen und ziehe mir bescheiden einen Zaubererhut auf. Das müsste als Kostüm genügen. Der Hut reicht jedenfalls aus, um mich genauso kindisch zu fühlen wie die eintrudelnden Kinder. Na ja, zum Glück sieht mich hier niemand.

Ein etwa 1,80 m großer Bär im Overall betritt die Gruppe und faucht alle Umstehenden an. Das Geschrei ist groß, bis unser Kindergartenleiter das Kopfteil abnimmt und feststellt, dass er sich in einem Kindergarten befindet und nicht als Honorarkraft im Gruselkabinett. Alle sind da und nehmen in der Manege im großen Nebenraum Platz, die Frau Holland und ich am Vorabend bis in die Puppen mit Krepppapier gebaut haben. Natürlich wurde alles in Streifen gerissen und nicht geschnitten.

Frau Crazy bittet uns zu warten, da ein Kind noch nicht da ist. Es handelt sich um den Jungen, der gerne eine Fee wäre. Streitereien mit anderen Jungen geht er erfolglos aus dem Weg, indem er sie in ein Zwergkaninchen verzaubert, was leider nicht zielführend und streitschlichtend ist.

Letzte Woche saßen wir am Esstisch und besprachen Themen wie das Wetter, die neue selbstgebaute Hütte im Garten und Wochenenderlebnisse, als er in den Raum warf: „Ich glaube ich bin ein

Mädchen." Mit einem gekonnten Augenrollen unterstrich er seine Aussage. Die Jungen fingen an zu kichern, die Mädchen boten Obhut.

Pädagogen, Eltern und Kinder sitzen nun auf den viel zu kleinen Stühlen und warten in ihren üppigen oder übersichtlichen Karnevalskostümen bis alle beisammen sind. Es wird zunehmend wärmer und ungemütlicher für einige Kinder. So manches Mal denke ich mir, dass einige Eltern bloß das süße Bild im Kostümkatalog sehen. Das große Krokodilkostüm als Overall, das man am Rücken auf- und zumachen kann, ist nicht nur übermäßig unpraktisch, sondern auch sehr warm. Daran, dass der Kleine mindestens drei Stunden darin herumlaufen muss, bei jedem Toilettenalarm automatisch die Selbstständigkeit verliert und durch den langen Krokodilschwanz bei jedem Umdrehen seine Sitznachbarn umschubst, scheint beim Kauf niemand gedacht zu haben. Aber man ist ja nur einmal Kind, daher wird aus der zweiten Reihe, in der sich die Eltern aufgereiht haben, fleißig mit der Kamera geknipst.

Der Junge, der gerne ein Mädchen wäre, betritt mit seiner Mutter den Raum und trägt ein rosafarbenes Feenkostüm. Eine Mischung aus Anerkennung ob des Mutes und Erschrockenheit füllt den Raum – jedenfalls aus meiner Sicht. Die umstehenden Eltern tuscheln. Ich empfinde Respekt für beide Seiten: Für die Willensstärke des gerade einmal sechsjährigen Jungen, dem bewusst war, dass er mit seinem Kostüm polarisieren wird, und für die Mutter, die sich aus meiner Sicht völlig korrekt verhalten hat. Wieso soll sie es ihm verbieten? Es ist sein Wunsch, also soll er einfach die Erfahrung machen. Früher oder später würde es sowieso passieren, wieso also nicht im Kindergarten an Karneval?

Nach einer Vorstellungsrunde aller Kostüme dürfen die ersten Freiwilligen auf einem Balancierbalken hinüber balancieren. Das ist mit Kostüm gar nicht so einfach für die Kinder, die gerade erst aus dem Krabbeln heraus sind.

Nachdem nun jeder seinen Teil zum Programm beigetragen hat, geht es ans Buffet. Ich hatte gedacht, dass wir in kleiner Runde feiern, aber da habe ich mich geirrt. Auch die Außenwelt soll von uns Kenntnis nehmen. Also laufen wir in einer Karnevalsparade durch das gesamte Gelände der Waldorfschule. Und natürlich haben die Schüler gerade Pause, sodass uns jeder einmal anschauen und auslachen kann, wie wir als Kindergartentruppe über den Schulhof schlendern. Aber dem ist nicht so. Ich vergesse, dass wir uns in einer verkehrten Welt befinden. Wir bekommen jubelnden Applaus von den Schülern. Frau Holland hat viele damals schon zur Kindergartenzeit erlebt und die Schüler sind froh sie in einer Situation zu sehen, in der viele von ihnen damals als Kinder waren. Es erstaunt mich dennoch. In vielen anderen Schulen kämen völlig unangebrachte Kommentare aus zweiter Reihe, die am Ende niemand gesagt haben will. Es freut mich, so etwas Schönes erleben zu dürfen. Das Waldorfsystem scheint eine runde Sache zu sein. Auf der Extrarunde durch das Gelände lassen wir uns feiern und treffen wieder im Kindergarten ein, in dem uns die Eltern in Empfang nehmen.

Obwohl ich kein Karnevalsfan bin, muss ich zugeben, dass das Fest absolut kindgerecht und gelungen ist. Und jemand, der kein Karnevalsfan ist, der muss einfach mal in den sauren Apfel beißen und mitmachen. Die Kinder haben viel Spaß und das ist doch die Hauptsache.

Der Tag ist nun gekommen, an dem der männliche Erzieher und gleichzeitige Gruppenleiter wieder genesen ist und zu unserem Team hinzustößt. Dies bedeutet das Aus für Frau Crazy, die bloß zur Überbrückung und Vertretung für ihn da war. Für mich ist das ein trauriger Tag, weil ich sie sehr ins Herz geschlossen habe. Zum Abschied liest sie meine Persönlichkeit anhand meiner Aura. Sie hat etwas Spirituelles an sich, abseits vom Mainstream. Von ihr erfahre ich, dass ich, egal welche beruflichen Richtungen ich auch einschlage, immer wieder in den Kindergarten zurückkehren werde. Es täte den Kindern und auch mir sehr gut. „Da bin ich mal gespannt", denke ich mir. Gleichzeitig ist es auch ein sehr spannender Tag, weil ich nun erstmals sehe, wie ein professioneller männlicher Erzieher mit Kindern umgeht. Er trägt meist ein weißes Shirt und ein blasses Hemd darüber. Ich sauge jede Erfahrung auf und versuche sie zu hinterfragen und anzunehmen. Er wirkt sehr in sich ruhend, fast wie von einem anderen Stern. Doch von allen hier kann ich mir ihn am ehesten in der Außenwelt vorstellen. Ich taufe ihn wegen seiner inneren und äußeren Ruhe auf Mr. Gelassenheit. Ich freue mich auch darauf, dass im Stuhlkreis und bei den ganzen ritualisierenden Gesängen alles zwei

Oktaven tiefer gesungen wird. Das kommt mir sehr entgegen. Bislang habe ich jedenfalls kaum mitgesungen, weil ich dachte, dass es die Kinder aus dem Konzept bringen könnte, wenn ein Mann mitsingt. Und in der Kopfstimme wollte ich ungerne singen.

Am Abend findet unser gruppeninterner Elternabend statt. Mr. Gelassenheit wird ihn leiten, Frau Holland und ich assistieren. Wir sitzen allesamt im Stuhlkreis, in der Mitte steht eine Kerze in einem Seidentuch. Der Geruch des Holzes trägt dazu bei, der gesamten Atmosphäre ein Gefühl von zu Hause zu verleihen. Ich muss lächeln, als ich die Eltern auf den eindeutig zu kleinen Stühlen sitzen sehe und mir vorstelle, welches Kind zu ihnen passt. Um das noch zu überbieten, verteile ich an die Eltern in Gedanken die Charaktereigenschaften ihrer Kinder. Der Papa, der sich nach dem Geschäft die Hände in der Toilette wäscht. Die Mama, die den ganzen Tag am Maltisch sitzt, den Kopf dabei auf neun Uhr legt und fragt: „Malen wir ein Tauschbild?". Der Papa, der keine zehn Sekunden ruhig auf dem Stuhl sitzen kann und immer wieder mit seinem Sitznachbarn spricht. Witzig finde ich, dass genau die Väter, dessen Kinder beste Freunde sind, nebeneinandersitzen und flüstern. Ein Räuspern von Mr. Gelassenheit unterbricht sie und holt mich aus den Gedanken.

Mr. Gelassenheit hebt schweigend seine rechte Hand und beginnt mit dem Fingerspiel des Sonnenkäferpapas.

„Erst kommt der Sonnenkäferpapa,
und dann kommt die Sonnenkäfermama,
und hintendrein so klitzeklein die Sonnenkäferkinderlein,
und hintendrein so klitzeklein die Sonnenkäferkinderlein.

Sie haben rote Röckchen an,
mit kleinen schwarzen Pünktchen dran.
Sie machen ihren Sonntagsgang auf unserer Fensterbank entlang,
Sie machen ihren Sonntagsgang auf unserer Fensterbank entlang.

Jetzt woll'n sie auf die Wiese gehen,
wo viele bunte Blumen stehen.
Sie tanzen lustig Ringelrein zuerst allein und dann zu zweit,
sie tanzen lustig Ringelrein zuerst allein und dann zu zweit.

Nun muss das Spiel zu Ende sein,
denn müde sind die Käferlein.
Sie breiten ihre Flügel aus und fliegen alle schnell nach Haus,
sie breiten ihre Flügel aus und fliegen alle schnell nach Haus."

Stille. Unfassbare Stille. Danach ein Applaus von den Eltern. Mr. Gelassenheit fährt fort und erklärt, dass dies derzeit eines der beliebteren Fingerspiele in unserer Gruppe ist. Ich ziehe meinen Hut. Ein erwachsener Mann singt alleine vor dreißig Männern und Frauen im Stuhlkreis das Kinderlied vom Sonnenkäferpapa, begleitet mit seinen Händen, und zieht es gnadenlos durch. Wow! So jemanden nenne ich ein berufliches Vorbild. Nach der ersten gesungenen Zeile habe ich vergeblich nach schmunzelnden Reaktionen gesucht. Alle Väter empfanden es als professionell, dass er das wohl genauso mit den Kindern spielt, und viele Mütter fanden es einfach nur süß, dass ein Mann auf diese Art mit ihren Kindern arbeitet.

Mr. Gelassenheit stellt sich kurzerhand selbst für diejenigen vor, die ihn noch nicht kennen, und zieht die Tagesordnungspunkte *Aktuelle personelle Situation*, *anstehende Feste* und *Fragen der Eltern* durch. Alles in allem ein sehr gelungener Abend. Die Eltern wirken leicht zurückhaltend und ihre Fragen sehr gewählt. Aber niemand stellt Fragen zur täglichen Arbeit oder Ritualen. Man könnte meinen, alle Eltern wüssten, wie ein Tag hier aussieht. Aber da hatte ich falsch gedacht. Als wir nach dem offiziellen Elternabend den Stuhlkreis nachbereiten, finden die ersten Tür- und Angelgespräche statt, wie ich es nennen möchte, obwohl nirgends eine Tür in Reichweite ist.

„Gestern habt ihr mit den Kindern ein Brot gebacken, habe ich gehört. Stimmt das, was mir Niklas erzählt hat?"

„Und, wart ihr heute auch draußen?".

Dass wir jede Woche mit den Kindern Brot backen und auch jeden Tag bei jedem Wetter nach draußen gehen, scheint bei dieser Mutter noch nicht angekommen zu sein. Nun ja, es scheint auch in der Elternschaft Kandidaten zu geben, die nicht ganz wissen, wie der Kindergarten hier abläuft.

Die Zeit nach dem eigentlichen Elternabend verläuft wunderbar. Schon längst sind alle Stühle wieder an ihrem Platz und die Spuren beseitigt. Nun findet die eigentliche und in meinen Augen wichtigste Arbeit des Abends statt: Das Aufbauen oder Vertiefen einer Beziehungsebene. Immerhin treten wir in eine Art Erziehungspartnerschaft mit den Eltern und *arbeiten* mit demselben Kind. Als Elternteil möchte man wissen, wie derjenige ist, der mit seinem Kind zu tun hat. Also wird gequatscht und beschnuppert. Viele Eltern scheinen gar nicht so spießig und öko zu sein, wie sie wirken. Im Grunde sind es normale Menschen wie du und ich. Ich finde es super, dass alles etwas lockerer wird und man sich nicht verstellen muss. Eine Mutter offenbart mir ein Zitat ihres Sohnes:

„Mama, gehst du jetzt in den Kindergarten? Vielleicht schlafen die noch, dann weckst du die auf. Mach das doch nicht!".

Einige Mütter bestätigen diesen Vorfall und wir amüsieren uns prächtig. Viele Kinder denken scheinbar, dass die Pädagogen hier im Kindergarten leben. Einige sogar, dass ich mit Frau Holland, die nebenbei gesagt vom Alter her meine Mutter sein könnte, verheiratet bin. Mr. Gelassenheit macht die ganze Geschichte aber dann für Kinderköpfe zu kompliziert. Er hat in dem Gedankenspiel der Kinder noch keinen Platz gefunden. Schlussendlich bleiben wir nach dem Elternabend mit einigen verbliebenen netten Eltern zwei Stunden länger, weil wir uns ohne Punkt und Komma und mit sehr viel Humor verquatschen.

Auf dem Weg nach Hause merke ich, wie ich im Unterbewusstsein das Erlebte verarbeite. Ich kann mich kaum auf die Straße konzentrieren, was aber auch nicht weiter schlimm ist, da um diese Uhrzeit keine Autos mehr unterwegs sind. Wir müssten mittlerweile kurz vor Mitternacht haben. Diese Nacht schlafe ich sicher wenig. So ein wichtiger und erster Abend muss gründlich verarbeitet werden.

Wie bereits am Elternabend angesprochen, wird unsere Gruppe spontan um ein Kind aufgestockt. Und zwar handelt es sich um einen kleinen Racker, der in der Krabbelgruppe in unserem Gebäude mächtig Ramba Zamba macht und den die kleinen Spielchen in netter Mutter-Kind-Runde nicht mehr zusagen. Am nächsten Morgen steht ein dreijähriger Junge bei uns auf der Matte, der körperlich selbst einige Fünfjährige in die Tasche steckt. Er wirkt selbstbewusst, adipös und als wäre er auf Konfrontation aus. Mit einem grimmigen Blick durchleuchtet er jedes einzelne Kind und scheint, angesichts seiner prallen Hose, eine Windel zu tragen. Somit wäre er das einzige Kind bei uns, das tagsüber noch eine Windel trägt. Ich taufe ihn auf den Namen Little Hulk. Im Kindergartenalltag stellen wir ihn den anderen Kindern vor, jedoch scheint es, als ob sich einige ihn schon als Opfer ausgesucht haben, um ihn zu ärgern. Als neues Kind mitten im Kindergartenjahr in eine Gruppe, die sich bereits gefunden hat, zu gehen, stellt sich nicht selten als problematisch heraus. Aber dafür sind ja wir Erwachsenen zuständig, um gewisse Dinge und Verkupplungen in die Wege zu leiten.

Bevor wir frühstücken gehen, spielen wir in der Garderobe einige Kreis- und Fingerspiele. Für unseren Little Hulk ist das absolutes Neuland. Man merkt, dass bei ihm die Feinmotorik noch nicht so ausgereift ist wie bei unseren anderen dreijährigen Kindern, die die Spiele mittlerweile schon auswendig kennen. Die anderen Kinder kichern und zeigen mit dem Finger auf ihn, was von uns sofort gestoppt wird. Little Hulk lässt das aber nicht auf sich sitzen. Er stampft zu der gegenübersitzenden Kindermasse samt Anführer und fragt:

„Habt ihr ein Problem?"

Wow, ich bewundere seinen Mut. Sich am ersten Tag als Jüngster direkt von allen Kindern den Größten und Stärksten rauszusuchen, zeugt von maßlosem Selbstbewusstsein oder endloser Naivität. Wären wir bei einem illegalen Hahnenkampf, so würde ich mein gesamtes Kapital auf Little Hulk setzen. Punkt, Satz und Sieg! Aber dazu kommt es natürlich nicht. Frau Holland und Mr. Gelassenheit gehen dazwischen. Auf dem Weg zu seinem Platz verliert Little Hulk seinen Hausschuh und bückt sich, um ihn anzuziehen. Und wieder einmal lachen viele Kinder, weil achtzig Prozent seiner Windel das Licht erblicken. Wir unterbinden das Lachen und Mr. Gelassenheit greift das Thema Windel auf, um den Kindern ein für alle Mal den Wind aus den Segeln zu nehmen. Vermutlich tragen eh noch vierzig Prozent der Kinder nachts aus Sicherheitsgründen eine Windel. Als Little Hulk seinen Schuh angezogen und mittlerweile vor Wut einen knallroten Kopf bekommen hat, zieht er seine Schlabberhose runter und zerreißt seine Windel am Bund in zwei Teile, gefolgt von einem Kraftschrei. Sein Blick bleibt starr auf den von ihm auserkorenen Anführer gerichtet. Spätestens jetzt ist Little Hulk seinem Namen gerecht geworden. In der zunehmenden Stille entwickelt sich in einigen Gesichtern langsam Angst. Ich bin fassungslos. Wieviel Kraft muss der Kleine haben, wenn er eine Windel in der Mitte durchreißen kann? Der Klebestreifen an beiden Seiten hat jedenfalls gehalten. Er scheint sich beruhigt zu haben. Die Genugtuung, den Anführer eingeschüchtert und sich Respekt verschafft zu haben, ist ihm mehr wert als eine Rangelei. Also sagt er:

„Und ihr lasst mich in Frieden! Außerdem brauche ich diese Windel gar nicht mehr. Meine Mama wollte, dass ich die anziehe."

Frau Holland begleitet ihn in den Waschraum, um ihm eine Unterhose anzuziehen. Als Mr. Gelassenheit die Situation gekonnt auffängt, stelle ich mir ein Szenario mit gefüllter Windel vor. Da hätte jeder in der Garderobe etwas davon gehabt. Zum Glück ist der Disput relativ gut ausgegangen.

Die Außenwelt ist zu Besuch. Es steht nun fest, ich bekomme für vier Wochen eine Blockpraktikantin an meine Seite, die sich einen Waldorfkindergarten anschauen will. Ähnlich wie ich damals betritt sie die Einrichtung und weiß nicht so recht, was auf sie zukommt. Ich muss innerlich schmunzeln, weil ich, nun als alter Hase im Waldorfbereich, das ganze Anlaufprozedere schon hinter mir habe. Aber es interessiert mich auch zu sehen, wie weit unser Azubi pädagogisch versiert ist, nachdem sie ein Jahr die Berufsschule besucht hat, was ich auch anstrebe. Die Bewerbung ist jedenfalls in Arbeit. Von ihr erfahre ich Einzelheiten zur Ausbildung, selbst Schulbücher gibt sie mir zum Herumblättern mit, als ich darum bitte. Ich wundere mich, weil vieles, was darin steht, gesunder Menschenverstand ist. Ich finde kaum etwas, was man bereits vorarbeiten kann. Das spiegelt sich auch in ihrem pädagogischen Verhalten wider. Aus der Sichtweise eines ungelernten Praktikanten, wie ich es bin, empfinde ich meinen Umgang mit den Kindern nicht anders als den von ihr. Die Kinder haben bei uns beiden eine Mischung aus Freude und Lernimpulsen. Aber natürlich verfügt sie über ein größeres Hintergrundwissen was die Entwicklung von Kindern und Auffälligkeiten anbelangt. Ich merke, dass es mir gut tut jemand neutrales in der Nähe zu haben. Vieles, an das ich mich gewöhnt habe, sieht sie noch mit ganz anderen Augen. Die Lautstärke ist einer der Punkte.

Schreiend versucht sie mir zu sagen:

„Ganz schön laut hier. Ist das immer so?"

Ich rufe ein „Waaas?!" hinterher.

Als sie sich wiederholt, sage ich felsenfest und voller Überzeugung: „Das ist doch gar nicht so laut. Sind halt viele Kinder auf einen Haufen. Da ist das nun einmal so. Oder bist du anderes gewöhnt im Kindergarten?"

„Auf jeeeden Fall! Ich habe früher in einem Kindergarten gearbeitet, in dem war es sehr leise. Man konnte sich normal unterhalten und hatte nicht immer einen dicken Kopf, wenn man Feierabend hat. Wenn ich daran denke, dass ich bald von meiner Lehrerin besucht und benotet werde, bekomme ich das Grauen. Die fällt vom Stuhl, wenn sie sich eine Stunde hier in die Gruppe setzen muss und kein Wort versteht. Die ist schon etwas älter, weißt du. Oh je, und meine Note wird bestimmt voll der Reinfall!", versucht sie mir schreiend aufzuzeigen. Leider verstehe ich aber akustisch bloß jedes zweite Wort.

Ich versuche sie zu beruhigen, indem ich ihr anbiete bei ihrem Besuch unbemerkt etwas zu helfen. Ich würde die Gruppe etwas entzerren und die lautesten Chaoten zu mir in den Nebenraum nehmen, damit sie im Benotungsraum wenige und leicht umgängliche Kinder hat. Das wird schon klappen. Dennoch lässt mich das Gesagte nicht in Ruhe. Es scheint Kindergärten zu geben, in denen absolute Ruhe herrscht. Kinder, die entweder leise Rollenspiele spielen oder am Tisch beschäftigt sind. Das stelle ich mir nicht nur für mich ziemlich langweilig vor, sondern aus der Sicht des Kindes irgendwie unbefriedigend. Ich freue mich auf die Praktika, die ich während meiner Berufsschulzeit machen darf. Dann werde ich mich persönlich davon überzeugen.

Am Mittag im Garten herrscht das übliche Szenario. Jedes Kind und jeder Erwachsene hat etwas zu tun. Mit wenig Material und viel Natur weiß sich ein jeder zu beschäftigen. In dieser stillen Stunde suche ich das Gespräch zu Mr. Gelassenheit, der mit einigen Kindern damit beschäftigt ist, aus gefundenen Ästen ein Vogelhaus zu binden.

„Ich hätte da noch einige Fragen, die sich mir noch nicht ganz erschlossen haben, seitdem ich hier bin."

„Klar, schieß los!", entgegnet er mir.

„Ich weiß, normalerweise spricht man nicht über Geld. Aber da ich ja auch bald vorhabe in diesen Beruf einzusteigen, würde ich gerne mal so wissen, was man in etwa verdient. Ich meine, Geld ist ja nicht ganz unwichtig."

„Nun ja, verdienen ist relativ. Verdienen müssten wir mehr, aber das, was wir als Erzieher bekommen ist eine andere Geschichte. Ich möchte jetzt auch keine Zahlen nennen, weil das von Person zu Person unterschiedlich ist, denn das richtet sich nach den Steuerklassen. Aber ich kann sagen, dass ich, dadurch dass ich hier nur in Teilzeit arbeiten kann, gerade so über die Runden komme. Aber auch nur, weil meine Frau woanders Vollzeit arbeitet. Dennoch sind regelmäßige Kinoabende und Essen in Restaurants nicht unbedingt jeden Monat möglich. Es kam aber irgendwann der Punkt in meinem Leben, an dem ich mich entscheiden musste, ob ich Freude am Leben haben will oder das große Geld verdienen möchte. Ich habe mich für ersteres entschieden. Mich erfüllt dieser Beruf zu hundert Prozent und ich gehe täglich mit einem guten Gefühl zur Arbeit, weil ich teilweise auch nicht genau weiß, was auf mich zukommt und welche Eindrücke die Kinder von zu Hause mitbringen. Es ist immer etwas anderes und das macht den Beruf für mich so unfassbar vielseitig. Und unter uns, für 300 Euro mehr im Monat würde ich all das gar nicht aufgeben wollen."

So gerade über die Runden kommen ist eindeutig nicht in meinem Sinne. Ich träume seit jüngster Jugend von einem unbeschwerten Familienleben ohne am Ende des Geldes feststellen zu müssen, dass noch zu viel vom Monat übrig ist. Ich möchte später meiner Familie jedes Jahr einen Familienurlaub ermöglichen und in einem eigenen Haus leben. Das scheint jedoch auf diesem Wege unrealistisch zu sein. Es sei denn, ich fange an Lotto zu spielen. Das würde die Möglichkeiten erweitern. Mr. Gelassenheit merkt mir an, dass in mir gerade ein Wunsch zerplatzt ist, und versucht es noch einmal.

„Also, ich bin ja derzeit bloß auf Teilzeit eingestellt. Als Vollzeitkraft verdienst du natürlich um einiges mehr. Aber ich möchte dich nicht auf eine Wolke heben, die es nicht gibt. Reich wirst du nicht, das kann ich dir versichern. Ich muss aber sagen, dass du wunderbar mit Kindern arbeitest und ganz gleich in welchem Beruf man steckt: Sofern man Spaß an der Sache hat, ist man auch gut in dem, was man macht. Und wenn man gute Arbeit leistet, so sind die Aufstiegschancen größer. Du könntest als Gruppenleiter arbeiten, was jedoch nicht wirklich viel mehr Geld bedeutet. Da kommt es aber auch darauf an, bei welchem Träger du in einem Kindergarten arbeitest. Manche vergüten diesen Extraposten und manche wollen zwei Erzieherinnen bewusst gleich halten, um keinen Konkurrenzkampf zu initiieren. Du könntest natürlich auch Kindergartenleiter werden. Hierbei würdest du auf jeden Fall mehr Geld verdienen, nur zieht dich das auch aus dem Kindergartenalltag und von der Praxis weg. Das muss jeder für sich selbst wissen. Sozialpädagogik kann man dafür, denke ich, studieren. Aber das ist nicht zwingend notwendig. Nur denk immer daran, du solltest glücklich sein bei dem, was du täglich tust, denn sonst frisst es dich irgendwann auf."

Ich bedanke mich für die hilfreichen Worte und stecke nun wieder in dem Dilemma, in dem ich mich Anfang des Jahres befand. Was soll ich nun beruflich tun? Spaß bei der Arbeit im sozialen Bereich haben, aber deutlich weniger verdienen? Das klingt für mich ein wenig egoistisch. Müssen es zukünftig meine Familie ausbaden, dass sie nur alle vier Jahre mal in den Urlaub fahren können, bloß weil der Herr des Hauses glücklich bei der Arbeit sein will? Oder soll ich in einen Beruf wechseln, bei dem ich das große Geld verdiene, jedoch keinen Spaß daran habe? Ich rede mir ein, dass alles irgendwann Spaß machen kann. Aber was ist, wenn nicht? Dann stecke ich in einem gutbezahlten Job, komme völlig genervt nach Hause, brauche meine Ruhe und bin biestig zu allen und jedem. Von meinen Kindern und dem Familienleben habe ich auch kaum noch etwas, da mich die Arbeit zu sehr beschäftigt. Dann fahren wir jedes Jahr in den Urlaub und genießen drei Wochen, in denen wir uns Jahr für Jahr neu kennenlernen und ich erfahre, dass meine kleine Tochter schon alle Milchzähne draußen hat. Ein schrecklicher Gedanke. Da muss es doch irgendwie ein Zwischending geben. Was wäre, wenn ich einen eigenen Kindergarten gründen würde? Somit wäre ich Kindergartenleiter und kann mich selbst in Krankheitsfällen der Erzieher in die Gruppen einsetzen. Finanziell würde es auch stimmen. Ich versuche, mich mit diesem Hoffnungsschimmer aus der Geschichte zu ziehen, schnappe mir Little Hulk, der in einer Ecke steht und kräftig zu drücken scheint, und begleite ihn auf die Toilette.

Heute habe ich aufgrund eines Vorstellungstermins in der Berufsschule einen Kindergartentag frei bekommen. Auf dem Weg zur Schule bin ich dementsprechend noch im Kindergartenmodus. Was machen die Kinder gerade? Wenn ich es rechtzeitig zurückschaffe, kann ich eventuell noch mit den Kindern im Nebenraum essen. Nein, ich muss den Kopf frei bekommen, sonst wird das hier heute nichts. Auf dem Weg zur Berufsschule merke ich, dass ich total entspannt bin. Müsste ich nicht langsam so etwas wie Anspannung empfinden? Was erwartet mich? Welche Fragen stellen die mir? Dennoch verspüre ich das Gefühl, als hätte ich irgendetwas vergessen. Ich habe keinerlei Unterlagen dabei, da ich sie schon in der Bewerbung per Post zugesandt habe. Und doch komme ich mir irgendwie nackt vor. Andererseits versuche ich mich zu beruhigen, indem ich mir einrede, dass die nicht alle bei Sinnen wären, wenn sie einen angehenden Erzieher ablehnen würden. So rar wie wir Männer derzeit sind, müssten die mich doch eigentlich für die schulische Ausbildung vergüten. Marktwert: 5.000 Euro pro Monat und mit einer Ablösesumme von 20.000 Euro. Erhobenen Hauptes betrete ich nun das Berufskolleg und setze mich in den Warteraum voller Bewerberinnen, die gewillt sind, ebenfalls aufgenommen zu werden. Ich komme mir vor wie im Wartezimmer eines Frauenarztes. Ich war zwar noch nie in einem, aber genau so stelle ich es mir vor. Frauen im Alter von siebzehn bis fünfundvierzig Jahren tummeln sich hier und scheinen deutlich nervöser zu sein als ich. Mein Name wird aufgerufen, ebenso zwei andere Namen. Eine Dame Anfang vierzig und ein Mädchen von knapp achtzehn Jahren begleiten mich in den Gesprächsraum der Lehrerin. Ein wenig kommt es mir hier vor wie am Fließband und es hat etwas von Massenabfertigung.

„Schön, dass Sie zu uns gefunden haben", begrüßt uns die Lehrerin, die ich bereits aus dem Lehrerbesuch unserer Praktikantin kennengelernt habe.

Ich merke, dass sie sich mein Gesicht eingeprägt hat und mir verlegen zulächelt. Nach einer kurzen Vorstellungsrunde beginnt die Lehrerin mit ihren Standardfragen. Jeder wird reihum befragt, während die Lehrerin sich kleine Notizen auf ihrem Zettel notiert.

„Warum glauben Sie, dass Sie für den Beruf des Erziehers geeignet sind?"

„Wo sehen Sie Ihre Schwerpunkte in der täglichen Arbeit?"

Bislang schlagen wir drei uns sehr gut. Ich bin völlig unvorbereitet, weil ich mir denke, dass man natürlich auftreten sollte. Verstellen und Textpassagen auswendig lernen, hilft keinem hier weiter. Ich spüre, dass die ältere Bewerberin immer wieder Blickkontakt zur jungen Bewerberin aufnimmt, wie eine Löwin, die eine Antilope gesichtet hat. Von ihr geht eine seltsame negative Aura aus. Ich muss aufhören mit dem esoterischen Waldorfdenken, denn ich klinge schon wie Frau Crazy. Wir befinden uns hier in der Außenwelt und nicht im Tempel der Parallelgesellschaft.

„Wo liegen Ihre Vorerfahrungen in diesem Bereich?"

Die Jüngere beginnt diesmal.

„Nun ja ... ähm ... eigentlich habe ich noch gar keine nennenswerte Praxis gesammelt. Das ist ziemliches Neuland für mich."

Plötzlich fällt die Ältere der jüngeren Bewerberin ins Wort:

„Das ist doch jetzt nicht wahr! Ich kann's nicht glauben. Hast du nicht vorhin noch gesagt, dass du seit einem Jahr arbeitssuchend bist? Wieso kann man in der Zeit nicht wenigstens babysitten, um sich seine Erfahrungen in der Arbeit mit Kindern selbst zu erweitern? Ich weiß nicht, wie Sie das sehen", und deutet auf die Lehrerin, „aber mit so einem Engagement sehe ich schwarz für Dich!"

Mensch, wenn das mal keine Kampfansage ist. Die junge Bewerberin ist den Tränen nahe und gibt sich kampflos geschlagen. So recht kann keiner verstehen, was das gerade sein sollte. Wollte sie bewusst die Konkurrenz ausstechen? Wie dem auch sei, das nennt man unsportlich und asozial. Die Leitung und Bewertung des Vorstellungsgesprächs übernimmt nun wieder die Lehrerin.

Nachdem wir uns nun alle den drei Fragen mehr oder minder mit Bravour gestellt haben, werden wir mit einer freundlichen Verabschiedung hinausgebeten. Im Laufe der nächsten Woche wird uns Bescheid gegeben, ob wir es geschafft haben oder nicht. Auf dem Weg zur Bahnhaltestelle werde ich von der etwa achtzehnjährigen Bewerberin begleitet, die ich versuche aufzumuntern.

„Wo hast du dich denn noch alles beworben?", fragt sie mich.

Als ich ihr verblüfft sage, dass ich mich nur hier beworben habe, kann sie mir nicht so recht glauben. Nun fange auch ich an mich zu fragen, wieso ich mich nur hier beworben habe. Sollte diese

Berufsschule mich aus irgendwelchen Gründen ablehnen, muss ich noch einmal ein Jahr jobben. Ach, bloß nicht verrückt machen lassen! Gehobenen Hauptes mache ich mich auf den Weg nach Hause und stelle fest, dass das Mittagessen im Kindergarten schon längst begonnen hat. Am selben Abend bekomme ich von der Berufsschule den Anruf, dass ich zum Ausbildungslehrgang zum staatlich anerkannten Erzieher zugelassen bin und sie mich gerne aufnehmen.

Es ist kaum zu glauben, aber das Jahr ist fast schon vorbei. Ein sicheres Zeichen sind die kurzen Hosen der Kinder.

„Endlich keine Matschhosen mehr", hört man in der Garderobe die Kinder jubeln. Aber zwanzig Kinder mit Sonnenmilch einzucremen ist nicht deutlich weniger Aufwand. Die Sonne scheint bereits während des Frühstücks in die Gruppe. Es ist faszinierend zu beobachten, wie die Kinder sich dem Wetter anzupassen scheinen. Im Winter wurde die Gruppe um einiges ruhiger. Zurzeit jedoch blühen sie wie die Blumen im Garten. Sommer im Kindergarten ist einfach wunderbar. Wie ein Bär, der aus seinem Winterschlaf erwacht, schließt Mr. Gelassenheit die Gartentür auf und betritt vorsichtig das Gelände. Mit leicht zusammengekniffenen Augen und räkelnden Armen ist es besiegelt: Der Sommer ist wieder da! Die Kinder bauen sich mit Hilfe von Tüchern und Brettern eine kleine Höhle, in der es schattig ist. Einige wollen gerne mit Wasser im Sandkasten matschen. Ich überlege mir erstmals: Wo ist hier eigentlich der Fußball versteckt? Ich spreche Frau Holland darauf an.

„Weißt du, wo hier ein Fußball ist?"

„Hm, wie soll ich dir das sagen? Wir spielen hier kein Fußball."

Ich kann es mir nur platztechnisch erklären und schlage vor: „Da vorne am Eingang dürfen ja eigentlich keine Kinder spielen. Aber wenn ich dabei bin, dann haben wir genügend Platz, ohne jemanden in seinem Spiel zu stören."

„Nein, du hast nicht ganz verstanden. Hier bei uns spielen wir kein Fußball. Weißt du, du musst dir das so vorstellen: Der Ball ist ja rund. Und der Kopf ist auch rund. Wenn man nun gewaltbereit gegen den Fußball tritt, so nimmt das einigen Kindern die Grenze auch gegen einen Kopf zu treten oder allgemein jemanden zu treten."

Wow! So habe ich den Fußball ja noch nie betrachtet. Es ist ein absolut schräger Gedanke, dem Kind das Fußballspielen zu unterbinden, weil es Aggressionen bilden könnte und aktiv wird. Ich meine, bei einem Schuss gehört gelegentlich ein wenig Kraft dazu, aber die braucht man beim Sägen und Hämmern auch. Mir leuchtet das nicht so recht ein, aber ich nehme es zur Kenntnis. Ich vermute und hoffe, dass es einzig ihre subjektive Erklärung ist, die sie sich zusammengereimt hat, und nicht die offizielle Meinung nach Rudolf Steiner.

Mr. Gelassenheit hat sich vor die Gruppe gesetzt und versucht seine ebenfalls vom Winterschlaf aufgewachte Gitarre zu stimmen. Nach fünf Minuten ist es vollbracht. Er streicht über die sechs Saiten und ich merke eine tiefe Sympathie zu diesem Instrument. Wenn ich bloß Gitarre spielen könnte. Er spielt eine mir bekannte, aber für den Waldorfkindergarten untypische Melodie: *Here comes the sun*. Ein wunderschönes Lied auf der Gitarre. Und wie sollte es anders sein, in diesem Moment streift ein Sonnenstrahl kitschig unseren Garten. Dieser Tag fasst sich in diesen einen Augenblick zusammen. Die Sonne ist wieder im Kindergarten angekommen.

Ich frage ihn leise mit ironischem und scherzhaftem Unterton: „Soll ich spontan meinen Namen dazu tanzen?"

Woraufhin er schmunzelnd reagiert. Parallel zur Gitarre unterhalten wir uns über den Sinn und Zweck seinen Namen zu tanzen.

Er erklärt mir: „Du hast ja bereits in der Eurythmie mitbekommen, dass viele Wörter mit Hilfe von bestimmten Gesten verdeutlicht werden. Das nimmt den Kindern das stumpfe, theoretische Lernen, und belebt es mit fantasievollen und haptischen Bildern. Ähnlich ist auch der Hintergedanke beim Buchstabenlernen. In einer Regelschule bekommt das Kind ein Heft und auf jeder Seite steht oben links ein großer Buchstabe. Den sollen die Kinder gefälligst auf dieser einen Seite gefühlt dreißig Mal nachschreiben, eventuell auch integriert in erste einfache Wörter. Hat danach jedes Kind gelernt, wie der Buchstabe A aussieht? Wissen sie es, weil sie es stupide auswendig gelernt haben oder weil sie es verinnerlicht haben? Wissen sie es auch noch, wenn sie nach sechs Wochen den zehnten Buchstaben gelernt haben? Die Frage ist auch: Sind wir alle gleich? Lernen wir gleich?"

„Nein", beantworte ich seine rhetorische Frage und ich komme ins Grübeln.

Er fährt fort. „Durch das Tanzen lernen die Kinder ganzheitlich. Man kann sich Dinge doch viel besser merken, wenn man sie selbst erlebt oder gefühlt hat. Das kennst du doch bestimmt auch von dir. Die Kinder hier verbinden mit dem Buchstaben A ganz andere Dinge, als ein Schüler einer Regelschule, der darin drei Striche sieht oder höchstens ein Hausdach. Manche Buchstaben des Alphabets kommen auch im eigenen Namen vor, die dann eine viel bedeutsamere Rolle im ersten Schuljahr für einen selbst einnehmen. So kann Lernen Spaß machen. Jeder in seinem Tempo und so gut er kann."

1:0 für Mr. Gelassenheit. Das Ganze macht auf eine komische Art und Weise sogar Sinn. Natürlich ist es irgendwie witzig seinen Namen zu tanzen, aber es dient einem bestimmten Zweck. Ich sehe in Gedanken viele Erstklässler vor mir, die stumpf einen einzigen Buchstaben abschreiben. Vergleichbar mit einer Strafarbeit aus früherer Zeit: Du schreibst jetzt einhundert Mal „Ich darf keinem Kind Kaugummi in die Haare schmieren". Lerneffekt: Null. Nach zwei Sätzen schaltet das Gehirn auf Durchzug und man versucht bloß noch achtundneunzig Mal diese Regel aufzuschreiben. Dass man das Kaugummi nicht in die Haare schmiert, gerät in den Hintergrund. Ist man als Schüler demnächst wieder einmal in solch einer Lage – und solche Kinder sind eher in besagter Situation als man glaubt – überlegt man sich nicht, warum man es nicht macht, sondern höchstens, ob man nochmal diese Strafe erleiden will. Am Ende versucht man es eventuell heimlich. Ähnlich bietet für viele Waldorfkinder das stumpfe Abschreiben einer Sache nicht automatisch einen Lerneffekt. Das leuchtet mir ein.

Mein letzter Tag im Waldorfkindergarten. Einerseits könnte ich weinen, andererseits bin ich froh, dass sich nun eine neue Tür öffnet, durch die ich gehen darf – die Berufsschule. Ich bin absolut kein Fan von Abschiedssituationen. Wie kann man zwanzig Mal möglichst gleich betroffen bei den Verabschiedungen auftreten? Einmal weniger Betroffenheit gezeigt und schon könnte hineininterpretiert werden: „Lag dir mein Kind etwa nicht so sehr am Herzen oder wieso so kalt?". Andersrum beschweren sich innerlich die anderen Eltern, dass man bei einem deutlich mehr Trauer und Zeit in die Verabschiedung gesteckt hat. Und egal, was in dieser Abschiedssituation passiert, es ist das Letzte, was die Eltern und Kinder mit dir erleben. Mit diesem Hintergedanken starte ich nun also völlig ohne Druck in den Tag und verspüre den Drang jeden einzelnen Moment aufzusaugen, in dem ich noch Teil dieses Gebildes bin.

Zum letzten Mal bereite ich mit einigen Kindern das Obstmüsli zu und verstecke wie jede Woche in der riesigen Schüssel eine Haselnuss. Dieses Ritual hat sich in dieser Gruppe verselbstständigt. Die Schüssel umfasst fünfzig Portionen Obstmüsli und bloß eine wird die Nuss beinhalten. Natürlich ist nun jedes Kind scharf auf die Haselnuss und isst so viel Obstmüsli wie es kann, um seine Chancen durch eine erneute Portion zu vergrößern.

Nach dem Frühstück finden die Kinder wie gewohnt in ihr Spiel, bis gegen zwölf Uhr die Elternschaft eintrifft. Wir versammeln uns in einem großen, mehrreihigen Stuhlkreis. Jedes Vorschulkind wird mit der eigenen Bildermappe und einer Abschiedskarte verabschiedet. Es fließen Tränen und Kinder überreichen den Erziehern Geschenke. Selbst die Kinder, die im Sommer nicht in die Schule gehen, machen dabei mit, um sich für das schöne Jahr zu bedanken. Die Situation gerät leicht durcheinander und ich bin nicht mehr Herr der Lage. Die Emotionen packen mich, aber ich versuche stets die Contenance zu bewahren. Abschied soll ja bei den Kindern nicht unbedingt mit Trauer gleichgesetzt werden, also versuche ich fröhlich zu wirken und mit jeder Menge Freude die Kinder abreisen zu lassen, weil sich auch für sie ganz neue Tore öffnen. Ein Wechselbad der Gefühle. Ob ich vollkommen authentisch wirke, ist mir in diesem Moment ziemlich egal.

Ich denke zurück an die absolut behüteten Kindheiten, die ich im Waldorfkindergarten erlebt habe. Nicht kindgerechte Reize werden möglichst ferngehalten, Werte und Normen hingegen ganz großgeschrieben. Es ist Standard, dass die Kinder bei der Essenszubereitung helfen. Wenn Kinder zu Hause von ihren Eltern hören: „Kannst du mir beim Kochen helfen?", dann denken sich einige Kinder insgeheim: „Was habe ich verbrochen?". Hier hingegen fordern die Kinder diese Art von Arbeit ein und bestimmen selbst, wann und wie lange sie beim Zubereiten helfen. Ich denke auch, dass diese ziemlich zwanglose Erziehung, die ich hier erlebt habe, viel Streitpotenzial aus dem Weg geht. Wieso muss ein Kind zu etwas gezwungen werden, was es absolut nicht möchte? Demzufolge interpretiert es doch diese Art von Arbeit automatisch als Strafe. Außerdem denke ich an die vielen Rituale im Kindergarten zurück, an die ich und die neuen Kinder sich recht schnell gewöhnen konnten. Man konnte ziemlich gut sehen, dass alles, was getan wird, Hand und Fuß hatte. Teilweise wird einiges überbewertet betrachtet, wie beispielsweise das Verbot Fußball zu spielen oder auch der Fernsehkonsum. Damals wurden die Erzieherinnen nach Hause eingeladen, sagte mir Frau Holland. Somit konnte sie sich ein Bild machen, wie das Kind aufwächst und wie das Kinderzimmer aussieht. Da für manche in der Waldorfpädagogik das Fernsehen in etwa den gleichen Stellenwert hat wie das Töten einer Fliege, haben viele Familien vor besagtem Besuch alle Fernseher versteckt. Weil die Wohnwand aber verdächtig nach fehlendem Fernseher aussah, wurde im Extremfall auch diese umgestaltet. Ein ziemlicher Stress für die Eltern, denn niemand wollte es sich bei den Pädagogen verscherzen und bei unruhigem Verhalten des Kindes auf den Fernseher reduziert werden. Ich erinnere mich ebenso gerne zurück an die völlig wertfreie Erziehung, in der es kein „richtig" und „falsch" gibt. Wie oft, denke ich mir, machen Kinder bloß das, was die Gesellschaft für richtig hält? Bloß weil irgendjemand einmal gesagt hat, dass man beim Obstmüsli den Apfel in Würfel schneiden soll, ist es nicht falsch, wenn man daraus ein Dreieck macht. Es ist bloß anders.

Ebenso denke ich zurück an die vielen Wertschätzungen, die man allgemein in einem Kindergarten erlebt und die man so in der Gesellschaft bloß selten erfährt. Wie oft bekamen wir von den Kindern zu hören, was für liebe Menschen wir sind? Wie viele Bilder habe ich überreicht bekommen, die alle ein ernstgemeintes Geschenk gewesen sind? Zu wie vielen Kindergeburtstagen man selbst als Erwachsener eingeladen wird. Und nicht zu vergessen der nette Umgang und die lieben Worte an Geburtstagen, an denen man sich einfach nur als Held des Tages fühlen konnte. Auch nicht zu vergessen sind die teilweise echt hohen Buden, die sich die Kinder aus den Raumteilern und Brettern gebaut haben. Buden von drei Meter Höhe waren keine Seltenheit und nebenbei seelenruhig Frau Holland, Frau Crazy oder Mr. Gelassenheit, die im selbigen Raum schnitzten, Wolle spannen oder Lieder sangen. Das Vertrauen, das den Kindern übermittelt wird, ist selbst bei den Kindern im Tun zu spüren. Anders als wohl in anderen Kindergärten, so sagte es mir einst unsere Praktikantin, befinden sich hier keinerlei Gesellschaftsspiele. Aber wieso auch? Regeln, Kompromissbereitschaft und Frustrationstoleranz werden hier ebenso gut in Rollenspielen oder Ähnlichem gelernt. Wieso sollen sich die Kinder also einem starren Gesellschaftsspiel ohne jegliche Fantasie widmen? In meinen Augen ist das kollektive Miteinander wichtiger als ein Puzzle, das man einsam vor sich hin puzzelt. Wichtig ist auch, dass das Schulwissen möglichst ferngehalten wird, sei es das Schreiben oder Lesen von Wörtern. Das sind beides Dinge, die erst in der Schulzeit aufgegriffen werden. Dann starten die Waldorfkinder in der Schule bei Null und man hat recht homogene Klassen in Bezug auf den Wissensstand. Der Gedanke hierbei ist, dass die Kinder früh genug mit Wissensvermittlung und Leistung konfrontiert werden und sie derzeit in der Phase sind, in der sie rein ihre eigene Persönlichkeit kennenlernen und ihre Kindheit in vollen Zügen ausleben. Ein schöner Gedanke, wenn man bedenkt, dass in der immer schnelllebigeren Gesellschaft alles früher stattfinden muss.

Wer kennt es nicht, es gibt immer Tage, an denen man morgens lieber im Bett liegen bleiben will. Dadurch, dass ich während des Jahres vollkommen im Waldorfmodus war, verspürte ich nur selten dieses Gefühl. Aber es gibt Tage, an denen man sich schlecht fühlt, weil man Ärger im privaten Umfeld hat oder mit dem falschen Bein aufgestanden ist. Seltsamerweise verging besagte schlechte Stimmung schlagartig, sobald ich das Kindergartengelände betrat. Frau Holland, die sich während des Jahres von ihrem Mann hat scheiden lassen, wie sie mir Ende des Jahres nebenbei erzählt hat, hat sich das ganze Jahr über nichts anmerken lassen. Selbst mir, obwohl ich täglich jeden Menschen auf dem Gelände auf das Kleinste beobachtet und analysiert habe, ist rein gar nichts aufgefallen. Es scheint ein Phänomen zu sein, dass man in eine Art zweite Welt eintaucht, sobald man die Schwelle zum Dorf betritt.

Ich habe ein sehr schönes und überaus professionelles Jahr hier im Waldorfkindergarten erleben dürfen und ich bin froh, dass mein Start in die Berufswelt von so vielen tollen Menschen geprägt wurde. Tatsächlich hätte ich es mir gut vorstellen können, hier sogar noch länger zu arbeiten. Aber eventuell gibt es irgendwann noch einmal die

Möglichkeiten dazu.

Als Profi im Eckenabrunden, Löcher zunähen und Brotbacken mache ich mich nun mit einem Jahr intensiver Berufspraxis auf meinen weiteren Weg Richtung Berufsschule und rücke meinem Traum vom eigenen Kindergarten ein Stück näher.

Berufsschule – Der Start ins Berufsleben

Nun ist es soweit. Die Sommerferien haben ihren Ausklang gefunden und meine nächste Station rückt immer näher. Nachdenklich wie ich bin, vertreibe ich mir die Fahrtzeit zur Berufsschule, indem ich mich ein wenig verrückt mache. Was wird auf mich zukommen? Sind die, mit denen ich in einer Klasse bin, gut drauf? Wie wird es überhaupt aussehen, dieses Lernen im Klassenformat, wenn man schon mehr Reife mitbringt, als zur damaligen Zeit als Kind? Immerhin war ich ein Jahr lang für knapp zwanzig Kinder ein Vorbild und eine Leitfigur. Wie wird es sein, jetzt wieder in die andere Rolle zu schlüpfen? Und wie soll das alles funktionieren? Stellt die Lehrerin Fragen, die sie eigentlich selbst beantworten kann? Das wäre mir zu blöd und irgendwie auch stark gekünstelt. Und werde ich der einzige Mann in der Klasse sein? Viele Fragen, die mich beschäftigen, aber auf die ich keine Antworten weiß. Diese Ungewissheit kann einen verrückt machen, denn zwei Jahre in diesem Modell mitzuspielen, auf das noch ein Jahr folgt, in dem man sein Anerkennungsjahr in einer Einrichtung macht, sind eine lange Zeit, sofern man sich nicht wohl fühlt.

Jetzt gibt es kein Zurück mehr. Ich steige nach fünfundvierzig Minuten Fahrtzeit aus der Bahn und mache mich zu Fuß auf dem Weg durch das idyllisch wirkende Dorfzentrum des Stadtteils. Ziemlich angespannt nehme ich jedes Geräusch und jeden Menschen auf dem Weg zum Ziel wahr. Als ich die Schule erreiche, bin ich wie so oft bei Terminen der Erste. „Zwanzig Minuten zu früh", sagt mir meine Uhr. Die Zeit nutze ich, indem ich ein wenig auf und ab laufe und Glaskästen mit Bildern von Aktivitäten der Schüler, beziehungsweise eher Schülerinnen, betrachte. So langsam füllt sich der Vorhof des Gebäudes und wir werden allesamt von einer älteren Dame in Empfang genommen, die ab sofort unsere Klassenlehrerin sein wird.

Der Raum, den wir gerade betreten, ist, wie es aussieht, der Musikraum. Er ist recht groß und verfügt über eine integrierte Bühnenebene und Musikinstrumente. In der Mitte des Raumes ist bereits ein Stuhlkreis aufgestellt. Ich ahne Schlimmes. Wer zum Kuckuck wird wohl in den kommenden zwei Jahren auf der Bühne den Hampelmann spielen müssen? Grundlos scheint sie hier jedenfalls nicht da zu sein. Vielleicht als Element des Musikunterrichts. Ich bekomme allein schon wegen des Gedankens Stresspickel am gesamten Körper. Wie sehr habe ich es damals in der Schulzeit gehasst, vor mehreren Leuten zu sprechen, beziehungsweise zu referieren. Ich habe es in zwölf Jahren Schulzeit bewerkstelligt, ohne Krankheitstage bloß an drei Referaten teilzunehmen. Das Glück meinte es echt gut mit mir. Dieser einmalige Lauf scheint ab dem heutigen Tage beendet zu werden, denn ich finde mich auf einem der Stühle des Stuhlkreises wieder, von denen man jeden zu hundert Prozent sehen kann. Neben unserer Klassenlehrerin sitzt eine ebenfalls ältere Dame, die ziemlich geheimnisvoll wirkt. Obwohl ich recht schnell Menschen einschätzen kann, fällt es mir bei ihr schwer. Ihr Ausdruck ist recht neutral, aber sie scheint eine Person zu sein, die ziemlich viel auf dem Kasten hat und strahlt diese Selbstsicherheit deutlich aus, indem sie entspannt beobachtet, aber nichts sagt. Wie sollte es auch anders sein, wir starten mit einer Vorstellungsrunde im Uhrzeigersinn. Schnell merke ich, dass wir alle ziemlich wild durcheinandergemischt sind und jeder mit anderen Voraussetzungen hier gelandet ist. In einer Altersspanne von achtzehn bis einundvierzig Jahren befinden sich ehemalige Studenten, Kinderpfleger, Abiturienten, Hauptschüler, Realschüler, einige die kaum der deutschen Sprache mächtig sind und Mütter, die in die Berufswelt eintauchen wollen. Naja, und zwei Männer eben, mich bereits mitgezählt. Nachdem nun jeder knapp eine Minute von sich erzählt hat, ist nun aber die geheimnisvolle Dame mit ihrer Vorstellung an der Reihe. Mit einem verlegenen und doch stolzen Gesichtsausdruck untermalt sie ihr Gesagtes.

„So, dann heiße auch ich Euch meinerseits recht herzlich willkommen! Einen kurzen Einblick zu meinem beruflichen Werdegang: Angefangen als Erzieherin arbeitete ich in einer Kindertagesstätte, in der ich anschließend zur Gruppenleiterin aufstieg und später die Leitung übernahm. Dort arbeitete ich zehn Jahre und studierte nebenbei Sozialpädagogik, um hier an der Berufsschule Pädagogik zu lehren. Nun leite ich seit fünfundzwanzig Jahren mehrere Ausbildungsgänge im Fach Praxis und begleite Sie auf Ihren ersten Wegen in den Berufseintritt."

Wow, faszinierend. Ein Werdegang, der seinesgleichen sucht. Sie muss ja so gut wie jeden Kindergarten in dieser Stadt durch ihre Praxisbesuche kennengelernt haben. Ab sofort wird sie unsere

Praxislehrerin sein. Für mich ist sie schon jetzt der Pädagogikguru schlechthin.

Wir starten mit einem Kennenlernspiel, bei dem wir uns gegenseitig einen Ball zuwerfen und den Vornamen der vorherigen Werfer sagen. Das macht knapp drei Minuten Spaß, danach wird es lästig und erzwungen. Nachdem nun nach zehn Minuten jeder an der Reihe war, wechseln wir das Spiel. Auf eine Bank gestellt müssen wir uns versuchen nach Größe, Alter, Haarfarbe etc. zu sortieren, ohne dass jemand von der Bank fällt. Jetzt ist also Körperkontakt und erzwungene Nähe gefragt. Für meinen Mitstreiter und mich ist die Situation etwas unangenehm. Die Mädels unter sich haben keine Probleme sich auf einer zwanzig Zentimeter breiten Bank anzufassen, um nicht herunterzufallen. Aber ein falscher Griff von uns und man hat den Grabscherstempel für den Rest der Ausbildung sicher. Leicht versteift und angespannt versuchen wir bei dem Kindergeburtstagsspiel zu überleben, was uns zunehmend gelingt. Uns gegenüber steht meine Klassenlehrerin, die sich kichernd über uns amüsiert. Der Pädagogikguru hingegen hat sich zum Beginn des Spiels bereits von uns verabschiedet. Die Situation stimmt mich nachdenklich. Es ist interessant zu sehen, wie gewisse Rollen Macht ermöglichen können. Für sie als Klassenlehrerin ist es scheinbar eine Möglichkeit von Anfang an aufzuzeigen, wer der Dompteur im Zirkus ist. Unsere Klassenlehrerin hat an der etwas fragwürdigen Spielauswahl jede Menge Spaß, bei der es scheinbar einzig und allein um das Kennenlernen geht.

Ich hatte in meiner bisherigen Schullaufbahn einige komische Lehrer kennengelernt. Aber die Mysteriösesten oder vielleicht auch Interessantesten waren die Pädagogiklehrer. Man kann sie schwer zusammenfassen, aber im Großen und Ganzen sind sie durch ihre Nettigkeit aufgefallen. Sie wirkten selten genervt und halfen wo sie nur konnten, auch wenn man es manchmal gar nicht möchte. Sie sahen das Potential im Schüler und versuchten es penetrant oder mit Ja-Nein-Fragen heraufzubeschwören. Meinen ersten und einzigen blauen Brief habe ich damals in der zwölften Klasse tatsächlich in Pädagogik bekommen – Ironie des Schicksals. Das kam dadurch zustande, weil ich eher introvertiert war und Pädagogik zu den sogenannten „Laberfächern" gehörte, was mir – und meinen beiden Mitstreitern in letzter Reihe – jedoch vorher niemand gesagt hatte. Pädagogik, Psychologie und das Befassen mit dem Inneren im Menschen fand ich schon immer spannend. Aber dadurch, dass es ein Laberfach war, trug ich die Pistole auf der Brust und hörte mir an, was die Mädels zu sagen hatten. Es glich einem Kaffeekränzchen, bei dem die Frauen sich vor uns dreien über die Männerwelt aufregten und sich über Gott und die Welt unterhielten, denn in allem steckt ein Stück weit Pädagogik. Es folgten Monologe von Schülerinnen, die über Minuten gingen und bei denen die Rednerinnen zu Beginn des Sprechens gar nicht genau wussten, worauf sie eigentlich hinauswollten. Wie soll man als wortkarger Mann dagegen ankommen? Klar, schriftlich. Eine Zwei Plus in der Klausur und einige Ja-Nein-Fragen ohne Schwierigkeitsgrad bescherten mir die Drei auf dem Zeugnis.

Ein anderer Lehrer fiel durch seine sehr lockere Art auf. Wir alle waren zwar offiziell seine Schüler, aber unter dem Strich doch eher seine Kumpels, mit denen er sich über pädagogische Themen unterhielt. Es gab kein Richtig und Falsch, alles fiel unter den Deckmantel der Meinungsfreiheit.

Aus den Gedanken gerissen befinde ich mich nun in einem mir noch unangenehmeren Spiel, das helfen soll das Eis nicht nur zu brechen, sondern es nie wieder gefrieren zu lassen. Dieses Spiel nennt sich *Donauwelle*. Alle bis auf einen sitzen in einem eng gestellten Stuhlkreis und lassen einen Platz frei. Derjenige, der in der Mitte ist, muss versuchen sich auf den freien Platz zu setzen, während alle Sitzenden immer so aufrutschen, dass der freie Platz in Bewegung ist. Ein Heidenspaß für die ganze Familie. Es ist vorprogrammiert, dass derjenige aus der Mitte sich mehrere Male wegen der Geschwindigkeit der Sitzenden auf den Schoß eines anderen setzt. Muss das sein? Nun ja, da komme ich die nächsten drei Jahre jetzt nicht mehr raus, also lasse ich es über mich ergehen.

Der erste Schultag neigt sich dem Ende zu und ich frage mich, ob bloß ich mich so fühle, als wäre ich hier auf einer Kindergeburtstagsfeier, dessen Geburtstagskind ich noch nicht entdeckt habe. Fehlten nur noch Blinde Kuh, Sackhüpfen und Dreibeinlauf – das ist wichtig für die Teambildung!

Auf dem Weg zur Bahnhaltestelle stelle ich schnell fest, dass meine Mitstreiterinnen ähnlich denken und anfangen sich noch intensiver als ich über diese Spiele aufzuregen. Aber es ist ein schleichender Prozess, ähnlich der Entwicklung einer Lawine. Angefangen hat das Gespräch mit der Freude, dass man in so einer coolen und sympathischen Klasse ist. Gefolgt von „Toll, und durch die Spiele kennen wir uns jetzt schon viel besser!".

Die erste Phase des Gesprächs ist gefüllt mit oberflächlichen Phrasen. Diese lassen jedoch nicht tief in den Charakter des Einzelnen blicken, da keiner am ersten Tag bei jemandem anecken möchte.

In Phase zwei werden leichte Ansätze der eigenen Meinung angesprochen, und zwar in der Hoffnung, dass jemand anderes drauf anspringt und seine Ansichten ebenfalls preisgibt.

„Tolle Klasse, die drei Jahre werden super! Lisa ist zwar auch in der Klasse, aber vielleicht hat sie sich ja über den Sommer geändert."

Sobald man merkt, dass jemand darauf reagiert, war man erfolgreich.

Ich finde mich in Phase drei wieder, nachdem ich in Phase zwei gesagt habe: „Ja super, jetzt wissen wir wenigstens durch die ganzen Spiele, wer wir alle sind und woher wir kommen. Aber ich denke, ein einziges Spiel hätte gereicht, der Rest entwickelt sich doch über das Jahr hinweg. Und die, die man näher kennenlernen möchte, zu denen baut man doch eh mit der Zeit eine engere Beziehung auf."

Willkommen in Stufe drei! Einige steigen direkt drauf ein und beschweren sich lauthals über diese Spiele und dass wir ja nicht hier sind, um miteinander zu spielen. Die Wut scheint grenzenlos und stellenweise übertrieben. Aber Frustventile müssen geöffnet werden, sonst staut es sich auf und das ist bekanntlich nicht gesund, denke ich mir. Also höre ich mir den Ärger über die gesamte Bahnfahrt an und amüsiere mich über den Frust der anderen, der meinem recht nahekommt.

Der nächste Schultag beginnt wie der letzte aufgehört hat, mit einem Kennenlernspiel. Das scheint ein Pulverfass zu sein. Klassenlehrerin in Deckung! Die ersten Mädels zeigen ihren Frust, tuscheln mit ihren Sitznachbarn und rollen mit den Augen, ein Massengestöhne begleitet die Situation. Recht spät liest unsere Klassenlehrerin heraus, dass uns das alles gerade nicht passt und wir endlich anfangen wollen zu lernen. Immerhin brennen wir alle darauf zu erfahren, was die Ausbildung uns zu bieten hat. Gesagt, getan. Wir starten mit der Bücherausgabe und sonstigen Formalitäten. Schlussendlich bekommen wir sogar unseren Stundenplan ausgehändigt. Viele verschiedene Fächer, die man aus den üblichen Schulen gar nicht kennt, sind hier aufgelistet. Um meine Klassenlehrerin nicht wortwörtlich zu zitieren, versuche ich in vereinfachter Form zu reproduzieren, was sich hinter diesen Fächernamen versteckt in Anbetracht dessen, dass wir uns auf einer Berufsschule für Pädagogik befinden.

Hauswirtschaft: In diesem Fach lernen wir kurz gesagt das Kochen. In meinen Augen ein Fach, das ich persönlich nicht aus den Augen verlieren sollte. Bei der enormen Konkurrenz in der Klasse muss ich mir ernsthaft Gedanken machen, wie ich den Wissensvorsprung aufhole. Denn der große Koch in der Küche bin ich wahrlich nicht. Ich kann wie jeder alles nach Rezept kochen, nur fehlen mir die Zeit und die Lust dazu. Im theoretischen Part des Faches lernen wir die Nährstoffe, die verschiedenen Lebensmittel und die Küche als solche kennen. Hach, wie ich mich jetzt schon freue als Mann unter fast nur Frauen in der Küche ein sicheres Auftreten bei völliger Ahnungslosigkeit an den Tag legen zu müssen, wobei ich eher darauf achten sollte, nicht wie der größte Depp zu wirken.

Deutsch: Keines meiner Lieblingsfächer in der Schule! Ich mochte es nicht Analysen zu schreiben, die möglichst nah an der Meinung der Lehrerin sein mussten. Ich habe mir das Phänomen Deutschklausur genauer angeschaut und komme zu der Erkenntnis, dass diejenigen mit der schönsten Handschrift automatisch bevorzugt werden und Hoffnungen auf eine Note über *befriedigend* haben dürfen, es sei denn sie haben völligen Quatsch geschrieben. Deutsch empfand ich bislang immer als ein langweiliges Pflichtfach, das eigentlich keiner mochte, aber ganz ohne das Fach geht es eben auch nicht. Also hat man sich irgendwie damit arrangiert. Aber hier soll es wohl ganz anders sein. Unsere Lehrerin erzählt von pädagogischen Zeitungsartikeln, die wir auseinandernehmen dürfen. Wie schaut man sich mit Kindern didaktisch ein Bilderbuch an und was steckt nicht nur inhaltlich, sondern auch visuell in so manchen von diesen? Diese Fragen werden schwerpunktmäßige Inhalte dieses Faches. Das klingt auf den ersten

Blick interessant und ich lasse mich gerne davon überzeugen.

Biologie: Eines der gefürchteten Auswendiglernfächer. Glutamin, Guanin und Mondamin. Eine Welt in der Welt und am Ende soll alles auch noch Sinn ergeben. Entweder man kann es oder man lernt es einfach auswendig. In diesem Fach sprechen wir über die verschiedenen Abläufe im Körper, über die gesamte Pflanzenwelt und über Ernährung. Ja, die Fächer scheinen sich gelegentlich ziemlich zu überschneiden. Aber das ist der Sinn hinter dem Ganzen. Alles ist irgendwie miteinander verknüpft und bildet das Lernfeldkonzept ab.

Religion: Autsch. Ein Fach, das man unterrichten kann, aber nicht zwangsläufig muss. Hier werden Themen wie Trauer, Trennung und Tod, aber auch das Nahebringen und der richtige Umgang mit dem christlichen Glauben vermittelt. Schwierig wird es immer, wenn Lehrer bloß ein Fach unterrichten und dem zur Folge denken, dass ihr Fach das Wichtigste sei. Das wäre kein Problem, wenn es um Fächer wie Sport, Mathe oder Musik ginge, die ich persönlich interessant finde. Aber der Traum ist aus. Für die nächsten zwei Jahre gilt dies für das Fach Religion.

Sport: Es wird auch als *Bewegung* bezeichnet. Hier lernen wir Bewegungsangebote kennen, die mehr Platz beanspruchen. Bewegungsbaustellen, Ballspiele und Freizeitangebote finden hier ihren Raum. Vorzugsweise könnte man diese Spiele und Aktionen im Garten durchführen. Das scheint ein Fach zu werden, bei dem ich viel Spaß haben werde. Da wir beiden Männer in der Klasse recht sportlich sind, müsste eine Eins dieses Jahr im Rahmen des Möglichen liegen.

Kunst: Dieses Fach löst bei mir gemischte Gefühle aus. Zeichnen, Malen und mit Ton arbeiten liegt mir nicht besonders, aber im Verhältnis waren meine Bilder in der Vergangenheit oft noch annehmbar. Für eine Zwei hat es irgendwie immer gereicht. Das Problem wird jedoch sein, dass wir zwei Männer in einer Klasse mit lauter kreativen Bastelfrauen sind, die Basteln und andere kreative Handarbeiten zu ihrem Beruf machen wollen. Ich befehle mir einfach durchzuhalten. Zur Not nehme ich die Zeichnungen mit nach Hause und frage Klassenkameradinnen, ob sie meine Bilder verbessern können. Das wird schon irgendwie klappen. Dennoch ist Kunst ein Fach, das zwar in die Ausbildung passt, aber nicht zu meinen Favoriten gehören wird.

Musik: Hier lernen wir sämtliche Instrumente kennen, die uns in der Arbeit mit dem Kind begegnen könnten. Aber den Schwerpunkt wird wohl das Singen irgendwelcher Kinderlieder bilden, die man in gewissen Jahreszeiten oder zu jährlichen Festen singt. Und wieder einmal werden unsere tiefen Männerstimmen deutlich im Frauenchor zu hören sein. Aber es wird bestimmt irgendwann den Moment geben, in dem wir das alles ausblenden können und einfach souverän mitmachen. Ich hoffe nur, dass niemand alleine vor allen singen muss oder gar die Bühne zum Einsatz kommt. Das kann ja was werden.

Spiel: In diesem Fach bekommen wir die gesamte Bandbreite der Kindergartenspiele für Stuhlkreise geboten und am Ende der Ausbildung haben wir ein Repertoire von hunderten Spielen, die man je nach Bedarf im Berufsalltag hervorzaubern kann. Spielen als Fach, das klingt doch erst einmal super. Es stellt sich für mich eher die Frage, wie wir benotet werden. Muss man immer gewinnen, um eine Eins zu bekommen? Ich lasse mich überraschen.

Italienisch/Englisch: Eine Fremdsprache darf ebenfalls nicht fehlen. Bei uns wird Italienisch angeboten, wahlweise könnte man auch Englisch wählen. Ich wäre schön blöd, wenn ich als jemand, der durch das Gymnasium italienische Vorkenntnisse hat, nicht Italienisch wählen würde. Dann doch lieber Lückentexte ausfüllen und Vokabeltests schreiben, anstatt seitenlange Analysen. Schon wieder ein Fach, auf das ich mich freuen werde. Schöner hätte ich es aber gefunden, wenn wir ein Fach hätten, das geläufige Sprachen in Deutschland umfasst, wie beispielsweise türkisch, russisch, griechisch, polnisch, marokkanisch etc. Ich finde Sprachen enorm wichtig, besonders um Kindern mit anderen kulturellen Hintergründen den Einstieg zu erleichtern. Geläufige Floskeln sollte man in einigen Sprachen lernen, besonders wenn man bedenkt, dass unser Klientel nicht bloß Deutsch spricht.

Politik: Wie ist unser Stand in der Gesellschaft, wohin wird sich dieses Berufsbild entwickeln und wie sieht es finanziell aus? Themen, zu denen ich noch nicht sonderlich viel sagen kann, die mich aber sehr interessieren. Immerhin geht es um meine berufliche Zukunft. Ich, als politisch nicht sonderlich interessierter Mensch, muss dennoch sagen, dass ich über dieses Fach froh bin. Hier lernen wir politisches Hintergrundwissen zu unserem Beruf.

Medien: Ein Fach, das es heutzutage geben muss. Welche Medien gibt es derzeit, mit denen Kinder in Berührung kommen? Was für eine Wirkung haben diese auf Kinder? Was kann ich als Erzieher tun, um den Kindern eine Verarbeitung zu ermöglichen? Die Kinder sind heutzutage bekanntlich viel mehr Medien ausgesetzt als damals, die zudem deutlich weniger kindgerecht sind. Mal schauen, wie sich dieses Fach entwickelt. Vielleicht spielen wir ja auch irgendwann mal eine Runde Playstation.

Natur und kulturelle Umgebung: Hier lernen wir alles, was den Garten und somit das Außengelände betrifft. Mit einer Stunde pro Woche das kleinste Fach, aber ich bin gespannt was uns dort erwartet.

Recht und Verwaltung: In diesem Fach geht es um die verschiedenen Gesetze und Rechte, mit denen man als Erzieher konfrontiert wird. Wer haftet für das Kind bei der Abholung? Darf ich Kindern bei einer Verletzung ein Pflaster geben? All solche Dinge finden in diesem Fach ihren Platz. Das ist gar nicht so unwichtig, wenn man bedenkt, dass man bei Vergehen eine Abmahnung oder gar eine Anzeige bekommen kann.

Sozialpädagogik Theorie: In Kombination mit dem praktischen Teil ist dies das wichtigste Fach der Ausbildung. Hier lernen wir alle wichtigen wissenschaftlichen Theorien und pädagogische Ansätze kennen. Das gesamte Hintergrundwissen wird hier vertieft und erweitert. Das klingt nach ziemlich viel Lesestoff und Auswendiglernen. Aber was sein muss, muss sein. Immerhin beruht unser gesamtes pädagogisches Handeln später auf dem Wissen, was hier gelehrt wird.

Sozialpädagogik Praxis: Das Beste zum Schluss. Unterrichtet wird es vom Pädagogikguru. Hier lernen wir Planungen zu schreiben, um konkrete Methoden und Ziele für Angebote oder Freispielsituationen zu wählen. Jeder Impuls wird hier schriftlich festgehalten und begründet. Zudem werden in diesem Fach schwerpunktmäßig die vierwöchigen Praktikumsblöcke thematisiert. Das sind vier an der Zahl in zwei Jahren. Im dritten Jahr leisten wir bekanntlich unser Anerkennungsjahr ab, das wir nahezu zu fünfundneunzig Prozent in der Einrichtung verbringen. In den ersten zwei Jahren werden wir bei unseren regelmäßigen Praxisbesuchen beobachtet und in anschließenden Reflexionsgesprächen hinterfragt. Alles muss stets pädagogisch begründet werden. Dieses Fach wird bestimmt spannend.

Alles in allem freue ich mich auf die Ausbildung. Einerseits gibt es Fächer, die ich mag, andererseits aber eben auch die, die eher zum Pflichtprogramm gehören. Bereits am Anfang der Ausbildung spüre ich, dass es hier irgendwie anders ist als auf dem Gymnasium. Dort hatte man zwar seine Freunde, aber wenn es hart auf hart kam, dann stand jeder für sich alleine. Es gab Momente, in denen ein Lehrer einen vor der gesamten Klasse ins Verhör genommen hat, um einen zu prüfen. Das war blanke Bloßstellung. Alle anderen versuchten möglichst unauffällig nach unten zu schauen und hofften, nicht als nächster auf diese Art geprüft zu werden. Hier scheint es irgendwie anders zu sein: Familiärer, vertrauter, ohne Kluft zwischen Lehrern und Schülern, was man daran merkt, dass wir direkt eine zweiseitige Liste mit allen Lehrernamen und deren Fächer bekommen, samt E-Mail-Adressen und Notfallnummern. Ein starker Vertrauensvorschuss seitens des Lehrerkollegiums. Für den Fall, dass jemand Schwierigkeiten oder Probleme hat, darf er sich gerne an eine Vertrauensperson seiner Wahl wenden. Und irgendwie ist es auch ungewohnt bei diesen halbwegs lächerlichen Kennenlernspielen Lehrer zu sehen, die laut lachen und somit ein Stück ihrer Emotionen zeigen. Hier scheint zwar Leistung nicht fehl am Platz zu sein, aber vielmehr wirkt es auf mich, als dass die eigene Persönlichkeit das

Fundament zu allem bildet. Zeigt man sich hier als Azubi offen und bereit an Diskussionen teil zu nehmen, so sehe ich da meiner Meinung nach keine Schwierigkeiten die Ausbildung zu bestehen, sofern die Lehrer keinem wirren Bewertungssystem verfolgen. Ich bin aufgeregt und gespannt zugleich und ich hoffe, dass wir alle viel Spaß zusammen haben werden. Aber ich habe ein gutes Gefühl, dass die Gruppe, in der ich gelandet bin, gut drauf ist. Andererseits hoffe ich, bei Rollenspielen vor der Klasse nicht stets die Männerrolle einnehmen zu müssen. Die Wahrscheinlichkeit liegt hierbei bekanntlich bei fünfzig Prozent.

Christliche Kindertagesstätte – Praktikant: Unterste Etage

Die Wochen plätschern dahin. Mit einem Hauch von pädagogischem Basiswissen starten wir in unseren ersten Praktikumsblock, den wir frei wählen sollen. Der Schwerpunkt soll aber im Bereich von viermonatigen bis sechsjährige Kinder liegen. Also entschließe ich mich nach kurzem Überlegen dazu, in meinem alten Kindergarten, in dem ich als Kind angemeldet war, anzufragen. Gesagt, getan – ich habe die Stelle. Ein Telefonat hat hierfür gereicht, bei dem die Leitung erkennen konnte, dass es sich um einen männlichen Praktikanten handelt. Formalitäten werden natürlich vor Ort geklärt, aber Bedarf besteht und man würde sich freuen, wenn es klappt. Mir wird immer deutlicher, dass ich in der Kindergartenwelt eine Art Bonuskarte habe.

Bei meinem alten Kindergarten handelt es sich um einen dreigruppigen Kindergarten in kirchlicher Trägerschaft, angelehnt an die sogenannte Montessori-Pädagogik. Alle drei Gruppen bestehen aus fünfundzwanzig Kindern von drei bis sechs Jahren, sogenannte T3-Gruppen, und werden von zwei Erzieherinnen angeführt. Ich persönlich bin kaum religiös und weniger versteift auf den christlichen Glauben, auch wenn ich ihm angehöre. Ich bin auf die Umsetzung im Alltag gespannt und auf den Tagesablauf, denn allzu viel weiß ich leider nicht mehr von damals als Kind. Es ist so, als würde mein Erinnerungsvermögen erst ab der weiterführenden Schule beginnen. Alles, was vorher war, erscheint mir wie aus einer anderen Zeit, in die ich mich gedanklich kaum noch zurückversetzen kann. Ich weiß zum Beispiel nicht mehr, wie meine Erzieherinnen oder die anderen Kinder hießen oder wie sie aussahen.

Nun starte ich mein Praktikum frei nach dem Motto: Der Vergangenheit auf der Spur. Als ich die Räumlichkeiten betrete, sind meine Erinnerungen sehr neblig. Auf den ersten Blick kann ich kaum etwas wiedererkennen, aber bei genauerem Hinsehen merke ich, dass gewisse Spielsachen damals Teil meiner Kindergartenzeit waren. Vor allem den Kindergartengeruch erkenne ich wieder. Obwohl es bereits knapp zwanzig Jahre her ist, ist er genauso in meinem Geruchsarchiv abgespeichert.

Von einer Erzieherin, die meine Anleiterin sein soll, werde ich in Empfang genommen. Sie wird mein pädagogisches Tun begleiten und mich vor Ort schulen. Die Anleiterin wirkt recht jung und hat einen leichten polnischen Akzent.

Als ich die Gruppe betrete, ist noch kein Kind da. Sie klärt mich grob über die Grundlagen auf und informiert mich darüber, dass ich nun mit meinem Nachnamen angesprochen werde. Mein Vorname, Timo, ist zwar wie für den Kindergarten gemacht, gehört aber ab sofort nicht mehr in den beruflichen Bereich. Es stört mich ziemlich, weil ich finde, dass Kindergärten eine besondere Art von persönlicher Nähe, Vertrauen und Zuwendung fördern sollten. Die Barriere durch den Nachnamen ist in meinen Augen so gravierend, dass ich mich in dem Moment nur schwer damit anfreunden kann. Immerhin vertrauen die Eltern uns ihren größten Schatz an. Da sollte doch ein bisschen weniger Distanz herrschen. Nun ja, ich schaue mir das Ganze vor Ort an und werde dann meine Einstellung anhand eigener Erfahrungen überdenken.

Das erste Kind stößt zu uns. Es wirkt recht gehemmt, als es mit Handschlag die Erzieherin begrüßt. Mit einem fremdelnden Grinsen wird es von seiner Mutter in die Gruppe gedrückt. Liegt es an mir, dass das Kind so viel Distanz bewahrt? Na ja, kann sein. Ich versuche mich anfangs erst einmal neutral zu verhalten, um die Kinder nicht unnötig zu verschrecken. Die fragen sich sicher genau wie die Eltern, was der Mann in der Gruppe zu suchen hat. Bevor ich mich vorstellen kann, übernimmt dies netterweise meine Anleiterin und stößt damit auf positives Erstaunen.

Mit der Zeit kommen einige Kinder dazu, die sich prompt ein Puzzle nehmen oder sich an den Maltisch setzen. Meine beiden Kolleginnen sitzen zu der Zeit am Kreativtisch und justieren an den Sankt-Martin-Laternen der Kinder herum. Um mich nicht als dritte erwachsene Person dort an den Tisch zu setzen, versuche ich langsam Beziehungsarbeit zu den Kindern zu leisten. Also setze ich mich an den Maltisch, an dem drei Kinder still zeichnen. Ein Aufblicken und wieder Heruntersehen zeigen mir recht deutlich, dass sie mich zur Kenntnis genommen haben und das Eis mit schärferen Geschützen gebrochen werden muss. Mit Standardfragen wie „Was malst du denn da?", „Wie heißt du?" und „Wie alt seid ihr?" versuche ich in Interaktion zu kommen, was funktioniert. Ich male einfach mit und merke, dass die Kinder mich häufiger anschauen. Das scheint gut zu laufen. Zeichnen ist zwar nicht meine große Stärke, aber für das Level im Kindergarten reicht es allemal.

Nach einer gefühlten halben Stunde blicke ich aus der Malsituation mit den Kindern nach oben und muss feststellen, dass die Gruppe rappelvoll ist. An der Lautstärke hat sich aber nichts geändert. Alle spielen seelenruhig in ihren verschiedenen Ecken. Ein Hauch von Langeweile kommt in mir auf. Bin ich da, um den Kindern beim Spielen zuzuschauen? Wenn ich jetzt vom Maltisch aufstehe, wo soll ich dann hingehen? Alle sind schön im Spiel, stören möchte ich sie ja schließlich auch nicht.

Ich lasse meine Blicke schweifen und schaue mir den Gruppenraum genauer an. In der Mitte ist ein runder Tisch, an dem sechs Kinder gleichzeitig essen können. Hier wird ein sogenanntes offenes Frühstück angeboten. Die Kinder bringen zudem noch ihr Essen selbst mit und frühstücken im Laufe des Vormittags in Eigenverantwortung. Spülen und wieder neu Eindecken verläuft ebenso in Eigenregie. Dazu steht in der Gruppe eine mit Wasser und Spülmittel befüllte Wanne bereit.

In einem Bereich des Raums ist eine Leseecke zu sehen, die recht gemütlich wirkt. Eine überschaubare Menge an Bilderbüchern ist hier ziemlich übersichtlich in einem Regal aufgestellt. In einer aus Schränken und Regalen gestellten Nische befindet sich der Maltisch. Insgesamt gibt es hier sehr viele Nischen und wenig freiräumige Flächen, wie ich es gegenteilig aus dem Waldorfkindergarten kenne. Am Maltisch haben die Kinder die Wahl zwischen Buntstiften, Wachsmalstiften und Filzstiften. Die Plastikhülle um die Filzstifte ist mir recht fremd, obwohl ich mit solchen Stiften damals täglich zu tun hatte. Dennoch wirkt sie auf mich im Kindergarten wie ein Fremdkörper und gewöhnungsbedürftig, da ich es aus meinem letzten Jahr im Waldorfkindergarten anders kennengelernt habe. Das ist der erste Plastikgegenstand, mit dem Kinder hantieren, den ich in einem Kindergarten allgemein gesehen habe. Ein Waldorfler würde sich die Stifte jetzt schnappen und allesamt zur Müllverbrennung fahren, denn Plastikmülltonnen befinden sich bestimmt ebenso wenig auf dem Waldorfgelände wie Fußbälle und Actionfiguren. Einen Bauteppich hat diese Gruppe auch. Hier gibt es Plastikmagnete in verschiedenen geometrischen Formen sowie Duplo und Lego. Wo sind die Holzklötze? Ich kann keine finden. Die vielen kantigen Spielsachen bringen mein derzeitiges Kindergartenbild ins Wanken.

Am Gruppeneingang ist ein Tisch aufgestellt mit einem aufgehängten Kreuz an der Wand. Dort stehen auf einer Decke eine Kerze, religiöse Bücher, Mandalas zum Ausmalen und Buntstifte. Dies scheint der religiöse Tisch zu sein, an dem sich die Kinder selbstständig beschäftigen können. In einer anderen Ecke ist ein breiter Schrank mit jeder Menge Gesellschaftsspielen, Puzzles und Lege-, beziehungsweise Fädelmaterial. An dem Tisch vor dem Schrank sehe ich viele beschäftigte Kinder, die entweder alleine oder mit einem Freund spielen. Die Atmosphäre ist weiterhin ruhig und zu vergleichen mit der in einem Altenheim. Im Waldorfkindergarten hatten wir zu keiner Zeit eine solche Stille. Okay, vielleicht als ich mit drei, vier Kindern im Nebenraum zu Mittag gegessen habe und wir uns flüsternd unterhielten. Aber im Freispiel habe ich einen solch niedrigen Geräuschpegel keine Sekunde lang wahrnehmen können und das ganze Spiel hier dauert schon seit heute Morgen an.

Eine Ecke weiter sieht man einen auf den ersten Blick uninteressant wirkenden Bereich. Rote Holzstangen, rosa Klötze, Eimer, Fensterabzieher und Schuhbürsten, Knöpfe, Bretter mit verschiedenen Verschlüssen und Holzwürfel in unterschiedlichen Größen kann ich im ersten Moment auf einem Teppich sehen. Ich lasse mir von einer Erzieherin sagen, dass es sich hierbei um die Montessoriecke handelt. Aber was ist Montessori? Gehört habe ich den Begriff schon mal, aber ernsthaft damit auseinandergesetzt hatte ich mich noch nicht.

Maria Montessori wurde 1870 in Italien geboren und setzte sich stark für die Persönlichkeitsrechte ein. Auf einer psychiatrischen Station eines Krankenhauses arbeitete sie mit geistig behinderten Kindern und stellte rasch fest, dass diese nicht geistig unterentwickelt waren, sondern ihnen einzig und allein die nötige Förderung fehlte. Sie entwickelte spezielles Arbeitsmaterial, sogenanntes *Sinnesmaterial*, mit dem es ihr gelang, die Kinder zu stimulieren, ihre Neugierde zu wecken und ihre Aufmerksamkeit und Konzentrationsfähigkeit anzuregen. Mit der Zeit entwickelte sich dieser Gedanke zu einem der fundamentalsten pädagogischen Ansätze und verfolgt unter anderem diesen Leitsatz:

> „Hilf mir, es selbst zu tun. Zeige mir, wie es geht. Tu es nicht für mich. Ich kann und will es allein tun. Hab Geduld meine Wege zu begreifen. Sie sind vielleicht länger, vielleicht brauche ich mehr Zeit, weil ich mehrere Versuche machen will. Mute mir Fehler und Anstrengung zu, denn daraus kann ich lernen."

In der Montessoripädagogik werden verschiedene Materialien verwendet. Sie gliedern sich in fünf Lernbereiche: Übungen des täglichen Lebens, Sinnesmaterial, Mathematikmaterial, Sprachmaterial und Material zur kosmischen Erziehung. Diese stehen in einem Montessorikindergarten, den man Kinderhaus nennt, gut sichtbar und aufgeräumt im Regal, denn einer der vielen Leitsätze nach Maria Montessori lautet „Äußere Ordnung führt zu innerer Ordnung".

Alles in allem wirkt der Gruppenraum recht klein für die Anzahl der Kinder, dennoch ist es sehr leise. Das Erzieherinnengespann wirkt kaum verstellt, sondern ziemlich normal. Vielleicht ist das auch ein Grund, wieso ich mich hier keineswegs so fühle, als wäre ich in eine Art Parallelwelt eingetaucht. Aber auch der Raum, der sogenannte dritte Erzieher, steuert sein Übriges dazu bei.

Im Nebenraum befindet sich eine sogenannte Wuthöhle. Hier können die Kinder mit ziemlich mitgenommen wirkenden Schaumstoffkissen in allen möglichen Farben, Formen und Größen toben was das Zeug hält. Natürlich können ebenso gut tolle Konstrukte gebaut und Rollenspiele gespielt werden. Ein zehnminütiger Aufenthalt in diesem Raum sagt mir jedoch, dass das Toben, Rennen und Lautsein im Vordergrund stehen. Ein vital wirkender Junge, der aus dem Nebenraum stolpert und ins ruhige Gruppengeschehen hopst, lacht über den Spaß im Nebenraum. Seine Freunde stoßen zu ihm. Das Lachen, das wie Balsam für meine Seele ist, wird lauter, je weiter die Kinder in den Gruppenraum eintreten. Einer Erzieherin scheint das gar nicht zu gefallen. Es ist ihr eindeutig zu laut. Es ertönt die kleine Gruppenglocke.

„Alle hinsetzen!", höre ich sie mit scharfem Ton und ernstem Blick sagen.

Alle fünfundzwanzig Kinder nehmen an einem Tisch Platz, obwohl einige davon schon seit bestimmt einer Stunde daran sitzen und spielen. Als alle Kinder sitzen, sagt die Erzieherin: „Habt ihr gemerkt, wie laut ihr gewesen seid? Das stört die anderen Kinder und uns ebenso."

Im gleichen Atemzug dreht sie eine Sanduhr um, auf der *eine Minute* steht. Tief in mir kocht es. Ich kann meinen Augen kaum trauen, als ich sehe, wie nun die gesamte Gruppe eine Minute lang still auf ihrem Platz sitzen bleibt. Einige Blicke der Kinder verfolgen die Sandkörner der Uhr, andere wiederum sind völlig desinteressiert. Der gelangweilte Ausdruck zeigt mir, dass sie dieses Prozedere nicht zum ersten Mal durchleben. Sorge machen mir jedoch noch viel mehr die danebenliegenden Sanduhren mit den Aufschriften *drei Minuten* und *fünf Minuten*. Ich merke, wie lange eine Minute Stille ist. Die Kinder kehren anschließend wieder zu ihren Spielen zurück.

Ich fange an, die beobachtete Situation zu hinterfragen. Vom Pädagogikguru bekamen wir Azubis den Rat, während des Praktikumsblocks so viel wie möglich zu beobachten und zu reflektieren. Als ich mir die erlebte Situation noch einmal vor Augen führe, komme ich auf keinen pädagogisch durchdachten Konsens. Wieso müssen alle Kinder dafür büßen, was drei Kinder getan haben? Muss die vitale Lautstärke der drei wirklich entschuldigt werden? Gefühle müssen doch auch gezeigt werden. Müssen Kinder so derartig gemaßregelt werden? Wie würde ich mich als Kind fühlen, wenn ich in dieser Situation mitten aus dem Spiel gerissen worden wäre? Und überhaupt, ist das nicht eine Art von Unterdrückung und Bloßstellung? Viele Fragen gehen mir durch den Kopf, um es abschließend als ziemlichen Unsinn seitens der Erzieherin abzustempeln.

Weiter im Raum nehme ich vermehrt Kenntnis von blauen Namensschildern, auf denen neben dem Namen das Symbol des Kindes abgebildet ist. Diese Namensschilder haben einen bestimmten Platz in einer Schachtel. Ich lasse mir erklären, dass die Kinder ihre Namensschilder bei Pausieren eines Spiels verwenden, um anderen Kindern zu zeigen, dass sie hier noch weiterspielen wollen, weil sie entweder frühstücken oder in den Garten gehen oder ähnliches. Diese legen sie dann einfach auf den jeweiligen Platz oder das verwendete Spiel. Ebenso können schön konstruierte Sachen auf dem Bauteppich damit versehen werden, um am nächsten Tag damit weiter zu spielen oder es am Mittag den Eltern zu zeigen. Den Gedanken finde ich sinnvoll und effektiv. Das zeigt Wertschätzung und gibt dem Kind Sicherheit und Ruhe, dass nicht der Nächste beispielsweise sein Puzzle weitermacht oder wegräumt, wenn es mal eben auf die Toilette gehen muss.

Das Freispiel ist endlich vorbei. Die Zeit hat sich ziemlich gezogen. Diese Ruhe kann einen wirklich fertig machen. Als eine Erzieherin mit der kleinen Glocke das Aufräumzeichen einleitet, fangen die Kinder und die Erzieher an zu singen:

„Alle Kinder, groß und klein, räumen jetzt ihr Spielzeug ein. Eins, zwei, drei, eins, zwei, drei, mit dem Spielen ist's vorbei."

Im Nu ist alles aufgeräumt und alle Kinder sitzen am Tisch. Kein Wunder, es war auch kaum etwas ausgeräumt. Ziemlich zeitnah bauen wir alle einen Stuhlkreis auf. In diesem stelle ich mich für die gesamte Gruppe namentlich vor, besonders für diejenigen, die mich über den Morgen hinweg kaum wahrgenommen haben, weil sie zu sehr ins Spiel vertieft gewesen sind. Zum Abschluss des Vormittages singen wir gemeinsam ein Lied, um uns von den Kindern zu verabschieden, die keine Tageskinder sind und nicht zu Mittag im Kindergarten essen.

„Alle Leut', alle Leut', geh'n jetzt nach Haus.
Große Leut', kleine Leut', dicke Leut', dünne Leut'.
Alle Leut', alle Leut', geh'n jetzt nach Haus.
Sagen auf Wiedersehen, heute war's wieder schön.
Alle Leut', alle Leut', geh'n jetzt nach Haus."

Alle Kinder ziehen sich an und gehen in den Garten. Es handelt sich um ein wirklich großes Gelände mit jeder Menge Anregungen zum freien Spiel. Während ich nun die Zeit nutze um Kinder und Kollegen kennenzulernen, gehen knapp neunzig Prozent der Kinder nach einer halben Stunde wieder in die Gruppen, um dort zu Mittag zu essen, das von einer sehr herzlichen Köchin zubereitet wird.

Mit ein paar Jungen spiele ich auf der großen Wiese Fußball. Man merkt, dass einige von ihnen schon in einen Verein gehen. Schnell spricht sich auf dem Hof herum, dass auf der Wiese ein angeleitetes Fußballspiel stattfindet, sodass ich am Ende alle restlichen Kinder auf der Wiese habe und meine Kolleginnen eine Pause im Garten genießen dürfen. Es macht Spaß. Fußball im Kindergarten ist für mich derzeit zwar Neuland, aber im Inneren weiß ich, dass dieser Sport hierhergehört. Den Kindern, und zugegeben auch mir, ist die Freude anzusehen. Die Eltern, die ihre Kinder nach und nach von der Spielwiese abholen, scheinen ebenfalls begeistert. Es wirkt nahezu als würden sie denken: Endlich spielt auch jemand von den Erwachsenen mit den Kindern Fußball. Auch das abschließende Danken der Eltern bestärkt meine Annahme. Ich kann es nachvollziehen, dass man schwerpunktmäßig seinen Interessen nachgeht und daher der Fußball im Kindergarten wegen der hohen Dichte an Frauen, welche häufig wenig fußballbegeistert sind, eher seltener von Erwachsenen angeleitet wird. Als alle Kinder abgeholt sind, drehen wir alle nochmal eine Runde rund um das Haus und schauen, ob sich eventuell noch eines der Kinder irgendwo versteckt hat. Ruhigen Gewissens starte ich nun meine halbstündige Pause und fahre nach Hause.

Die halbe Stunde tat jetzt wirklich gut, ebenso das Fußballspielen im Garten. Endlich bin ich richtig aktiv geworden. Durch die Pause kann ich die erste Halbzeit des Tages abhaken und nehme mir vor, dass in der zweiten Hälfte des Tages richtig Action stattfindet.

Gesagt, getan. Ich komme im Kindergarten an und höre und sehe erst einmal wieder niemanden. Als ich zur Gruppe reinkomme, dessen Eingangstür bereits sperrangelweit offensteht, blicken alle Kinder und Erzieherinnen zur Tür. Schnell wenden sich die Blicke wieder ab. Mir scheint, als hätten sie jemand anderen erwartet. Die Kinder gehen wieder vielbeschäftigt ihrer Arbeit nach. Die einen malen ein Bild, die anderen bauen auf dem Bauteppich, andere wiederum spielen ein Gesellschaftsspiel und in der Mitte des Raumes sitzt eine Erzieherin, die einen zerfledderten Hefter vor sich auf dem Tisch liegen hat.

„Was ist das für ein Ordner?"

„Hier stehen alle Kinder von jeder Gruppe drauf. Wenn die Kinder abgeholt werden, streichen wir den Namen durch, damit wir wissen, wer noch da ist und wer schon abgeholt worden ist. Das ist eine ganz wichtige Aufgabe."

Im gleichen Atemzug betritt ein Vater die Gruppe. Alle Blicke schweifen zur Tür. Noch bevor sich er und die Erzieherin ein „Hallo" zuwerfen können, ist die Hand der Kollegin am Kugelschreiber, streicht den Namen des dazu gehörigen Kindes durch und begrüßt im Anschluss den Vater.

Noch gar nicht richtig angekommen, merke ich, dass diese Durchstreichtechnik sehr herzlos wirkt. Das Kind ist in dem Fall Bestandteil einer Liste, die abgearbeitet werden muss. Je schneller alle weg sind, desto besser. Zudem beschäftigt sich die Erzieherin während des immer näherkommenden Nachmittages fast ausschließlich mit dieser Liste. Dieses sollte jedem mitdenkenden Elternteil spätestens nach dreimal Abholen auffallen. Als Azubi im ersten Lehrjahr kann ich einer gestandenen Fachkraft, die mehrere Jahrzehnte im Beruf ist, wohl kaum sagen, was methodisch und zwischenmenschlich daneben ist. Also halte ich den Mund und beobachte weiter. Doch ich habe mich zu früh gefreut. Meine Kollegin lässt vor dem Vater die Hierarchie durchblicken und gibt mir die Anweisung, in der Küche die Snackrunde vorzubereiten. Sie kann auch schlecht die Gruppe verlassen. Immerhin trägt sie derzeit eine Menge Verantwortung. So eine Liste streicht sich nicht von selbst durch. Ich habe zudem im Fach Recht und Verwaltung gelernt, dass ich als Azubi die Aufsichtspflicht gar nicht alleine leisten darf. Somit kann ich den logischen Ablauf nachvollziehen. Jedoch spielt für mich in dem Moment die Art und Weise wie sie mich darum bittet eine Rolle.

Ich gebe mein Bestes. Mit all der Kunst und Hingabe, die man beim Obstschneiden herausholen kann, präsentiere ich den Kindern den fertigen Teller. Ihre Blicke sind freudestrahlend, der der Erzieherin ist emotionslos und grimmig. Wahrscheinlich geht es ihr heute einfach nicht so gut. Als nun alle Kinder ‚aufgeräumt' und sich hingesetzt haben, bekreuzigen sie sich und falten die Hände.

„Alle meine Gaben,
alles was wir haben,
ist Oh Gott von Dir,
wir danken dir dafür,
Amen."

Alle reichen ihren Sitznachbarn die Hände und wir wünschen uns einen guten Appetit. Nichtsdestotrotz, die Kinder geben mir ein Gefühl von Dankbarkeit und verschlingen das Obst im Nu. Spaß am gesunden Essen, das ist hierbei das Optimum für mich.

Nachdem sich nun die Kinder in der Garderobe angezogen haben, betreten wir wieder die Freiheit: Den Garten. Man merkt, wie die Kinder nun grenzenlos und ohne stetige Aufsicht spielen können. Diese Gelassenheit spüre ich erstmals auch in mir, als wir in den Garten gehen. Auf Anfrage einiger Kinder spiele ich mit ihnen wieder Fußball. Mit der Zeit kommen alle restlichen Kinder zu uns auf das Feld, sodass ich am Ende mit den verbliebenen zehn Kindern Fußball spiele, oder eher das, was dem sehr ähnlich ist. Die jeweiligen Spielniveaus sind wirklich sehr verschieden. Einige der Kinder spielen scheinbar zum ersten Mal mit einem Ball. Aber das tut kaum etwas zur Sache. Ich erkenne, dass es weniger um den Fußball als solchen geht, sondern vielmehr darum, Beziehungen aufzubauen und zu bestärken. Ich blicke kurz auf und sehe meine Kolleginnen. Fünf an der Zahl. Sie befinden sich im Eingangsbereich, der etwa fünfzig Meter von uns entfernt ist. Die Hände sind tief in die Jackentaschen eingemummelt und wegen ihrer Schals lässt sich kaum das Gesicht erkennen. Wie eine Pinguinfamilie stehen sie im Kreis, Schulter an Schulter. Ihnen scheint sehr kalt zu sein. Den Kindern und mir ist hingegen wirklich warm geworden. Auf einmal nähert sich uns eine neue Erzieherin, die ich bisher noch nicht kennengelernt habe. Anhand ihres hohen Alters und ihrem schleppenden Gang traue ich ihr nicht zu, dass sie fragen möchte, ob sie mitspielen darf. Daher stoppe ich gespannt das Spiel für einen Moment und blicke zu ihr.

„In der Gruppe müssen immer noch alle Stühle hochgestellt werden. Fegen ebenso. Und die Spülmaschine muss auch noch ausgeräumt werden."

Ich weiß nicht, was ich auf diese Anspielung entgegnen soll. Möchte sie mir jetzt durch die Blume sagen, dass ich aufhören soll mich mit den Kindern zu beschäftigen, während sie sich mit ihren vier Kolleginnen gelangweilt unterhält und die Zeit runterzählt? Und das alles nur, weil ich als Praktikant das schwächste Glied in der Kette bin? Ich will es nicht wahrhaben und versuche das scheinbar

Unvermeidliche hinauszuzögern.

„Aha, wirklich?"

„Ja, gehen Sie jetzt bitte rein und kümmern Sie sich darum!"

„Ich würde das gerne später machen, wenn wir hier mit dem Spiel fertig sind."

„Das geht nicht. Ich denke, keiner von uns möchte gerne länger bleiben, weil Sie noch nicht fertig gefegt haben. Gehen Sie jetzt rein!"

Ich befolge die Anweisung und fühle mich gedemütigt. Nicht, weil sie es vor den Kindern gesagt hat, sondern weil sie mich genauso herumkommandiert wie diese.

Von drinnen beobachte ich die Situation im Garten, während ich nebenbei fege und mir sichtlich Zeit lasse. Die Erzieherin geht zu ihrer Gruppe zurück und kann mit breiter Brust vor den Kolleginnen protzen, wie gut sie mich im Griff hat. Ihre Lippen bleiben zwar geschlossen, aber ich kann ihren stolzen Gang erkennen und deuten. Parallel dazu werden nach und nach alle Kinder abgeholt und verabschieden sich mit ihren Eltern bei den Erzieherinnen. Wie unfair, denke ich mir. Ich beschäftige mich mit ihnen und am Ende ernten die Erzieherinnen die Verabschiedung. Es wirkt nämlich durch die Verabschiedung nach „Danke, liebe Erzieherinnen, für die Betreuung und den schönen Tag. Ich übernehme wieder." Dabei müsste ich eigentlich diese Übergabe vollziehen. Nun ja, was will ich schon als Praktikant großartig einfordern und erwarten. Kurz darauf löst sich die Pinguinformation auf. Ich erledige die letzten Dinge, woraufhin mich eine Erzieherin fragt, wie lange ich noch etwa brauche. Es scheint, als ob alle anderen nun schon gegangen sind und es an mir läge, wann sie Feierabend machen kann.

„Alles fertig", entgegne ich ihr und wir machen uns auf dem Weg zum Kindergartentor. Wie ich vermutet habe sind alle schon weg. Hätten sich die Erzieherinnen, also mein Team, nicht von mir verabschieden können? Bin ich bloß gut genug, um die Drecksarbeiten zu machen? Es scheint mir, als ob es eine gewaltige Kluft zwischen denen und mir gibt. Von Team kann wohl weniger die Rede sein.

Am Nachmittag erstelle ich noch schnell einen Aushang mit einer kleinen Vorstellung von mir für die Eltern. So hatte es mir meine Anleiterin empfohlen. Gar nicht so unwichtig, wie ich finde. Immerhin betreue ich deren Kinder und da möchte doch hoffentlich jeder wissen, wer den Tag mit ihnen verbringt. In Gedanken versunken spiele ich den Tag noch einmal vor meinem inneren Auge ab: Das ruhige Arbeiten am Tisch, die Zeitstrafe für die gesamte Gruppe und die Auseinandersetzung mit der Erzieherin am Fußballplatz. Hoffentlich wird es morgen anders. Was soll ich anders machen, damit sich das Ganze nicht wiederholt? Immerhin bekomme ich – abgesehen von der moralischen Perspektive – auch zwei Lehrerbesuche, die ich bestehen muss.

Am nächsten Morgen hänge ich den Aushang mit Foto vor meiner Einsatzgruppe auf. Ich betrete den recht ausgestorbenen Kindergartenraum. Nur meine Anleiterin ist anwesend und teilt mir mit, dass wir uns gleich zusammensetzen, um die anstehenden Lehrerbesuche zu planen.

Nachdem nach einiger Zeit knapp fünfzehn Kinder zwischen drei und sechs Jahren den Kindergarten erreicht haben und sich nahezu nichts an der Lautstärke geändert hat, gehen wir in den Gesprächsraum. Die Zweitkraft übernimmt die Gruppe. Im Personalraum angekommen erzähle ich ihr von meinen bisher gemachten Erfahrungen in dem Berufsfeld. Natürlich in einer reduzierten Version. Unter dem Strich geht es mir hier ganz gut, aber der Kontrast Waldorf und hier ist für mich ziemlich stark. Aber ich werde mich daran gewöhnen, sage ich ihr. Die anstehenden Lehrerbesuche sind beides Alltagssituationen, die ich präsentieren muss. Das sind beispielsweise Spielsituationen mit Kindern, Bilderbuchbetrachtungen, Anziehsituationen in der Garderobe, oder auch das freie Spiel im Garten. Ich überlege, bei einem Besuch mit den Kindern Fußball zu spielen. Aber das ist sehr emotionsgeladen und könnte eskalieren, weil die knapp fünfundzwanzig Jungs auf Fußballentzug sind und beim Anblick des runden Lederballs diesen haben wollen. Es wirkt eher wie eine Königsdisziplin, der ich mich nicht unbedingt in einer Prüfungssituation stellen muss. Außerdem wirkt Fußball spielen als Mann im Kindergarten sehr klischeebehaftet. Was macht ein Mann im Kindergarten? Natürlich den ganzen Tag Fußball spielen oder sägen. Und das würde ich dann direkt beim ersten Angebot meiner Lehrerin bestätigen. Man kann jetzt, im Herbst, mit den Kindern wunderbar alle Blätter harken und sie im Blätterhaufen spielen lassen. Das klingt doch gut, denke ich mir und verkünde es spontan meiner Anleiterin. Sie findet die Idee ebenfalls gut und fragt nach einer Idee beim zweiten Angebot. Dieses sollte ich dann lieber in der Gruppe durchführen, um beide Situationen getestet zu haben. Ich entschließe mich für eine lockere Spielsituation mit Gesellschaftsspielen am Tisch. Da kann nichts schiefgehen. Meine Anleiterin möchte bis zum nächsten Tag gerne beide Kurzplanungen vorliegen haben, die man als Azubi jeweils zu allen Angeboten während der Ausbildung schreiben muss. Das ist ziemlich lästig, aber unter dem Strich sinnvoll, weil es in die Gedanken, Vorgehensweisen/Methoden und Ziele des Azubis blicken lässt. Auf der anderen Seite gibt es einem laut meiner Praxislehrerin die nötige Sicherheit, um in Stresssituationen, wie beispielsweise einer Prüfungssituation, einen kühlen Kopf zu bewahren. In so einer Kurzplanung einer Alltagssituation muss dann die beschriebene Situation erklärt werden, was sie für eine Bedeutung im Kindegartenalltag hat, wie die Rahmenbedingungen sind, auf was man achten muss, welche Ziele man sich speziell vornimmt und wie die methodische Vorgehensweise aussieht. Das sind viele Dinge, die man ganz genau planen muss. Plan B und C hat man am besten auch noch in der Tasche.

Als wir nach dem Gespräch in den Gruppenraum zurückkehren, spüre ich wieder die bekannte Ruhe und Langeweile kommt in mir auf. Hoffentlich geht der Tag gut rum.

Das tut er nicht. Dieser und die darauffolgenden Tage ziehen sich wie Kaugummi. Es hat etwas von reiner Betreuung. Die intensive Beziehungsarbeit, wie damals im Waldorfkindergarten, habe ich bislang noch nirgends erkennen können, außer bei mir selbst. Viele Kinder, selbst aus anderen Gruppen, suchen meine Gesellschaft. Vielleicht liegt es daran, dass viele Kinder mit einem Mann ihren Vater, der mit ihnen tobt, verknüpfen und sich denken: „Hier kann ich ausgiebig Spaß haben". Oder es liegt wirklich an meiner Art, die die Kinder zu spüren scheinen. Sie merken, dass ich das, was ich mache, gerne tue und nicht bloß als Job ansehe.

Der Tag ist gekommen, an dem ich mich erstmals einer Bewertung in der Arbeit mit Kindern stelle. Für mich ist das mehr als nur eine

Prüfungssituation für eine Note. Viel mehr bedeutet das für mich, was für ein Typ Mensch ich bin. Bin ich authentisch, durchsetzungsstark und motivierend? Soziale Berufe liegen einem oder eben nicht. Eine neue Persönlichkeit wird man sich durch die Ausbildung nicht aneignen können, was auch gut so ist. Heute werde ich mit den Kindern am Tisch Gesellschaftsspiele spielen. Die Kurzplanung steht und umfasst etwa fünf Seiten, was der Vorgabe der Lehrerin entspricht. Ich bin ziemlich nervös. Gleich kommt meine Klassenlehrerin vorbei. Hoffentlich machen die Kinder mit. Über den ganzen Morgen hängen meine Augen am Fenster und nun ist es soweit. Ich erblicke den blauen Mantel meiner Lehrerin. Der Puls steigt ins Unermessliche.

„Jetzt wäre es eh zu spät, um etwas zu ändern", denke ich mir und gehe kurzerhand zur Tür, um meiner Lehrerin entgegenzugehen. Ich frage mich jedoch, was genau sie bewerten möchte, denn eigentlich ist sie keine Pädagogin, meines Wissens nach nicht einmal Lehrerin. Sie ist als Pfarrerin tätig und unterrichtet in der Berufsschule Religionsunterricht. Ich lasse mich überraschen, wie sie ihre spätere Bewertung pädagogisch begründen will.

Ich sorge für Sitzplätze in erster Reihe für meine Lehrerin und die Erzieherin, die meine Anleiterin heute vertritt und hoffentlich ihre Sanduhrenaktion für sich behält. Beide sind mit Block und Stift bewaffnet und beobachten uns sofort tiefgründig. Jedes gesagte Wort und jede Tat werden nun protokolliert und später hinterfragt. Ich fühle mich didaktisch und menschlich in die Mangel genommen.

Wie geplant gehe ich an den Tisch der Kinder, um mit ihnen Gesellschaftsspiele zu spielen. Ich kann förmlich den Atem der beiden Frauen in meinem Nacken spüren. Es ist ein Phänomen: Die ersten fünf Minuten fühle ich mich intensiv beobachtet, aber mit der Zeit gewöhne ich mich daran und blende es völlig aus. Ich versuche mich zwischenzeitlich aus dem Spiel zu ziehen und die Kinder aktiv werden zu lassen. Alles läuft in meinen Augen gut. Ich habe alles unter Kontrolle und es wirkt harmonisch. Eine Springerkraft übernimmt die Aufsicht der restlichen Kinder der Gruppe. Aber wie sollte es anders sein, die Kinder haben keine Lust mehr zu spielen. Gerade jetzt. Sonst spielen die Kinder vier Stunden das gleiche Spiel und jetzt schaffen sie es nicht einmal fünfundvierzig Minuten lang am Ball zu bleiben. Ich versuche die Kinder zu motivieren, aber zwingen möchte ich sie ja auch nicht. Zugegeben, das Spiel hat mir jetzt auch nicht sonderlich viel Spaß gemacht. Die Kinder wollen in der Kuschelecke eine Geschichte von mir vorgelesen bekommen. So flexibel bin ich und somit setze ich mich in die Kuschelhöhle und lasse mir nach und nach Bücher geben. Selbstverständlich fangen wir mit dem Aufklärungsbuch an, das das kleine Mädchen nun gerne besprochen haben möchte. Da es sich um ein Sachbuch handelt, sind die Texte unter den Bildern recht kurz, die auf der restlichen Seite fachlich und sehr lang. Also bleibt mir keine andere Wahl als das Ganze in eigenen Worten zu erklären. Die Pfarrerin und die Erzieherin schauen gespannt zu. Ich wette, meine Lehrerin hätte sich nicht vorstellen können, was heute auf sie zukommen würde. Das Schlimme ist, ich habe das alles hier auch ganz anders geplant. Also erkläre ich auf penetrante Nachfrage der Kinder kindergerecht den Unterschied von Jungen und Mädchen, von Vagina und Penissen, wo die Kinder herkommen und was ein Baby so alles in der Anfangszeit benötigt. Bis nun schließlich die Frage aller Fragen kommt, die ich schon dreimal gekonnt überhören konnte.

„Wie kommen die Kinder denn in den Bauch von der Mama?"

Ja, das ist eine gute Frage. Wie erkläre ich ein paar Vierjährigen, wie Kinder gemacht werden? Ich rede mich um Kopf und Kragen.

„Ja, das ist so ... Wenn ein Mann und eine Frau sich ganz lieb haben ... und sich auch ganz stark wünschen, dass sie ein Kind bekommen ... dann wächst irgendwann ein Kind im Bauch der Mama heran ...".

Ich hoffe, die Kinder helfen mir in meiner misslichen Lage und lassen mich in Anbetracht der Situation nicht auflaufen. Ihre Blicke wirken mehr als fragend und irritiert.

„Oh, guckt mal. Ein Martinsbuch", sagt ein anderes Kind in der Lesehöhle und zieht ein Sankt-Martins-Buch hervor. Puh, meine Rettung. Die Kinder sind abgelenkt und auf ihren Wunsch und meinem nötigen Ansporn legen wir das Aufklärungsbuch zurück in die Bücherkiste. Bei diesem Buch kann nichts schief gehen. Und meine innere Uhr sagt mir, dass die Prüfungssituation gar nicht mehr allzu lange gehen dürfte. Das wird wohl meine letzte Aktion heute sein, bevor meine Lehrerin die Prüfungssituation unterbricht.

Ich lese und lese, bis ich schließlich folgende Worte vorlese: „...

und so singen sie gemeinsam am Feuer ein Martinslied."

Die Kinder rufen: „Au ja!!!"

„Nein, da ist doch gar kein Liedtext bei. Wir brauchen jetzt nicht zu singen."

„Doch, auf der nächsten Seite steht der Text", erklären mir die Kinder. Und sie behalten recht.

Da nun bald Sankt Martin ansteht, liegen zum besseren Verständnis seit heute Bilderbücher hier in der Leseecke. Die Lieder sind den Kindern kaum bekannt, also bleibt das Singen wohl an mir hängen. Die reinste Hölle. Erst erkläre ich den Kindern den Unterschied zwischen Pullermann und Mumu, und jetzt darf ich, nach dem bescheidenen Versuch der Erklärung wie Kinder entstehen, auch noch vor den beiden Damen und den Kindern ein Lied trällern. Dadurch, dass der Raum ohnehin mucksmäuschenstill ist, darf die gesamte Gruppe daran teilhaben. Verhalten fange ich an das Martinslied zu singen. Noch verhaltener stimmen die Kinder mit ein. Ihnen scheint das Singen vor einer fremden Frau etwas unangenehm zu sein. Leider verfügen manche Kinder in diesem Alter nur über wenig Empathie, sodass sie kaum erahnen können, was sie mir gerade antun. Als wir fertig sind, rufen die ersten Kinder, dass sie es nochmal singen wollen.

„Ja, aber dann auch bitte mitsingen. Ich singe so ungern alleine, wisst ihr."

„Ok", versprechen die Kinder mir einstimmig.

Wenn sich das nicht rächt. Als wir zu singen beginnen, sind wir so laut wie nie zuvor. Nicht, dass ein Kind geschrien hätte oder übertrieben laut sein wollte. Jedes Kind singt bloß in normaler Lautstärke. Das wiederum hören alle Kinder der verschiedenen Spielbereiche und steigen ein. Folglich singt der gesamte Gruppenraum in Endlosschleife, womit nun die Martinsvorbereitung abgedeckt wäre, würde ich sagen. Mehr als verlegen verlasse ich die Lesehöhle, nachdem mir meine Lehrerin ein Zeichen gegeben hat, dass wir uns nun zusammensetzen können.

Als wir in den Besprechungsraum gehen, hören wir immer noch von weitem den Gesang der Kinder. Entweder habe ich es total versaut, indem ich mit dem Gesang die Ruhe der anderen Kinder unterbrochen habe, oder ich habe es mehr als gut gemacht. Das ist reine Auslegungssache. So ein Reflexionsgespräch findet nach jedem

Lehrerbesuch statt, um Gesagtes und Gemachtes zu diskutieren und zu hinterfragen.

„Wie geht es Ihnen jetzt?", fragt mich meine Lehrerin, um das Eis zu brechen.

„Ganz gut mittlerweile" antworte ich, was der Wahrheit entspricht. Obwohl ich weiß, dass das Reflexionsgespräch ebenfalls benotet wird, geht es mir jetzt deutlich besser. Es hat etwas von Kaffeeklatschatmosphäre. Plätzchen liegen natürlich ebenfalls auf den Tisch, um den wir sitzen.

„Erzählen Sie mal, wie Sie die letzten fünfundvierzig Minuten wahrgenommen haben."

„Nun ja, ich saß mit den Kindern am Tisch und wir haben gemeinsam gespielt ...".

„Mit wie vielen Kindern haben Sie gespielt und wie viele saßen in unmittelbarer Nähe von Ihnen?", unterbricht mich die Lehrerin mitten im Satz.

„Ähm, also ich habe mit drei Kindern gespielt und hinter mir saßen zwei oder drei Kinder, die ein Puzzle gemacht haben. Und zwei Kinder in der Leseecke."

„Zwei bis drei Kinder?" grätscht die Erzieherin ins Gespräch, die heute meine Anleiterin vertritt. „Entweder zwei oder drei. Das ist ein deutlicher Unterschied. Dir darf kein Kind durch die Lappen gehen. Du solltest eigentlich deine Umgebung wahrnehmen können. Es waren drei Kinder!", faucht sie mich an und holt sich für ihre überaus aufmerksame Beobachtungsgabe ein Bonbon bei meiner Lehrerin ab.

Ich kann meinen Ohren kaum glauben. Wieso fällt sie mir gerade so dermaßen in den Rücken, während meine Lehrerin mich bewertet? Ist es, weil sie gerade eine Egotour startet und denkt, dass sie benotet wird, oder weil ich in den fünfundvierzig Minuten mehr mit den Kindern gemacht habe als sie? Zugegeben habe ich sie heute auch zum ersten Mal gesehen und lasse mir im späteren Verlauf des Tages bestätigen, dass sie bloß aushilfsweise im Kindergarten eingestellt ist. Zum einen sollte sie sich zurückhalten, weil es gerade in der Prüfungssituation um mich geht, und zum anderen nennt man so etwas asozial. Meine Lehrerin stimmt ihr etwas verhaltener zu und deutet an, dass ich alles beobachten muss, was in meinem Umfeld passiert. Ich glaube es nicht. Miss Ego und die Pfarrerin belehren mich in pädagogischen Belangen. Natürlich bin ich ein absoluter Neuling, aber man kann es auch übertreiben. Hätten die Kinder hinter mir ein Lebenszeichen von sich gegeben, sei es ein Streit oder halblautes Reden, dann hätte ich meinen Blick schon dahin gewendet. Aber der Erfahrung nach, die ich die letzten Tage hier machen konnte, wird schon nichts Wildes passieren, wenn sie still vor sich hin spielen.

Ich fahre fort und erkläre die folgenden Situationen. Das Aufklärungsbuch und das Singen kamen gut bei meiner Lehrerin an und folglich auch beim Papagei Miss Ego. Alles in allem klingt es gelungen.

„Welche Note würden Sie sich denn selbst geben?" möchte meine Lehrerin von mir wissen, um meine Selbsteinschätzungsgabe zu testen.

„Ich denke, wenn man das, was ich jetzt in der Reflexion an Fehlern und guten Sachen gehört habe, zusammenfasst, dann so etwa im Zweierbereich."

„Ja, da sehe ich Sie auch. Die Reflexion ist ebenfalls im Zweierbereich. Ich würde Ihnen eine Zwei geben. Sie als kommissarische Anleiterin haben auch ein Mitspracherecht. Sehen Sie das auch so?" fragt sie Miss Ego.

„Ja, ich sehe das ähnlich. Aber, dass man Kinder einfach vergisst oder nicht auf dem Schirm hat, das geht nicht. Deswegen hätte ich jetzt eine Drei gesagt. Aber wenn Sie das so sehen, dann wird das schon seine Richtigkeit haben", kontert Miss Ego.

Man, wie kann man sich nur wegen solch einer Sache so dermaßen aufregen? Sie sucht einen Grund, um mich scheitern oder sich siegen zu sehen.

„Sind Sie denn zufrieden, wenn wir aus der Zwei eine Zwei Minus machen?" bietet meine Lehrerin ihr an. Miss Ego willigt siegessicher ein.

Das ist es dann also gewesen. Ich unterschreibe die Note auf der letzten Seite meiner Planung, nachdem meine Lehrerin diese mit mir kurz besprochen hat. Wir verabschieden meine Lehrerin und gehen zurück in den Gesprächsraum, um Kaffee und Kekse wegzuräumen.

„War doch gut, Glückwunsch!", höre ich Miss Ego mit einem Ohr.

„Es wäre mehr drin gewesen als eine Zwei Minus", entgegne ich ihr.

„Na ja, man muss schon fair bleiben. Aber bis auf die eine Situation war ja alles in Ordnung."

„Und wegen einem Grund direkt eine Zwei Minus? Na ja, egal. Wenigstens haben Sie es gut beobachten können", beginne ich abschließend Miss Ego wieder zu siezen.

Unter dem Strich bin ich mit meiner Leistung zufrieden. Bis auf eine Sache war alles wunderbar und dies, obwohl nur ein Drittel davon geplant war. Der Rest war spontan und aus dem Bauch heraus entschieden. Dadurch, dass meine Lehrerin pädagogisch so viel drauf hat wie jemand, der dieses Fach nicht studiert hat, kann ich ihre Note nicht sonderlich ernst nehmen. Man hätte das Ganze auch mit einer Eins Minus bewerten können, aber ich weiß nicht, ob ich auch dem viel Gewicht hätte geben können.

Sankt Martin steht vor der Tür und heute Abend feiern wir bei uns im Kindergarten das Fest. Weil das hier in der christlichen Einrichtung natürlich groß aufgezogen wird, kommt heute auch ein Pferd samt Reiter in den Kindergarten geritten. Am Vormittag sehe ich im Garten aktive Erzieherinnen, die mit den Kindern das gesamte Laub harken. Wir möchten ja nicht, dass am Abend Eltern, Kinder oder Pferd auf dem nassen Laub ausrutschen. Ich schließe mich an und sehe das als Probelauf für die morgige Prüfungssituation. Wenige Minuten später sind wir fertig, aber es gibt weiterhin viel zu tun. Man merkt die Anspannung in der Luft. Heute gefällt es mir hier. Man lebt nicht einfach in den Tag hinein und hat nebenbei ein paar Kinder dabei, sondern wir haben alle ein gemeinsames Ziel. Die Leiterin kommt zu mir, während ich die Ess- und Trinkstände aufbaue. Gut, dass sie mich auch mal in Aktion sieht. Kurz darauf bekomme ich ihren Autoschlüssel und schleppe jede Menge Kisten aus dem Auto in den Kindergarten: Glühwein, Knabberzeug, Würstchen, Apfelsaft etc.

Alles steht, die Feier kann beginnen. Nachdem alle Kinder gegen Mittag abgeholt worden sind, werden die letzten Griffe gemacht, damit es losgehen kann. Geschlossen gehen wir zur Kirche, um die Messe mit den Eltern und Kindern zu besuchen. Mir wird bewusst, dass ich schon lange nicht mehr in der Kirche gewesen bin. Nach der Kindermesse pilgern wir gemeinsam in den Kindergarten. Das Pferd samt Stankt Martin geht voran. Die Kinder halten ihre selbstgemachten

Laternen in die Luft und erhellen uns den Weg. Es gab Apfel- und Birnenlaternen zur Auswahl. Alle sehen recht ähnlich aus, keine sticht hervor.

Im Kindergarten angekommen bilden sich erste Grüppchen von Eltern. Ich bin für das Catering zuständig. Für mich ist das eine gute Aufgabe, weil ich nah an den Menschen bin und ihnen etwas anbiete. Auf diese Art lerne ich die Eltern und sie mich besser kennen. Hier ein Pläuschchen, da ein Pläuschchen. Die Atmosphäre ist nett.

Weil alle Leute mittlerweile gesättigt sind und ich nichts mehr zu tun habe, frage ich meine Anleiterin, ob ich gehen könne, da morgen mein nächster Praxisbesuch sei und ich mich darauf vorbereiten möchte. Sie willigt ein, da ich bloß Praktikant bin und diese Überstunden freiwillig leiste. Gesagt, getan, ich bin auf dem Weg nach Hause.

Das Fest war ein voller Erfolg. Morgen werde ich dann mit den Kindern gemeinsam Laub harken und hoffe, dass diesmal nichts dazwischenkommt. Mir wird plötzlich sehr warm. Der Hauch von Nervosität schlägt in einen wahren Sturm um. Nun wird mir auch bewusst, wieso mein Körper dermaßen reagiert. Welches Laub soll ich denn morgen Vormittag harken? Doch nicht etwa das, was ich heute mühevoll mit Kolleginnen und Kindern zur Seite geharkt habe? Der Garten ist sauber wie nie zuvor und Blätter sind auch kaum noch an den Bäumen. Oh nein, alles über den Haufen geworfen. Wieso kann denn nicht mal eine Sache wie geplant klappen? Im gleichen Moment klingelt mein Handy. Meine Praxislehrerin, die mich morgen besucht, ruft an.

„Hallo Timo, sagen Sie mal, ist es in Ordnung, wenn ich morgen zum Praxisbesuch eine neue Kollegin mitbringe? Sie ist auf dem Weg ebenfalls Praxislehrerin zu werden und möchte sich gerne einen Praxisbesuch anschauen. Sie können in jedem Fall auch nein sagen, fühlen Sie sich nicht unter Zugzwang. Sie erschienen mir jedoch als recht sicher im Unterricht und ich würde ihr gerne zu Beginn bei einen Praxisbesuch aufzeigen, wie man es richtig macht."

„Klar, natürlich. Sie darf gerne mitkommen. Nervös bin ich so oder so. Da macht das auch keinen Unterschied mehr", höre ich mich sagen.

„Wunderbar, vielen Dank! Und machen Sie sich nicht verrückt. Seien Sie ganz Sie selbst! Bis morgen dann. Tschüss!"

Als ich mich verabschiede und auflege, wird mir bewusst, dass ja morgen auch noch eine Klassenkameradin zu Besuch kommt und bei mir hospitiert. Diese Art von Hospitation unter Schülern zeigt einem andere Arbeitsfelder von Erziehern und auch mal einen Praxisbesuch aus einer anderen Perspektive. Diesmal ist man nicht der Geprüfte, sondern Beobachter. Demnach beobachten mich morgen meine Anleiterin, der Pädagogikguru, ihre baldige Lehrerkollegin und meine Klassenkameradin. Und alle sind mit Blatt und Stift ausgestattet. Also muss ich mir für morgen etwas einfallen lassen. Ich wollte Laub harken, die Planung steht und das Laub ist weg. Dafür ist jedoch eine Zeugin mehr da, die mir beim Scheitern zugucken kann.

Ich wache mit einer erschreckenden inneren Leere auf. Das wiederum beunruhigt mich, denn in der Nacht zuvor habe ich im Bett mögliche Pläne überlegt, die ich alternativ aus dem Ärmel schütteln kann. Am plausibelsten erschien mir der, dass ich heute früh, bevor die Lehrerin kommt, das gesamte Laub wieder im Garten verteile. Und so schlief ich seelenruhig ein. Jetzt wiederum stelle ich fest, dass das doch ziemlich idiotisch ist. Zudem muss meine Anleiterin in der ganzen Geschichte auch mitspielen. Und ob sie mir aus der Patsche hilft, das vermag ich derzeit nicht zu beurteilen.

Die morgendliche Routine nimmt ihren Lauf. Anziehen, Haare waschen, eine Kleinigkeit essen und Zähne putzen. Und schon sehe ich mich, anders als normalerweise, zu Fuß auf dem Weg zur Bushaltestelle, an der ich heute Morgen meine Klassenkameradin abhole. Ich erzähle ihr von dem Malheur und auch, dass heute Morgen noch eine Lehrerin zuschaut. Die Idee, das Laub zu zerstreuen und anschließend mit den Kindern wieder zu harken, findet sie sehr witzig. Ich lache verlegen mit, bis sie merkt, dass ich das ernst meine.

„Du solltest auf keinen Fall im Reflexionsgespräch erzählen, wie sich das heute Morgen abgespielt hat!", rät sie mir.

Aber wer weiß, ob das nicht schon vorher durch eine Dritte ans Tageslicht kommt. Als wir den Kindergarten erreichen, ist fast überall das Licht aus. Ungewöhnlich. Dabei bin ich heute sogar fünf Minuten später als sonst hier. Ich versuche Gelassenheit auszustrahlen, um nicht in die Rolle des nervösen Geprüften zu schlüpfen. Kühlen Kopfes zeige ich ihr meine Gruppe. Verschlossen. Die Tür ist einfach abgeschlossen. Das kann doch nicht wahr sein. Wir gehen weiter, bis wir die Gruppe erreichen, in der von draußen Licht zu sehen ist. Als ich mit meiner Klassenkameradin die Gruppe betrete, zähle ich zwei Erzieherinnen und drei Kinder in einer mir bisher unbekannten Gruppe.

Während ich ein „Guten Morgen" in den Raum werfe, lässt sich das Gähnen einer Erzieherin kaum ignorieren. „Was ist denn hier los? Es sind ja kaum Kinder da. Und nebenan ist abgeschlossen", sage ich im lockeren Ton und mit steigendem Puls.

„Ach, hat dich heute Morgen keiner angerufen? Heute ist Notgruppe. Die Martinsfeier war wohl gestern zu kalt für einige Kinder und auch Erzieherinnen. Viele haben schon abgesagt, sodass wir eine Notgruppe machen mit den Kindern, deren Eltern unbedingt arbeiten müssen. Wir bleiben heute hier im Raum und alle drei Gruppen werden zusammengelegt. Fühlst du dich denn fit? Möchtest du nicht auch gehen?"

„Also körperlich fühle ich mich fit, aber psychisch immer nervöser. Heute habe ich einen Lehrerbesuch, deswegen ist auch heute meine Klassenkameradin mit dabei. Übrigens, das ist Lisa."

„Ach ja, stimmt. Ein Lehrerbesuch. Deine Anleiterin kommt gleich auch kurz vorbei, extra für den Lehrerbesuch. Aber erst eine halbe Stunde vor dem Besuch, weil sie ebenfalls krank geworden ist."

Sehr gut, denke ich mir. Dann habe ich genug Zeit, um das Laub im Garten zu präparieren. Zusammengefasst sind über Nacht vier von sechs Erzieherinnen und etwa ein Drittel der Kinder erkrankt, sodass heute bloß drei Kinder aus meiner Gruppe kommen. Sie werden bei den anderen Kindern aus der Notgruppe wahrscheinlich fremdeln. Aber heute ist dafür keine Zeit. Irgendwie muss ich versuchen, mit den Kindern so schnell wie möglich Kontakt aufzubauen, sonst machen die gleich im Garten nicht mit.

So langsam sind alle Kinder da, insgesamt sind es zehn. Mittlerweile regnet es, was mich aber nicht davon abhält im Garten das Laub zu verteilen. Als ich nach draußen gehe, ziehe ich die Blicke aller Kinder auf mich. Was ich nicht bedacht habe, die Kinder können mich beim Laub zerstreuen durch die große Fensterfront beobachten. Es gibt leider kein Zurück mehr. Die ganze Aktion ist zum Scheitern verurteilt. Mir wird immer bewusster wie unsinnig das für die Kinder gleich ist etwas aufzuräumen, was ich vorher bewusst unordentlich gemacht habe. Hoffentlich spielt jedes bei dieser Inszenierung mit und verplappert sich nicht. Ich blicke nach drinnen und sehe zwanzig Kinder- und acht Erwachsenenaugen, die mich fragend anschauen. Ich überlege nun ernsthaft, ob ich nicht einen Plan B in Betracht ziehen soll.

Es ist eine Stunde vor dem Praxisbesuch und ich habe die Uhr stets im Blick. Meine Klassenkameradin kann mich etwas beruhigen, da ich mittlerweile innerlich ziemlich angespannt bin. Das Wetter tut sein Übriges hinzu. Es regnet sehr stark. Ich bezweifle, dass wir heute überhaupt rausgehen. Eine halbe Stunde vor meinem Besuch erscheint wie angedacht meine Anleiterin. Mit roter Nase und geschwollenen Augen betritt sie die Gruppe. Fit sieht anders aus. Aber es ist sehr lieb von ihr, dass sie sich extra meinetwegen hierher quält. Der Regen hat nicht aufgehört zu strömen. Und nun ist es auch eindeutig, wir bleiben drinnen, damit nicht die restlichen Kinder krank werden.

Also, was mache ich jetzt? Noch mal Tischspiele, aber diesmal aufmerksamer als beim ersten Mal? Wiederholungen bei Angeboten sehen Praxislehrerinnen zwar nicht gerne, weil man sich eben vielseitig präsentieren soll, aber diese könnte ich immerhin durch die Spontanität begründen. Die letzten fünf Minuten vor dem Besuch sind gekommen. Wie ein Gepard auf Beutezug habe ich seit einigen Minuten zwei Kinder anvisiert, die mir am fittesten erscheinen und die am wenigsten fremdeln. Schnell suche ich mir ein Gesellschaftsspiel heraus, bei dem locker eine halbe Stunde Zeit vergehen kann, und lege es auf den Tisch. Wenn nicht sogar länger, wenn man es stets begleitet und die Motivation aufrechterhält. Und dafür bin ich da. Ich werde es notfalls zwei Stunden ziehen. Voller Mut nehme ich durch den Regen draußen den Pädagogikguru und ihre Kollegin wahr, was mich aber kaum nervöser macht. Ich begrüße beide Lehrerinnen und nehme ihnen die Jacken ab. Auf dem Weg versuche ich ihnen grob die Ereignisse des Tages zu erklären, damit sie auf das Ganze mit anderen Augen blicken und mich nicht völlig in die Mangel nehmen.

„Ach ja, das wird schon. Machen Sie sich mal keine Sorgen, Timo!", entgegnet mir der Pädagogikguru in gewohnter Seelenruhe. Wieso auch immer, aber ich nehme ihr die Ruhe ab. Sie überträgt sich sogar ein wenig. Ist es, weil sie eine positive Ausstrahlung hat? Oder weil sie gerade die Berufsschule verkörpert, einen Ort weit weg von diesem

Szenario hier? Ich glaube, es ist Ersteres.

Als ich mit beiden Damen im Gepäck in der Gruppe ankomme, stelle ich alle vor und platziere die vier Frauen auf die Stühle am Rand der Gruppe. Da hier heute nicht sonderlich viel los ist, hört man umso mehr jedes gesprochene Wort. Ich blicke zum Tisch, auf dem ich das Spiel aufgebaut hatte. Doch die beiden Kinder, mit denen ich das Spiel bei Prüfungsstart spielen wollte, räumen dieses gerade wieder in den Karton und wollen sich etwas anderem widmen. Ich könnte heulen. Ich bin kein Mensch der schnell in Tränen ausbricht, aber jetzt gerade stehe ich kurz vor einer Premiere. Was soll ich tun? Ich bleibe eine gefühlte Ewigkeit in der Mitte des Raumes wie erstarrt stehen und traue meinen Augen nicht.

Heute ist irgendwie alles anders als geplant. Mittlerweile ist es mir egal. Ein ehemaliger Lehrer hatte mir damals mal einen Satz zur Angstbewältigung gesagt: „Mut zur Katastrophe". Je fester ich davon überzeugt bin, dass es eh in die Hose geht, desto befreiter atme ich auf und bin frei von Hemmungen und Blockaden. Jetzt wäre der richtige Zeitpunkt diesen Satz in die Tat umzusetzen. Es wird schon irgendwie werden.

Aus der Schockstarre erwacht, werfe ich nach einer Drehung den vier Grazien ein selbstsicheres Lächeln hinüber und schlendere durch den Raum, um zu schauen, wo ich mich dazugesellen kann.

Eine Gruppe von fünf Mädchen bastelt. Überall sind Papierfetzen und Kleber verteilt. Sie sind in ihre Arbeit vertieft und bekommen nichts von der Außenwelt mit. Währenddessen unterhalten sie sich über Hello Kitty und Lilly Fee. Da funke ich jetzt nicht dazwischen, denke ich mir. In diesem Gespräch kann ich nicht mithalten.

Zwei Jungen bauen aus Plastikmagneten kreative Konstrukte, während ein Junge sich alleine ein Bilderbuch in der Leseecke anschaut. Die zwei Jungen, die ich für mein Spiel ausgesucht hatte, gesellen sich zu ihm. Ich setze mich ebenfalls in die Leseecke. Anders als in meiner Gruppe handelt es sich hier nicht um eine Art Höhle, sondern um eine Couch. Zwei Kinder setzen sich neben mich und einer platziert sich auf die Lehne. Einen der Jungen muss ich im Auge behalten. Der war nämlich beim letzten Besuch auch schon dabei. Nicht, dass er das Bücherszenario in die gleiche Richtung lenkt wie beim letzten Mal. Wir schnappen uns ein Bilderbuch und schauen es uns an. Die Atmosphäre ist in Ordnung. Relativ schnell blende ich die Beobachterinnen aus. Ich bin mir aber nicht sicher, ob es auch bloß an der Situation liegt, dass ich nur noch das Nötigste wahrnehme.

Aus dem Augenwinkel werfe ich nach einer halben Stunde einen Blick ans andere Ende des Raumes, wo sich die Damen köstlich amüsieren. Meine Praxislehrerin hat wohl schon seit einiger Zeit alle Frauen ins Gespräch verwickelt. Ein Augenzwinkern von ihr verrät mir, dass sie es extra angezettelt hat, damit ich nicht mehr so nervös bin. Eine erfahrene Lehrerin wie sie muss nicht jede Sekunde auf einen Schüler schauen, um zu sehen, ob er es richtig oder falsch macht, denke ich mir. Sporadische Blicke und ein aufmerksames Ohr genügen. Dementsprechend schnell verläuft der Praxisbesuch.

Nachdem ich flüsternd Liederwünsche aus Bilderbüchern auf einen späteren Zeitpunkt verlegt habe, befinde ich mich auch schon mit der gesamten Mannschaft im Personalraum, in dem wir nun das Reflexionsgespräch führen werden. Die Atmosphäre wirkt einladend, wie ein Gespräch unter Nachbarn. Die angespannte Stimmung aus dem ersten Besuch ist hier keineswegs zu spüren. Meine Praxislehrerin übernimmt das Wort und wirkt trotz der vielen Besucherinnen nicht im Ansatz nervös.

„So, wie fühlen Sie sich denn, Timo?", fragt sie mit einem motivierenden Blick und hängt gespannt an meinen Lippen, um zu erfahren wie die Antwort ausfällt. Diese Mimik habe ich bislang noch nie bei einer „Wie geht es dir?"-Frage wahrgenommen.

„Ich muss ehrlich sagen, dass eigentlich alles schieflief, was nur schieflaufen konnte, und ich dementsprechend aufgeregt war bei diesem Besuch. Aber das hat sich ziemlich schnell gelegt."

Und so nannte ich ihr in Ruhe die Ereignisse des Tages, ausgenommen die Laubverteilaktion, von der auch meine Anleiterin nicht unbedingt erfahren muss.

„Nun ja, alles in allem ist der Besuch gut ausgegangen. Und genau das ist Ihr zukünftiger beruflicher Alltag. Man kann sich nicht immer genau darauf verlassen, wie der Tag sich entwickelt. Da habe ich schon die dollsten Geschichten erlebt. Aber die Kunst liegt darin, aus dem Ist-Zustand eine runde Sache zu machen. Und genau das ist Ihnen heute gelungen."

Sie wirft so mit Lobeshymnen um sich, dass selbst meine Anleiterin geschmeichelt dreinblickt. Ich bin ja immerhin auch ihr Praktikant, was sie sich nun ebenfalls als Belohnung abholt.

„Womit bist du denn im Ablauf des Besuches zufrieden? Was empfindest du als positiv?", höre ich als nächste Frage.

Ich nenne ihr prompt jede Menge Dinge, die ich hätte besser machen können. Beispielsweise hätte ich mehr Kinder einbeziehen, den Blick öfter auf die anderen Spielbereiche richten oder mich sachkundiger machen können. Bei dem einen Buch handelte es sich nämlich um ein Flugzeugbuch, Schwerpunkt innere Technik, und ich war eher Mitlernender als Lehrender. Meine Praxislehrerin hakt ein.

„Timo, es gibt ein Phänomen. Und zwar kann man an der von mir genannten Frage schon viel erkennen."

Ihre Blicke wandern in die Augen jedes Einzelnen am Tisch.

„Einige nennen dir tausend positive Ereignisse und sind rundum zufrieden. Sie sehen teilweise selbst etwas Positives in dem, was verkehrt gelaufen ist. Andere reflektieren ausgeglichen. Und es gibt diejenigen, und zu dieser Kategorie gehören Sie, die sich erst einmal alles Negative heraussuchen und selbst in perfekten Situationen einen Fehler suchen, den es nicht gibt. Man hätte die Vorlesesituation hundert Mal anders gestalten können. Aber das bedeutet ja nicht, dass Ihre Durchführung nicht gut war. Seien Sie damit zufrieden, wie Sie es gemacht haben, denn es war sehr gut. Es immer besser machen zu wollen ist natürlich keineswegs verwerflich. Ich wünschte mir manchmal, dass einige meiner ehemaligen Schülerinnen, die jetzt ausgebildete Erzieherinnen sind und deren Praktikantinnen ich im Laufe der Jahre besuchen komme, ebenfalls so denken. Aber die Routine trifft ein und viele geben sich geschlagen."

Ich nehme mir die versteckte Botschaft meiner Lehrerin zu Herzen und bin nun auf meine Note gespannt. Eine Zwei Plus ist es geworden, da sie ungern beim ersten Besuch eine Eins verteilt. Einen Besuch muss man laut ihr in Form einer Entwicklungskurve sehen. Eine Zwei Plus ist dann wohl das Optimum des Möglichen heute gewesen. Ich bin mehr als zufrieden. Meine Anleiterin scheint trotz der Erkältung gute Laune zu haben, denn sie gestattet mir mit meiner Klassenkameradin direkt nach dem Lehrerbesuch Feierabend zu machen. Auf dem Weg zur Bushaltestelle fährt der Pädagogikguru an uns vorbei.

„In welche Richtung müsst ihr? Soll ich euch mitnehmen?"

Da sagen wir nicht nein. Etwas ungewohnt ist es schon, von der Lehrerin nach Hause gebracht zu werden. Aber hier sind die Verhaltensregeln etwas anders als in der Schulzeit. Wäre man damals von der Klassenlehrerin nach Hause gefahren worden, so hätte man dies als größtes Geheimnis aufbewahrt und drauf geachtet, dass kein Klassenkamerad davon etwas mitbekommt, denn sonst hätte man vermutlich die restlichen Schuljahre den Spruch des Lehrerlieblings auf der Stirn kleben. Hier wiederum ist es anders. Dadurch, dass wir alle schon recht erwachsen sind, ist es einfach eine nette Geste und niemand muss sich dafür genieren.

„Da ist ja alles noch einmal gut ausgegangen", leitet sie lächelnd das Gespräch ein. „Sind Sie denn zufrieden dort im Kindergarten?"

Ich muss überlegen. Sage ich ihr nun die Wahrheit oder beschönige ich es?

„Nun ja, der Kindergarten ist schon in Ordnung. Ich war hier selbst als Kind, deswegen habe ich mich für diesen Kindergarten entschieden. Und natürlich die Nähe zum eigenen Zuhause."

„Bei einem Praktikum kann man schon einmal solche Argumente nehmen. Später, wenn es darum geht eine feste Berufsstelle zu finden, darf die Entfernung kein gewichtiges Argument sein. Ihre Antwort klang aber nicht gerade überzeugend. Was stört Sie denn an der Einrichtung?" Es klingt, als ob sie ebenfalls einige Dinge beobachtet hat, sie aber gerne von mir hören möchte.

Ich offenbare mich und nenne ihr etwas abgeschwächt die Gründe.

„Oft fühle ich mich wie eine kostenlose Arbeitshilfe. Alle hauswirtschaftlichen Aufgaben, bis auf das Kochen, fallen auf mich zurück. Selbst das Fegen von Gruppenräumen, in denen ich gar nicht arbeite, steht bei mir auf dem Tagesplan. Ich werde herumgereicht wie ein Sklave. Die Erzieherinnen sagen mir beispielsweise, dass ich nach unserem Gruppenraum die Gruppe von nebenan fertig machen soll, und holen sich dann anschließend für diese Unterstützung das Lob der anderen Erzieherinnen ab."

Ich erzähle ihr ebenso von dem Vorfall auf dem Fußballplatz, als ich während des Spiels nach drinnen geschickt wurde.

„Na ja, und pädagogisch deckt sich das manchmal nicht so mit meinem Verständnis. Es ist so ganz anders als in meinem Praktikum im Waldorfkindergarten", füge ich hinzu.

Meine Lehrerin hakt schnaufend ein: „Also, wie ich vermutet habe. Die Gesellschaft tut immer so tolerant, aber ist es bei weitem noch nicht. Ich habe geahnt, dass diese Geschlechtermachtkämpfe ein Thema werden. Einige Damen scheinen sich in Anwesenheit eines Praktikanten auf die faule Haut legen zu wollen. Viel wichtiger als diese ganzen hauswirtschaftlichen Dinge, die natürlich auch Alltag sind und anfallen, sind die ersten Erfahrungen bei der Arbeit am Kind. Wir schicken Sie ja nicht ins Praktikum, um gute Feger und Abtrockner zu werden. Das scheinen sehr viele Einrichtungen leider völlig falsch zu verstehen. Bei Ihrem männlichen Klassenkameraden ist es nämlich ähnlich. Gestern habe ich ihn besucht und er klagt von genau den gleichen Dingen. Mich ärgert das ungemein. Aber nun kann man nichts mehr daran ändern. Es ist nur unheimlich schade, in welche Richtung das alles läuft. Viele Erzieher lassen ihre Praktikanten durch die gleiche Schule laufen, durch die sie damals selbst gelaufen sind. Aber wenn sie das reflektieren, dann merken sie, dass sie sich damals auch nicht sonderlich wohl gefühlt haben."

Wir haben unser Fahrtziel erreicht, als das Gespräch ein Ende findet.

„Halten Sie noch den einen Tag durch und versuchen Sie es positiv abzuschließen", rät sie mir zum Abschied.

Meine Klassenkameradin und ich steigen aus und gehen unserer Wege. Alles in allem war es ein guter Tag. Der Start war mehr als kurios und ich möchte behaupten, dass das wohl das schlimmste Kindergartenerlebnis war, dass ich mir bisher vorstellen konnte. Aber dem ist leider nicht so. Die Ausbildung hat gerade erst begonnen.

Der letzte Tag meiner Praktikumszeit hat begonnen. Heute bekomme ich meine Praktikumsbeurteilung. Dabei handelt es sich um ein sechsseitiges Formular in Form eines Fragebogens mit Bewertungscharakter. Im Morgenkreis wird den Kindern verkündet, dass ich heute meinen letzten Tag habe, was sie recht traurig stimmt. Und so spiele ich mit ihnen zum letzten Mal *Mensch ärgere dich nicht* und Fußball, male mit ihnen ein Tauschbild am Kreativtisch, stelle alle Stühle hoch und fege. Der Abschied am Nachmittag ist recht verhalten. Mit einem Handschlag der letzten verbliebenen Erzieherinnen, die gedanklich erschöpft im Feierabend sind, werde ich entlassen. Um ihnen bei diesem obligatorischen Tagesordnungspunkt nicht zu viel Zeit abzuverlangen, versuche ich erst gar nicht ein trauriges Abschiedsgespräch anzufangen. Also belassen wir es dabei und trennen uns auf Nimmerwiedersehen. Aber man sieht sich bekanntlich immer zweimal im Leben.

Als geprägter Waldorfler stieß ich hier wahrscheinlich auf den härtesten möglichen pädagogischen Kontrast. Ordnung, ruhige Lernatmosphäre, spielen am Tisch: Das sind Fremdwörter in meinen vom einjährigen Praktikum geprägten, aber doch ungeschulten Ohren. Es kann natürlich mit der Unordnung zusammenhängen, dass die Kinder im Waldorfkindergarten deutlich vitaler waren als hier. Aber waren die Kinder deswegen unzufriedener oder gar unterentwickelter? Keineswegs. Es kam mir in den vier Wochen so vor, als wären einige Kinder hier bloß zu Besuch. Es fehlte in meinen Augen an Individualität. Auffällig war, dass kaum etwas unordentlich oder bespielt wirkte. Alles hatte seinen Platz und so musste es auch nach dem Spielen hinterlassen werden. Nach Maria Montessori heißt es ja bekanntlich „Äußere Ordnung führt zu innerer Ordnung". Nur kann ich nicht genau sagen, ob dieser pädagogische Ansatz hier vehement ausgelebt wurde oder ob die Motivation kaputte Spiele zu ersetzen an der ein oder anderen Stelle auf Budgetgrenzen zurückzuführen ist. Alles in allem war es eine Montessorianlehnung, die hier konzeptionell festgelegt wurde. Leichte Einblicke konnte ich dennoch in diese Pädagogik erhalten.

Speziell hier im Kindergarten stand in den vier Wochen um St.Martin neben dem Laternenbasteln die Betreuung an oberster Stelle. Ich ließ mir erklären, dass bald schon mit Weihnachten die stressigste Zeit des Jahres anfängt und man vorher ein wenig durchatmet. Von den vier Wochen Einblick kann und möchte ich gar nicht auf das große Ganze schließen. Auch betrachte ich mittlerweile die hauswirtschaftliche Tätigkeit weniger persönlich. Ich denke, dass einige Frauen der älteren Generation gemachte Erfahrungen aus ihrer Zeit überzeugt weitergeben, weil sie es nicht anders kennen. Ich konnte dennoch viele herzliche Momente zwischen Erziehern und Kindern beobachten. Am Nachmittag sah ich aber auch die sehr erschöpften Gesichter der Erzieherinnen. Die stillen Phasen in der Gruppe begründe ich zum einen aus der Vermeidung von stetigem

Lärm und zum anderen konzentrierten Kindern gerecht werden zu können. Die Montessori-Pädagogik hat sich für mich insofern herauskristallisiert, dass der Leistungsgedanke im Vordergrund steht. Sei es durch intrinsische Motivation vom Kind aus oder angeleitete extrinsische Motivation. Jedoch trägt alles, was fabriziert wird, den Namen *Arbeit*. Sollen das die ersten Wege zum Erwachsenenleben sein oder versucht man dem in manchen Ohren überflüssigen Wort *Spielen* aus dem Weg zu gehen? Für mich hat der Arbeitsbegriff einen bitteren Beigeschmack, weil man Stück für Stück dem Kind eintrichtert, dass es zu arbeiten hat und nicht unnütz spielen soll. Dennoch konnte ich bei den Kindern durchgehend eine motivierte Auseinandersetzung mit dem Montessori-Material beobachten. Sei es das Bearbeiten eines Schleifenrahmens, der geometrischen Figuren, dem Fenster putzen und vielen mehr. Die Kinder zeigten sich sehr wissbegierig. Ich kann behaupten, dass ein Großteil der Kinder dieser Einrichtung auch genau dort abgeholt wurde, wo sie standen, und mit dem nötigen Input eigenständig oder begleitet versorgt wurden.

Diese Einrichtung hat mich in meiner Erfahrung sehr weitergebracht und mir geholfen zu verstehen, wie christliche Werte im Kindergartenalltag umgesetzt werden können. Viele Feiertage, die man über das Jahr im Kindergarten erlebt, lassen sich in Deutschland auf einen christlichen Ursprung zurückführen. Die professionelle Begleitung und Bearbeitung dieser Themen mit den Kindern waren hier überaus eindrucksvoll zu beobachten.

Es ist sehr spannend zu beobachten, wie verschieden Kindergärten ihre Arbeit definieren und welchen Einfluss jeder einzelne Erzieher hat. Flexibilität, Persönlichkeit, Authentizität, Humor und Geduld sind ein gutes Fundament, um einen schönen Kindergartentag zu ermöglichen. Meine Arbeit ist getan und so werde ich ab Montag weiter zur Berufsschule gehen und dem Ziel Erzieher zu werden näherkommen.

Und da bin ich wieder. Montagmorgen, die Schule ruft. Es fühlt sich etwas ungewohnt an. Ich bin sogar ein bisschen nervös bei dem Gedanken die Klassenkameraden wiederzutreffen. Jeder bringt seine eigenen Erlebnisse und Erfahrungen mit. Daher wird uns der erste Tag nach einem Blockpraktikum zur Reflexion eingeräumt. Wir bekommen die Möglichkeit, uns bei einem gemeinsamen Frühstück im Klassenraum miteinander auszutauschen. Selbstverständlich ist der Pädagogikguru auch mit dabei und leitet diesen Tag. Jeder von uns hat eine Kleinigkeit mitgebracht und das Frühstück streckt sich recht lange, da wir uns viel zu erzählen haben. Der Pädagogikguru unterbindet irgendwann die Gespräche, damit der offizielle Part beginnen kann. Reihum darf nun jeder von seinen letzten vier Wochen berichten: Höhepunkte, Tiefpunkte, besondere Entwicklungsbeobachtungen des eigenen pädagogischen Handelns, Probleme im Kollegium, Erfreuliches und weniger Erfreuliches. Alles hat hier nun Raum und Zeit, um es gemeinsam zu thematisieren. In meinen Augen ist das eine sehr sinnvolle Methode, das Geschehene zu verarbeiten und mit anderen zu teilen, wenn auch stark subjektiv.

Die ersten Azubis beginnen ihre Erlebnisse zusammenzufassen. Bei vielen hört man heraus, dass sie sehr zufrieden waren und gerne noch länger geblieben wären. Es gibt aber auch diejenigen, die sehr skeptisch und kritisch der eigenen Praktikumsstelle gegenüberstehen. Nun ist meine Sitznachbarin an der Reihe, die ihr Praktikum in einem sozialen Brennpunkt abgeleistet hat, in dem sie selbst auch zu wohnen scheint. Dementsprechend hatte sie recht heftige Erlebnisse. An ihrem Verhalten selbst lässt sich die Herkunft des Wohnortes nicht verleugnen. Sie tritt recht gleichgültig auf, sodass ihre angepasste Sprache im Dialog mit dem Lehrer oft gespielt nett oder übertrieben ironisch klingt.

„Joa, also ich habe mein Praktikum bei einem großen Träger gemacht. War gut. Hat auch Spaß gemacht. Weiß auch gerade nicht, was ich noch sagen soll. Außer, dass die Kinder manchmal voll assi waren. Da hat mich einmal so ein Kevin, keine Ahnung, wie der hieß, aber ich habe den immer Kevin genannt, na ja, der hat mich auf einmal einfach so angespuckt. Dann habe ich den zurück angespuckt. Voll in die Haare. Und dann kam meine Anleiterin zu mir und meinte, dass der immer total wild ist, aber sich nie jemand von den Erzieherinnen getraut hat zurückzuspucken. Das macht der wohl oft bei anderen Kindern. Das war eins von meinen guten Erlebnissen im Praktikum."

Die Blicke meiner Mitstreiter ähneln dem von mir. Hat sie jetzt ernsthaft ein Kind angespuckt, weil es sie zuvor bespuckt hat? Nach dem Motto „Auge um Auge, Zahn um Zahn"? Fremdscham liegt in der

Luft. Anhand ihrer aussetzenden Empathiefähigkeit fällt es ihr gelegentlich schwer, ihr eigenes Tun zu reflektieren, würde ich als Laie aus dieser Situation diagnostizieren. Wieso sollte sie sonst vor der Lehrerin des wichtigsten Faches so eine Aussage stolz verkünden? Und wie kann man nach diesem Auftritt noch so jemanden den Ausbildungsabschluss gewähren, beziehungsweise auf Kinder loslassen? Fragen über Fragen, die sich wohl im Laufe meiner Ausbildung klären lassen.

Schließlich bin ich an der Reihe. In der Kürze versuche ich das Erlebte ohne viele Beispiele zu beschreiben. Ich berichte über schöne, aber auch nicht so schöne persönliche Momente.

Alles in allem war ungefähr ein Drittel der Klasse mit dem Praktikumsblock zufrieden, zwei Drittel sind froh, dass das Praktikum zu Ende ist. Eine ziemlich schlechte Bilanz, wenn man sich überlegt, dass man genau in diesen Beruf später eintaucht. Man wird wohl etwas Glück haben müssen, um eine tolle Kindergartenstelle zu ergattern. Aber vielleicht gibt es ja auch einige Hinweise, um eine solche Perle zu erkennen. Hierzu später mehr.

Waldkindergarten – Eine exotische Erfahrung

Die Tage und Wochen plätschern dahin. Der Unterricht ist zwar deutlich belebter als damals auf dem Gymnasium, aber der erforderliche Theorieteil ist recht groß. Der Eifer, so viel wie möglich über den Beruf zu wissen, hält einen aber stets bei der Stange.

Es bahnt sich der nächste Praktikumsblock an. Der zweite und somit letzte in diesem Jahr. Wieder einmal gilt es vier Wochen zu bestehen und dieses Mal bei bloß einem Besuch von meiner Praxislehrerin einen guten Eindruck zu hinterlassen. Ich stelle mir selbst die Frage, wohin die Reise gehen soll. Wieder etwas Exotisches? Oder doch lieber etwas Klassisches? Ich wäge ab und entscheide mich schlussendlich für das Exotische: Einen Waldkindergarten. Ich stelle es mir spannend vor, wie so ein Tag in einer Kindergartenkonstellation im Wald aussieht: Keine Spiele, keine Möbel, nichts Persönliches und stets den Überblick behalten. Eine ziemliche Hürde. Mal schauen, ob das am Ende des Tages sogar noch Spaß macht.

Auf meine Bewerbung wird prompt geantwortet.

„Wir freuen uns auf deinen morgigen Besuch um elf Uhr. Du triffst uns an der großen Linde", erhalte ich auf meine E-Mail als Antwort.

An dem Tag des Besuches herrscht natürlich absolutes Chaoswetter. Ich kann mich kaum daran erinnern, schon einmal so viel Schnee gesehen zu haben, und das ausgerechnet am Tag des Vorstellungsgespräches. Da ich auf die öffentlichen Verkehrsmittel angewiesen bin, scheint das ein echt spannendes Vorhaben zu werden. Pünktlich wie ich bin habe ich eine Stunde Fahrtzeit eingeplant, inklusive Wartezeit und Gehminuten. Wenn alles wie am Schnürchen läuft, brauche ich bloß zwanzig Minuten bis dorthin. Aber dem ist leider nicht so. Ich warte schon seit dreißig Minuten an der Haltestelle und kein Bus ist bisher zu sehen. Ich finde mich mit dem Gedanken ab, dass heute kein Bus mehr kommen wird. Also beschließe ich zu laufen, um halbwegs pünktlich anzukommen. Es wird echt knapp. Kurz nach elf Uhr erreiche ich dann doch noch den Wald und halte Ausschau. Wonach eigentlich? Nach einer Linde? Wie zur Hölle sieht eine Linde aus? Und selbst wenn ich eine gefunden habe, welche Linde hier in diesem Wald ist gemeint? Ich bin kurz davor zu verzweifeln, als ich Kindergelächter höre. Ich folge den Stimmen und sehe jede Menge von ihnen einen Hügel herunterrodeln. Der erste Eindruck zeigt mir, dass sie sich sehr fröhlich und frei verhalten.

Am Wegesrand steht links und rechts jeweils ein Bauwagen, der über eine Treppe betreten werden kann. Am linken ist an der Front ein Fensterladen hochgeklappt, sodass ein Schwarzes Brett mit Informationen und Daten des täglichen Kindergartenalltags zu sehen ist. Um die Bauwagen herum befinden sich jeweils zwei Holztische und Bänke, die man üblicherweise aus den Waldanlagen kennt. Ansonsten gibt es kein Mobiliar. Als ich mich einer erwachsenen Person nähere, werde ich freundlich empfangen. Ich bin direkt an die Kindergartenleitung geraten, die ebenfalls eine Gruppe leitet und somit auch täglich im Kindergartenalltag arbeitet. Viel zu zeigen gibt es ja nicht, die Rundführung können wir uns also schenken.

Sie stellt mir Fragen wie „Wieso möchtest du Erzieher werden?“ und „Wieso hast du dich für ein Praktikum im Waldkindergarten entschieden?“, auf die ich natürlich frei und ohne viel Vorbereitung antworten kann.

Am Ende des zehnminütigen Gesprächs beglückwünscht mich die Leiterin zur Aufnahme und stellt mir einige Kollegen vor, darunter auch einen Erzieher. Der Alltag geht weiter und es ist Zeit für mich zu gehen, denn mein Praktikum beginnt nicht schon heute.

Auf dem Weg nach Hause habe ich ein gutes Gefühl. Alle wirken recht herzlich und die Kinder scheinen fröhlich zu sein. Was will man mehr? Die Basis scheint zu stimmen.

Mein erster Praktikumstag beginnt, was mich dazu bewegt mehr als pünktlich aufzustehen. Dieses Mal nehme ich das Fahrrad, denke ich mir.

Was nehme ich mit? Die üblichen Hausschuhe für den Praktikumskindergarten schenke ich mir. Ich ziehe mir warme Schuhe, eine Hose, die dreckig werden darf, eine Jacke und Handschuhe an. Wir haben zwar April, aber es ist noch sehr kalt.

Um kurz vor acht Uhr erreiche ich den Kindergarten, aber es ist noch niemand zu sehen. Nicht das erste Mal, dass ich überpünktlich am Treffpunkt erscheine. Kurze Zeit später tritt die erste Kollegin ihren

Dienst an. Mensch, die müssen aber gelassen drauf sein. Gut, das Herunterstellen der Stühle und einmal kräftig Lüften kann man sich schenken. Kurzerhand wird der Fensterladen vom Bauwagen geöffnet, sodass das Schwarze Brett sichtbar wird. Fertig ist die Vorbereitung. Ich unterhalte mich kurz mit ihr und stelle schnell fest, dass die stellvertretende Leiterin echt locker drauf ist. Sehr naturbezogen, aber keineswegs zu weltfremd.

So langsam trudelt der Rest der Mannschaft ein. Bis halb neun Uhr ist hier Bringzeit. In dieser recht kurzen Zeitspanne haben die Eltern die Möglichkeit ihre Kinder abzugeben und kurz ein paar Informationen auszutauschen. Die Kinder spielen entweder Fußball mit provisorisch hingestellten Ästen, die als Tore dienen, lassen sich etwas vorlesen, erklimmen die vielen Hügel rundherum oder buddeln kleine Höhlen. Keinem von ihnen ist langweilig. Am Bauwagen selbst hängt jedes Kind seinen Rucksack am Haken auf, was vermutlich als Garderobe dienen soll. Jacken und Schuhe bleiben selbstverständlich an.

Nachdem um halb neun alle Kinder gebracht wurden, eine Erzieherin warmes Wasser aus der nebenliegenden Gaststätte in einer Thermoskanne abgezapft hat und der Bauwagen abgeschlossen ist, pilgern wir geschlossen los zum nahe- und hochgelegenen Morgenkreisplatz. Es handelt sich um eine Lichtung mit Baumstämmen, auf die wir uns nun alle setzen. Mit einer Klangschale wird hier ritualisiert der Morgenkreis eingeleitet. Alle Kinder halten inne und freuen sich über den letzten hörbaren Klang. Nun wird im Morgenkreis erst einmal geklärt, wer ich bin und wieso ich da bin. Die Kinder nehmen mich sehr gut an, haben auch keinen gleichgültigen Blick wie in meiner letzten Praktikumsstelle, was wohl daher kommt, dass sie selten Praktikanten um sich herum haben. Wir spielen ein kleines Kreisspiel und klären nun, zu welchem Reiseziel wir uns auf dem Weg machen. In petto hat dieser Waldkindergarten knapp zwölf verschiedene Ziele, an denen sie einen Vormittag verbringen können. Jeder einzelne Ort hat seine eigenen Reize, Impulse und eigenen kindlichen Namen, z.B. Affenbaumstätte, Piratenschiff oder Schaukellandschaft. Wir ziehen los und jedes Kind trägt seinen Rucksack, an dem eine kleine Isomatte angebracht ist. Matschhosen waren bei den Kindern meiner letzten beiden Kindergärten eher lästig bis gehasst. Sie störten, waren Fremdkörper und anstrengend an- und auszuziehen. Aber hier gehört eine Matschhose zur alltäglichen Kleidung. Im Rucksack hat jedes Kind ein praktisches Frühstück dabei, das ohne Löffel oder Gabel verzehrt werden kann, einen kleinen Waschlappen, um sich vor dem Essen die Hände zu waschen und eine Thermoflasche mit einem Getränk. Das Nötigste ist vorhanden und schon geht es los in die Tiefen des Waldes.

Die Kinder haben eine echt gute Orientierung, einige laufen vor und manch einer lässt sich Zeit und lässt die Natur auf sich wirken, was man in anderen Einrichtungen wohl als Trödeln bezeichnen würde. Die Erzieher sind so aufgestellt, dass einer vorne mitläuft und die voranlaufenden Kinder im Blick hat, einer sich in der Mitte befindet und einer mit den Langsameren das Schlusslicht bildet. Einer der drei zieht den Bollerwagen. Es kann gut vorkommen, dass so eine Kindergartenschlange einhundert Meter lang ist. Einige der Kinder laufen wirklich so schnell und ausdauernd vor, dass ich für mich feststelle, dass es schwierig wird die Kinder wieder einzusammeln. Zum Glück sind die vorlaufenden Kinder nie alleine und kennen mittlerweile beispielsweise den richtigen Umgang mit Hunden. Ich frage eine Erzieherin, ob ich hinterherlaufen und die Kinder einfangen soll. Sie winkt gelassen ab und erwidert:

„Da vorne an der Buche ist ein Haltepunkt. Die bleiben jetzt eh stehen. Aber sehr aufmerksam von dir!"

Ich kann keine Buche sehen, wie auch immer die aussieht. Etwas beschämt lasse ich mir meine Unwissenheit als Stadtmensch nicht anmerken. Ebenso kann ich es nicht glauben, dass die Kinder alle anhalten. Doch plötzlich bleiben sie wie an einer unsichtbaren Linie stehen. Sie blicken zu uns und warten bis wir alle angekommen sind. Erst als der Letzte am Haltepunkt angekommen und die Gruppe wieder vereint ist, nebenbei von einer Erzieherin durchgezählt, startet die zweite Etappe zum nächsten Haltepunkt. Ich finde es bemerkenswert, dass die Kinder alle möglichen Haltepunkte im Kopf abgespeichert haben. Wir hätten ja heute in eine andere Richtung gehen können, wo sie dann ebenso ihre vier bis sechs Buchen, Linden oder Pappeln im Gedächtnis haben. Die Orientierungsfähigkeit und das Regelverständnis scheinen mir enorm entwickelt zu sein. Ich kann es bloß aus meiner Stadtmenschperspektive beurteilen, aber ich würde gar nicht auf die vielen verschiedenen Bäume achten, sondern gehe mehr oder weniger blind durch den Wald.

Nun stehen wir alle am nächsten Baum. Die Strecke führt aber nicht auf dem Weg entlang, sondern einen extrem steilen Berg hoch. Ohne auf allen Vieren zu krabbeln, könnte man diesen gar nicht bezwingen. Die Steigung ist enorm, ebenso wie die Distanz. Man muss ungefähr einhundert Meter steil bergauf kriechen. Und da sollen jetzt alle Kinder hoch? Das erscheint mir etwas unverantwortlich. Als die Erzieherin das Startzeichen gibt, krabbeln alle Kinder über den dichten Laubboden nach oben. Ich habe es mir schlimmer vorgestellt. Dadurch, dass die Kinder nicht so groß sind, haben sie gar nicht so viel Gewicht, das sie austarieren müssen. Alle Kinder, auch die Dreijährigen, sind wirklich sehr geschickt im Erklimmen. Ein bis zwei Ausnahmen bestätigen die Regel, die noch gelegentlich ein wenig Unterstützung brauchen. Das heißt hierbei aber nicht an der Hand festhalten oder getragen werden, sondern Hilfestellungen und Tipps geben, wo sie sich am besten festhalten oder welche Laufwege sie gehen sollen. Alle werden zur Selbstständigkeit erzogen. Ein Problem haben wir aber noch. Da ich meinen Mund nicht halten kann, habe ich den Damen angeboten mich um den Bollerwagen zu kümmern. Allesamt scheinen sehr geübt darin zu sein den schweren, bis über den Rand befüllten Wagen den Weg entlangzuziehen, aber ich habe auf der Wanderung hierher herausgehört, dass sie schon lange nicht mehr an diesem Ausflugsort waren. Das liegt höchstwahrscheinlich an dem etwas zu hohem Berg. Dadurch, dass die Reifen nicht bis zum Anschlag mit Luft befüllt sind, ist das Ziehen des Wagens echt schwer. Wobei, bergauf wird das weniger das Problem sein, weil der Bollerwagen wohl mehr in der Luft schwebt, als auf dem Boden zu rollen. Wir decken vorher jede Kleinigkeit ab und binden es mit Spanngurten fest. Ich mache mich auf den Weg. Eine Erzieherin hilft mir, den Wagen von unten zu schieben. Ein Tropfen auf dem heißen Stein, denn wenn ich den Wagen loslassen würde, würde sie von diesem erschlagen werden. Aber ich versuche positiv zu denken. Also schleppe ich mich diesen Berg nach oben, den ich privat niemals erklimmen würde. Die ersten Meter sind noch erträglich, da die Steigung sanft wirkt im Gegenteil zu dem, was uns noch erwartet. Die Kinder sind über den ganzen Berg verteilt. Sie wirken wie eine Ameisenbande, die versucht mit Gepäck einen hohen

Hügel zu erklimmen.

Einige Kinder sind bereits oben angekommen. Wer passt auf sie auf? Bis ich mit dem Wagen oben bin, um zu helfen, sind zehn Minuten vergangen. Wenn ich den Bollerwagen jedoch loslasse und losklettern würde, dann eher zwei Minuten, aber dafür gäbe es eine platte Kollegin. Eine Erzieherin scheint das Plateau erreicht zu haben. Bemerkenswert für ihre fünfzig Jahre. Aufgrund ihres Erscheinungsbildes hätte ich sie auf Anfang bis Mitte dreißig geschätzt.

Allmählich lichtet es sich auf dem Berg. Ein Großteil ist oben angekommen. Ich hingegen befinde mich etwa in der Mitte. Nicht nur die Steigung macht mir zu schaffen, sondern auch das viele Laub, das wir durch den flachen Bollerwagen vor uns her schleifen. Der Vorteil ist, dass es nebenbei als Bremsschutz dient und es verlangt weniger Kraft, wenn man mal durchschnaufen möchte. Der Nachteil ist aber, dass es ebenso zäh auch nach vorne geht. Nach etwa zehn Minuten haben wir den Berg besiegt. Von oben angefeuert werden wir willkommen geheißen. Ich verspüre ein enormes positives Gefühl in mir. Wir haben es geschafft. Und ich denke, jedes einzelne Kind verspürt dieses Gefühl ebenso stark. So ein Berg muss in Kinderaugen noch eine Ecke höher wirken. Das scheinen hier die täglichen Etappen zu sein, an denen man sich messen und erleben kann. Natürlich haben die fitten Kinder aus dieser Bergetappe ein Wettrennen gemacht. Sich untereinander messen, behaupten, einstecken können und sich verbessern: All das sind Punkte, die die Kinder hier im Wald erleben. Man könnte behaupten, dass sie das auch im Alltag im Regelkindergarten bei einem Gesellschaftsspiel oder in der Puppenecke erfahren, aber ich für meinen Teil denke, dass man Äpfel nicht mit Birnen vergleichen kann. Diese Naturerfahrung und das gesunde Vertrauen in die Kinder sind schon wirklich sehr speziell. Ein Kind lernt hier mit der Gefahr umzugehen. Wenn es merkt, dass die Wurzel, an der es sich festgehalten hat, gerissen ist und es einen Meter nach unten rutscht, dann weiß es beim nächsten Mal, dass es sich eine dickere Wurzel suchen muss.

Oben auf dem Plateau richten wir uns ein. Hier sind ein Waldweg und weit auseinanderstehende Bäume, zwischen denen nun eine

Erzieherin zwei stabile Seile spannt. An den Seilen werden im Anschluss kleine Haken befestigt, an denen jedes Kind seine Jacke und seinen Rucksack aufhängen kann. Es entsteht eine mobile Garderobe. Diese Knotentechnik hat die Erzieherin, so erzählt sie mir, bei einer Fortbildung zu diesem Thema kennengelernt. Seile in der Erlebnispädagogik. Hier kann ich sehr gut sehen, wie effektiv manchmal so eine Fortbildung sein kann. In meinen Augen und auch in den Augen ihrer Kolleginnen gilt sie nahezu als Meisterin der Knoten. Wir setzen uns alle gemeinsam kreisförmig auf den Boden. Die Kinder nehmen hierfür ihre runden Isomatten. Zuerst bekommt jedes Kind aus der Thermoskanne des Kindergartens warmes Wasser auf seinen Waschlappen, mit dem es sich nun die Hände waschen kann. Zum Essensbeginn erklingt ein Tischspruch. Danach schnappt sich jeder aus seinem Rucksack das Frühstück samt Trinkflasche. Ich merke den Zusammenhalt unter den Kindern. Einige, die kaum etwas bis nichts dabei haben – ja, das gibt es wirklich – bekommen von anderen Kindern netterweise eine kleine Essensspende. Ebenso wird teilweise das Essen untereinander getauscht. Es wirkt sehr gemütlich und ich könnte mir vorstellen, noch ein wenig länger hier im Wald in dieser Runde zu sitzen.

Es ist ein seltsames Gefühl, was mich überkommt. Passanten gehen lächelnd an uns vorbei, während wir zu ihnen nach oben blicken. Privat würde ich mich wohl niemals einfach so in den Wald auf den Boden setzen und dort frühstücken. Jedoch hatte ich dieses Erlebnis schon während meiner Waldorfzeit. In der Gemeinschaft und speziell auch mit Kindern ist wohl mehr Toleranz in der Gesellschaft möglich. Mich erstaunen ebenso die Begrüßungen von so gut wie jedem Passanten, denen wir im Wald begegnen. Trauen sich die Leute nicht andere Menschen im Wald zu grüßen, die ihnen fremd sind? Ist man ohne Kinderbegleitung automatisch nicht grüßenswert? Ich bin dafür, dass man sich nicht nur im Wald, sondern auch auf der Straße gelegentlich mal grüßen sollte. Besonders in den Großstädten ist man recht anonym unterwegs. Man hat ein Netzwerk von knapp tausend Bekannten und allen anderen gegenüber verhält man sich verschlossen. Ich nehme mir vor, ab sofort öfter Leute in der freien Natur zu grüßen, was, wie ich denke, nicht allzu lange anhalten wird.

Nachdem wir nun nach etwa dreißig Minuten mit unserem

gemütlichen Frühstück fertig sind, teilen sich die Kinder in ihre Bereiche auf. Auf dem Waldweg spielen einige Jungen Fußball. Das Risiko, dass der Ball den Abhang runterrollt, besteht, aber die Kinder scheint es nicht zu stören. Abwechselnd darf jeder einmal den Ball holen gehen. Andere Kinder bauen sich kleine Tipis, bemalen mit Wasserfarben auf an Bäume gespannte Din-A3-Blätter oder spielen Fangen. Die ersten ziehen ihre Jacken aus. Unvorstellbar. Ich finde es super kalt und trage mittlerweile meine Handschuhe. Ich würde mich keineswegs als Frostbeule bezeichnen, aber dadurch, dass ich gerade keinen Berg hochklettere oder renne, wird mir zunehmend kälter. Ich komme mir vor wie eine der Pinguin-Erzieherinnen aus dem vorherigen Praktikum. Eine Erzieherin erklärt mir, dass die Kinder im Zwiebellook angezogen sind. Aber alles in allem haben sie sich an die Kälte gewöhnt. Ihr Immunsystem ist durch das tägliche Laufen im Freien auf einem sehr guten Stand. Krankheitsfälle gibt es hier zwar genauso wie auch in anderen Kindergärten, aber wenn man einen Regelkindergarten in den Wald verfrachten würde, dann wäre nach einer Woche eine ungewöhnlich hohe Anzahl der Kinder krank.

Die Zeit vergeht schnell. Alle Kinder sind sichtlich beschäftigt und nehmen die heutige Örtlichkeit wunderbar an. Es gibt viele Dinge zu erkunden und man versucht sich mit dem von der Natur Gegebenen zu beschäftigen. Situative Spiele entstehen, wie beispielsweise ein Hindernisparcours über Baumstämme oder *Fischer, Fischer, wie tief ist das Wasser*.

Nach etwa einer Stunde Freispielphase packen wir unsere Sachen zusammen und ziehen weiter Richtung Bauwagen, um den Kindergartentag zu beenden. So pilgern wir nun gegen zwölf Uhr eine halbe Stunde zum morgendlichen Startpunkt und erreichen den hohen Hügel, an dem wir unseren Morgenkreis gehabt haben. Nach einem kurzen Abschlusskreis laufen, trödeln und rennen die Kinder den Hügel hinunter. Nur ein Mädchen, das ich auf etwa drei oder vier Jahre tippe, bleibt an einer aus dem Boden ragenden dicken Wurzel hängen und fällt hin. Es bleibt eine kurze Zeit liegen und steht wieder auf. Keine Träne, kein Nichts. Das tolle kleidähnliche Outfit ist mit Laub und Erde bedeckt, aber das stört das Mädchen nicht.

Unten am Bauwagen angekommen, erblicken die ersten Kinder ihre Eltern. Die restlichen Kinder werden in der kommenden halben

Stunde abgeholt. Bis dreizehn Uhr ist hier für jedes Kind die Abholzeit. Die einzige Ausnahme ist mittwochs. An diesem Tag bleiben die Vorschulkinder bis etwa fünfzehn Uhr im Kindergarten und haben nach einem Mittagessen Zeit mit zwei Erzieherinnen im Bauwagen in die Vorschularbeit einzutauchen.

Kurze Zeit später mache ich mich auf den Weg nach Hause, nachdem ich mit den Kolleginnen nachbereitet habe. Für mich war es ein ereignis- und erfahrungsreicher Tag. Er hat mir einen kurzen Einblick gegeben, wie Kindergärten auch sein können. Es ist heute völlig anders gewesen als in einem Kindergarten, der immer am gleichen Fleck zu finden ist. Dementsprechend ist das Tätigkeitsfeld eines Erziehers recht vielseitig. Ob man nun am Tag Tischspiele spielt, malt, für eine Stunde den Garten unsicher macht oder aber den ganzen Tag unterwegs in der freien Natur ist: Das sind zwei völlig verschiedene Paar Schuhe. Es ist reine Einstellungssache, zu welchem Gebiet man sich mehr hingezogen fühlt. Nicht jede Erzieherin und jeder Erzieher kann sich mit abenteuerlichen, meist dreckigen und ungewissen Tagesabläufen arrangieren. Andere wiederum nicht mit häuslichen Aktivitäten und weniger Bewegung. Es ist und bleibt eine Typsache.

Über den Tag hinweg habe ich bereits zu vielen Kindern Kontakt aufgebaut. Natürlich hat mir das Fußballspielen geholfen, um bei den Jungs das Eis zu brechen. Aber auch das Spazierengehen an sich, das wohl dem Pilgern ähnelt, bei dem wir zwangsläufig schnell ins Gespräch kommen. Man unterhält sich mit dem Kind über Gott und die Welt. Im Idealfall lernt man unbewusst sogar sehr viel mehr über das Kind als in einer großen Regelgruppe, die geballt in einem Raum sitzt. Die Gruppe verteilt sich hier viel mehr. Ebenso ist die Geräuschkulisse deutlich entspannter. Natürlich sollte man aus Respekt vor den Tieren im Wald nicht stetig schreien, aber selbst wenn Kind A zu Kind B am Ende der Schlange herüberruft, so ist es deutlich angenehmer für uns zu ertragen als wenn man in ein und demselben Raum ist. Dadurch ergibt sich, dass man über den Tag hinweg mehr als entspannt ist, weil man den lauten Geräuschpegel nicht ständig abbekommt. Auch das Streitthema Nummer eins, das Aufräumen, fällt weg. Für gewisse Gruppen wird es auch kein Streitthema sein, weil sie schöne Methoden entwickelt haben, um Aufräumen angenehmer zu gestalten. Aber es ist dennoch ein Tagesablaufpunkt, der Kontrolle und Übersicht verlangt.

Unter dem Strich habe ich heute durchgehend positive, ausgeglichene und motivierte Kinder gesehen, die es lieben sich frei zu bewegen. Ein Kind ist mir dennoch aufgefallen, das ein wenig aus dem Raster fiel. Sie hat heute über den Tag hinweg kein Wort gesprochen und wirkt in ihrer Mimik äußerst ausdrucksarm und emotionslos. Ich werde meine Kolleginnen bei Gelegenheit einmal auf sie ansprechen.

In meiner neuen Anleiterin habe ich eine Ehemalige erwischt. Sie war ebenfalls auf meiner Berufsschule und hatte die gleiche Praxislehrerin: Den Pädagogikguru. Ich weiß jedoch nicht, ob mir das zum Vorteil oder Nachteil gereichen könnte. Ich habe ein schlechtes Bauchgefühl, wenn ich gewisse Blicke oder Einwände analysiere, die sie mir hinüberwirft. Abwarten und Tee trinken. In diesem vierwöchigen Praktikumsblock muss ich von der Schule aus eine Angebotsreihe starten, die zum Abschluss einen Angebotshöhepunkt aufweist. Da sich der Kindergarten ab morgen mit dem Thema *Müll* beschäftigt, werde ich passend dazu einsteigen und mir einige Gedanken hierzu machen.

In den vergangenen Tagen sind wir viel gewandert, haben verschiedene Ausflugsorte angesteuert und jede Wetterlage bewältigt. Ganz wichtig: Hier braucht man als Erwachsener eindeutig eine Matschhose, passende Schuhe und eine wetterfeste Jacke. Unser Projektthema Müll ist mittlerweile in vollem Gange. Das stumme und emotionslose Mädchen ist derzeit bei uns ein Gesprächsthema im Kolleginnenkreis. Meine Anleiterin meint, dass es manchmal hilft, wenn jemand Externes auf die Lage schaut, weil man irgendwann den Blick für gewisse Dinge verliert. Für heute Nachmittag hat unsere Leitung einen Fachberatungstermin bei der Stadt angemeldet, zu der wir nach Feierabend als komplette Gruppe hingehen. Meine Kolleginnen finden es wichtig, dass ich als beobachtender Praktikant an dieser Situation teilnehme und meine Erfahrungen mache. Am Vormittag werde ich aber zunächst eine kleine Handpuppe installieren. Gestern war ein Waldpädagoge bei uns im Morgenkreis, der mit uns die verschiedenen Insekten, Nahrungsketten und natürlichen Umstände besprochen hat. Wegen des hohen Anteils an Theorie konnten die Jüngeren der Gruppe irgendwann nicht mehr so recht folgen. Für diese biete ich nun mit Hilfe einer Handpuppe, einem Regenwurm aus einer Socke hergestellt, spielerisch und heruntergebrochen das Wissen erneut an. So sitze ich nun etwas abgelegen auf mitteldicken Ästen, die ich zuvor zu einem kleinen Kreis gelegt habe. Mit dabei sind ein paar nicht auf den Mund gefallene Dreijährige, die das gesamte Vorgehen boykottieren könnten, die Stolperprinzessin des Abhangs, die heute auch noch Geburtstag hat und schon den ganzen Tag mit einer Krone herumläuft, und zu guter Letzt zwei etwas neben der Spur wirkende Kinder, das eine wohl recht esoterisch geprägt und das andere noch nicht ganz auf dem Stand seines Möglichen angekommen. Von außen beobachtet uns meine Anleiterin mit einer Kamera. Ich habe sie gebeten, von der Situation Fotos zu schießen, um sie nachher in meine Planungsmappe einzukleben. So beginne ich nun die Kinder willkommen zu heißen und kündige einen Freund von mir an, den wir aber erst einmal wecken müssen, weil er fatalerweise eingeschlafen ist. Die Hälfte der Kinder ruft recht laut „Aufwachen!". Um noch die andere Hälfte mitzuziehen, lasse ich den Regenwurm noch in der Tasche und simuliere sein Schnarchen. Nun sind alle Kinder motiviert bei einem zweiten Versuch zu rufen, sodass er schlussendlich aufwacht. Die Konferenz zwischen den Kindern, der Puppe und mir beginnt. Nachdem sich die Puppe vorgestellt hat, bespreche ich mit den Kindern was ein Regenwurm im Wald so alles macht, warum er für einen Kompost so bedeutsam ist und worüber sich Regenwürmer ärgern. Alle Kinder sind motiviert bei der Sache, selbst bei dem recht informativen Part. Alle bis auf eine. Die Stolperprinzessin, die ich wohl eher Stolperdiva nennen sollte, steht einfach auf und geht.

Auf halber Strecke frage ich sie: „Hey, was ist denn jetzt los? Bleib doch bei uns!"

Sie antwortet: „Mir ist das zu blöd. Ich habe heute Geburtstag und möchte feiern!"

Und so geht sie dahin. Weg von uns. Meine Anleiterin und ich sitzen beide mit offenen Mündern da und sind erstaunt über diese Reaktion. Diese Aktion ist einerseits rotzfrech, aber andererseits auch willensstark. Ich lasse sie ziehen und versuche mit einer zusätzlichen

Motivationsspritze die restlichen Kinder zu locken und am Ball zu bleiben. Es ist ziemlich schwierig mit einer Handpuppe umzugehen. Sie sollte stets als positives Medium genutzt werden und keine Zurechtweisungen, Bestrafungen oder Ähnliches erteilen. Sonst wäre das Image der Puppe beim Kind beschädigt und bekommt nicht mehr hundertprozentige Aufmerksamkeit und Bewunderung. Demzufolge muss man bei Abweichungen im Verhalten der Kinder mit der Stimme variieren und in seine normale Rolle wechseln. Ein ständiges Hin und Her. Aber nach ein bisschen Übung und einer kleinen Überlegung, was man als Plan B, C und D sagt, macht die Nutzung der Handpuppe ziemlich viel Spaß, weil die Kinder es lieben. Nachdem jedes Kind die Regenwurmpuppe streicheln durfte und sie ins Bett verschwunden ist, sortieren wir gemeinsam sechs Dinge in die jeweiligen Mülltonnenfarben. Am Ende des Angebots habe ich spielerisch das Lernziel erreicht und es fühlte sich nicht an wie stupides Lernen. Ich verabschiede die Kinder aus dem Sitzkreis und ich sehe ihnen an, wie sie von der Handpuppe schwärmen und auch anderen Kindern von ihr erzählen, die schon neugierig zu mir kommen, um sie auch kennenzulernen.

Direkt nach dem Angebot habe ich ein Reflexionsgespräch mit meiner Anleiterin, die alles beobachtet hat. Der tägliche pädagogische Umgang mit den Kindern ist das A und O im Erzieherdasein. Aber dem schließt sich eine gute Reflexion an. Es ist fatal, sich nicht regelmäßig zu reflektieren, sein Tun zu hinterfragen oder auch Beobachtungen bei Kindern zu analysieren. Wieso möchte mir Kind A zum Beispiel nicht die Hand geben? Vielleicht liegt es daran, dass wir so selten in Kontakt treten und kaum eine Beziehung aufgebaut haben? Wieso spielt Kind B nicht so gerne mit Kind C? Ist es zu dominant? Die Liste könnte man endlos weiterführen. Täglich gibt es Hunderte von Situationen, über die man nachdenken könnte. Für unsere Arbeit ist es sehr wichtig, dass unser Tun genauestens bedacht ist, aber doch ein Funken Spontanität hineinspielt, die sich mit der Zeit von alleine ergibt.

Nun sitze ich gemeinsam mit meiner Anleiterin auf einem umgekippten Baumstamm. Wir besprechen das Angebot und ich merke in ihrem Unterton, dass sie nach Fehlern sucht und gute Dinge, wie dass die Kinder auf die Handpuppe angesprungen sind und ich den Wechsel der Stimmen ziemlich gut hinbekommen habe, nicht anspricht, obwohl ich dies zum ersten Mal und recht spontan gemacht habe. Wieso konzentriert sie sich bloß auf die Fehler? Klar, das sind Dinge, die man mit der Zeit verbessern sollte, aber durch ein Lob steigt doch das Selbstvertrauen, besonders in der Zeit als Auszubildender. Nun ja, ein Lob werde ich heute nicht von ihr zu hören bekommen. Ich lobe mich selbst und bin zufrieden mit dem, wie es gelaufen ist, obwohl ich natürlich die eine oder andere Sache demnächst anders machen würde.

Auf dem Weg zurück zum Bauwagen haben wir fast den Hügel erreicht.

„Wetten, dass unser Geburtstagskind gleich direkt dort am Hügel an der Wurzel stolpert?", frage ich meine Kollegin.

Sie wundert sich und entgegnet: „Wieso bist du dir da so sicher?"

Und in diesem Moment passiert etwas recht Seltsames. Die Geburtstagsdiva läuft mit den anderen Kindern wie gewohnt im Strom zum Hügel, geht aber dieses Mal an der Wurzel vorbei. Meine Kolleginnen blicken etwas irritiert zu mir und fragen sich, wie ich auf die Idee komme, dass ein Kind stolpert. In diesem Moment dreht sich das Kind nach zwei Metern um, geht zurück zur Wurzel und stolpert. Als sie nun am Boden liegt, steht sie auf, richtet ihre Krone und geht ohne einen weiteren Blick weiter. Der Gesichtsausdruck meiner Kolleginnen hat sich um einhundertachtzig Grad gewandelt. Scheinbar ist es ihnen bisher noch nie aufgefallen, dass die kleine Diva jeden Tag auf dem Rückweg an dieser Wurzel stolpert. Aber wieso macht sie das? Ich bin kein Psychologe, aber ich versuche es mir zu erklären. Waldkindergarten beinhaltet viel Wechsel und wenig Konstantes. Die Orte, zu denen man wandert, sind oftmals von Tag zu Tag unterschiedlich. Dementsprechend kann sich ein Kind nur schwer darauf einstellen, wohin morgen die Reise geht. Es gibt Kinder, die mehr Rituale als andere brauchen, um sich ein Stück mehr Sicherheit zu geben. Und so hat unsere Diva sich wohl ihr eigenes Ritual geschaffen, indem sie jeden Tag an der gleichen Stelle um etwa die gleiche Uhrzeit dort über die gleiche Wurzel fällt.

Am Nachmittag steht heute ein besonderer Termin bei einer Fachberatung an. Wie bereits erwähnt, macht uns ein Mädchen etwas Kummer, da es durch seine emotionslose Abwesenheit auffällt und über den Tag hinweg kaum redet oder Kontakt mit anderen Kindern aufnimmt. Nun fahren wir also zur Anlaufstelle, um eine externe Meinung zur Situation einzuholen. Gelegentlich steht man pädagogisch ein wenig auf dem Schlauch, wenn es darum geht, Ursachenforschung zu betreiben. Meine Kolleginnen klären mich bereits vorweg darüber auf, dass ich wegen des Datenschutzes keine Namen nennen und möglichst objektiv reden soll. Hier zählen nur Fakten. Zu viert stehen wir im recht kalten Warteraum der Fachberatungsstelle. Er wirkt wie ein Wartezimmer beim Zahnarzt, in dem man die ganze Zeit die Sorge hat, heute einen Zahn gezogen zu bekommen. In Anbetracht dessen, dass hier größtenteils Familien und Pädagogen in Problemsituationen auftauchen und bereits eine angespannte Ausgangsposition mitbringen, ist das Ambiente des Vorraums in meinen Augen nicht sonderlich gut gelungen. Aber vielleicht sollte ich mich über die positiven Dinge freuen und glücklich über einen gut gepolsterten Stuhl vor der Tür sein.

Eine Dame mittleren Alters öffnet uns die Gesprächstür zur Fachberatung und bittet uns herein. Wir sitzen alle im Kreis und stellen uns nacheinander vor: Vorname, Berufsstand, Arbeitsdauer in dem Kindergarten und Kontakt zum betroffenen Kind. Die Moderatorin stellt sich als Sozialpädagogin vor und hat, wie ich finde, ein sehr souveränes Auftreten. Theoretisch wird sie wohl viel auf dem Kasten haben. Wir schildern ihr die Situation, ergänzen und korrigieren uns gegenseitig, weil der eine oder andere von uns gewisse Reaktionen beim Kind anders beobachtet hat. Nun leuchtet mir auch ein, wieso die Kindergartenleitung mich ebenfalls beim Gespräch dabeihaben wollte. Dadurch, dass ich eben noch sehr neu im Kindergarten bin, habe ich einen gesonderten Blick auf die Situation und beobachte von vornherein alles und jeden, um mir ein Bild zu machen und um zu schauen, welche Rolle ich in diesem Gefüge einnehmen kann. Das Gespräch dauert knapp anderthalb Stunden und verläuft auf einem sehr professionellen und pädagogischen Niveau. Wir durchleuchten jeden einzelnen Punkt, jede Reaktion und lassen die Sozialpädagogin analysieren und Schlüsse ziehen. Nachdem sie die Bestandslage zusammengefasst und sich auf wesentliche Dinge beschränkt hat, wird uns selbst klar, woran es liegen könnte. Womöglich ist die Mutter der Kleinen die einzige Person abseits des Kindergartens, zu der sie Kontakt hat. Wir versuchen nun über den Tag hinweg verstärkt

Freundschaften zwischen ihr und anderen Kindern zu knüpfen und eventuell der Mutter Verabredungen am Nachmittag nahezulegen. Soweit zur Theorie. Mal schauen, wie morgen die Praxis aussieht. Hochmotiviert verlassen wir den Gesprächsraum und bedanken uns für die kostenfreie Beratung, die von jedermann in Anspruch genommen werden kann. Eine super Anlaufstelle für Fragen in punkto Erziehung.

Mein letzter Praktikumstag ist gekommen, der auch zugleich mein Lehrerbesuchstag ist. In den letzten Tagen nahm alles wieder seinen Lauf. Das emotionslose Mädchen war einen Tag nach unserem Beratungstermin wie ausgewechselt, ohne dass ein Erwachsener etwas gemacht hat. Das Problem hat sich von selbst gelöst. Seltsam, aber erfreulich. Des Weiteren beschäftigten wir uns weiterhin viel mit dem Thema Müll. Mit Säcken wanderten wir eine ganze Woche durch den Wald und sammelten den Müll anderer Leute ein, um ihn fachgerecht zu entsorgen. Man kann sich gar nicht vorstellen, wie viel davon im Wald landet und wie wenig vorbildlich man eigentlich sein muss, wenn man ihn dorthin wirft.

Diese Woche haben wir zudem an einem Tag am Bauwagen eigenes Papier geschöpft und einen Kompost gebaut. Die Stimmung war ziemlich schön, man hatte viel mehr Zeit, weil man sich die Wanderung an den Tagen gespart hatte, um an Ort und Stelle aktiv zu werden. An meinem Lehrerbesuch habe ich vor, mit den Kindern mit verschiedenfarbiger Erde zu malen. Das passt auch zum Thema, um die Nachhaltigkeit aufzugreifen und das, was die Natur uns bietet, auch zu nutzen, ohne ihr zu schaden. So erscheint nun am Besuchstag eine Klassenkameradin im Wald, um bei mir zu hospitieren, und selbstverständlich der Pädagogikguru. Alles läuft soweit ganz gut. An den Bänken hinter dem Bauwagen habe ich vorab eine gemütliche Malecke eingerichtet und bestücke sie gemeinsam mit den Kindern mit der farbigen Erde, die wir einen Tag zuvor im Wald gesammelt haben. Auf großen Din-A3-Blättern malen nun im besten Fall die sechs ausgewählten Kinder sechs verschiedene Bilder.

In meinem Fall jedoch wissen die Kinder nicht, was sie malen sollen und so schlage ich ihnen vor: „Malt doch zum Beispiel ein Haus, oder einen Elefanten, was ihr halt mögt."

Und so malen alle sechs Kinder ein Haus mit einer Wiese und einem Baum. Ich hatte mir fest vorgenommen, den Kindern völligen Freiraum zu lassen und sie nicht zu beeinflussen, was ich auch in der Planung festgehalten habe, und nun mache ich es durch meine ersten Sätze kaputt. Ich ärgere mich ein wenig, aber mache das Beste aus der Situation. Der Pädagogikguru amüsiert sich sichtlich. Das stimmt mich positiv und ich halte mich nicht gedanklich an solchen Kleinigkeiten auf.

Nachdem die Kinder fertig gemalt haben und das Angebot sich dem Ende neigt, schauen wir uns gemeinsam die Werke an. Im optimalen Falle würden wir jetzt sechs verschiedene Motive sehen. Wir aber sehen sechsmal das gleiche Bild. Aber die Kinder stört es nicht. Sie fühlen sich individuell und wertgeschätzt. Ich lasse nun die Kinder zu ihren Freunden rennen, mit denen sie andere Dinge spielen wollen. Meine Lehrerin tritt zu mir und fragt mich, ob ich bereit bin das Angebot zu reflektieren. Ich nicke, gebe ihr aber unter vier Augen den einen oder anderen Hinweis.

„Es scheint mir, als ob meine Anleiterin ein Problem mit mir hat. Wieso auch immer. Gestern hat sich das Erziehergespann zusammengesetzt, um über mein Verhalten im Hinblick auf den Auswertungsbogen für das Praktikum zu diskutieren. Jedenfalls kam sie heute Morgen auf mich zu und meinte, dass ich über meinen Tellerrand schauen sollte und weniger egoistisch agieren soll."

Der Pädagogikguru macht große Augen: „Und Sie sind sich sicher, dass sie von Ihnen sprach?"

„Ja, und das Beste ist ja, dass ich jeden Tag gefragt habe, ob ich beim Tragen helfen soll. Nicht, weil ich eine schöne Bewertung haben möchte, um ehrlich zu sein geht es mir gar nicht darum. Ich weiß, wie ich bin, und das muss mir keiner, der mich vier Wochen gesehen hat, auf einen Zettel schreiben. Es geht mir einfach darum, dass hier ganz mies gelogen wird. Aber ich weiß einfach nicht warum. Liegt es wieder daran, dass ein Mann im Kindergarten mehr Steine in den Weg gelegt bekommt? Ich kann es mir nicht erklären. Ebenso, dass meine Anleiterin jetzt gleich wohl wieder massig Fehler attestiert, ohne auf positive Aspekte einzugehen. Im Gegenteil, die guten Dinge werden noch als ihre verkauft. Ich weiß echt nicht, was die Frau für ein Problem hat."

Meine Lehrerin versucht mich zu beruhigen.

„Timo, seien Sie sich mal sicher, dass es nicht an Ihnen liegt. Ich kenne Sie mittlerweile und dass Sie egoistisch sein sollen, sagt mir, dass da doch mehr im Busch ist als angenommen. Ich habe es mir bereits gedacht, dass es Probleme geben könnte. Sie lassen sich gleich bitte nichts anmerken, im Gegenzug versuche ich Sie jetzt gleich aus dem recht spannenden Reflexionsgespräch zu retten."

Ich werde hellhörig.

„Ich hatte Ihre Anleiterin damals in meiner Klasse und war ihre Praxislehrerin. Sie war wohl in einer schlechten Lebenslage, voller Rebellion und Abwesenheit. Ich war gezwungen ihr damals im Fach Praxis ein ungenügend zu geben, weil sie nie anwesend war und bei Praxisbesuchen die Sau rausgelassen hat. Sie musste deshalb ein Jahr wiederholen. Es freut mich zwar, sie nun auf einem guten Weg zu sehen, aber sie scheint es mir durch Sie heimzahlen zu wollen. Das ist äußerst unfair, unangebracht und unprofessionell, aber das werden wir jetzt gemeinsam durchstehen. Da haben Sie mein Wort!"

Wow! Ich bin beeindruckt. Zwar hat sie mir die Suppe hier scheinbar eingebrockt, aber so viel Rückhalt, Offenheit und Vertrauen habe ich bislang noch nie von einer Lehrerin entgegengebracht bekommen. Nun habe ich keine Angst mehr, dass ich es versaue und schwierige Fragen von meiner Praxislehrerin gestellt bekomme. Jetzt bin ich nervös, weil sich gleich eventuell eine verbale Schlacht vor meinen Augen abspielt. Als wir recht spärlich mit Wasser und Keksen ausgerüstet im Bauwagen am kleinen Tisch Platz nehmen, merke ich die leichte Anspannung im Raum. Meine Lehrerin ist wie immer souverän und unantastbar. Sie kommt mit mir ins Gespräch und stellt mir die eine oder andere Frage, blickt aber auch zu meiner Klassenkameradin, um sie mit ins Gespräch einzubeziehen. Im zweiten Ausbildungsjahr werden Hospitanten ins Reflexionsgespräch einbezogen, indem sie ebenfalls Fragen stellen. Im dritten Jahr, also dem Anerkennungsjahr, führen die Hospitanten das Reflexionsgespräch alleine und bekommen von der Lehrerin ebenfalls eine Note. Da wir uns aber noch im ersten Jahr befinden und die Hospitantin recht pfiffig ist, lädt unsere Lehrerin sie zum aktiven Gespräch ein. Eventuell macht sie das aber auch nur, um meiner Anleiterin zu demonstrieren, dass sie selbst noch nicht am Gespräch teilnehmen darf. Als der Pädagogikguru positive Fragen in den Raum wirft, holt meine Anleiterin Luft, um sprachlich anzusetzen, wird aber schnell mit einem Blick vom Pädagogikguru abgewürgt. Der verpasste Maulkorb scheint echt gut zu sitzen. Doch als sich das Gespräch dem Ende neigt und die Note diskutiert wird, entsteht ihre Bühne. Bei der Notenabgabe darf zunächst der Praktikant, in dem Falle ich, eine Notenvorstellung nennen, um zu zeigen, wie er sich einschätzt. Dies hat aber keinerlei Relevanz in Hinblick auf die Endnote. Dann nennt die Praxislehrerin ihre Notenvorstellung und begründet sie. Zu guter Letzt darf nun die Anleiterin zustimmen oder ablehnen und somit eine neue Note abgeben. Meine Lehrerin gibt mir eine Zwei Plus, mit der ich sehr zufrieden bin. Einzig den organisatorischen Abschluss, sprich das gemeinsame Aufräumen der Situation, habe ich vergessen, was ich aber spontan begründen kann, indem ich den Kindern mehr Freispielzeit im selten genutzten Bauwagengelände bieten wollte. Ein Herz für Kinder. Meine Anleiterin holt aus.

„Also, das sehe ich völlig anders. Eine Zwei Plus war das nie und nimmer. Und so selten sind wir gar nicht hier. Hast du vergessen, dass wir hier auch Papier geschöpft und einen Kompost gebaut haben? Du solltest schon bei den Tatsachen bleiben! Außerdem weiß ich ja nicht, ob dir aufgefallen ist, dass wir Beobachter erst einmal gar nicht wussten, wo wir uns positionieren durften. Das ist Aufgabe des Durchführenden. Also für mich ist das hier heute nicht besser gewesen als ein befriedigend. Wenn man überlegt, was ich damals für eine Drei bei Ihnen leisten musste, dann ist das hier heute doch ein Witz gewesen."

Ich bin baff. Soviel geballten Ärger, Frust und Demütigung habe ich noch nie am eigenen Leib erfahren, und dann auch noch mit Livepublikum. Meine Lehrerin hakt sofort ein.

„Ich weiß nicht, ob Sie sich Ihrer Rolle als Anleiterin bewusst sind. Es geht hier keineswegs um Ihre vor Jahren abgeschlossene Ausbildung und auch nicht um Vergleiche, ebenso wenig um einen Azubi im letzten Ausbildungsjahr. Timo hat im ersten Ausbildungsjahr Dinge abgeleistet, die über dem Leistungsprofil stehen und Elemente aus dem zweiten beziehungsweise letzten Ausbildungsjahr sind. Sie sollten sich Ihre Rolle als Anleiterin eventuell noch einmal vor Augen halten und überdenken, ob das, was Sie gerade von sich gegeben haben, objektiv war oder ob da vergangene Impulse der Auslöser sind. Ich habe nur selten so eifrige und motivierte Schüler wie die beiden, die bei uns sitzen, und es liegt mir nichts ferner als sie ohne ein Lob oder Wertschätzung in Form einer Note abzuspeisen. Im Normalfall lasse ich mich auf Notendiskussionen mit Anleitern ein, aber ich werde heute eine Ausnahme machen und Ihre unbegründete und rein subjektive Argumentation außen vorlassen."

Meine Anleiterin findet keinen Konter auf das Statement, das keinen Konter verdient. Es wurde alles gesagt. Die Note steht, aber viel wichtiger ist, dass ich den Rest des Tages mit einer stark angesäuerten Anleiterin verbringen darf.

Nachdem alle Formalien erledigt sind, verabschiede ich meine Lehrerin und Klassenkameradin, die sich auf dem Weg zur Schule, beziehungsweise nach Hause machen. Mit einem selbst gebackenen Kuchen läute ich meinen Abschied ein. Alle Kinder sitzen bereits in zwei Reihen auf umgekippten Baumstämmen und singen gemeinsam das derzeit aktuelle Lied *Meine Biber haben Fieber* zum Abschied. Es wirkt so harmonisch. Wenn nicht vorher die Schlacht mit meiner Anleiterin gewesen wäre, dann würde ich diesen Moment wohl zu hundert Prozent genießen. So bin ich einfach froh, wenn ich gleich gehen darf, sobald wir den Kuchen aufgegessen haben.

Zum Abschied erhalte ich eine Bilder- und Fotomappe, eine CD mit von den Kindern selbst gesungenen Liedern, die alle drei Monate erscheinende Kindergartenzeitung und meine Praxisbewertung.

Für mich war es eine sehr spannende und erfahrungsreiche Zeit, für die ich dankbar bin. Diese Form von Kindergarten ist wirklich sehr speziell. Ein Erzieher im Wald und ein Erzieher in einer ansässigen Einrichtung müssen unterschiedliche Voraussetzungen mitbringen. Das pädagogische Knowhow haben beide erworben. Aber die Versiertheit von Angeboten, Förderungsmöglichkeiten und eine gesunde Einstellung zur Natur sind ziemlich unterschiedlich. Ich für meinen Teil empfand die Vielseitigkeit hier sehr angenehm. Man ist jeden Tag woanders und durchgehend von der Natur mit all seinen Witterungen umgeben. Man ist mitten im Leben und bekommt alles direkt mit, ohne auf externe Elektronikmedien angewiesen zu sein. Für einige Kinder, so denke ich, ist dieses Konzept nicht gemacht, beispielsweise für solche, die mehr Rituale und Wiederholungen, bevorzugt in selten veränderter Umgebung, benötigen. Ebenso ist es nicht geeignet für Kinder, die sich nur schwer an Regeln und Absprachen halten können. Ich habe mir sagen lassen, dass in der Schnupperphase, in der das Kind eingewöhnt wird, auch geschaut wird, ob das Kind uneingeschränkt auf das Wort des Erwachsenen hört und sich an Absprachen hält. Dies alles wird speziell auf die Gefahr hin geprüft, dass ein Kind wegläuft oder sich von der Gruppe distanziert. Für alle anderen Kinder ist diese Form von Kindergarten sehr empfehlenswert. Besonders für die ein oder andere Großstadtfamilie ist ein Waldkindergarten absolut empfehlenswert. Das Schöne an dieser Kindergartenform ist, dass jeder Ort etwas Neues und Eigenes in sich trägt. An der einen Stelle wurden von Kindern Tipis aufgebaut, an einem anderen Ort ist durch umgefallene Baumstämme eine sichere Kletterlandschaft entstanden und an einem wiederum anderen erfreuen sich die Kinder über die vielen Hügel, Berge und Höhlen. Langweilig wird einem hier nie. Und das, obwohl selten etwas zu spielen mitgenommen wird. Wenn man einen Platz anvisiert, der über eine große Wiese verfügt, dann werden natürlich auch mal Schwungtücher, Bälle oder Seile mitgenommen. Aber die Regel bestimmt, dass man mit dem auskommt, was die Natur einem gibt. Den Gedanken empfinde ich in der heutigen Zeit, die uns mit dem Konsum neuester Dinge erzieht, als sehr lobenswert. In diesem Fall ist wirklich weniger mehr. Ich habe in den vier Wochen kein Kind erlebt, dass sich über Langeweile beschwert hat oder nichts mit sich und den anderen Kindern anfangen konnte. Sie wirkten befreit und stressfrei. Verglichen mit meinem vorherigen Kindergarten ist hier auch auffällig, dass es wenig Regeln gibt, aber die Regeln, die bestehen, auch mehr als notwendig sind. Beispielsweise, dass die Kinder nicht aus der Sichtweite verschwinden, immer bei der Gruppe bleiben und niemanden verletzen. Das sind die drei Regeln, die mir bewusst auffielen und an die sich jeder gehalten hat. In anderen Kindergärten fallen zusätzliche Regeln an, wie beispielsweise Spielbereiche aufräumen, Garderobenplatz ordentlich halten, nicht zu laut sein, sich möglichst selbstständig jeden Tag aufs Neue anzuziehen wenn man rausgeht, den Sand aus den Schuhen möglichst in den Garten oder in den Sandeimer schütten, ruhiges Sitzen am Esstisch, beim

Zähneputzen nicht auf die Zahnbürste kauen, etc. Die Liste lässt sich endlos weiterführen. Ich denke, es ist vielmehr die Masse an Regeln, die die Kinder manchmal ausbrechen lässt. Es ist eine wahre Kunst bei dieser Menge an Regeln weiterhin authentisch, liebevoll, nahbar und dennoch bestimmend zu sein. Auch hierbei ist weniger manchmal mehr. Man sollte hinterfragen, ob die eine oder andere Regel so wirklich wichtig ist. Manchmal erübrigen sich einige Regeln von selbst, wenn man es einfach geschehen lässt und die Kinder gar nicht jedes Mal die Grenzen aufgezeigt bekommen. Aber das Stückchen Freiheit, was man den Kindern entgegenbringt, ist viel mehr wert. Ich nehme aus diesem Kindergarten enorm viel Positives mit, aber auch leider die Erkenntnis, dass jeder Kindergarten, in dem man arbeiten möchte, noch so schön sein kann, wenn das Teamgebilde einfach nicht stimmt.

Wir befinden uns nun wieder in der Berufsschule. Wie nach dem ersten Praktikumsblock sitzen auch jetzt einige sehr gut gelaunte und einige nicht so gut gelaunte Klassenkameradinnen am gemeinsamen Frühstückstisch, um das Praktikum in einer netten Atmosphäre zu reflektieren. Es deckt sich ziemlich mit der Reflexionsrunde nach dem ersten Praktikumsblock. Einige scheinen ein positives Praktikum gehabt zu haben und chatten nebenbei mit ihren Anleiterinnen, andere wiederum sind froh, dass es vorbei ist. Ich stehe dieses Mal zwischen beiden Lagern. Es war sehr schön und erfahrungsreich, aber den Umgang mit meiner Anleiterin empfand ich herausfordernd. Somit bin ich recht froh wieder in den Schulalltag zu schlüpfen.

Nach dem Reflexionstag geht es wieder eiskalt mit dem Unterrichtsstoff weiter. Wir lernen wissenschaftliche Erziehungstheorien, schreiben nebenbei Klausuren, verkörpern Szenen in Rollenspielen und präsentieren Arbeitsergebnisse aus Gruppenarbeiten als Referat vor der Klasse. Aber wir lernen mit Land in Sicht, denn in wenigen Tagen sind auch schon unsere verdienten Sommerferien. Somit ist das erste Ausbildungsjahr vorüber und wir erhalten unser erstes Zeugnis. Notentechnisch wird jeder in etwa wissen, wo er angesiedelt ist, denn Transparenz wird hier durch stetige Gespräche und Austausch mit den Lehrern großgeschrieben. Man spürt sehr wohl, dass man hier nicht wie auf einer Regelschule einer von vielen ist. Jeder Einzelne ist wichtig.

Nun ist es soweit. So ein gutes Zeugnis hatte ich schon lange nicht mehr. Der Notendurchschnitt ist 1,8 und ich hatte sogar ziemlich viel Spaß dabei. Das Lernen erschien mir nicht als Lernen und die Note unter den Klausuren als angemessen. Wenn man eine gesunde Einstellung zum Leben, zu seinen Mitmenschen und sich selbst hat, dann kann es gut vorkommen, dass man nicht viel für eine Klausur lernen muss, um eine solide Note zu bekommen, da vieles dann aus dem Bauch heraus beschrieben werden kann. Jedenfalls erging es mir so im ersten Ausbildungsjahr. Neu Gelerntes wurde auf- und anschließend angenommen und deckte sich mit meiner Weltanschauung. Dies schließt aber neu gelernte wissenschaftliche Erklärungen aus. Vielleicht kommen hier und speziell auf Berufsschulen gute Noten zustande, weil man sich auf ein Interessengebiet spezialisiert hat sowie eigene Motivation und Wissensdurst mitbringt.

Nun gut, die Ferien sind gekommen und wir freuen uns alle über die verdiente Auszeit.

Abenteuerspielplatz – Mal etwas ganz anderes

Die Sommerferien waren erholsamer als gedacht. Nicht, dass ich völlig ausgelaugt war, aber so ein Jahresurlaub ist schon etwas Feines. Das kommende Schuljahr wird für mich ein sehr wichtiges und entscheidendes werden. In diesem Jahr gestalte ich mir mein Abschlusszeugnis, mit dem ich mich beruflich immer bewerben werde. Mit den Jahren wird es natürlich an Bedeutung verlieren, weil man dazulernt und die Noten dann nicht mehr allzu stark ins Gewicht fallen. Aber bevor die Mission Abschlusszeugnis beginnt, starten wir in Woche Zwei mit einer Abschlussfahrt. Ein wenig skurril, wenn man bedenkt, dass wir erst ein Jahr hier sind. Aber das schweißt ungemein zusammen. Ein sozialer Beruf sollte möglichst auch sozial gelebt werden und da steht doch nun einmal das Zwischenmenschliche im Vordergrund. Für uns geht die Reise nach Brüssel. Die Vorfreude ist groß. Zu unserer etwas geschrumpften Klasse stoßen drei neue Klassenkameradinnen dazu, die im letzten Jahr sitzengeblieben sind. Die Reise ist Balsam für die Seele. In Achtergruppen verteilen wir uns auf die vier Bungalows des Ferienresorts. Ich bin mit dem anderen Mann auf einem Zimmer. Wir sind unter dem Strich gesehen deutlich in der Unterzahl. Ich bin froh, dass ich nicht der einzige Mann in der Klasse bin und mein männlicher Kollege auch mitgefahren und nicht spontan erkrankt ist. Der Kurzurlaub nach den Sommerferien ist der passende sanfte Start in das neue Schuljahr. Aber man kann beobachten, dass die Nickeligkeiten und Zickereien unter den Klassenkameradinnen von Tag zu Tag zunehmen. Ich werde mich daran gewöhnen müssen, dass ich mich in einem noch klassischen Frauenberuf befinde und die Stimmung sehr herzlich, aber gelegentlich auch hitzig werden kann. Die Tour ist nicht nur erholsam, sondern auch recht kurz.

In der Schule nimmt alles wieder seinen Lauf. Das recht langsame Tempo aus dem ersten Ausbildungsjahr wird jetzt durch doppeltes Tempo im zweiten Ausbildungsjahr aufgeholt. Schwerpunkt dieses Jahres ist der Jugendbereich. Das Lernen macht weiterhin sehr viel Spaß, weil man sich den Bezug zur Praxis durch die Praktika immer wieder vor Augen halten kann. Gesagt, getan: Das nächste Praktikum steht an. Dieses Mal sollen wir uns im Jugendbereich nach einer

Praktikumsstelle umschauen. Zur Auswahl stehen die Hauptanlaufstellen: Heimarbeit, offene Ganztagsbetreuung an Grundschulen, Jugendclubs, Abenteuerspielplätze oder Wohngruppen. Dadurch, dass ich seit Beginn des zweiten Ausbildungsjahres nebenbei noch auf einem Abenteuerspielplatz als Honorarkraft arbeite, liegt es für mich nahe, dass ich den einfachen Weg wähle und eine sichere Praktikumsstelle auf bekanntem Terrain annehme. Bisher ist der Abenteuerspielplatz, auch ASP genannt, ein recht entspannter Ort für mich gewesen. Ich freue mich auf meine Praktikumszeit und bin gespannt, welche Erfahrungen sie für mich bereithält.

Als ich nun gegen halb zehn mehr als ausgeschlafen meinem ersten Praktikumstag entgegentrete, frühstücke ich eine Kleinigkeit und mache mich gemütlich auf den Weg zur Arbeit. Der Vorteil hier ist, dass der Dienstbeginn erst um elf Uhr ist. Diese Zeit kommt mir sehr entgegen. Für alle, die nicht wissen, was einen Abenteuerspielplatz ausmacht, hier eine kurze Beschreibung: Abenteuerspielplätze zeichnen sich dadurch aus, dass sie zum Großteil im Freien sind, sprich „Outdoor-Spielplätze". Anders als gewöhnliche Spielplätze sind diese eher für die Altersklasse zwischen sechs und vierzehn Jahren gedacht. Hier können die Kinder eine Vielzahl von Spiel- und Erlebnismöglichkeiten wahrnehmen, die von pädagogischen Fachkräften begleitet werden.

Durch einen Abenteuerspielplatz können Kinder vereinslos Aktivitäten ausüben und sich mit Gleichaltrigen vernetzen, ähnlich wie bei einem Jugendclub. Hier stehen die Bewegung und Motorik im Allgemeinen im Vordergrund, ebenso das Sozialverhalten und die Vernetzung von Interessengruppen. Solche Spielplätze sind völlig kostenlos und haben Öffnungszeiten schwerpunktmäßig am Nachmittag. Der ASP ist zwar schwerpunktmäßig für Kinder von sechs bis vierzehn Jahren geeignet, dennoch dürfen jüngere Kinder in Begleitung ihrer Eltern durchaus den Platz nutzen. Hier tragen aber allein die Eltern die Verantwortung und Aufsichtspflicht des Kindes.

Ich betrete das Eingangstor des Abenteuerspielplatzes. Alles wirkt sehr leblos, da noch kein Kind da ist. Ich gehe zum Spielhaus, in dem auch das Büro ist. Meinen Anleiter, der die kommissarische Leitung des ASPs übernimmt, kenne ich bereits. Die eigentliche Leitung ist leider krankheitsbedingt das gesamte Praktikum nicht vor Ort. Mein Anleiter hingegen scheint zwischenmenschlich eine Herausforderung zu sein. Ich habe ihn bereits während meiner Honorartätigkeit kennenlernen dürfen und bin gespannt, wie er seine Rolle als Anleiter definiert. Er hört sich gerne selbst reden und delegiert oft die Arbeit an andere, während er sich einen ruhigen Arbeitstag gestaltet. Das ist mit ein Grund, wieso ihn quasi alle Kollegen hier meiden, weil sie sonst seinen Arbeitsbereich mit übernehmen müssen. Er ähnelt Stromberg aus der gleichnamigen Serie: Unfair, cholerisch, rassistisch, leicht sexistisch, nicht beim Wort zu nehmen, macht Witze auf Kosten anderer, frauenfeindlich etc. Das sind Eigenschaften, die ihn recht gut charakterisieren. Dennoch freue ich mich auf die kommenden vier Wochen. Sie werden durchaus anstrengend und hart werden, aber hier gibt es genug Platz, um sich aus dem Weg zu gehen.

Ich komme am Büro an und begrüße in meiner Rolle als Praktikant die Mannschaft. Es sind aber bloß drei Menschen anwesend: Stromberg, eine weitere Erzieherin und ein Zivildienstleistender. Über den Tag hinweg stoßen noch zwei Ergänzungskräfte und zwei Honorarkräfte hinzu. Demzufolge sind immer mindestens zwei ausgebildete pädagogische Kräfte vor Ort. Der Zivi macht sich direkt morgens auf den Weg, um Einkäufe zu erledigen und den nahezu täglichen Postgang zu bewältigen. Eigentlich genau die Aufgaben, die ein Azubi machen müsste. Ich freue mich, dass ich nicht das Ende der Hierarchiekette bin und quatsche mit meinen Kollegen. Beide sitzen nebenbei am PC und erledigen oder planen einige Dinge. Ich bin mir aber nicht sicher, was genau sie da machen, da man keinerlei Einblick auf deren Bildschirme hat, sofern man nicht aufsteht und sich hinter sie stellt. Das Gespräch friert ein. Ich merke, dass beide in Ruhe weiter recherchieren wollen und mache mich nützlich, indem ich schon einmal die Go-Karts und andere Fahrzeuge auf den Vorhof fahre. Danach harke ich Laub zusammen und beschäftige mich, um nicht in einen Langeweiletrott zu verfallen. Immerhin macht der ASP offiziell erst in zwei Stunden auf. Das bedeutet jeden Tag zwei Stunden völlige Ruhe und Vorbereitungszeit. Ich bin mit allem fertig und frage mich, was ich die restlichen Tage morgens anstellen soll. Ich möchte jedenfalls nicht tatenlos im Büro sitzen. Ich höre Gelächter von dort und schlendere langsam dahin zurück, um nicht gelangweilt in der Kälte zu stehen. Immerhin ist es Herbst und knapp über null Grad. Als ich ankomme, hat sich das Gelächter schon wieder gelegt. Mein Anleiter trinkt Kaffee und die andere Erzieherin liest eine Grußmail vom krankgeschriebenen Chef vor. Ich ergebe mich dem Schlendrian und setze mich hinzu.

Nach einer Runde Tischtennis und Billard mit Stromberg rüttelt es am abgeschlossenen Eingangstor. Das erste Kind ist da. Ein Blick auf die Uhr verrät, dass es Zeit wird das Tor zu öffnen. Das erledige heute mal ich und lasse das bisher einzige Kind hinein. Wir bieten auch eine Hausaufgabenbetreuung an, von daher werde ich dem achtjährigen Jungen mal über die Schulter schauen. Aber leider ist er heute der einzige, der dabei Hilfe haben möchte. Nach etwa einer halben Stunde trudeln so langsam neue Kinder auf unser Gelände. Es folgt ein kurzer Überblick, was man hier so alles erleben kann:

Es gibt einen gewöhnlichen Spielplatz auf dem riesigen ASP-Gelände mit Schaukel, Rutsche, Klettergerüst und Sandkasten. Ebenso verfügt der ASP über eine Sportwiese, auf der vorzugsweise Fußball gespielt wird. Charakteristisch ist ein großer Baubereich, in dem eigene Buden aus Brettern gebaut werden können. Hier auf diesem ASP gibt es knapp fünfundzwanzig Buden, von denen drei sogenannte Gemeinschaftsbuden sind und auch externe Kinder und Gruppen werkeln können. Die restlichen Buden sind sogenannten „Stammkindern" zugeschrieben, die mindestens alle zwei Wochen Präsenz und Aktivität an der Bude zeigen sollten, bevor die Bude wieder wegen Inaktivität der Allgemeinheit zur Verfügung gestellt wird. In Eigeninitiative stellen die Kinder sich an der Werkzeugausgabe ihre eigene Werkzeugkiste zusammen, die üblicherweise aus Nägeln, Brecheisen, Hammer und Zange besteht. Für diese Kiste trägt das Kind nun die Verantwortung, trägt sich in die nötige Liste ein und bringt nach Beendigung des Bauens die komplette Kiste wieder zurück. Bestenfalls wurden sogar einige Nägel verbaut. In der Nähe vom Baubereich befindet sich eine Feuerstelle, die von einem Mitarbeiter begleitet wird, sobald das Feuer brennt. Gemeinsam lernen die Kinder den Umgang mit Feuer und gestalten sich eventuell sogar ihr kleines eigenes Feuer. Nahegelegen wird reichlich Brennholz trocken gelagert. Dies sind zum Großteil

Holzbretter aus längst veralteten Buden. Nebenan ist ein relativ großer Spielteich, der die Kinder an warmen Tagen zum Baden anregen soll. Überall auf dem Gelände gibt es Möglichkeiten sich zu verstecken oder großflächig zu rennen. Es strotzt von dichten und immergrünen Pflanzen und Sträuchern. Der Tierbereich, in dem derzeit zwölf Meerschweinchen und zwei Zwergkaninchen leben, kann von den Kindern jederzeit besucht werden. Ein besonderes Steckenpferd des ASPs ist die riesengroße Schaukel, die auch Erwachsenen viel Spaß bereiten kann. Wer Achterbahnen liebt, der kommt hier auch nicht zu kurz. Die Affenschaukel ist etwa zwölf Meter hoch und führt von einer etwa vier Meter hohe Empore zur nächsten. Neben diesen Sachen sind auch die üblichen Aktivitäten möglich: Fußball, Freifeldgolf (mit Tennisbällen), Inlineskating, Kicker, Federball, Kegeln, Hockey, Seilspringen, Diabolos, Teller jonglieren, Basketball, Tennis, Go-Karts fahren etc. Geburtstagsgruppen können ebenfalls kostenlos diesen Platz nutzen und bekommen für den Tag einen von zwei Unterstellplätzen des ASPs zur Verfügung gestellt, die über einen Grill und Bierzeltgarnituren verfügen. Das Spielhaus, das bloß bei Dunkelheit in der Winterzeit oder bei absolut starkem Regen und Unwetter geöffnet wird, können die Kinder wie eine Art Jugendclubhaus nutzen. Dort sind eine Couchnische mit Büchern, ein Billardtisch, ein Kicker, eine Tischtennisplatte, Gesellschaftsspiele und eine Malecke vorhanden. Nebenan befindet sich eine riesige Werkstatt, in der man fast alles bauen könnte, was man möchte. Im Spielhaus selbst findet einmal in der Woche ein Musikangebot statt, bei dem Kinder in Kleingruppen gemeinsam Musik machen können. Begleitet und angeboten wird das von einem externen Musikpädagogen. Die Kinder dürfen singen und verschiedene Musikinstrumente wie Schlagzeug, Gitarre, Bongo, Cajon oder diverse andere Percussioninstrumente ausprobieren. Hier übt auch wöchentlich die ASP-Band und nimmt eigene Lieder auf. Soviel zur Angebotsvielfalt.

Über den Tag hinweg bin ich überall zu finden. Vorab haben wir uns, wie jeden Tag, abgesprochen, wer den einen Bereich, also Buden, Fußballwiese und Feuerstelle, übernimmt und wer den anderen Bereich begleitet. Mich spricht eher der erstere Bereich an, weil er deutlich aktiver ist und meinen Interessen am Nächsten kommt. Zur

Höchstzeit haben wir zeitgleich etwa einhundert Kinder auf dem Platz. Da sich das aber hier so gut verläuft, merkt man gar nicht, wenn es sehr voll wird. Allgemein muss ich zugeben, dass der Stresspegel hier deutlich niedriger ist. Aber wenn es stressig wird, dann nicht, weil Kind A Kind B eine Schippe weggenommen hat. Hier geht es nicht selten um verbale und körperliche Gewalt, Mobbing oder Drohungen. Kleine Kinder, kleine Probleme – große Kinder, große Probleme. Als Erzieher ist man seltener der vollen Anspannung ausgeliefert, wie im Kindergarten, wenn zwanzig Kinder in einem zu kleinen Raum sitzen. Zum einen sind wir hier im Freien und somit ist die Akustik eine andere, zum anderen benötigt diese Altersgruppe einen geringeren Personalschlüssel. Ebenso gibt es hier kaum einen Tagesrhythmus. Die Kinder kommen und gehen wann sie wollen. Diejenigen, die sich absolut nicht an die Regeln halten können, andere verletzen oder Material vorsätzlich beschädigen, bekommen ein Platzverbot und führen ein Vieraugengespräch mit einem Erzieher. Die Tatsache, dass man jemanden rausschmeißen kann, der deutlich über die Stränge geschlagen hat, ist schon ein enormer Vorteil. Was im Kindergarten undenkbar ist, ist hier durchaus im Rahmen des Möglichen. Man macht sich eine kleine Notiz über das Kind und spricht mit ihm, sobald es weniger emotional geladen ist und freiwillig wiederkommt.

Der Feierabend rückt langsam näher. Pünktlich um neunzehn Uhr sind alle Kinder verabschiedet und wir setzen uns ins Büro, um zu besprechen und schriftlich festzuhalten, was am Tag alles passiert ist: Wie viele Kinder waren heute insgesamt auf dem Platz, wie viele davon waren schätzungsweise Jungen und Mädchen, wie viele Erwachsene waren heute da, welche Mitarbeiter waren anwesend, gab es Verletzungen (beim Bauen und Spielen), was wurde in welchem Spielbereich wie intensiv gemacht, Besonderheiten des Tages, was muss morgen erledigt werden? Zum Winter hin wird die Anzahl der Kinder deutlich geringer als im Sommer. Zu Höchstzeiten sind im Sommer täglich zwischen zweihundert und dreihundert Kinder auf dem Platz, im Winter hingegen manchmal bloß vierzig Kinder. Aber wenn man bedenkt, dass so ein Abenteuerspielplatz oder Jugendclub gelegentlich auch bewusst in sozialen Brennpunkten vorzufinden ist, dann ist jedem klar, dass ein Kind/Jugendlicher reicht, um den ganzen Platz aufzuwirbeln.

Nun ist Feierabend. Die Kollegen loggen sich mittels Telefon vom Arbeitsplatz aus und schreiten gemeinsam zum Tor. Ich fühle mich nicht, als hätte ich mich körperlich verausgabt. Für die Jobs, die ich vorher nebenbei gemacht habe, musste ich jede Minute deutlich mehr beziehungsweise anders arbeiten. Für eine ausstrahlende Ruhe war keine Zeit, weil Schnelligkeit erforderlich war und direkte Leistungsergebnisse gezeigt werden mussten. Hier hingegen lerne ich eine andere Art von Arbeit kennen. Mit den Jungen eine Stunde Fußball spielen ist ebenfalls nicht zu unterschätzen, weil die Gemüter immer erhitzter werden und jeder kleine Ronaldo sich hier auf dem Platz für den Besten unter der Sonne hält. Das Spielniveau ist hier sehr hoch, sodass selbst ich als Hobbyspieler manchmal keine Chance habe. Aber sobald es Richtung Ende zugeht und die Kinder insgeheim für sich mitgezählt haben wie der Spielstand ist, ist vermehrt pädagogisches Geschick gefragt. Bestenfalls entstehen hier neue Freundschaften, schlimmstenfalls gibt es eine Massenschlägerei, Platzverweise und Drohungen, heute nicht sicher nach Hause zu kommen. Alles ist möglich, aber unsere Aufgabe besteht darin, den Kindern klare Wege aufzuzeigen, um möglichst gesellschaftsfähig zu werden. Nichtsdestotrotz freue ich mich auf die nächste Zeit, die sehr erfahrungsreich und spannend zu werden verspricht.

Die kommenden Tage plätschern wieder einmal dahin. Morgens nutze ich vermehrt die Zeit, indem ich in der Werkstatt an einer Schnitzarbeit arbeite. Von der Berufsschule aus sollen wir im Fach Kunst ein Spielzeug bauen, es charakterisieren und der Klasse vorzeigen. Ich möchte aus einem kleinen Baumstamm einen zwanzig Zentimeter großen Lightning McQueen schnitzen, die Hauptfigur des Zeichentrickfilms Cars. Mit dem Radio im Hintergrund vergehen die Vormittage wie im Flug. Ebenso versuche ich die täglich anstehende Arbeit – das Zurückbringen liegengelassener Bretter – zu erfüllen. Vermehrt fiel mir auf, dass einige Kinder in einen Nagel treten, weil Bretter mit etwa fünf Zentimeter langen Nägeln, die nach oben schauen, herumliegen. Hier auf dem Abenteuerspielplatz muss man lernen mit der Gefahr umzugehen und sie richtig einzuschätzen. Wenn sich jedoch um die Buden herum die Bretter mittlerweile stapeln, dann liegt es an uns, morgens die Umgebung vorzubereiten, um das Verletzungsrisiko zu verringern. Die zwei schlimmsten Verletzungen, die ich miterlebt und begleitet habe, waren Folgende:

Als ich wie gewohnt an der Feuerstelle stand, um mit meinen Kollegen und etwa fünfzehn weiteren Kindern ein Feuer zu machen, kamen zwei Mädchen aus dem Budenbereich auf uns zugelaufen.

„Nicky ist in einen Nagel getreten!", hörte ich sie schreien.

Nageltritte sind nicht allzu gravierend, sofern die Kinder gegen Tetanus geimpft sind. Einzig der erste Schock ist mies. Also übergab ich die Feuerstelle meinem Kollegen und folgte den Kindern zum besagten Ort. Als ich die Bude langsam und vorsichtig erreichte – der Boden dorthin wirkte wie ein Schlachtfeld – stand der Junge weinend und scheinbar unter Schock auf dem Nagelbrett. Er, etwa neun Jahre alt und knapp fünfundvierzig Kilogramm schwer, wusste nicht so recht wie ihm geschah und erzählte mir jaulend, dass er das Brett nicht abbekommen würde. Ich schaute mir die Situation genauer an und konnte erkennen, dass ein Stück vom Nagel oben aus dem Schuh herausguckt. Diese kleine Info behielt ich für mich, um ihn nicht noch weiter zu ängstigen.

„Kannst du auf einem Bein hüpfen, wenn ich dich stütze?", fragte ich ihn.

Ein Versuch zeigte deutlich, dass das vorsichtige Hüpfen zu viel Erschütterung im Bein hervorrief. Da wir uns aber in der hintersten Ecke des großen Platzes befanden und es knapp zweihundert Meter bis zum Büro und dem dort befindlichen Erste-Hilfe-Koffer waren, entschloss ich mich dazu, den Jungen über eine meiner Schultern zu legen und sein Bein durchgehend zu stützen. Natürlich sorgte es auf dem ganzen Platz für Aufsehen, als wir ihn überquerten, aber der Junge erreichte ohne große Schmerzen den Ruheraum im Personalgebäude. Ein Notarzt kümmerte sich im weiteren Verlauf um den Jungen.

Man merkt, wie mit der Zeit Nageltritte zur Routine werden. Dennoch sollte man nicht zu sehr abstumpfen, sodass man immer noch sensibel genug den Kindern gegenübertreten kann.

Gleicher Ort, anderes Szenario: Etwa einhundertfünfzig Kinder sind zeitgleich auf dem Platz. Eine Geburtstagsgruppe ist auch anwesend. Diese sind in meinen Augen immer mit am Gefährlichsten, weil sie von ihren Eltern begleitet werden und denken, dass ihnen nichts passieren kann, weil Mama und Papa sowieso immer auf sie achten. Zudem sind fast alle Kinder zum ersten Mal hier und können trotz einer Einweisung eines Erziehers an die Gesamtgruppe noch nicht ernsthaft einschätzen, was hier passieren kann, wenn man nicht achtsam ist. Wir haben wie bereits beschrieben drei Gemeinschaftsbuden auf dem Gelände, an dem alle neuen Kinder bauen dürfen. Der Tag verläuft normal. Es laufen viele Kinder lachend über den Platz, spielen mit Badesachen im Teich und fahren Kettcar. Auf einmal kommt ein rothaariger Junge auf mich zu und sagt, dass er wohl einen Nagelunfall hatte. Er, etwa dreizehn Jahre alt und normalerweise blond, wirkt aber sehr gelassen. Ich hingegen muss mit mir kämpfen, ihm möglichst neutral gegenüberzutreten und keine Panik zu verbreiten. Ich sehe, wie dem Jungen langsam das Blut aus dem Kopf fließt, und begleite ihn zu meinen Kollegen ins Büro. Aber was ist passiert? In einer der Gemeinschaftsbuden sind die Nägel der oberen Etage so extrem in den Boden gehämmert worden, dass sie unten alle knapp vier Zentimeter herausragen. Im unteren Bereich muss man sich als Erwachsener deutlich bücken, die Höhe schätze ich auf etwa anderthalb Meter. Unzählige Nägel schauen aus der Decke. Der Junge wollte seiner Aussage nach im unteren Budenbereich ein Brett durchtreten, was er schräg auf einen Stein gelegt hatte. Dazu ist er mit voller Wucht hochgesprungen und hat sich knapp zwanzig Nagelstiche am Schädel zugezogen. Ein blutiges Erlebnis. Scheinbar stand der Junge unter Schock, weswegen er im Anschluss vermutlich so trocken mit der Situation umgegangen ist. Wir baten ihn am Waschbecken seinen Kopf abzutupfen, um zu sehen wie tief die Löcher hineinragen und merkten, dass es im Anschluss gar nicht mehr blutete. Weil er nicht wusste, ob er gegen Tetanus geimpft ist, rief er an Ort und Stelle seine Mutter an.

„Mama, ich habe eine Frage: Bin ich gegen Tetanus geimpft? Ich habe mehrere Löcher im Kopf, weil ich quasi in ein Nagelbrett gesprungen bin, und blute."

Unsere Blicke waren schwer zu beschreiben. Wir konnten uns denken, was die Mutter am anderen Ende miterleben musste, und übernahmen nachher das Telefon, um es ein wenig zu relativieren. Wir sagten ihr, sie möge doch bitte ihren Sohn abholen und vorsichtshalber mit ihm zum Arzt gehen.

Wie gesagt, hier auf dem ASP herrschen ein wenig die Gesetze der

Natur, ohne Schutzmatten und doppelten Boden. Dafür, dass so viele Gefahren bestehen, können die Kinder mit der Zeit sehr gut damit umgehen.

An diesem Morgen komme ich zunächst ins Büro, wie jeden Tag bisher. Stromberg sitzt am Rechner mit den Beinen auf dem Schreibtisch.

„So, wir zwei haben gleich eine Verabredung. Dein erstes Anleitergespräch. In einer halben Stunde nebenan im Raum", eröffnet er mir.

Ich weiß nicht, ob ich mich freuen oder es als Drohung aufnehmen soll. Gesagt, getan, wir treffen uns im Spielraum der Kinder, den er zugegebenermaßen ziemlich gut vorbereitet hat. Das ist einer der wenigen Momente, in dem ich ihn ziemlich engagiert bei der Sache erlebe. Nun sitzen wir uns an einem Tisch gegenüber, hinter ihm das Flipchart. Stille. Knapp eine Minute sagt keiner etwas, während er mich ohne zu blinzeln stetig anstarrt. Ich versuche das Eis zu brechen.

„Ja, gut. Jetzt sitzen wir hier. Was besprechen wir jetzt?"

„Ist dir die Stille unangenehm?", entgegnet er mir leicht lächelnd und mit dem Blick eines Psychologen.

„Ehm, nicht unbedingt, aber ich denke wir könnten jetzt auch langsam anfangen, deswegen habe ich was gesagt."

„Nun gut. Wieso möchtest du eigentlich Erzieher werden? Was ist dein Vorhaben, dein Hintergedanke?"

Ich versuche es kurz zu halten und antworte: „Also, begonnen hat alles in der Werkstatt für Menschen mit Behinderung. Das war voll meine Welt. Man schafft etwas, ist im stetigen Kontakt zu anderen Menschen und es wird einfach nicht langweilig. Ich habe mich zwischenzeitlich verlaufen und saß nachher als angehender Bürokaufmann am PC und tippte sinnlos Zahlen in die Tastatur. Der einzige Anreiz des Tages bestand darin, möglichst den Haufen an Akten zu erledigen, die mir morgens auf den Schreibtisch gepfeffert wurden. Aber wie viel habe ich am Ende des Tages wirklich erreicht? Wen kümmert es, dass ich das gemacht habe? Doch bloß den Chef des Ganzen, der merkt, dass sein Geschäft läuft und somit sein Gehalt gesichert ist. Klar, auch das der anderen Mitarbeiter, aber wen kümmert es sonst? Bewege ich damit die Welt? Trage ich irgendetwas Produktives zur Gesellschaft bei, wenn ich die Buchhaltung von irgendwelchen Kleinunternehmen übernehme? Vielleicht ein bisschen, so etwas muss es ja auch geben, aber mich erfüllte es nicht. Und somit kam ich per Zufall an einen Waldorfkindergarten. Es gefiel mir sehr gut, die Zeit verging wie im Flug – verglichen mit dem vorherigen Beruf – und ich fühlte mich besser, weil die Arbeit, die ich verrichtet habe, für mich erfüllender war. Für andere ist dies und das erfüllend, aber bei mir ist es der soziale Bereich. Ich habe die Ausbildung angefangen und bin jetzt im zweiten Jahr. Mein Ziel ist es Leiter zu werden, vielleicht von einem eigenen Kindergarten. Dann stimmt auch das Finanzielle."

Er hakt ein: „Wieso ist es dir so wichtig Leiter zu werden? Nur wegen der finanziellen Aspekte kann es nicht sein. Immerhin hast du einen Bürojob abgesagt, bei dem du mehr hättest verdienen können. Du bist ja schon diesen Weg gegangen, weil dir der Spaß an der Arbeit mehr Wert ist als das Geld. Hast du Geschwister? Was machen die so?"

„Hm, das geht ja schon ziemlich ins Private, ne?", stelle ich fest.

„Du musst auf die Frage nicht antworten, aber es könnte spannend werden zu wissen, wieso alles kommt wie es kommt. Das beruht hier auf Freiwilligkeit und Vertrauen."

„Nun gut, ich finde es ja auch sehr spannend."

Mein Anleiter nickt bestätigend: „Ich sag es mal so, im sozialen Bereich ist das mit dem Karrieredenken eher schwierig. Aber nicht unmöglich. Die Tätigkeitsbereiche sind vielseitig. Ich habe die letzten Tage herausgehört, dass du gerne organisierst und managst. Das kommt meinen Interessen sehr nahe."

Er fährt fort: „Ich merke, dass du sehr nachdenklich bist und die Worte, die du verwendest, mit Bedacht wählst. Versuche doch mal einfach ohne zu denken zu reden. Das klingt kitschig, aber das sind die Worte der Seele. Menschen revidieren sich und äußern, dass sie sich bei einer gewissen Wortwahl falsch ausgedrückt haben, aber tief im Inneren ist es genau das, was sie denken und was ihr Herz ihnen sagt."

„Da scheinst du Recht zu haben. Besonders in der Schule fällt mir auf, dass sich einige Frauen melden und locker fünf Minuten lang reden. Ich kann mir unmöglich vorstellen, dass sie sich jeden Satz vorher überlegt haben, um ihn fehlerfrei wiederzugeben. Bei mir hingegen ist es durchaus so, dass ich mir überlege, was ich sagen will, und mir die maximal drei Sätze merke, um sie dann vor der Klasse auszusprechen."

Stromberg bekommt große Augen und schnauft: „Das stelle ich mir sehr mühsam vor. Da ist ja kaum Platz für spontane Zwischenfragen der Lehrerin. Versuche doch bitte einfach mal, wenn du möchtest, dich zu melden, ohne dir vorher Gedanken zu machen. Melde dich zu einer Frage als erster, hör dir das Thema der Frage an und denk nicht nach. Fordere dein Gehirn heraus, spontan in der Notsituation, die dann ja eine geworden ist, wenn man unter Druck steht, das Beste draus zu machen. Da du ja ein ausgeschlafener Kerl bist, wird dir schon was einfallen. Das ist eben Trainingssache. Von nichts kommt nichts."

Das klingt in meinen Ohren erst einmal sehr wahr. Ich denke, dass ich es mal versuchen sollte. Das Gespräch geht nun weiter in die Phase, in der mein Anleiter fragt, wie ich mir meine Praktikumszeit gestalten möchte. Es wird ein Lehrerbesuch stattfinden, wenn ich eine Alltagssituation durchführe. Ich entschließe mich, beim Lehrerbesuch ein Lagerfeuer zu machen und möglichst viele Kinder einzubeziehen. Beim Angebot ohne Lehrer führe ich im Spielraum, in dem wir gerade sind, eine Spieleolympiade in zwei Teams durch. Nun muss ich nur noch die Planungen dazu verfassen. Diese ist bei uns auf zwanzig Seiten limitiert, inklusive einer Angebotsreflexion. Hierzu bekommen wir ein Raster, an dem wir uns orientieren müssen.

Alles in allem ist das Anleitergespräch sehr aufschlussreich und interessant. Es bringt uns wohl auch ein Stückchen näher, weil man solche privaten Belange nicht jedem anvertraut. Dennoch ist und bleibt mein Anleiter ein Einzelkämpfer, der in der Kategorie Erzieher unter seinen Möglichkeiten bleibt, weil man eine gewisse Teamfähigkeit mitbringen muss, um zum Wohle des Kindes erfolgreich arbeiten zu können. Ebenso bringen ihn seine Anfeindungen gegenüber Kollegen oder anderen Leuten, die in der Hierarchiekette unter ihm stehen, keine Vorteile. Aber alles in allem hat er das Theoretische perfekt einstudiert. Rhetorisch macht ihm so schnell niemand was vor. Er hat auf jede spontane Situation die passende Antwort und Reaktion und bleibt stets gelassen und unnahbar. Daher auch das eben vorbildliche Anleitergespräch, was wohl auch nur hier in einem solchen Ausmaß durchgeführt werden konnte. Im Kindergarten wäre es undenkbar, dass zwei Kollegen mitten bei der Arbeit ein bis anderthalb Stunden aus der Gruppe rausgehen, die andere Kollegin alleine lassen und sich über Motivationen und Psychologie unterhalten.

Der Mittag rückt näher. Nach einer kurzen Vorbesprechung und Aufteilung, wer wo arbeitet, ist der Tag fürs Erste geregelt. Am späten Nachmittag feiern wir das Abschiedsfest von einer Honorarkraftlegende hier auf dem Platz. Ganze zehn Jahre arbeitet er nun hier und hat den Platz geprägt wie kaum ein anderer. Das Wetter ist derzeit recht schaurig, es könnte jeden Moment anfangen zu regnen. Die Erzieherin lädt mich zum gemeinsamen über den Platz gehen ein. Dies ist mit einer der Hauptbeschäftigungen während der Platzöffnung: Die Kinder im Miteinander beobachten, indem man den Platz auf und abläuft und verbunden daran mit allen möglichen Kollegen redet. Da heute schätzungsweise bloß sechzig Kinder über den Tag anwesend waren, ist die Übersicht sehr gut. Meine Kollegin erzählt von ihrer derzeitigen Schwangerschaft. Sie freut sich sehr auf ihr erstes Kind und hat scheinbar lange darauf warten müssen, dass es klappt. Wir werden unterbrochen, als wir eine Horde Jungen durch die Gebüsche schleichen sehen. Irgendetwas ist hier anders als sonst. Was spielen die? Ich erkenne, dass alle Kinder die gleiche Handbewegung machen. Es sieht aus, als hätten sie eine Waffe in der Hand. Wir beobachten die Situation und schreiten schließlich ein, da bei uns Waffen und Gewaltspiele nicht toleriert werden.

„Hey ihr, was spielt ihr da?"

Der Anführer der Truppe, ein für uns unbekanntes Gesicht, tritt selbstbewusst vor: „GSG9 gegen Terroristen!"

Meine Kollegin und ich schauen uns verblüfft an, um uns abzusichern, dass wir es beide richtig verstanden haben.

„Dieses Spiel lasst ihr hier bitte sein. Hier wird nicht mit Softair-Pistolen gespielt, weil hier ein striktes Waffenverbot herrscht. Die Waffen sammle ich jetzt ein und wenn ihr den Platz verlasst, holt ihr euch die bitte bei mir ab. Und du, wie alt bist du eigentlich? Du siehst älter als vierzehn Jahre aus."

Der General der Truppe scheint schnippisch zu sein. Er wirkt schon haarscharf am Alterslimit. Mit seinem russischen Akzent tritt er vor uns und übergibt uns die Waffe.

„Jung genug, keine Sorge. Macht euch mal nicht ins Hemd! Wenn ich wollte, hätte ich ganz andere Sachen damit machen können. Wir haben hier nur gespielt. Ist das hier etwa verboten? Traurig, echt ey. Ich habe schon ganz andere Dinge gemacht. Aber was will Deutschland machen? Ich bin noch nicht strafmündig. Deswegen mache ich jeden Scheiß, den ich machen will. Und wenn ich vierzehn bin, dann schicke ich meinen kleinen Bruder vor, um Dinge für mich zu klauen."

Die Erzieherin bleibt am Ball: „Du willst also sagen, dass du klaust?"

„Ach, nicht nur das. Ich schlage auch Autoscheiben ein und schmeiße Motorräder um. Aber das Krasseste, was ich bis jetzt gemacht habe, war, dass ich mit acht Kollegen einen erwachsenen Mann zusammengeschlagen habe. Ich schwör dir, den hätte selbst seine Mutter nicht mehr erkannt. Aber hey, was guckt der uns auch so scheiße an? Will der ein Foto oder was?"

Mit meiner vor Wut geballten Faust in der Hosentasche mache ich langsam einen Schritt vor meine schwangere Kollegin, um sie zu schützen. So ein Vollidiot hat wohl auch keine Skrupel, eine Schwangere in den Bauch zu boxen, wenn ein falsches Wort fällt, mit dem er nicht klarkommt. In dem Moment kommt sein kleiner Bruder an ihm vorbei. Der Macker stellt ihm ein Bein, tritt Schotter auf ihn, als er auf dem Boden fällt, und haut ihn mit der flachen Hand ins Gesicht.

„Du musst immer wachsam sein, Mann!", schreit er ihn an.

Der Kurze weint und ist vor der gesamten GSG9- und Terroristengruppe bloßgestellt. Alle lachen.

Ich schreite ein: „So, du Halbstarker, das war's jetzt für dich. Du verlässt jetzt den Platz für den Rest des Tages! Sobald du wieder einen Fuß auf diesen Platz setzt, kommst du auf direktem Weg ins Büro und dann unterhalten wir zwei uns mal. Das, was du hier an den Tag legst, geht gar nicht."

„Das ist eh voll der Scheißladen. Komm, steh endlich auf! Wir verschwinden hier! Wegen dir muss ich hier jetzt weg", schreit er seinem Bruder an.

„Nein! Nur du musst gehen. Dein Bruder darf, wenn er will, noch weiter hierbleiben."

„Alter, verarsch mich nicht. Mein Bruder geht dahin, wo ich hingehe. Und wenn ich sage, dass er zu mir kommt, dann hat er sein blödes Hirn auszustellen und mir zu folgen! Und wenn ich hierbleibe, dann darfst du mich nicht anfassen und rausschubsen."

Sein Bruder wirkt sichtlich eingeschüchtert. Eine wirkliche Wahl hat er nicht. Wenn er hierbleibt, bekommt er für die Bloßstellung zu Hause etwas zu hören, wenn er mitgeht, bleibt er in dem Teufelskreislauf, in dem er schon zu sein scheint. Der Kurze entschließt sich zu bleiben, Respekt dafür. Er scheint sich hier sehr sicher zu fühlen, sonst würde er den Schritt nicht wagen. Für mich ist das hier gerade aber alles andere als eine sichere Situation. Es ist ein schmaler Grat. Der Macker geht hasserfüllt zu seinem Bruder, der die Arme vor das Gesicht hält, um sich zu schützen. Ich gehe lautstark dazwischen.

„So, letzte Ansage: Entweder du verschwindest jetzt auf direktem Weg vom Platz oder ich rufe die Polizei!"

Die Ansage hat gesessen. Er lenkt ein und verlässt schimpfend das Gelände. Nicht erst seit jetzt folgen uns alle Blicke auf dem gesamten Platz. Ein ziemlich starkes Schamgefühl steigt in mir auf bei dem Gedanken, dass vierjährige Kinder in Begleitung ihrer Eltern das Schauspiel und die Beleidigungen mit anhören mussten. Für mich steht jetzt schon fest, dass ich für diesen Typen in der Nachbesprechung eine Platzsperre für mindestens vier Wochen ausspreche, sobald er hier noch mal auftaucht und das Gespräch mit meinen Kollegen oder mir sucht.

„Danke, dass du das geregelt hast. Mir wäre das zu gefährlich mit dem Baby im Bauch gewesen", höre ich meine Kollegin.

„Ach was, nicht dafür. Das ist selbstverständlich. Aber was muss bitte passiert sein, dass ein unschuldiges Kind irgendwann so wird? Unvorstellbar."

Ziemlich aufgebracht verlassen wir nach einem kurzen Gespräch mit seinem kleinen Bruder das Gebiet und schlendern nach vorne, um die langsam startende Feier mit vorzubereiten. Vor dem Büro stehen Bierzeltgarnituren, auf denen ein üppiges Buffet angerichtet ist. Fingerfood für jedermann. Die Stimmung ist gut. Der Platz füllt sich allmählich, denn es scheint sich herumgesprochen zu haben, dass es hier Essen gibt. Das Fleisch und die Ofenkartoffeln kommen auf den Grill. Nachdem nun alle Bäuche gefüllt sind und die Sonne allmählich verschwunden ist, gehen wir nach drinnen ins Spielhaus. Zur Überraschung tritt unsere Abenteuerspielplatzband auf, mit Liedern, die sie schon seit einigen Wochen mit unserem Musikpädagogen geübt haben. Auf der kleinen Bühne stehen nun der Schlagzeuger, der Bassist, der Keyboardspieler und deren Frontmann und Sänger. Es wirkt total nett. Wer erinnert sich nicht gerne an seine Kindheitstage zurück, in denen er die Popsternchen unserer Zeit nachgeahmt hat? Ich muss aber zugeben, dass die hier nichts imitieren, sondern ziemliches Talent zu haben scheinen. Nach fünf Liedern und einer Zugabe ist die Show vorbei. Unser Kollege tritt auf die Bühne und wird feierlich verabschiedet. Wir bedanken uns für die tolle Zeit mit ihm und das üppige Buffet.

In der abschließenden Dienstbesprechung spreche ich unser Erlebnis mit dem aggressiven Jungen noch einmal an. Ich habe mich ein wenig beruhigt, dennoch beharre ich darauf, eine saftige Platzsperre auszusprechen. Ich gebe auch zu, dass ich vielleicht nicht perfekt in dieser Grenzsituation reagiert habe, wüsste aber auch auf Anhieb nicht, was ich hätte anders machen sollen. Manchmal muss man eben auch Emotionen zeigen, um den Ernst der Lage deutlich zu machen. Aber vielleicht war es genau das, was der Junge unbewusst erreichen wollte: Aufmerksamkeit. Ich werde es nicht erfahren, denn diesen Jungen habe ich während der gesamten Praktikumszeit nicht mehr gesehen. Aber ich las zwei Jahre später von ihm in der Zeitung. Wegen seines stark delinquenten Verhaltens ist er schlussendlich im Jugendgefängnis gelandet, weil er an einer Diebstahlreihe von einhundertfünfzig Rollern teilgenommen hatte und gelegentlich auch gewalttätig war. Traurig aber wahr, sein Leben scheint einem gewissen roten Faden zu folgen, der in eine gefährliche Richtung führt.

Der finale Tag des Lehrerbesuchs ist gekommen. Das Riesenangebot von zweieinhalb Stunden ohne Lehrer habe ich bereits hinter mir, als ich mit den Kindern bei ungemütlichem Wetter eine Spieleolympiade veranstaltete. In zwei Teams haben die Kinder sich gegenseitig angefeuert und Spaß am Erlebten gehabt. Es wurde ein voller Erfolg. Fußbälle hochhalten, Quizfragen beantworten, pantomimische Darstellung von Begriffen etc. Viele bunte Spiele, die den Interessen der Kinder angepasst waren. Sie fragten noch Tage später, wann wir das noch einmal wiederholen.

Heute ist der Tag gekommen, an dem mich der Pädagogikguru besuchen kommt. Ich bin gespannt, denn dieses Arbeiten mit älteren

Kindern in einem sozialen Brennpunkt hat wenig mit Kindergartenpädagogik zu tun. Rückgrat bewahren ist hier angesagt. Geplant habe ich mit den Kindern in einer Alltagssituation ein Feuer zu machen. Leider hat es auf meinem Weg zur Arbeit heute zum ersten Mal geschneit, sodass das ganze Brennholz nun feucht ist. Ich freue mich dennoch auf den Tag, denn nach Plan verläuft ja sowieso selten etwas. Mit meiner Hospitantin gehe ich nun zusammen zur Arbeit. Ich erkläre ihr, dass sie Stromberg nicht zu wörtlich nehmen soll. Und dass sie sich auch einige Äußerungen von Kindern nicht gefallen lassen soll und direkt Grenzen aufzeigen muss. Besonders manche Frauen, die nicht direkt klare Kante zeigen, sind meiner Praktikumserfahrung nach für viele Jungen mit Migrationshintergrund leichte Beute. Wir betreten das Büro, in dem mein Anleiter mit überkreuzten Beinen auf dem Schreibtisch sein Revier markiert.

„Stopp, ich habe nicht gesagt, dass du hier in unseren Privatraum kommen darfst!", bellt er meine Klassenkameradin an.

Sie ist deutlich irritiert und entschuldigt sich. Er fängt an lauthals zu lachen. Ich muss den Kopf schütteln und gebe ihr wortlos zu verstehen, dass ich genau dieses Verhalten meinte, auf das sie eingestellt sein muss.

„So, war natürlich nur ein Spaß. Mi casa es su casa, oder so ähnlich. Aber natürlich nur dieses casa hier. Bei mir zu Hause hat keiner von euch etwas zu suchen. Wäre ja noch schöner. Also du bist also die Flamme vom Timo, von der er ununterbrochen erzählt", sagt er und fängt wieder an zu lachen.

„Nein, Julius, das ist meine Klassenkameradin und gleichzeitig Hospitantin Carolin. Carolin, das ist mein Anleiter Julius."

So, die Fronten wären geklärt. Stromberg sprüht reichlich Reviermarkierungen durch das Büro, so dass wir uns nun zur Feuerstelle verdrücken und das Angebot vorbereiten, indem wir trockenes Holz suchen. Mit einem Beil beginne ich Holzsplitter von kleinen getrockneten Kaminhölzern zu hacken: Das Fundament für jedes Feuer. Wir quatschen viel und genießen die seltene Ruhe im Erzieherdasein. Sie blickt oft nach rechts und links und kann sich so recht noch nicht damit anfreunden, dass hier wirklich so ein entspanntes Arbeiten herrscht.

„Wann kommen denn die ersten Kinder?"

„Ach, offiziell so gegen dreizehn Uhr, aber gestern kam das erste erst um fünfzehn Uhr und ist dann nach fünf Minuten wieder gegangen, weil kein anderes Kind da war. Es war halt schlechtes Wetter und tote Hose. Hoffentlich kommen heute einige Kinder, sonst stehe ich hier mit drei anderen Erwachsenen und werde für's Feuer machen benotet."

So wirklich wahrhaben kann sie es immer noch nicht. Ich muss auch zugeben, dass es wirklich sehr selten ist, dass man so viel Ruhe im Beruf hat. In einer Stunde kommt meine Lehrerin und hier hinten auf dem Platz habe ich noch kein Kind gesehen. Stromberg schlendert langsam zu uns und sagt:

„Hey ihr Turteltauben, eben hat eine Lehrerin von dir angerufen. Deine Praxislehrerin ist krank, aber sie schickt in einer Stunde eine Vertretung hierher. Eine sogenannte Frau Rötter. Sag mir nicht, dass das deine Musiklehrerin ist."

Mich trifft nur mittelschwer der Schlag, denn auf ein oder zwei Planänderungen bin ich eingestellt. Bekanntlich war mein Anleiter damals auch auf meiner Berufsschule, vor knapp fünfzehn Jahren.

„Na toll, aber gut okay. Doch, das ist meine Musiklehrerin. Wieso?"

„Na dann bekommt die gute Frau heute mal die Quittung für mein Abgangszeugnis. Ich habe ihr damals schon gesagt, man sieht sich immer zwei Mal im Leben. Ich hatte überall eine Eins, aber ihre Musikstunden waren der reinste Müll. Und deshalb bin ich nie hingegangen. Sie hat mir wahrhaftig ein *mangelhaft* dafür gegeben. Wie sieht das denn aus auf dem Zeugnis? Die wird was erleben!"

„Julius, bitte mach mir das heute nicht kaputt. Es geht hier um mich und nicht um deine Sache von vor zig Jahren. Vielleicht kann sie sich nicht einmal mehr an dich erinnern", höre ich mich rufen, als er langsam zurück zum Büro schlendert und sich einen Plan überlegt, wie er sie heute zur Sau machen kann.

„Kannst du bitte alles, was kürzer als eineinhalb Meter ist, zu mir schicken? Notfalls bringe ich heute unmotivierten Kindern, die noch nie am Feuer waren, das Feuer machen bei", sage ich zu ihm.

Ich merke, wie es in Julius rattert. Er hat mich wahrscheinlich gar nicht wahrgenommen. Irgendetwas scheint der Typ zu planen und das Spannende ist, dass ich, aber auch er, noch nicht wissen, was genau es ist. Aber eines steht fest: Die Wahrscheinlichkeit ist sehr hoch, dass mein Stand bei der Lehrerin, den ich mir im Laufe der letzten eineinhalb Jahre aufgebaut habe, in zwei Stunden ruiniert sein kann. Mut zur Katastrophe. Meine Klassenkameradin schaut mich mitleidig an und tröstet mich mit den Worten:

„Ach, das wird schon alles gut gehen."

Aber so recht kann sie es selbst nicht glauben. Im Laufe der Stunde habe ich knapp zwanzig Kinder bei mir, also quasi alle, die derzeit auf dem Platz sind. Stromberg hat sie bestimmend hierher zitiert. Und Spaß sollen sie gefälligst auch haben. Stufe Eins seines Plans scheint völlig aufzugehen. Die Motivation der Kinder steigt allmählich und sie wollen eigene Feuer machen. Ich zögere das eine Weile hinaus, bis ich schließlich einlenke und ihnen eine Schippe Glut für ihr eigenes Minifeuer gebe. Die Sorge besteht nämlich, dass sie beim erneuten Vertrösten die Lust verlieren und abzischen, bevor die Lehrerin erscheint. Aber da kommt zum Glück auch schon Frau Rötter um die Ecke und begrüßt alle Erwachsenen reihum. Stromberg wirkt distanziert, trägt aber dennoch ein Siegerlächeln auf dem Gesicht und nickt mir grinsend zu. Das macht mir Angst.

Ich gebe Frau Rötter meine Planung zu dem Vorhaben von heute, damit sie sich schon einmal einen Überblick darüber verschaffen kann, was ich mir dabei gedacht habe und welche Ziele ich in der Situation verfolge.

„Lassen Sie sich nicht stören, machen Sie einfach mit Ihrem Vorhaben weiter", sagt sie zu mir.

Ich höre jedoch nur halbherzig zu, denn ich habe keine Zeit, um nervös zu werden. Das Feuer brennt und zwanzig Kinder stehen drum herum oder pusten ihre eigene Glut an. Ich gebe hier und da Tipps, verteile im guten Abstand voneinander die Glut und kontrolliere die große Flamme, die ein bis eineinhalb Meter groß ist. Kaputte Europaletten und morsche Baubretter finden hier ihre letzte Verwendung. Für einen Außenstehenden muss die Situation sehr schön und fast schon romantisch wirken. Drei Erwachsene stehen mit einem Kaffee oder Tee in der Hand mitten im Schnee an einem großen Feuer und zwanzig Kinder stehen drum herum oder hüten ihr eigenes kleines Feuer. Ich zähle zwischenzeitlich acht von ihnen, was für dieses Jahr Platzrekord ist. Ich laufe überall mit der Schippe umher, um die Feuerstellen im Griff zu halten. Mehrere Eimer Wasser stehen natürlich auch bereit. Mein Anleiter unterhält sich durchgehend mit Frau Rötter.

Aber seltsamerweise lachen beide sehr viel, wobei sich sein Lachen gekünstelt anhört. Scheinbar ist das Eis gebrochen und sie weiß nun, wer vor ihr steht. Immerhin zieht er die volle Aufmerksamkeit auf sich und sie sieht nur Schnappschüsse von meinem Tun. Das beruhigt mich insofern, dass ich mich nicht ständig beobachtet fühle und freier arbeiten kann.

Nach einer dreiviertel Stunde kommt Frau Rötter zu mir und teilt mir mit, dass wir mit der Prüfungssituation fertig sind. Ich übergebe noch schnell einem Kollegen das Feuer und gehe mit der gesamten Truppe Richtung Büro. Stromberg wirft mir sein unheimliches Siegergrinsen rüber, was mich mehr als beunruhigt. Stufe Zwei ist scheinbar erfolgreich gewesen. Als sich meine Lehrerin noch eben schnell zur Toilette begibt, flüstert er mir zu:

„So, und jetzt ist Showtime! Das große Finale kann kommen."

„Julius, bitte nicht. Bisher lief es doch so gut. Dann sag wenigstens, dass das nichts mit mir zu tun hat!"

„Von wegen, du spielst hierbei eine ganz entscheidende Rolle", höre ich ihn noch sagen, als meine Lehrerin wieder zu uns stößt. Wir sitzen in einer gemütlichen Runde am Tisch, wobei ich nur noch weinen könnte.

Meine Lehrerin beginnt das Reflexionsgespräch.

„Was hast du denn für ein Gefühl? Hat es dir gefallen, wie es ablief? Erzähl doch mal!"

„Eigentlich bin ich ziemlich zufrieden. Alles verlief nach Plan", stottere ich.

„Na ja, dass es jetzt geschneit hat und fast das gesamte Holz nass wurde, damit konnte ich nicht rechnen, weil es nicht angesagt war. Aber es hat ja noch irgendwie geklappt. Und die Kulisse war ja schon nicht ohne, oder?", versuche ich ihr das Angebot lächelnd schmackhaft zu machen.

„Nein, das stimmt. Ich denke, das wird einer der Praxisbesuche sein, an die ich mich noch lange erinnern werde. Das hat man nicht oft, dass man im Schnee ein Lagerfeuer anbietet."

Wir reden viel. Meine Klassenkameradin steigt gelegentlich auch mit ins Gespräch ein. Stromberg hingegen verhält sich bedeckt und beobachtet. Das macht mich noch viel nervöser, als wenn er sprechen würde. Ich ahne, dass gleich die Bombe hochgehen wird. Zum Ende des Reflexionsgespräches wird eine Note von Frau Rötter geäußert.

„Also ich möchte Sie gerne zu einer Zwei Plus beglückwünschen, wenn Sie beide nichts dagegen haben".

Ich stimme zu, mein Anleiter hingegen nicht.

„So, und jetzt hör mal auf einer Zwei Plus zuzustimmen, Timo! Wo sind wir denn hier? Wir sind hier doch nicht im Kindergarten, wo du eine kleine Kerze anmachst, es Feuer machen nennst und alle Kinder brav auf einem Baumstamm sitzen und zugucken. Wir haben hier teilweise echt unberechenbare Kinder und Jugendliche, die keinen Wert darauflegen, ob hier jemand sagt, dass man einen gewissen Sicherheitsabstand zum Feuer bewahren sollte", sagt er wild gestikulierend.

„Das, was Timo hier heute geleistet hat, und da muss ich mal etwas leiser werden, das traut sich so manch ein Kollege nicht zu, geschweige in einem Prüfungsszenario, welches anders in der Vorbereitung verlief als geplant. Ich weiß ja nicht, ob Sie das mitgezählt haben, aber wir hatten über eine dreiviertel Stunde bis zu acht kleine Feuer. Das ist absoluter Platzrekord für dieses Jahr, und das Jahr ist fast schon rum. Wissen Sie, wie viel Anspannung das bedeutet, wenn man diese Situation alleine managen muss? Die kleinsten Fahrlässigkeiten bei den Kindern müssen erkannt und ausbalanciert werden. Und das alles hat Timo gemacht. Eine Zwei Plus? Niemals, das werde ich nicht akzeptieren. Für mich ist das eine glatte Eins Plus, besser geht's nicht. Zur Not spreche ich noch mal persönlich mit seiner richtigen Praxislehrerin. Und Timo, ich reiße dir den Kopf ab, wenn du jetzt noch dieser Note zustimmst."

Ich stehe zwischen den Stühlen, so wie der kleine Bruder des delinquenten Jungen beim Terroristenspiel. Und ich bin beeindruckt. So viel Souveränität und Nettigkeit habe ich von ihm jetzt nicht erwartet. Seinen Konflikt von damals trägt er zwar gerade auf meinem Rücken aus, aber es könnte mir zugutekommen. Meine Lehrerin lenkt ein und gibt mir unter Vorbehalt eine Eins, möchte aber die Tage noch mit dem Pädagogikguru sprechen, um sich abzusichern. Wir verabschieden uns voneinander und gehen unserer Wege.

„Siehst du, der Plan ist aufgegangen. Man darf doch nicht das erste Angebot direkt annehmen. Und mal ehrlich, die Frau hat keine Ahnung. Sieht man ja an meiner Note damals. So, und jetzt macht euch einen schönen Feierabend. Du darfst heute zur Feier des Tages mal früher gehen", verkündet Stromberg.

Als ich meine Sachen packe und den Platz verlasse, höre ich ihn mehrmals „Mein Praktikant hat soeben eine Eins bekommen!" über den gesamten Platz rufen.

Für ihn war es ein gelungener Abschluss seiner offenen Rechnung. Es gibt wohl nicht nur die Anleiter, die eigene schlechte Noten bei einer bestimmten Lehrerin auch für den Praktikanten herbeiführen wollen. Es gibt scheinbar auch die Sorte Anleiter, die ihre eigenen schlechten Noten durch ihre Praktikanten ausgleichen wollen. Wie Eltern, deren Kinder die Wünsche ihrer Eltern erfüllen müssen, weil sie es nicht geschafft haben oder nicht die Möglichkeit dazu hatten. Zum Glück ist alles gut ausgegangen. Ich bin froh über den Ablauf und auch wenn mein Anleiter angetrieben von eigenen Bedürfnissen seinen Willen durchgeboxt hat, glaube ich, dass auch er tief im Inneren einen guten Kern hat.

Die restlichen Tage verlaufen wie im Flug. Stromberg ist in meiner letzten Woche krank und das Arbeiten ist wetterbedingt weiterhin entspannt. Für mich ist das hier kein Abschied auf Ewigkeit, denn ich werde nächste Woche natürlich wiederkommen, aber in der Rolle als Honorarkraft und verdiene für gleiche Arbeit wenigstens Geld. Daher fällt mir der Abschied vom Praktikantenverhältnis mehr als einfach. Bei den Kindern gibt es auch keine Umstellung, da ich mich bei ihnen nicht als Praktikant für vier Wochen vorgestellt habe.

Zurück in die Schule. Wir tauschen uns wie gewohnt einen Tag nach dem Praktikumsblock gemeinsam in einer Reflexionsrunde gemütlich aus und sammeln die verschiedensten Eindrücke. Ich muss feststellen, dass ich die Zeit im Praktikum sehr genossen habe. Es war deutlich entspannter, in einigen Punkten aber auch deutlich krasser als im Kindergarten. Wenn es brodelte, dann so richtig. Da geht es dann nicht um einen besetzten Maltischplatz, sondern um eine Faust im Gesicht eines anderen, die vielleicht eine gebrochene Nase mit sich bringt. Neben den sogenannten Stammkindern gibt es täglich neue Kinder, mit denen man arbeitet und stets bei null anfängt. Eine Dokumentation pro Kind fällt weg, was man im Kindergarten gar nicht mehr wegdenken könnte. Rituale als Tagesablauf sind ebenso außen vor.

Eine spezielle Aufsichtspflicht, welches Kind wann wohin geht, gibt es ebenfalls nicht. Jedes Kind über sechs Jahre darf kommen und gehen wann es will. Wenn ein Kind völlig über die Stränge schlägt, dann behalten wir es nicht bei uns, bis Mama oder Papa Feierabend hat und es abholt, sondern es wird schnurstracks des Platzes verwiesen. Dieses Arbeiten klingt auf den ersten Blick sehr viel angenehmer als im Kindergarten, aber man ist bei Wind und Wetter draußen und sollte eine starke und gefestigte Autorität und pädagogisches Feingefühl mitbringen, um hier bestehen zu können. Die kleinsten Meinungsverschiedenheiten könnten ins Unermessliche ausarten. Mir hat es aber wirklich sehr gut gefallen, weil ich lieber an der frischen Luft bin als in einem geschlossenen Raum, gerne mit den Kindern baue und Ballsportarten auch privat betreibe. Der Job deckt sich mit meinen Interessen, daher könnte ich mir vorstellen, dass ich hier auch arbeiten könnte, sobald ich mit der Ausbildung fertig bin.

Nach dem Praktikum ist bekanntlich vor dem Praktikum und so suche ich mir nun eine Stelle, die ich aber schon insgeheim ausgewählt habe. Einem Kindergarten bin ich sehr dankbar. Seinetwegen habe ich überhaupt erst den Weg des Erziehers eingeschlagen und so steht für mich fest, dass ich im Waldorfkindergarten anfragen werde, ob ich dort ein vierwöchiges Praktikum absolvieren darf, um mich insgeheim für die einjährige Stelle von damals zu bedanken. Nun kann ich mich als nahezu fertig ausgebildeter Erzieher für die tolle Zeit im Vorpraktikum revanchieren.

Ich betrete den Waldorfkindergarten und sauge so viel auf wie ich nur kann: Den Geruch, das Ambiente und die absolut positive Energie. Es spricht sich recht schnell herum, dass ich in der Einrichtung bin. Von vielen Erzieherinnen, unter anderem auch Schneewittchen, werde ich zeitgleich umarmt und begrüßt. Einige Kinder, die mittlerweile Vorschulkinder sind und kaum noch Milchzähne im Mund haben, rennen auf mich zu und heißen mich Willkommen. Ich bin wieder zu Hause, denke ich mir. Mein Herz geht auf. Ich bin noch nicht weit gekommen, denn mein Ziel ist erst einmal die blaue Gruppe, um Mr. Gelassenheit und Frau Holland zu begrüßen. Auf dem Weg dorthin werde ich alle paar Meter von fremden Müttern angesprochen:

„Sind Sie der Timo, von dem hier alle sprechen? Sagen Sie mal, ich frage einfach mal gerade raus, würden Sie eventuell bei uns babysitten? Wir haben so viel Gutes von Ihnen gehört und würden uns sehr freuen. Ich gebe Ihnen mal meine Handynummer, überlegen Sie es sich einfach und melden Sie sich ruhig. Das wäre einfach optimal."

Erschlagen von den derzeitigen Geschehnissen werde ich an den Händen von einigen Kindern in die blaue Gruppe gezogen. Da stehe ich nun, in der Eingangstür zur blauen Gruppe, und Mr. Gelassenheit sitzt ruhig am Tisch und reinigt die Maldecke mit Schafswolle. Die Zeit steht still. Drum herum sind einige Kinder, die am Maltisch malen. Es wirkt wieder so unfassbar idyllisch. Wie bekommt dieser Mann diese Pädagogik so simpel aussehend hin? Ich unterhalte mich ein wenig mit ihm und stelle fest, dass es einen Gruppenwechsel gab. Frau Holland ist in die gelbe Gruppe gegangen, dafür die Kollegin von Schneewittchen aus der roten Gruppe in die blaue Gruppe und eine gelbe Erzieherin in die rote Gruppe zu Schneewittchen. Rotation ohne Ende.

Mr. Gelassenheit freut sich über die Neuigkeit, dass ich zum Team hinzustoße, und verweist mich an den Kindergartenleiter, der derzeit in der roten Gruppe aushilft. Ich gehe zu ihm und bekomme unbeschreiblich nette Blicke der Mütter zugeworfen, die sich vor der blauen Gruppe noch unterhalten. Nebenan in der Gruppe sehe ich ein anderes Bild dieser Pädagogik. Es wirkt zwar gemütlich, weil die Holzfarben und Stoffe wirklich für Komfort sorgen, aber ruhig und entspannt ist die Atmosphäre nicht. Die Kinder rennen hier durch die Gruppe, die Lautstärke ist wirklich enorm und es sieht ziemlich wüst aus. Weniger wie ein stehengelassenes Spiel der Kinder, sondern eher nach „Wir schmeißen alle Kleinteile aus den Fächern und laufen darüber". Und mittendrin sitzt der Kindergartenleiter auf einem Stuhl und versucht einige Kinder am Maltisch zum Mitmachen zu motivieren. Vergeblich. Er bemerkt mich erst, als ich ihn zum dritten Mal anspreche. Leider verstehe ich wegen der enormen Lautstärke nur jedes zweite Wort, obwohl wir uns gegenseitig nahezu anschreien.

„Hi, schö... di... zu sehen. D... ist ja ...ne ...aschung. Was ... dich hierher?", höre ich ihn schreien, während ich verzweifelt versuche ihn zu verstehen.

„Hallo! Ich suche einen Praktikumsplatz für vier Wochen und möchte das gerne hier machen. Wäre das möglich?"

„Super, klar. Leg… Datum … Schreibtisch … Büro! Ich kann … nicht versprechen … blaue Gruppe“, höre ich heraus.

Das sind genug Informationen, um damit etwas anfangen zu können. Wir verabschieden uns voneinander und ich lege ihm die Daten zum Praktikum mit meiner Nummer auf seinen Schreibtisch ins Büro. Auf dem Weg nach draußen lerne ich wie sich jemand fühlt, der über den roten Teppich läuft. Ich bekomme insgesamt vier neue Babysitterstellen mit Telefonnummern zugesteckt und das, obwohl ich bloß zehn Minuten hier war und bei weitem noch gar nicht alle Eltern gesehen habe. Das Unheimliche ist aber, dass ich sie alle noch nie getroffen habe. Na ja, mal schauen. Zudem klingt das Vorstellungsgespräch von eben vielversprechend. Back to the roots. Hoffentlich komme ich aber nicht in diese Gruppe. Das könnte dann wiederum sehr spannend werden.

Die Tage vergehen, eine Klausur jagt die Nächste und man spürt, dass es Richtung Endspurt zugeht. Aber erst einmal steht das nächste Level Waldorfkindergarten an. Vier Wochen auf sicherem Terrain. Da für mich feststeht, dass ich nach der Ausbildung nicht vollkommen in einen reinen Waldorfkindergarten wechsle, will ich jeden einzelnen Moment genießen, um mich von dieser Pädagogik zu verabschieden. Oft habe ich im Unterricht Vergleiche gezogen zwischen dem Theoretischen, das wir lernen, und meiner Praxiserfahrung aus dem einjährigen Praktikum im Waldorfkindergarten. Ich glaube, allmählich konnten es meine Klassenkameraden nicht mehr hören, weil ich so dermaßen geschwärmt habe. Mir folgt dieses Jahr eine Klassenkameradin mit ihrem vierwöchigen Praktikum in den Waldorfkindergarten.

Waldorfkindergarten 2.0 – Ein Wiedersehen macht nicht immer Freude

Da sind wir nun. Wir stehen vor dem Kindergarten und treten ein. Mir kommt alles so unfassbar vertraut vor, als wäre ich nie weg gewesen, dennoch überkommt mich der Gedanke, dass es dieses Mal anders werden könnte als bei meinem damaligen Praktikum hier. Unser erster Schritt geht ins Büro, um uns offiziell anzumelden. Der Leiter heißt uns willkommen und teilt uns nach wenigen Formalitäten in die Gruppen ein. Wie schon erwartet, muss ich leider in die rote Gruppe zu Schneewittchen, meine Klassenkameradin geht in die gelbe Gruppe. Und so trennen sich unsere Wege. Ich zeige ihr die gelbe Gruppe und betrete nun die Mission rote Gruppe, die anhand des Hospitationstages eine recht erfahrungsreiche zu werden verspricht.

Schneewittchen steht in der düsteren Gruppe. Wir haben zwar Frühling, aber die Sonne ist noch nicht ganz aufgegangen und die Lampenschirme dämmen das sowieso schon spärliche Licht. Sie macht einen Schritt auf mich zu, umarmt mich und gibt mir zu verstehen, dass ich willkommen bin.

„Hallo Timo! Ein kurzer Überblick: Du wirst das sicher gleich selbst merken, aber wir haben hier drei Kinder, die gerne die Grenzen neuer Mitarbeiter testen. Die sind nicht ohne. Ansonsten gibt es hier etwa zehn große Kinder, fünf Mittelkinder und zehn Kleine. Den Ablauf kennst du ja bereits. Musst du irgendwas für die Schule machen? Wirst du besucht?"

„Also, besucht werde ich zweimal. Beide Male bei Angeboten zu meinem Projekt, das ich durchführen muss. Ich denke, das wird in Richtung Ostern gehen, weil es eben auch zu der Zeit ansteht. Dazu kann man ja viel machen. Mich besuchen meine Praxislehrerin und mein Sportlehrer. Begleitet werde ich von einer Klassenkameradin, jedoch nur beim Besuch meiner Praxislehrerin. Ich freue mich echt hier zu sein und ich werde die Zeit so gut es geht genießen", sage ich ihr.

Ihr Blick sagt mir, dass sie nicht weiß, ob sie es mit dem Genießen ernst auffassen soll oder sarkastisch. Und was die kleinen Racker betrifft: Ich denke, ich habe schon die ein oder anderen miterlebt. Der

Abenteuerspielplatz ist voll mit aufmüpfigen Halbstarken. Daran wird es schon nicht scheitern. Ich gehe dennoch mit gemischten Gefühlen hierher. Der Pädagogikguru hat mir vor dem Praktikumsblock hiervon abgeraten. Sie, etwa sechzig Jahre alt, wurde damals bei einem Praxisbesuch von einem Kind zwei Mal fest gegen das Schienbein getreten und die Reaktion der Erzieherin war: Wegschauen. Sie war außer sich vor Ärger und hat ein Gespräch mit der Leitung geführt. All das soll hier im Kindergarten passiert sein. Das klingt nicht gut, aber ich kann es mir kaum vorstellen, weil ich bereits ein Jahr lang hier verbracht habe und nichts dergleichen passiert ist.

Die ersten Kinder trudeln ein und nach und nach auch eine Praktikantin nach der anderen. Insgesamt zählt die Gruppe zwei Praktikantinnen und zwei Praktikanten, inklusive mir. Dazu kommen dann noch die zwei Erzieherinnen. Personell sind wir also mehr als üppig aufgestellt. Die Gruppe ist allmählich voll. Und wieder beginne ich zu den Kindern Kontakt aufzubauen, genauso zu den Kolleginnen. Dies muss möglichst schnell passieren, weil in zwei Wochen schon der erste Besuch meiner Lehrerin ansteht und ich bis dahin die Kinder für mich gewinnen muss, damit sie in einer beobachtenden Situation möglichst unbeeindruckt mit mir interagieren können. Ein Kind fällt mir besonders auf, weil es mit seinen vier Jahren eine sehr gewählte Wortwahl hat und diese teilweise gestisch und mimisch begleitet.

„Hallo, wer bist du? Bist du neu hier im Kindergarten? Lass mich raten, du bist höchstwahrscheinlich ein Praktikant“, teilt er mir mit, als er mir beim Werkeln mit dem Schnitzmesser Gesellschaft leistet.

„Nicht schlecht! Da hast du richtig geraten. Und wie alt bist du?“

„Rate doch mal!“

„Also vermutlich bist du fünf oder sechs Jahre alt, stimmt's?“, schätze ich mehr ironisch als ehrlich. Ich denke mir, dass Kinder älter schätzen in der Jahrgangsgruppe noch als Kompliment gilt. Und so breche ich das Eis.

„Nein, ich bin erst vier, aber ich werde bald fünf. Fast richtig. Rate mal wie ich heiße!“

„Oh, die Auswahl ist echt groß. Das kann ich dir nicht sagen.“

„Nein, rate mal. Tipp: Ich heiße nicht Fred.“

Ein grandioser Tipp, denke ich mir. Das wäre auch in meiner Top drei an Jungennamen gewesen, die mir spontan eingefallen wären.

„Max? Sebastian? Jonas? Anton? Daniel?"

„Nein, nein, nein. Alles falsch. Na gut, ich bin mal nicht so. Ich heiße Ibrahim. Aber jetzt rate mal, wie alt mein Papa ist!"

Dieses Spiel spielten wir mit Papa, Mama, Oma, Opa und seinen zwei besten Freunden durch. Ja, man muss auch sehr geduldig sein. Immerhin trete ich mit anderen Kindern besser in Kontakt, wenn ich mich schon mit einem unterhalte und lache, als wenn ich alleine in der Ecke sitze. Irgendwann stoßen, wie erhofft, andere Kinder zu uns, zum Glück. Lange hätte ich wohl dieses Ratespiel nicht mit dem Kind weiterspielen wollen. Im gemütlichen Zusammensitzen lernen wir uns alle näher kennen. Die Situation wirkt vorerst angenehm, als nun plötzlich ein schätzungsweise Sechsjähriger unsere nette Runde zerstört, indem er vereinzelnd Kinder am Rücken nach vorne schubst, ganz gleich ob es ein Schnitzmesser in der Hand hält oder nicht. Schneewittchen steht genau daneben und wendet sich anderen Kindern weiter weg zu. Folglich heißt es für mich, dass ich hier jetzt reagieren muss. Ich versuche es auf die nette Tour.

„Hey du, pass auf! Mira hatte ein scharfes Schnitzmesser in der Hand. Sie hätte sich ganz böse verletzen können. Außerdem tut das ziemlich weh."

„Mir doch egal!", lässt der Rabauke ertönen und zischt mit seinen zwei gleichaltrigen Freunden ab. Ganz klar, der Kleine wollte mal eben Grenzen testen und zeigen, wer hier die Hosen anhat. Aber nicht mit mir. Ich verlasse die Schnitzrunde und gehe zu ihm, stets mit einem wachen Auge auf die schnitzenden Kinder. Als ich nun vor dem Rabauken stehe, dreht der sich ignorant weg.

„So, pass mal auf. Ein 'mir doch egal' lasse ich nicht gelten. Ich möchte, dass du jetzt zu dem Mädchen hingehst und dich entschuldigst. So etwas geht nicht. Hier wird nicht geschubst!"

„Du hast mir gar nichts zu sagen! Lass mich in Ruhe!"

In diesem Moment kommt Schneewittchen zu uns.

„Was ist denn hier los?"

Ich erkläre ihr die Situation, woraufhin sie zu ihm sagt: „Dann los, geh zu Mira und entschuldige dich!"

Und schon schlendert er zu ihr und entschuldigt sich. Immerhin scheint er auf Schneewittchen zu hören. Den nötigen Respekt verschaffe ich mir anderweitig.

Das Frühstück steht nun an. Wir sitzen alle gemeinsam am Tisch. Die Atmosphäre ist mit der aus der blauen Gruppe keineswegs zu vergleichen. Die Kinder toben auf ihren Plätzen herum, einige verkriechen sich unter die Tische, andere schütten absichtlich zu viel Tee in die Keramiktassen, damit es sekundenlang überschwappt, alles unterstützt von einer Geräuschkulisse, die alles andere als angenehm ist. Mein Schädel brummt maßlos. Als das Essen nun endlich zu Ende ist, ist die Bilanz recht traurig. Schätzungsweise acht Kinder haben nicht mehr als zwei kleine Happen gegessen, zwei Kinder weinen, weil der Rabauke im wahrsten Sinne des Wortes wieder zugeschlagen hat, man sieht viel Essen und Trinken auf dem Tischtuch und die Bude sieht im Allgemeinen aus wie ein Schlachtfeld. Weil das Wetter so gut ist, dürfen die Kinder nach dem Essen direkt im Anschluss in die Garderobe, um sich für den Garten passend anzuziehen. Weil sich Schneewittchen mit zwei Praktikantinnen um den Frühstückstisch kümmert, gehe ich mit der Zweitkraft und einem anderen Praktikanten in die Garderobe. Wird schon nicht so schwierig sein, denke ich mir. Viel ist ja nicht anzuziehen. Dadurch, dass die Garderobe gefüllt mit fünfundzwanzig Kindern recht eng ist, ist die Reibungsgefahr anhand der Dichte hier enorm hoch. Einige Kinder schmeißen fremde Hausschuhe in der Gegend herum, der Rabauke und seine Gang verstecken die Draußenschuhe anderer Kinder in irgendeiner Ecke oder auch in der Toilette und wieder andere kommen nicht in die Gänge sich anzuziehen, weil ihre Hausschuhe versteckt sind. Die Zweitkraft, die ich liebevoll Frau Hoffnungslos nenne, scheint kapituliert zu haben. Sie nimmt das ganze Prozedere gar nicht mehr wahr und lächelt durchweg, kümmert sich derzeit aber bloß um ein Kind in der sogenannten Eins-zu-Eins-Betreuung, was ich uns Praktikanten gegenüber recht unfair finde.

„Ist das hier immer so?", frage ich Frau Hoffnungslos.

Sie lächelt mich an.

„Ach, wir ziehen uns gerade um. Das ist nun mal immer etwas wuseliger", und verfällt wieder ins Lachen. Es scheint, als müsste hier mal ein Machtwort gesprochen werden.

„So, alle herhören: Jedes Kind schnappt sich jetzt mal bitte seine Schuhe und zieht sie sich an. Ihr drei Großen, ihr kommt mal bitte zu mir. Hier werden keine Schuhe versteckt."

Sie beginnen wegzurennen, doch als ich meine Stimme deutlich anhebe, bleiben sie stehen und folgen mir. Ich schicke sie in die Gruppe zu Schneewittchen, wo sie nun auf einem Stuhl sitzen bleiben, bis alle Kinder mit dem Anziehen fertig sind. Erst danach dürfen sie in den Garten gehen, nachdem sie auch noch von mir eine Ansage bekommen haben. Schneewittchen bekommt das Schauspiel mit, schickt mir die drei aber nach fünf Minuten wieder in die Garderobe.

„Ne, ich habe die bewusst rein geschickt. Die haben …“, versuche ich zu sagen, doch sie unterbricht mich.

„Nein! Die sollen sich jetzt anziehen. Wir müssen pünktlich raus. Wenn wir uns anziehen, dann ziehen sich alle an!“, macht sie mir unbelehrbar deutlich. Nun gut, sie ist hier der Boss. Dennoch finde ich die Aktion alles andere als optimal. Jetzt hat auch die Kindergang gesehen, dass ich hier nichts zu melden habe. Auf eine gute Zusammenarbeit.

Die Reibereien gehen im Garten nahtlos weiter. Dennoch ist ein Hauch von Gruppenzusammenhalt zu spüren. Die Hälfte meiner Gruppe schließt sich zusammen, um gegen die Hälfte der gelben Gruppe zu kämpfen. Unser Rabauke verteilt die Waffen in Form von Schippen, Metallspaten, die eigentlich für Erwachsene gedacht sind, und recht großen Steinen. Ein wahrhafter Bauernkrieg spielt sich hier ab. Die Erzieherinnen scheinen nicht dazwischenzugehen. Es wirkt, als haben sie gelernt einfach wegzuschauen und zu hoffen, dass sich die Situation von alleine klärt. Ich vermute aber, dass hier mindestens eine Handvoll Kinder am Ende des Zwergenkampfes bluten wird und schreite mit meiner Klassenkameradin ein. Wir nehmen die zu Waffen mutierten Spielsachen ab und machen uns zu Buhmännern. Als Dank bekommen wir das übliche Grinsen der Waldorflerinnen unserer Gruppen. Mir platzt der Kragen. Es ist nicht nur die Lautstärke, die mir zu schaffen macht, sondern auch, dass hier scheinbar jedes Kind machen kann was es möchte, ohne eine Konsequenz zu erfahren. War es in meinem Vorpraktikum auch so? Die Lautstärke kommt der jetzigen ziemlich nahe, aber die Kinder waren doch nicht so extrem auffällig. Oder etwa doch? Ein Blick zu den Kindern der blauen Gruppe verrät mir aber, dass ich mich nicht irre. Die komplette blaue Gruppe spielt völlig gelassen im Garten, baut sich aus Hölzern Buden und spielt im Sandkasten. Heile Welt. Wie unterschiedlich doch so Gruppen sein können. Meine Klassenkameradin scheint Ähnliches erlebt zu haben.

„Und du hast von diesem Kindergarten geschwärmt?! Das ist die Hölle auf Erden. Ich kenne keine Situation, die schlimmer hätte sein können, als jene, die ich heute Morgen erlebt habe. Die Kinder springen beim Frühstück auf dem Esstisch herum. Einer hat sogar die Milchreisschüssel vom Tisch geschossen. Und soll ich dir mal sagen, was er zu hören bekommen hat? Soll ich dir das sagen? Nichts!! Es hat niemand etwas gesagt. Die Erzieherin hat sich den Handfeger geschnappt und den gesamten Milchreis aufgefegt. Ich raste aus hier. Entweder wollen die uns hier mega verarschen, vielleicht auch testen, wann wir eingreifen, oder wir sind hier in der beknacktesten Fernsehfreakshow, die es gibt. Ernsthaft, ich habe schon die Kameras an der Decke gesucht."

„Ach du meine Güte, das klingt ja echt krass. Ich kann dich aber trösten, bei mir ist es nicht besser. Wir haben da so drei Kandidaten, die den Schuss schon lange nicht mehr gehört haben. Es tut mir so schrecklich leid, dass ich dich hier mit reingezogen habe. Hätte ich gewusst, wie es in den anderen Gruppen aussieht, dann wäre ich hier auch selbst nicht hingegangen. Es ist der reinste Horror", gebe ich ihr zu verstehen.

„Ich weiß nicht, ob ich das bis zum Ende durchhalten kann. Das sage ich dir ganz ehrlich. Am liebsten würde ich heute noch eine neue Stelle suchen. Es kann ja sein, dass es noch besser wird. Aber das ist wirklich das Schlimmste, was ich mir bisher vorstellen kann."

Bevor sie weitersprechen kann, wird sie von einer fliegenden Schippe unterbrochen, die ein Sonnenkind auf uns geworfen hat. Doch bevor wir was sagen können, ertönt das Aufräumlied, das eher als Startzeichen für die Kinder dient, um sich zu verstecken. Alle Kinder vermischen sich untereinander und zwei Drittel des Kindergartens versteckt sich nun in den Hecken, Gebüschen und Höhlen. Einzig die blaue Gruppe räumt auf und stellt sich vorbildlich an deren Gruppentür. Ich wundere mich über mich selbst, wie ich so verblendet sein konnte, als ich ein Jahr hier gearbeitet habe. Mir müsste doch die Situation in den anderen Gruppen aufgefallen sein. Nun ja, dieses Mal spiele ich jedenfalls nicht den Buhmann, indem ich die Kinder allesamt zum Aufräumen bewege. Ich habe mich heute schon unbeliebt genug gemacht. Ich gehe alleine in die Gruppe, decke den Mittagstisch, stelle einen Stuhlkreis und warte bis alle Kinder, Erzieherinnen und Praktikanten wieder reinkommen. Die Gruppe füllt sich wieder. Vorbei mit der Ruhe. Nachdem nun fast jeder in der Gruppe ist und einen Platz einnimmt, beginnt der Stuhlkreis. Mit einem Fingerspiel eröffnet Schneewittchen die angespannte und leicht unruhige Runde. Durch die Gartenfenster kann man jedoch ein viel aufregenderes Schauspiel beobachten. Der Rabauke und seine Gang sind immer noch auf der Flucht vor Frau Hoffnungslos. Es ist schön zu sehen, dass sie jetzt mal nicht mehr ihre Emotionen durch ein Lächeln überspielt. Sie schaut sichtlich genervt und wütend aus, was ich durchaus nachempfinden kann. Als sich nun alle Kinder zum Fenster drehen, weil Monsieur von außen an die Fenster schlägt, um volle Aufmerksamkeit zu bekommen, stampft Schneewittchen nach draußen, brüllt in den Garten und erscheint in Begleitung von allen drei Kindern und Frau Hoffnungslos im Gruppenraum.

„Alles muss man selber machen", höre ich meine Anleiterin aus der Garderobe sagen.

Ein verbaler Schlag in die Magengrube für Frau Hoffnungslos. So etwas geht gar nicht. Das Klima scheint im Keller zu sein.

Als die drei Kinder sich zu uns gesellen, kippt die Stimmung im Stuhlkreis. Sie stehen noch unter Adrenalin und übernehmen das Zepter. Verzweifelt versucht Schneewittchen ihren Plan vom Stuhlkreis durchzuboxen. Es hört jedoch keiner mehr zu. Wir Praktikanten untereinander schauen uns an und verspüren wohl alle einen hohen Grad von Fremdschämen. Hier läuft einiges schief. Mehr schlecht als recht schlägt die Uhr Zwölf, was bedeutet, dass die Hälfte der Gruppe abgeholt wird. Zum Glück haben wir hier bloß knapp zehn Mittagskinder. Unsere drei Rabauken gehören selbstverständlich zu den täglichen Mittagskindern. Wir sitzen nun alle am Tisch. Schneewittchen, die drei Praktikanten, die zehn Mittagskinder und ich. Frau Hoffnungslos hat täglich um zwölf Uhr Feierabend. Die Glückliche. An sich kann jetzt schon nicht mehr viel schief gehen. Auf jeden Erwachsenen kommen nun zwei Kinder. „Wird schon klappen", denke ich mir, aber Pustekuchen!

„Das Essen stinkt. Ich esse das nicht", gibt der Rabauke von sich, um das Essen standesgemäß einzuleiten.

„Probiere es wenigstens mal. Das hat unsere Köchin heute

mühevoll gezaubert", sagt Schneewittchen.

Aber ihm fällt prompt darauf ein.

„Dann iss es doch selber. Meine Mama hat gesagt, wenn ich was nicht essen will, dann brauche ich es nicht zu essen."

„Na gut, dann eben nicht", antwortet Schneewittchen.

Meine Güte, der Junge macht das echt gut. Raffiniert! Er weiß, welche Hebel er bei ihr ziehen muss, um seinen Willen zu bekommen. Dadurch, dass er jetzt etwa eine halbe Stunde nichts zu tun hat, versaut er uns beiläufig das Essen, indem er ständig aufsteht, anderen Kindern einredet, dass jemand ins Essen gespuckt hat und man blöd ist, wenn man es isst oder auch einfach ins Essen anderer Kinder fasst. Einige Kinder steigen darauf ein. Schneewittchen sagt nichts, geschweige ein Praktikant. Wieso scheint es mir, als müsste ich jedes Mal die Initiative ergreifen?

„Gib dein Essen doch der Dicken da", sagt der Junge und zeigt auf die Praktikantin, die mit am Tisch sitzt.

Schneewittchen reagiert nicht. Die Praktikantin, schätzungsweise sechzehn Jahre alt, schaut in die Runde und stellt fest, dass jeder auf sie und ihre Figur schaut. Einige Kinder fangen an zu lachen. Sie hat die Tränen in den Augen, steht auf und verlässt den Raum.

Schneewittchen kaut in Ruhe zu Ende und sagt anschließend: „Das war aber nicht nett."

Die andere Praktikantin steht ebenfalls auf, um sich um sie zu kümmern. An Grausamkeit ist die Situation kaum noch zu übertreffen. Die Bilanz ist vergleichbar mit der Frühstückssituation: Kein Kind hat seinen Teller ganz leer gegessen, zwei Kinder haben gar nichts gegessen, eine weinende Praktikantin und hibbelige Kinder. Aber die Augen meiner Anleiterin lassen erkennen, dass es ihr herzlich egal ist, denn schließlich muss der nächste Tagesordnungspunkt durchgezogen werden. Mit einem kalten „Könnt ihr bitte woanders hin?" scheucht Schneewittchen die zwei Praktikantinnen aus dem Badezimmer der Kinder, in welchem sie nun mit den Kindern die Zähne putzen wird. Nachdem nun alles wieder in der Gruppe gesäubert wurde, stoßen die Kinder wieder zu uns. Jetzt dürfen sie in Ruhe spielen. Ich denke, es erübrigt sich, dass das alles andere als mit Ruhe zu tun haben wird. Ich schnappe mir meine Anleiterin, die auf einem Stuhl am Rande der Gruppe sitzt und tiefenentspannt etwas näht.

„Du hast nicht übertrieben. Die Kinder sind wirklich ziemlich wild. Sowas habe ich selten gesehen. Ich habe einen Vorschlag. Wie wäre es, wenn wir uns beim Mittagessen die Kinder ein wenig aufteilen? Damals in der blauen Gruppe hatte ich immer drei, vier Kinder ausgesucht und mit denen separat im Nebenraum gegessen. Das war wirklich schön und hat die Situation deutlich entzerrt."

Schneewittchen blickt von ihrem zu nähenden Stoff auf. Scheinbar fühlt sie sich etwas übergangen, antwortet aber überfreundlich: „Klar, das wäre eine schöne Idee. Das können wir gerne morgen mal testen."

Über den Nachmittag hinweg werden die Kids peu à peu abgeholt, so auch der Rabauke, was die Situation deutlich angenehmer macht. Das Klima ist automatisch ruhiger und seine zwei Gangmitglieder wirken auch nicht mehr so dermaßen aufmüpfig. Dennoch zieht Schneewittchen die Mutter nicht zu einem Gespräch zur Seite, obwohl der Tag mehr als unter aller Sau war. Auch der Papa des Ratekindes vom Morgen erscheint.

„Hey mein Großer, rate mal, wer heute bei uns zu Hause ist!", begrüßt er seinen Sohn.

Der Junge steigt direkt drauf ein und rät wild den gesamten Familienstammbaum durch. „Der Apfel fällt nicht weit vom Stamm"', denke ich mir.

Das erklärt, wieso der Kleine so gerne diese Ratespiele ausführt. Ich merke einmal mehr, wie viel Einfluss die Eltern beziehungsweise die stetigen Bezugspersonen ein Kind prägen, wenn auch nur unbewusst.

Als kaum noch Kinder da sind, schickt mich Schneewittchen netterweise nach Hause. Ich schnappe mir meine Klassenkameradin und wir verlassen das Gelände mit anderen Gesichtern als heute Morgen, als wir den Kindergarten noch motiviert betreten haben. Knapp eine halbe Stunde reden wir uns den Frust von der Seele und motivieren uns gegenseitig hier morgen wieder anzutanzen. Auch wenn uns beiden klar ist, dass kaum Besserung in Sicht ist, weil das Kernproblem viel tiefer liegt.

Der nächste Tag sieht nicht viel besser aus. Ich habe so etwas bislang noch nie ansatzweise gedacht, aber der Rabauke ist heute leider in den Kindergarten gekommen. Es ist schon traurig, dass man nicht positiv gestimmt ist, wenn ein gewisses Kind im Kindergarten abgegeben wird. Der Vormittag verläuft wie der vorherige, nämlich sehr wild. Es kommt nichts zustande, weil man immer damit beschäftigt ist andere Kinder zu trösten und die Großen zurechtzuweisen, woraufhin Schneewittchen in die Situation eintritt und die Wilden im Beisein der Kinder in Schutz nimmt und sie anschließend verteidigt. Es hat also keinen Sinn irgendetwas zu sagen. Wenn, dann darf wohl nur sie etwas zu den Kindern sagen und darauf hören sie auch. Ist ja auch klar, weil sie in jedem Tun den Kindern aufzeigt, dass sie das Sagen auch über die Erwachsenen hat. Für mich als Praktikant ist das eine ziemlich blöde und einschränkende Situation, aber ich würde ungern mit der Zweitkraft tauschen wollen. Ich darf ja in drei bis vier Wochen von hier verschwinden, sie hingegen muss deutlich länger bleiben, sofern sie nicht kündigt.

Es ist Zeit für das Mittagessen. Damals in der blauen Gruppe stand ich vor dem Esstisch und habe mir drei bis vier Kinder ausgewählt, die sich über den Tag gut verhalten haben, was sich ziemlich erübrigt hat, weil kaum ein Kind negativ aufgefallen ist, oder eben welche, die ich mal zueinander bringen wollte, um mehr Schnittstellen herauszufordern. Anders ist es in der roten Gruppe. Ich stehe am Esstisch und beginne mit meinem altbewährten Ritual:

„So, drei Kinder dürfen heute mal mit mir in den Nebenraum gehen und dort essen."

Schneewittchen übernimmt die Kontrolle.

„Du, du und du. Ihr geht jetzt nach drüben. Ich mache euch noch ein paar Schälchen fertig, wir teilen das Essen auf, sonst ist hier eine zu große Lauferei."

Nicht nur, dass sie es war, die mir jetzt Kinder zugewiesen hat und quasi meine Aktion übernommen hat, sie hat zudem noch die drei schwierigsten Kinder ausgewählt. Rabauke und seine zwei Freunde. Im ersten Moment denke ich mir, dass das an Asozialität kaum zu übertreffen ist. Entweder will sie bei sich Ruhe haben oder aber sie will mich scheitern sehen, damit ich ihr bloß nicht weiter in ihr Geschäft funke. Beides ist möglich. Kurz darauf beschließe ich aber, das Beste aus der Situation zu machen. Schlimmer als gestern kann es schon nicht werden. Selbst wenn gleich alle drei Kinder fasten, ist das, sofern sich keiner verletzt, nahezu das Optimum der Situation.

Da sitzen wir vier nun. Ich, in Gedanken wie ich es meistern soll, und die Kinder, wie hungrige Pitbulls, die darauf warten, dass ich irgendeine Reaktion zeige, damit sie sich darauf stürzen können.

„So, passt mal auf! Bei mir ist das alles etwas anders. Wir spielen ein Spiel. Und zwar versuchen wir so leise zu sein, dass die im Gruppenraum denken, dass wir schon gar nicht mehr da sind. Flüstern ist erlaubt, aber auch nicht mehr. Glaubt ihr, wir schaffen das?"

Begleitet mit gestisch motivierender Untermalung hoffe ich, dass die Kinder darauf anspringen. Glück gehabt, die Kinder freuen sich und fangen direkt an. Es wird so leise geflüstert, dass man zwischenzeitlich aufhören muss zu kauen, um sie zu hören. Ich bin beeindruckt. Die Kinder sind nicht nur ruhiger, als ich sie bislang kennengelernt habe, sondern auch höflich dabei. Auch die Beziehungsebene wird hierdurch deutlich besser. Für mich ist das gerade ein ganz besonderer Moment. Ich habe es geschafft. Doch schon nach fünf Minuten kommt Schneewittchen in unseren Raum.

„Und schön alles aufessen, was auf dem Tisch kommt! Timo, es ist ganz besonders wichtig, dass die Kinder aufessen."

Doch im Hintergrund höre ich bereits die Kinder ihres Tisches, die wild umherlaufen und machen was sie wollen. Nach ihrem Besuch in meinem Raum haben meine Kinder den Anreiz verloren nicht gehört und gesehen zu werden. Ein herzliches Dankeschön an Schneewittchen. Ich versuche die Kinder wieder zu locken, indem ich vorschlage, dass, wenn sie sich versteinern, sprich sich nicht bewegen, sobald jemand kommt, dass sie dann unsichtbar wären. Die Kids finden die Idee super und steigen wieder drauf ein. Es ist furchtbar witzig mit den Kindern. Ich habe seitdem ich hier bin noch nichts Positives mit diesen Kindern verbinden können. Wir lachen so sehr, dass uns die Tränen kommen, weil alles möglichst leise sein muss. Doch dann tritt meine Anleiterin wieder zur Tür hinein. Die Kinder versteinern sich. Ich zwinkere Schneewittchen zu und sage, dass ich alles unter Kontrolle habe. Verdutzt schaut sie in die Runde, um zu analysieren, was hier vor sich geht. Niemand rührt sich, keiner isst in dem Moment.

„Hier wird nicht gespielt. Seit wann gibt es denn so etwas beim Essen? Und ihr drei, ihr esst jetzt mal euer Essen weiter. Ich dürft euch ruhig bewegen, alleine kommt das Essen schließlich nicht auf die

Gabel", und zischt wieder ab, als das Geräusch eines zerbrochenen Tellers aus ihrem Raum zu hören ist.

Ich könnte kochen vor Wut. Einfach fällt es mir nicht meine Kinder weiterhin bei der Stange zu halten. Das Ende des Essens war zum Glück in Sicht. Dennoch werde ich heute noch das Gespräch mit Schneewittchen suchen. Irgendwann ist auch mal gut! Die Kinder räumen nun ihren Platz auf, wischen den Tisch und gehen Zähne putzen. Bei uns gibt es heute keinen Resteteller, was eindeutig für die dennoch gelungene Essenssituation spricht. Dabei gab es heute Rührei mit Spinat und Kartoffeln. Während sich drei Praktikanten um die Kinder im Badezimmer kümmern, nehme ich mir Schneewittchen zur Seite.

„Ich möchte gerne mal etwas mit dir besprechen. Und zwar geht es um die Essenssituation eben. Ich habe mir das ein bisschen anders vorgestellt, als es heute verlaufen ist. Wenn ich weiterhin mit einem Teil der Gruppe nach drüben gehe und euch damit entlaste, dann möchte ich mir die Kinder selbst auswählen. Das mache ich vom Tagesablauf und der Kombination untereinander abhängig. Die drei Wildesten zusammen zu stecken, fand ich nicht fair gewählt."

„Das hatte nichts mit dir zu tun", höre ich sie beiläufig sagen.

Ich unterbreche sie jedoch und setze fort: „Lass mich mal bitte eben ausreden. Du kannst gerne danach etwas dazu sagen. Trotz alledem habe ich es irgendwie geschafft, dass die drei ruhig waren, keine Teller und Gläser kaputt gegangen sind und alle mit echt viel Spaß ihren gesamten Teller voll mit Spinat aufgegessen haben. Verpackt natürlich in ein kleines Spiel, was aber ohne viel Aufwand gespielt wird. An sich ist es eigentlich bloß eine Fantasiegeschichte, die den Kindern total gefällt. Also, entweder ich übernehme drüben beim Mittagessen den Tisch unter der Prämisse, dass ich mir die Kinder selbst auswählen kann und drüben gelegentlich als Plan B dieses Spiel fortsetze, wenn ich denke, dass es notwendig ist, oder aber wir essen wie gestern mit allen Kindern zusammen."

Schneewittchen wird kleinlaut.

„Na gut, wir versuchen es. Aber ich bestehe darauf, dass das Spiel nicht in ein wildes Herumlaufen ausartet. Das verwirrt meine Kinder hier sonst. Denn das Spielen am Tisch ist hier nicht üblich und sollte auch nicht geändert werden."

Ich stimme ihr zu und denke mir insgeheim, dass das Herumlaufen ja dann schlimmstenfalls der derzeitige Zustand wäre. Ich muss zugeben, dass ich vor dem Gespräch ziemlich nervös war. Noch nie habe ich jemandem so dermaßen die Stirn geboten. Aber ich fühle mich sichtlich erleichtert. Alles ist gut ausgegangen. Das Spiel nenne ich jetzt eine Fantasiegeschichte und schon wird ein Schuh draus.

Am Nachmittag gehen wir wieder in den Garten. Schneewittchen räumt die Gruppe auf und ich habe mit den Praktikantinnen die Aufsichtspflicht der restlichen Gruppe von acht Kindern draußen. Diese scheinen sich wieder einmal grundlos zu bekriegen. Besser gesagt, die Großen ärgern die Kleinen. Der Rabauke hat sich einen Metallspaten geschnappt und beginnt einen Kampf mit seinen Bandenkollegen. Ziemlich feste schlagen sie Metall auf Metall. Mir wird das zu heikel, also gehe ich dazwischen, um ihnen die Spaten wieder abzunehmen.

„Passt mal auf, wenn ihr Löcher buddeln wollt, dann könnt ihr gerne andere Schaufeln haben. Ich kann auch gerne helfen. Aber diese da sind für Erwachsene und so geht man so oder so nicht damit um. Die gehen davon kaputt und man kann sich verletzen."

Die Kinder schwingen recht aggressiv vor mir damit herum, um sich gegen meine verbale Ansage zu wehren. Das lasse ich mir nicht gefallen. Ein Spaten trifft mich sogar am Bein, als ich beide abnehme. Wahrscheinlich blute ich, aber die Wut ist gerade größer als der Schmerz. Ich nehme beide an die Hand. Ich schicke sie nach drinnen, um darüber nachzudenken, was sie gerade gemacht haben. Meine Mitpraktikanten sind froh, dass ich den unbeliebten Job übernommen habe. Doch zwei Minuten später kommen sie wieder nach draußen gerannt.

„Wohin wollt ihr denn bitteschön?", frage ich sie.

Doch die antworten bloß grinsend im Vorbeigehen: „Wir wurden wieder rausgeschickt."

Sie schnappen sich wieder die Spaten und machen da weiter, wo sie aufgehört haben. Mir wird das zu bunt. Ich gehe rein zu meiner Anleiterin, ohne mich großartig auf das recht impulsive Gespräch vorzubereiten.

„Wieso dürfen die beiden denn wieder raus?"

„Die Sonne scheint, was sollen die denn hier drinnen? Ich habe zu tun und kann mich nicht um sie kümmern."

„Ich habe die extra rein geschickt, weil die mit Spaten aufeinander losgegangen sind. Einer davon hat mich sogar am Bein erwischt. Guck mal, ich blute sogar. Die sollen mal eine kurze Zeit hier drinnen bleiben und eine Konsequenz dafür bekommen. Das geht so nicht!"

„Guck mal, ich gebe dir ein Pflaster. Und wenn ihr nicht wollt, dass die mit Spaten aufeinander losgehen, dann beschäftigt euch mal mit denen. Dann hören die auch auf. Ihr könnt sie ja mal beim Schaukeln anschubsen."

Mir platzt allmählich der Kragen. Muss ich ernsthaft Fünf- und Sechsjährigen beim Schaukeln helfen, damit die mich nicht mit einem Spaten zurichten? Ich nutze nun meine Komfortzone des Praktikanten aus und bin einfach nur noch den Rest des Nachmittags draußen und quatsche mit meinen Kolleginnen, so wie ein Großteil hier seine Arbeit definiert. Alle sonstigen Unfälle und Beschwerden richte ich an meine Anleiterin weiter. Sie trägt schließlich die Verantwortung für die Situation.

Alle Kinder dürfen heute zum Glück ohne Blessuren nach Hause gehen. Unter dem Strich ein guter Tag.

Der nächste Tag beginnt, wie die vorherigen aufgehört haben. Ein absolutes Chaos herrscht hier bereits am Morgen. Ich habe noch keine dreißig Minuten meine Augen geöffnet und schon ist mein Puls auf einhundertachzig.

Die Kinder klettern wieder auf den Tischen herum, rennen durch die Gegend und überall ist es unordentlich. Wieso stört mich das, frage ich mich gerade? In der blauen Gruppe war es doch ebenso unordentlich und auch die Kinder sind dort auf die Tische gestiegen. Der Unterschied liegt glaube ich im Kern des Ganzen. Die Kinder sind auf die Tische gestiegen, um eine super Höhle zu bauen. Es wirkte alles unordentlich und doch verflochten mit den Spielbereichen anderer Kinder. Hier hingegen klettern die Kinder auf die Tische, um Stifte hinunterzuschießen oder vor anderen Kindern wegzurennen. Und das Spielzeug ist nicht ineinander verflochten, sondern wahllos aus dem Regal geschmettert. Ich kann meine Wut darüber nicht ausdrücken, denn Schneewittchen würde mein Gesagtes relativeren und mich vor den Kindern bloßstellen. Aber es ist ihr anzusehen, dass auch sie mit der Situation überfordert ist. Sie ist zeitgleich in zwei oder drei Situationen, fuscht jedem Erwachsenen dazwischen, weil sie wohl einfach nicht machen lassen kann. Als Erzieher könnte man sich in jeder Sekunde mehrere Dinge widmen. Kein Wunder, dass viele Erzieher unter erhöhtem Stresseinfluss zu leiden haben.

Den eintrudelnden kleinen Kindern der Gruppe ist anzusehen, dass sie ziemlich ungern in den Kindergarten gehen. „Kein Wunder", denke ich mir. Ich würde es ebenso wenig an deren Stelle. Als Spielball der Großen und ohne Rückhalt der Erzieher. Selbst ich als Erwachsener fühle mich unwohl. Aber keines der Kinder weint. Ziemlich ungewöhnlich. Jedoch ist den Kindern anzusehen, dass sie stets im Blickkontakt mit den großen Kindern der Gruppe sind. Ich meine das Schauspiel durchschaut zu haben.

„Bloß nicht Schwäche zeigen und vor den Großen weinen", heißt hier das Motto.

Deshalb versuchen die Kleinen tapfer zu wirken, obwohl sie innerlich heulen. Ein sehr grausames Szenario. Das muss sich ändern. Heute steht ein kleines Highlight auf dem Terminkalender. Mittwochs ist hier immer Waldtag und den machen die Größeren immer in einem nahegelegenen Streichelzoo, die Kleineren kapseln sich vorher ab und gehen auf einen Spielplatz. Voll gepackt mit allen Sachen für einen Ausflug starten wir nun vom Kindergarten aus Richtung Wald. Alles ist verhältnismäßig in Ordnung. Hier dürfen die Großen von mir aus rangeln wie sie wollen, solang sie die Kleinen in Ruhe lassen. Aber die Lautstärke ist für mich hier entspannter. Ein Tag gefühlter Urlaub, wie ich finde. Das große Mädchen, das in der Dreierkombi mitwirkt, geht neben mir her. Sie wirkt vom vielen Laufen müde. Als an uns ein männlicher Passant mit seiner Tochter auf den Schultern im gleichen Alter wie sie vorbeigeht, ist ihr Blick wie ein offenes Buch. Sie mustert den Vater und schaut erstaunt, neidisch und gleichzeitig zutiefst verletzt aus. Ich muss dazu sagen, dass ihre Eltern sich derzeit einen wahren Rosenkrieg liefern und körperlich, verbal und gerichtlich an die Grenzen gehen. Selbstverständlich leider vor den Augen der Kinder. Sie kann einem nur mehr als leidtun. Mit dem Hintergrundwissen nutze ich die Chance.

„Hey du, soll ich dich auf die Schulter nehmen?"

Ihr Blick ist unbeschreiblich. Ihr sonst üblicher Gesichtsausdruck voller Hinterhältigkeit und Feindseligkeit ist erloschen. Ich habe so einen Blick nicht oft gesehen. Sie wirkt auf einmal wie ein richtig angenehmes Kind, das sich wundert, dass jemand ihre Gedanken lesen kann und auch noch einen kleinen Wunsch erfüllt. Sie ist freudig erschrocken, grinst und nickt in Zeitlupe. Für mich ist das ein besonderer Moment. Ich nehme sie auf die Schultern, wie einst die blauen Gruppenkinder bei Ausflügen. Bei jedem zehnten Baum wurde gewechselt. Ich habe das Mädel nun gefühlte zwei Minuten auf den Schultern, wir sind das übelste Schlusslicht. Sie ist wirklich sichtlich müde. Schneewittchen sieht es aus der Ferne, bleibt stehen und wartet bis wir zu ihr gestoßen sind:

„Lass sie sofort runter. Du bist in drei Wochen weg und dann habe ich den Schlamassel. Meinst du, ich kann die Kinder in meinem Alter noch alle auf die Schulter nehmen? Die sollen wandern!"

Lohnt es sich zu diskutieren? Ich habe doch für mich eingeschätzt, dass sie es jetzt einfach mal in ihrer derzeitigen Situation braucht. Zudem kann Schneewittchen ja in drei Wochen sagen, dass sie es anders handhabt. Punkt. Jedes Kind wird es verstehen, dass sie mit Ende fünfzig keine Kinder mehr auf die Schulter nimmt. Ich lasse nun also das Mädchen wieder runter. Sie ist sichtlich beleidigt, sauer und enttäuscht. Da dachte ich, dass ich beziehungstechnisch einen Schritt nach vorne gehe, aber in Wirklichkeit bin ich zwei Schritte zurückgegangen. Irgendwie komme ich hier nicht auf einen grünen Zweig.

Nachdem wir nun gemeinsam im Wald gefrühstückt haben, trennt sich unsere Gruppe. Ich ziehe mit Schneewittchen und den großen Kindern in den Streichelzoo, die Zweitkraft und die drei Praktikanten gehen mit den Kleinen auf einen Spielplatz. „Faire Verteilung sieht anders aus", denke ich mir. Nun ja, es ist das gewohnte Bild. Schneewittchen wirkt sehr kalt und dominant, was wie ein rotes Tuch auf den Rabauken wirkt. Er scheint sich das Ziel gesetzt zu haben sie zu reizen. Als wir an einem gekippten Tümpel stehen, werfen die Kinder kleine Äste ins Wasser, die auf der Oberfläche liegen bleiben. Witzlos in den Augen des Rabauken. Er geht zur nahegelegenen Mülltonne und nimmt zwei Glasflaschen, die er sogleich ins Wasser wirft.

Meine Anleiterin befiehlt ihm: „Und jetzt gehst du zu Timo an die

Hand!".

Ich bin schon wieder der Buhmann, der auf den Rabauken aufpassen soll. Wie zwei getretene Hunde nehmen wir uns nun an die Hand. Er ist bockig, dass er an die Hand muss, und ich bin bockig, weil ich ihn nehmen muss. Ich verspüre ein Gefühl der Entmachtung. Seit wann wird so unkooperativ über meinen Kopf hinweg entschieden? Er versucht sich allmählich zu lösen, aber ich halte ihn mittlerweile starr am Handgelenk. Mit einem kleinen aber harten Stock versucht er in meinen Handrücken zu pieken. Er drückt dabei richtig feste. Ich versuche nicht darauf zu reagieren, um ihm nicht zu zeigen, dass es mir weh tut, auch wenn es das tut. Ich hoffe nur, dass er den Stock nicht durchbohrt. Als er merkt, dass ich so allmählich an der Hand blute, hört er auf. Ich schnappe mir den Stock und werfe ihn weg. Wir wechseln die Hand und gehen weiter.

Nachdem wir nun den gesamten Park durchquert haben, pilgern wir Richtung Bushaltestelle, um zurück in den Kindergarten zu fahren. Im Bus steigen wir alle wie vorher besprochen hinten ein und bleiben dicht beisammen. Der Rabauke sucht sich natürlich einen Platz in der Mitte des Busses aus, was Schneewittchen aber gar nicht passt. Sie holt ihn zu uns, wird aber daraufhin von ihm beleidigt. Ich mag diese Worte gar nicht schreiben, aber was ich und auch der gesamte Bus voller Kinder und Rentner zu hören bekommen, ist das wohl tiefste sprachliche Niveau, das man mit Worten erreichen kann. Eine äußerst unangenehme Situation. Schneewittchen ist zutiefst beschämt und irgendwie machtlos. Soll sie ihn vor allen Leuten anschreien? Das ist eine Sache, die meines Erachtens ein Nachspiel haben muss. Es passiert jedoch nichts, sodass unsere Busfahrt eine für alle Beteiligten peinliche und ärgerliche Situation ist. Ich mache gute Miene zum bösen Spiel und stecke beim Aussteigen aus dem Bus einer Rentnerin zu, dass der Kurze an Tourette leidet. Auch wenn es nicht der Wahrheit entspricht, konnte ich wenigstens mein Gesicht bewahren, da ich im selben Stadtteil lebe und auch in der Zeit nach dem Praktikum weiterhin hier ohne Scham leben möchte.

Wir gehen weiter Richtung Spielplatz. Es scheint, als wäre der Zwerg gerade warm geworden. Als wir auf die restliche Gruppe stoßen, sprintet er zu den kleinen Kindern und scheint sie angreifen zu wollen. Ich schnappe ihn wieder am Arm, halte ihn auf kürzester

Distanz neben mir und bemerke, wie er versucht in meiner Wunde herumzustochern, um mir weh zu tun. Ich, als eigentlich eher introvertierter und bedachter Mensch, fahre nun völlig aus der Haut.

„Du hast doch scheinbar den Schuss nicht gehört. Merkst du noch, was du hier machst? Diese Worte, die du im Bus abgelassen hast, möchte ich nie – und ich schwöre dir das – nie wieder hören. Und du lässt es gefälligst bleiben meine Hand zu verletzen. Reiz mich nicht, glaub mir ich bin deutlich stärker als du. Stell dir vor ich würde das bei dir machen. Du lässt das jetzt sofort sein, sonst vergesse ich mich!", höre ich mich nahezu schreien.

Der Rabauke scheint deutlich eingeschüchtert. Die Botschaft kam offenbar an. Schade, dass ich diese Karte ziehen musste, was eigentlich so gar nicht meine Art ist, aber irgendwann ist für mich eine Grenze überschritten. Mir ist bewusst, dass die Art und Weise eventuell nicht der Waldorfphilosophie entspricht und ebenso meine Worte nicht im grünen Bereich des pädagogisch Sagbarem sind, aber was raus muss, das muss eben mal heraus. Eigentlich kann der Kleine ja nichts dafür, denke ich mir. Er ist zum Teil der Spiegel der recht aggressiven Art und Weise von Schneewittchen. Ich nehme ihn wieder an die Hand, es scheint zu funktionieren. Als wir an einem Zaun ankommen, sammelt sich die Masse von Kindern vor einer Tür. Schneewittchen sucht in ihren Taschen nach dem Schlüssel, um auf das Waldorfgelände zu kommen. Ein großer Junge versucht über den Zaun zu klettern, aber ich rufe ihm aus der hintersten Reihe zu, dass er es lassen soll. Das hat den Rabauken auf eine Idee gebracht und versucht es ebenfalls. Frau Hoffnungslos geht hin und will ihm helfen wieder herunterzuklettern. Mit gesunkenen Augenbrauen und gefletschten Zähnen blickt er ihr vom Zaun aus in die Augen. Mit voller Wucht schlägt er seine Faust in ihr Gesicht, sodass im hohen Bogen ihr Gebiss ins Gebüsch fliegt. Sie schreit und es scheint deutlich wehgetan zu haben. Ich gehe zu ihm hin und nehme ihn wieder an die kurze Leine. Frau Hoffnungslos weint, schimpft lautstark in sich und rennt schließlich unter Tränen weg. Schneewittchen hat das ganze Schauspiel beobachtet, sagt aber bloß:

„Wieso rennt sie denn jetzt weg? Nun ja, Kinder, wir gehen wieder in den Kindergarten zurück und bleiben zusammen."

Ich kann es nicht fassen. Was stimmt mit dieser Frau nicht? Ich versuche mit dem Rabauken das Gebiss zu finden und packe es in Taschentücher gehüllt in meinen Rucksack. Im Kindergarten angekommen nimmt alles seinen Lauf. Das Essen im Gruppenraum ist chaotisch, bei mir hingegen strukturiert und kontrolliert. Frau Hoffnungslos war auch seitdem nicht mehr hier. Sie scheint einfach nach Hause gelaufen zu sein. Der Frust sitzt wohl genauso tief wie bei mir. Am Nachmittag sagt Schneewittchen seiner Mutter nichts vom Tagesverlauf. Wieso legt sie so konsequent eine Decke über die Geschichte? Er darf aber dennoch „ein Bild mit einer Sonne und einer Wiese malen", um es wieder gut zu machen, so ihr Wortlaut. Dem kann ich nur zustimmen. Das Bild mit der Sonne und Wiese macht das Ganze mehr als wett. Ironiemodus aus! Schlimmer hätte es doch nicht kommen können. Er wirft Flaschen in einen Teich, bohrt mir einen Stock förmlich durch die Hand bis sie blutet, beleidigt im Bus und schlägt einer alten Dame das Gebiss aus dem Mund, die daraufhin heulend die Situation verlässt. Ein emotionsgeladener Tag, einer, den ich wohl nie vergessen werde. Als nun alle Kinder weg sind, stößt Frau Hoffnungslos zu uns in die Runde, aber wohl auch nur, um ihr Gebiss abzuholen. Sie ist immer noch sichtlich sauer und gleichzeitig fassungslos. In der anschließenden Kleinteamrunde halten wir uns keineswegs mit Altlasten auf. Wieso auch, es könnte ja verarbeitungstechnisch und reflektierend wirken. Nein, wir besprechen was die nächsten Tage organisatorisch so anfällt. Ich berichte zudem, was ich mir als Projektthema ausgesucht habe und wie ich die jeweiligen Angebote gestalten werde. Ebenso sprechen wir kurz über meine zwei Praxisbesuche und was ich dort anbieten möchte. Beide wissen nun Bescheid.

Der Donnerstagmorgen begrüßt mich wie die Tage zuvor. Es ist weiterhin furchtbar anstrengend. Ich habe mich noch nie so dermaßen auf ein Wochenende gefreut. Alles nimmt weiter seinen Lauf. Ich muss mich frei von dem Gedanken machen, mich für alles verantwortlich zu fühlen. Ich kann mich zeitgleich nur um eine Situation kümmern und versuche stets die Schlimmste und Gefährlichste zu wählen. Es ist durchaus traurig, dass man nicht allen helfen kann und abschätzen muss, was schwerer wiegt. Als wir uns langsam anziehen, um in den Garten zu gehen, kümmern sich wieder alle bis auf Schneewittchen und eine Praktikantin um die Anziehsituation. Ein kleines Kind möchte nicht alleine seine Schuhe anziehen. In einem Engelston redet Frau Hoffnungslos auf den Jungen ein. Der aber zieht die Fäuste nach oben und deutet an, sie zu boxen. Die Kleinen machen es scheinbar nun den Großen nach. Sie fährt völlig aus der Haut, schreit ihn an, wie niemals zuvor in meiner Zeit dort, und er erschrickt, zieht die Arme nach unten und beginnt leicht zu weinen. Diese Seite kannte er wohl noch nicht an ihr, aber die projizierte Wut ihrerseits musste jetzt einfach raus. Sie hat sich sichtlich Respekt verschafft. Im weiteren Verlauf gibt es wieder einmal eine Rangelei. Ich schaue der Situation zu, während ich zwei Kinder gleichzeitig beim Anziehen begleite, und beobachte wie der Rabauke und seine Gang einem Dreijährigen den Schuh wegnehmen. Der aber weiß sich nicht anders zu wehren und schubst völlig verzweifelt den Rabauken zur Seite. Völlig entsetzt blickt der nach oben und kann seinen Augen nicht trauen. Der Dreijährige deutet einen Ansatz von Tränen, Furcht und Reue an, weil er scheinbar ahnt, was ihm nun blüht. Der Rabauke boxt ihm mit voller Wucht in den Magen, so dass dieser nach Luft schnappt. Die Freunde des Großen machen es ihm gleich und boxen ihm ebenfalls in den Magen. Ich eile dorthin, um ihm zu helfen, aber bis ich dort bin hat der Kleine schon mindestens vier Fäuste abbekommen. Schneewittchen steht ebenfalls seit drei Minuten in der Garderobe, dreht sich um und fragt den Rabauken, was passiert ist und warum der Kleine weint.

„Wir haben ihm bloß den Schuh weggenommen und dann hat der mich geschubst. Und dann haben wir ihn geboxt."

Immerhin ist er so fair und gibt die Tatsachen genauso wieder.

Schneewittchen dreht sich zu dem Kleinen um, der bei mir an den Beinen hängt, während er nach Luft ringt und weint.

„Na, dann weißt du ja jetzt, dass du die Großen in Ruhe lässt", sagt sie und dreht sich weg.

Und noch einmal: Was zur Hölle stimmt mit dieser Frau nicht? Das kann doch wohl nicht wahr sein. Ich suche die versteckte Kamera, vergebens. Ich verstehe die Welt nicht mehr. So etwas Unfaires habe ich selten erlebt. Der Kleine bleibt bei mir am Bein stehen, ich mit fassungslosem Blick. Was bringt es noch aus der Sicht eines Vier-Wochen-Praktikanten mit ihr Gespräche zu führen? Ich kann absolut gar nichts an ihrer Art ändern, aber ich kann in der Zeit, in der ich hier bin, mein Bestes geben, um es zu einer halbwegs angenehmen Zeit zu machen. Mir graut es schon, dass demnächst der Pädagogikguru vorbeikommt, um mich zu benoten. Wie soll das bitteschön klappen? Und wieso gerate ich in meinen Praktikumsstellen immer an echt miese Menschen? Liegt es vielleicht an mir? Ich muss es eindeutig mit nein beantworten, denn so habe ich ab der ersten Minute diese Gruppe vorgefunden. Müsste nicht eigentlich besonders der soziale Bereich ganz verschärft sozial sein? Nächstenliebe und so? Die Quote meiner Praktikumsstellen ist derzeit erschreckend mies.

Nachdem sich die Kinder im Garten vermeintlich ausgepowert haben und beim Aufräumsong wie immer wegrennen, trudeln einige von den Praktikanten und Erzieherinnen eingefangene Kinder in die Garderobe ein, in der wir heute unseren Spielekreis machen wollen. Schneewittchen bereitet in der Gruppe den Mittagstisch vor und ich bin bemüht, die Kinder nebenan im Badezimmer beim Händewaschen zu begleiten. Frau Hoffnungslos übernimmt wohl dann heute die Kreisspielsituation in der Garderobe. Ihre leicht chaotische und unsichere Art spiegelt sich im Verhalten der Kinder wider. Keines der Kinder reagiert auf irgendein Wort von ihr. Es herrscht Chaos, als ich ihr nach und nach immer mehr Kinder in die Garderobe zum Sitzkreis schicke, damit sie sich umziehen. Wieso sie jedoch jetzt schon, während der Umbruch noch stattfindet, einfach beginnt, ist mir schleierhaft. Als ich nun zwischen Tür und Angel stehe, ziemlich gestresst, weil der Geräuschpegel extrem hoch ist, laufen einige Kinder wieder mit Hausschuhen in den Garten. Ich fasse es nicht. Mir wird das hier echt zu viel. Auf acht Quadratmetern sind zwischenzeitlich zwanzig Kinder, drei Praktikanten und eine Erzieherin versammelt und jeder möchte lauter werden als der andere. Einzig die Erwachsenen halten sich dezent zurück. Die halten streng Kurs auf die Insel *Halt-den-Mund*.

Als ich nun kurz davor bin nach draußen zu stampfen und mit einer Ansage die Kinder zu mir zu zitieren, fragt mich Frau Hoffnungslos: „Hey Timo, mach doch mal das Kreisspiel *Häschen in der Grube*? Du hast uns ja gestern in der Konferenz erzählt, dass du es in dein Projekt aufgenommen hast."

Will die gute Frau mich jetzt vollkommen veräppeln? Unter diesen Umständen, zu denen sie nicht ganz unschuldig ist, soll ich jetzt meine geplanten Perlen vor die Säue werfen? Das wird doch so oder so in diesem Rahmen zunichte gemacht. Zudem bin ich absolut Null vorbereitet, kenne das Spiel bis auf die Melodie noch so gar nicht und bin eigentlich mit etwas anderem beschäftigt. Ich werfe ihr einen fassungslosen Blick zu und sage, dass ich mich um die Kinder im Garten kümmere. Wo sind die nun schon wieder? Einen sehe ich auf dem Gartenhausdach, die beiden anderen in den Hecken. Dieses Mal versuche ich es einfach mal anders. Ich bin doch hier nicht der Hampelmann. Mit normaler Stimme, ganz gleich ob sie mich hören können oder nicht, verkünde ich meinen Standpunkt.

„So, wir wollen jetzt gleich essen. Wenn ihr nicht daran teilnehmen wollt, dann hat sich das Essen für euch erledigt. Ach ja, bevor ich es vergesse: Wenn ihr nicht in drei Sekunden in der Garderobe seid, dann hat sich eure Chance heute mit mir im Nebenraum zu essen erledigt", und drehe mich Richtung Tür, um wieder nach drinnen zu gehen.

Mit dem Rücken zum Garten zähle ich laut bis drei und sehe wie drei Kinder sich vor dem Ablauf der Zeit brav in die Garderobe setzen und keinen Mucks mehr von sich geben. Innerlich fühle ich mich beflügelt. Ich weiß, wie ich sie locken kann, solange es im Nebenraum noch eine tolle Atmosphäre ist und mir Schneewittchen diese nicht verdirbt. Als ich ebenfalls die Garderobe betrete, höre ich den Klang von *Häschen in der Grube*. Wohlwollend spielen fünf Kinder bei diesem Spiel mehr oder weniger mit, beziehungsweise schauen zu wie Frau Hoffnungslos singt, beziehungsweise nehmen zur Kenntnis, dass irgendein Spiel gerade gespielt wird. Der Rest der Meute ist einfach nur laut, tobt herum und spuckt förmlich auf das in Ruinen gelegte Kreisspiel. Für mich hat sich dieses Spiel mehr als erledigt und ich streiche es gedanklich bereits aus meiner projektähnlichen Arbeit.

Die Stimmung ist auf ihrem Höhepunkt, wobei der Rabauke und seine Crew seit dem Ausbruch in den Garten deutlich ruhiger sind. Der Rabauke sieht seine Chance drüben mit mir zu essen. Ich merke, wie es in ihm kribbelt. Als Schneewittchen uns nun froh gelaunt die Türe zur Gruppe öffnet, betreten wir diese mehr als mies gelaunt. Alle bis auf die Kinder und Frau Hoffnungslos, die wiedermal einfach alles überlacht. Das ältere Mädchen, dessen Eltern derzeit verstritten sind, bockt jetzt ziemlich herum. Das Ganze war wohl etwas zu heftig für sie.

Sie scheint die Lücke zu stopfen, sobald der Rabauke aussetzt. Daher habe ich sie bisher noch nie in Aktion gesehen, wobei mir Schneewittchen vorab gesagt hat, dass sie es auch ziemlich draufhat. Ihr scheint es durch die Zurückhaltung des Rabauken wohl vorhin noch zu harmonisch gewesen zu sein, sodass sie nun ihr Bestes gibt, den üblichen Katastrophenschnitt aufrecht zu erhalten. Sie schreit wahllos schrill durch die Gegend. Es ist furchtbar laut. Mit dem Blick zur Decke und den ausgestreckten Armen sieht sie aus, als würde gerade ein Priester den Teufel in Form eines Exorzismusrituals aus ihr herausbeschwören. In Gedanken taufe ich sie auf *die Besessene*. Ich mache mir Sorgen. Umherstehende Kinder werden von ihr geschubst, sie kennt mittlerweile weder Freund noch Feind noch Erwachsene. Der Geräuschpegel ist nicht auszuhalten. Sie schreit in einer Frequenz, die nicht von diesem Stern ist. Wieso tut sie das auf einmal? Es gibt doch absolut keinen Grund, wir wollten doch bloß zum Essen gehen. Selbst der Rabauke ist erschrocken und guckt sich mit großen Augen das Schauspiel an. Mir wird nun klar, wieso sie Teil seiner Avengers-Gruppe ist. Er scheint ihr Potential schon einmal gesehen zu haben und macht sie sich lieber zur Verbündeten. Hier wächst eine Truppe heran, die gemeinsam kaum zu bändigen ist. Schneewittchen wirkt verärgert. Macht die Besessene ihr die schön geplante Mittagessenssituation etwa kaputt?

Sie schnappt sich ihre Hand und bringt sie wieder in die Garderobe, redet bestimmend auf sie ein und schließt die Tür mit den Worten: „Wenn du dich ausgeschriehen hast, dann kannst du zu uns zurückkommen".

Die Tür schließt sich, aber sie scheint gerade erst angefangen zu haben. Kaum zu glauben, aber es wird noch ein Ticken lauter. Auf der anderen Seite der Garderobe befindet sich nicht nur unser Gruppenraum, sondern auch der Flur, in dem einige Eltern versammelt stehen, um die Nichttageskinder vor dem Essen abzuholen. Sie hören eins zu eins alles mit, da die Türen bloß gefühlte fünf Prozent abdämpfen. Als wir nun wie immer im Gruppenraum spielen, bis es zwölf Uhr geschlagen hat, ist es anders als sonst. Alle Kinder sind erschreckend leise, die Besessene furchtbar laut. Dann wird es auf einmal ruhig. Eine sehr verdächtige Situation. Irgendetwas stimmt nicht. Entweder ist sie kollabiert oder sie kam an die weiter oben befestigte Erwachsenenklinke in der Garderobe und ist nach draußen gerannt. Schneewittchen bittet mich in die Garderobe zu gehen und mal nach den Rechten zu schauen. Ich ahne Schlimmes. Als ich langsam die Klinke zur Garderobe nach unten drücke, sehe ich gleichzeitig alles und nichts. Mit sämtlichen Jacken, Matschhosen, Regenschuhen, Straßenschuhen, Hausschuhen von heute nicht anwesenden Kindern, Mützen, Halstüchern und der gesamte Fundus aller Wechselkleidung von jedem Kind und vom Kindergarten selbst, ist der Eingang beziehungsweise Ausgang versperrt. Angefangen von Socken über Unterhosen bis hin zu T-Shirts. Da aber im Waldorfkindergarten die Kinder recht ähnlich schlicht und ökologisch bedacht gekleidet sind, fällt es einem so oder so schon nicht leicht die Kleidung voneinander zu unterscheiden. Jeder, der schon einmal im Kindergarten gearbeitet hat, weiß, wie lästig es ist im Winter unbeschriftete Matschhosen, Handschuhe, Mützen und Schals voneinander zu unterscheiden und stets den Überblick zu bewahren, damit man am Mittag wenigstens von weniger als fünf Eltern hören darf: „Wo ist denn der zweite Handschuh meines Sohnes?". Das hier aber stellt sich als wahrliche Königsdisziplin dar. Ich weiß nicht, ob ich die Situation zum Weinen oder zum Lachen finden soll. An sich ist es eine überaus lustige Aktion. So etwas hat die Kopfzeile in ihrem späteren Lebenslauf verdient. Ich schließe vorsichtig die Türe, während mir einige der Klamotten schon entgegenfallen und rufe zu Schneewittchen.

„Ähm, ich glaube ich habe hier ein Problem ..."

„Ich kann nicht überall sein. Du sollst doch bloß in die Garderobe. Denk daran, in zehn Minuten werden alle Nichttageskinder abgeholt, bis dahin sollte sie sich beruhigt haben, damit wir essen können."

Nun ja, was mache ich jetzt? Ich finde es amüsant. Wenn ich mich darum kümmern soll, dann mache ich das jetzt auch. Als ich die Tür wieder öffne, fällt mir ein weiterer Berg Klamotten entgegen. Sie hat quasi die gesamte Tür versperrt. Soll das etwa heißen, dass sie nicht zurück in die Gruppe gehen will? Ich verwerfe schnell den Gedanken und packe das Problem beim Schopfe. Als ich mich durch den etwa zwei Meter hohen Berg durchgekämpft habe, schließe ich die Tür wieder. Die Besessene hat sich auch im Badezimmer kreativ entfaltet. Alle Toilettenrollen sind mühevoll ausgerollt worden und verteilen sich über den halbnassen Boden, teilweise auch über die Toilettenkabinen und die Regale. Zu gut, dass in dieser Woche die Lieferung für den gesamten Monat ankam. Ich fange frustriert und erschlagen an zu lachen. Ein Hoch auf die heutigen Verhütungsmittel. Mein Kinderwunsch ist soeben auf einer Skala von eins bis zehn auf eine glatte Null gerutscht. Ich schnappe mir das Mädchen, das sich mittlerweile vollends beruhigt hat. Option A: Ich pfeffere ihr jetzt mal meine Meinung zu dem Ganzen hier um die Ohren und entlade mich. Option B: Ich mache es im Waldorfstil und freue mich, dass sie wieder zu sich gefunden hat und räume gemeinsam mit ihr auf. Option C: Eine Kombination aus beidem. In Gedanken versuche ich Option B vorzubereiten und lasse mich mal auf eine völlig andere Art und Weise ein:

„So, komm mal bitte mit!".

Ich nehme sie an die Hand und zeige ihr das Werk in der Garderobe. Sehr bedacht und völlig wertfrei gehe ich nun auch ins Badezimmer, das ich ihr ebenfalls präsentiere.

„Und, was sagst du dazu?"

Sie lächelt mich an. Sie scheint stolz darauf zu sein.

„Also ich finde, das sieht super aus."

„Du machst jedenfalls keine halben Sachen. Die Sache ist Folgende: Draußen stehen jede Menge Eltern, die darauf warten hier reinzukommen. Wenn die sehen, was du hier mit deren Sachen gemacht hast, dann sind die nicht nur sauer auf dich, sondern schlimmstenfalls bekommt deine Mama ganz viele Klamotten zum Waschen mit. Ich glaube nicht, dass sie das so toll findet."

Ich scheine den Schlüssel gefunden zu haben. Im Eiltempo, auch um Schneewittchen nicht von dem Geschehen in Kenntnis zu setzen, da sie wohl wieder höchst unproduktiv reagieren würde, beseitigen wir das Chaos. Die gesamte Winterkluft und Wechselwäsche kommen auf einen Haufen ins Badezimmer, da kümmern wir uns später drum. Das Wichtigste sind jetzt erst einmal die Schuhe. In recht kurzer Zeit sind alle wieder an ihren Platz sortiert. Während der Abholsituation stelle ich mich vor die geschlossene Badezimmertür, um den Eltern den Anblick möglichst zu ersparen. Das Mädchen schaut mich dankbar an, aber sie hat stets einen Schalk im Nacken sitzen. Es läutet bereits zum Mittagessen. Somit gehen alle Eltern aus der Garderobe und die restlichen Kinder wandern an den Tisch. Geschafft, es ist niemandem aufgefallen. Dennoch bleibt es unausweichlich, dass Schneewittchen das Chaos nach dem Essen erblickt, denn dann gehen die Kinder zum Zähneputzen ins Badezimmer. Aber da muss unsere kleine Prinzessin jetzt nun mal durch. Es fällt mir nicht leicht zu entscheiden, wen ich heute mit in den Nebenraum zum Essen mitnehme. Fakt ist eigentlich für mich als ungeschriebene Regel, dass ich den Rabauken und seine Crew splitten muss, um Schneewittchen etwas Muße abzunehmen. Aber verzeihe ich dem, der einen Dreijährigen in den Magen geboxt hat oder dem Kind, das mit mir zusammen aufgeräumt hat? Wegen der Aktualität entschließe ich mich den Rabauken mit nach drüben zu nehmen. Auch, weil er sich seit dem Vorfall halbwegs beherrschen wollte und konnte. Bevor ich gehe, unterrichte ich Schneewittchen kurz und knapp in zwei Sätzen über die jüngsten Geschehnisse, so dass sie gleich keinen Nervenzusammenbruch im Bad erleidet. Immerhin ist der kunterbunte Haufen knapp eineinhalb Meter hoch und zwei Meter breit. Ganz abgesehen noch von den vielen aufgerollten Toilettenrollen. Das Essen verläuft super, wie immer. Bei mir ist es durchgehend angenehm und auch nebenan höre ich kaum kaputtes Geschirr oder lautstarke Kinder. Es scheint als ob der Wutausbruch eben einmal sein musste oder die Kinder die Bestie der Bestien kennengelernt haben und eingeschüchtert sind. Positiv vermerke ich, dass wir als pädagogisches Gespann, in dem Fall ich, als Sieger und Bändiger aus der Geschichte gegangen ist. Nachdem die Kinder wegen Platzmangel in Zweiergruppen ihre Zähne putzen, genießen wir direkt das schöne Wetter. Nun ja, alle außer der Besessenen, die sich zwei Freunde aussuchen durfte, die ihr beim Aufräumen helfen. Einige Praktikantinnen helfen ebenfalls mit. Zwei Stunden später ist die Arbeit aber auch schon erledigt und alles ist wie zuvor. Zusammen mit ihren Freunden ist es nun ihr einziges Ziel, irgendwen zu sticheln oder zu ärgern. Das ist in so gut wie jedem Kindergarten eine brisante Situation, für mich hingegen noch kontrolliert und überschaubar, da niemand körperlich zu Schaden kommt. Immerhin sind die kleinen Kinder der Gruppe gerade in der Überzahl. Somit haben sie die Chance sich zu wehren oder durchzusetzen, was ihnen auch sichtlich gelingt. Während sie nun also einigen Kindern mit finsterem Gesicht hinterherrennt, stoppt sie schlagartig ihren Lauf und beschließt sich auf die Wiese zu setzen, um Blümchen zu pflücken. Was ist denn hier los? Sie unterbricht ihre Jagd auf ein Kind und pflückt daraufhin Blumen? Gerade jetzt? Aber es kommt noch besser. Zwei Minuten später höre ich aus meinem Rücken „Schätzchen, du wirst abgeholt", von ihrer Mutter. Ich kann es nicht glauben. Der Tag war die Hölle, das Verhalten ihrer Tochter durchweg unter aller Sau und sie sieht ihre Tochter nun im schicken weißen Kleid beim Blümchen pflücken auf der Wiese, die beim Rufen lächelnd auf sie zu rennt. Kitsch, lass nach! Soll ich der Mutter sagen, was passiert ist? Dadurch, dass ich ansatzweise weiß, welche Machtspielchen derzeit zu Hause in der heißen Phase des Rosenkrieges abgehen, entschließe ich mich dicht zu halten und das Problem nicht auch noch nach Hause zu verlagern. Dennoch hole ich mir das Mädel mit den zwei Gesichtern zu mir.

Unter vier Augen sage ich ihr: „Deine Mama wird bestimmt tierisch sauer werden, wenn sie erfährt, was du heute gemacht hast. Es kann ausnahmsweise und einmalig unser Geheimnis bleiben. Das Angebot kann ich dir machen. Du musst mir aber versprechen, dass so etwas nicht nochmal vorkommt. Was hältst du davon?"

Sie nickt beschämt und stößt wieder zu ihrer Mama in den Garten. Dennoch bleibt für mich die Frage, woher sie wusste, dass sie jetzt einen auf liebes Mädchen machen muss. Mir kommt der Verdacht, dass sie ihre Mutter entweder am Kindergartenzaun bereits beim Aussteigen aus dem Auto gehört hat oder den Wagen an den quietschenden Bremsen erkannt hat. Alles ist möglich, vieles passiert halt auch unbewusst und sie wird es sicher selbst nicht wissen, was genau den Hebel im Kopf umgestellt hat.

Ein wieder einmal aufregender Tag neigt sich dem Ende. Neulich habe ich mich gefragt, wieso ich seit dieser Woche immer so unfassbar müde bin. Ich bin an einem Punkt angekommen, an dem ich es mir erklären kann.

Mit geballter Vorfreude bin ich heute sogar vor meinem Wecker aufgewacht. Mit einem Hauch von Ironie versuche ich den Tag heute zu meistern. Mir ist durchaus bewusst, dass es mehr als unschön werden wird, aber vielleicht habe ich die falsche Herangehensweise. Nehme ich alles zu ernst? Vielleicht muss ich mich mehr entspannen und auch mal Fünfe gerade sein lassen. Ich versuche es umzusetzen und mache mich nach einem Krümelfrühstück auf den Weg zum Kindergarten.

Alles wird gut, die Gruppe ist nämlich heute wieder vollständig. Ich freue mich über jedes Kind, das da ist, und versuche mich bloß um meine Sachen zu kümmern. Wir schnitzen im Kreis und ich lasse mich nicht von außerhalb stören. Egal, wie viel Chaos gerade herrscht, ich habe immerhin sechs Kinder bei mir, die ebenso die Aufmerksamkeit und Zuwendung brauchen, um mal ein bisschen Tiefe in die Beziehung untereinander zu bringen. Außerdem haben die zwei Erzieherinnen und die nun schon vier Praktikanten bloß noch neunzehn Kinder. Das kann man sich recht gut aufteilen, denke ich mir. Die Kinder toben unüberhörbar und machen extra Schüsseln und Zubehör des Kaufladens kaputt. In mir brodelt es, ich versuche aber gelassen zu sein, wie ich es mir vorgenommen habe, und zähle einundzwanzig, zweiundzwanzig, dreiundzwanzig. Nicht meine Baustelle. Mehr schlecht als recht schlängle ich mich durch den Vormittag. Als wir im Garten sind, spitzt es sich zu. Die Kinder meiner Gruppe haben sich mit den Kindern der gelben Gruppe zusammengetan und wollen gemeinsam gegen die blauen Gruppenkinder antreten. Mit Spaten und Seilen bewaffnet, stürmen sie in Richtung blaue Gruppe. Völlig verschreckt laufen einige nach drinnen, andere zu ihren Erzieherinnen. Der Zwergenkampf wird zunehmend unübersichtlich. Schneewittchen hat an beiden Händen Kinder, die aufeinander losgehen, Frau Holland läuft einem großen Kind hinterher und Mr. Gelassenheit übernimmt das Wort und faucht lautstark mit kurzen knappen Sätzen in die Runde. Alle Kinder erschrecken und halten inne. Alle, bis auf den Rabauken, den ich von weitem sehe. Mir platzt der Kragen des Tages. Mit einem Springseil knebelt er von hinten ein Kind, der mit den Armen nach Luft ringt. Ich renne so schnell es geht dorthin und werde laut. Einen Meter bevor ich ankomme, lässt er los und will weglaufen. Zu spät, mein Freund. Ich halte ihn fest und befördere ihn nach drinnen in die Garderobe. Schneewittchen und Mr. Gelassenheit folgen mir. Eine weitere Erzieherin kümmert sich um den geknebelten Jungen. Zum Glück übernimmt Mr. Gelassenheit nun in der Garderobe das Wort, denn ich bin gerade nicht in der Verfassung pädagogisch korrekt zu sprechen. Er bringt es mehr oder weniger auf den Punkt und spricht zwischen den Zeilen eine Suspendierung aus. Zeitgleich veranlasst er die Mutter des Jungen anzurufen, die zu einem Gespräch sofort erscheinen soll. Ich wundere mich über die rasante Konsequenz ohne Grauzonen. Ob Schneewittchen ebenso reagiert hätte? In einem Dreiergespräch zwischen der Leitung, Schneewittchen und der Mutter wird das Kind für zweit Tage vom Kindergarten suspendiert. Ich denke, hier kamen mehrere Dinge zusammen. Sein Verhalten sonst im Kindergartenalltag und dazu noch das Knebeln eines Kindes. Für meinen Geschmack hätte es damals schon für das Boxen der Erzieherin eine Sanktion geben müssen. Nun ja, die Mühlen arbeiten hier recht langsam. Nachdem nun der Rabauke zu unserer Runde stoßen darf und ihm erklärt wird, wie es weitergeht, hat er den Ernst der Lage sichtlich erkannt. Tief betroffen verlässt er den Kindergarten und wirkt gar nicht mehr wie der Macker seiner aufgebauten Festung. Der Rest des Tages ist sehr entspannt, sowohl das Mittagessen als auch die Freispielzeit am Nachmittag. Endlich kommt man mal zu etwas. Es ist traurig, wie sehr ein Kind den Gemütszustand mehrerer Erwachsenen bestimmen kann.

Nun, am Ende der Woche, bin ich zwiegespalten. Zum einen hoffe ich, dass der Rabauke besser gelaunt wieder in unsere Runde zurückkehrt, zum anderen bin ich mehr als schockiert, wie das Ganze hier abgelaufen ist. Nur noch eine Schießerei hätte gefehlt. Ich bin gespannt, wie die kommenden Wochen werden. Immerhin stehen mir zwei Lehrerbesuche bevor, die ich möglichst nicht vermasseln möchte. Es hilft wohl nur abwarten und hoffen.

Die letzten Tage gingen ebenso weiter wie sie geendet haben. Anfang der Woche ist der Rabauke wegen der Suspendierung wahrscheinlich auf Opferentzug, aber dafür hat die Besessene wieder ihre Auftritte bei ausverkaufter Hütte. Immer wieder erschreckend, wenn man sich vor Augen hält, dass dies wohl einzig die Ausdrücke der aktuellen häuslichen Situation sind, denn vorher war sie wohl das liebste Mädchen der Gruppe, so sagte mir Frau Hoffnungslos. Als nun der Rabauke während der Woche dazustößt, ist wieder alles so wie bisher. Die Suspendierung hat ganze acht Minuten gewirkt. Und wenn ein kleines Kind lächelnd an ihm vorbeigeht, dann zucken einfach seine Hände. Eine kaum zu bändigende Situation.

Alles in allem kann man die letzten Tage als schrecklich bezeichnen. Das einzig Konsequente hier ist der rote Faden des gleichbleibend großen Katastrophenzustandes. Mir graut es, denn heute in meiner dritten Woche steht mein erster Praktikumsbesuch an. Eine Klassenkameradin darf zudem noch bei mir währenddessen hospitieren. Ich fühle ein hohes Maß an Fremdscham in mir. Zwar kann ich mich von dem Ganzen distanzieren, weil ich die Gruppe nicht zu einer solchen Katastrophe gemacht habe, aber es ist mir unangenehm, dass sie mich in einer Situation erleben, in der ich mehr als überfordert bin. Ich kann quasi nur verlieren, da die Delikte, die zeitgleich passieren, mich deutlich ins Schwanken bringen werden. Und hier geht es nicht um einen Malstift, den beide Kinder gleichzeitig haben wollen, sondern entweder kümmere ich mich um das Kind, das gerade getreten wird oder der Rabauke kümmert sich um das Kind. Mut zur Katastrophe, denke ich mir. Und da ist sie auch schon, meine Klassenkameradin. Ich weihe sie vorab ein, wie hier der Ist-Zustand ist und versuche nicht zu übertreiben. Das ist hier auch völlig unnötig. Die Realität ist hart genug. Ich stelle ihr mein Team vor und führe sie durch den Waldorfkindergarten, bevor die ganzen Kinder kommen und es faktisch nicht mehr möglich ist, auswärts zu sein. Sie wirkt genauso baff wie ich damals am ersten Tag. Ich lese in ihrem Gesicht die vielen Eindrücke, die sie versucht aufzusaugen. Ich habe es schon fast vergessen und versuche mich zurückzuerinnern. Vielleicht könnte mir diese positive Grundeinstellung heute helfen. Nun stößt auch schon unsere Lehrerin zu uns. Der Pädagogikguru ist da und verhält sich zunächst recht abtastend, als sie den Kindergarten betritt. Ihr ist sichtlich anzusehen, dass sie eine Mischung aus Vorsicht und Respekt hat, da sie den Kindergarten, wie schon erwähnt, bereits aus vorhergegangenen Praktikumsbesuchen kennt. Wir fangen sie an der Tür ab und ich übernehme das Wort.

„Hallo! Schön, dass Sie schon da sind!"

„Hallo Timo. Spüre ich das richtig, dass Sie mir etwas zu sagen haben?"

Wir gehen ein Stückchen weiter nach draußen, da der Flur vor dem Büro sehr hellhörig ist.

„Ja, genau. Es ist mehr als abenteuerlich. Sie lagen vollkommen richtig. Sie hatten Recht, mir von der Stelle hier abzuraten. Ich scheine

eine rosarote Brille aufgehabt zu haben. Wobei, die Nebengruppe ist super, genau wie damals. Nur da, wo ich bin, ist die Hölle los!"

„Jetzt holen Sie doch erst einmal Luft! Immer mit der Ruhe. Ich kann mir denken, wie es ist. Das kriegen Sie schon hin. Machen Sie sich nicht verrückt!"

Oh nein. Sie kann sich ganz und gar nicht vorstellen, wie es ist. Und wieso denkt sie, dass ich es schaffe? Das steht nicht einmal zur Diskussion, denn es wird nicht möglich sein das Angebot durchzuführen. Die Gruppensituation ist viel zu unruhig, als dass ich mich wie geplant an den Maltisch setzen kann und mit den Kindern ausgeblasene Ostereier bemale. Ich bin noch aufgeregter als vorher, denn niemandem scheint der Ernst der Lage bewusst zu sein. Als wir die Gruppe erreichen, stelle ich meine Lehrerin allen Leuten vor. So recht scheint sich Schneewittchen nicht an sie zu erinnern. Scheinbar sind sie sich noch nie begegnet. Es herrscht das Freispiel und die Gruppe ist nun vollständig. Das Schicksal will, dass ich dieser Situation heute ausgesetzt bin und mich vor Publikum beweise. So sei es. Als das Aufräumlied ertönt und ich die Gäste vorstellen will, laufen wie immer viele Kinder weg. Kein großes Kind räumt auf. Die Kleinen zeigen sich bemüht, fangen aber immer wieder bei Null an, weil die Großen alles aus den aufgeräumten Regalen schmeißen. Meine Gäste sitzen nun seit etwa zehn Minuten auf dem Boden und warten bis es losgeht. Ich schnappe mir immer wieder ein Kind, um es an der Hand begleitet aufräumen zu lassen. Schneewittchen und die Erzieherin lassen sich nicht stören und warten weiter. Als nun ein großes Kind auf ein kleines Kind springt, reißt auch dem Pädagogikguru die Geduldsschnur und sie greift ein. Sie hat bisher noch kein Wort außer ein „Hallo" in die Runde gesagt, aber als sie das Kind im bestimmenden Ton anspricht, wirkt es sofort und der Junge entschuldigt sich und räumt auf. Wohldosiert geht sie heute mit ihren Worten um. Durch die wenigen Worte können die Kinder sie kaum einschätzen und gehorchen erst einmal. Nette Taktik, Frau Guru. Als nun nach zwanzig Minuten alle sitzen, werden unsere Gäste vorgestellt und der Tag beginnt. Ich bereite am Maltisch die Angebotssituation vor. Geplant ist das Ostereierbemalen mit Seidenpapier, das ich einen Tag zuvor mit einigen wenigen Kindern in kleine Stücke gerissen habe. Nun liegen mehrere Schalen mit Schnipseln vor uns.

Schneewittchen hatte mich gestern bereits verstärkt darum gebeten, die Eier von hell nach dunkel legen zu lassen. Sprich jedes Ei fängt an der einen Seite bei Gelb an, wird immer dunkler und endet schließlich mit blau. Ich habe ihr schon gesagt, dass ich eher für individuelle Eier bin, damit die Kinder auch ihre voneinander unterscheiden können. Zudem lässt es mehr Spielraum und Kreativität zu. Das sieht Schneewittchen anders, aber wie im Tagesprotokoll stehen wird, werde ich dieses Angebot durchführen. Und das kann ich nur, wenn ich authentisch bin und mein Ding durchziehe, solange es pädagogisch optimal begründet ist.

Ich schnappe mir zwei Kinder und setze mich mit ihnen an den Tisch. Weil um den Tisch herum nun mehrere Erwachsene sitzen und die Blicke meiner Lehrerin und Klassenkameradin aus der Entfernung deutlich in unsere Richtung gehen, haben wir auch die Aufmerksamkeit vom Rabauken und seiner Gang bekommen. Wie eine Motte um eine Laterne kreist er um unseren Tisch herum. Hier bekommt man auf jeden Fall die meiste Aufmerksamkeit für quatschiges Verhalten. Konsequenzen gibt es doch sowieso nicht. Wer will nochmal, wer hat noch nicht?! Neben mir schubst einer der Jungs ein Kind auf den Boden. Es ist zwar nicht meine Baustelle, aber weggucken kann ich auch nicht. Ich gehe hin und helfe dem Kind auf, versuche auch den Jungen noch zu erwischen und ihn zur Rede zu stellen. Dadurch, dass er wegläuft und ich zu weit vom Geschehen weg wäre, bitte ich Frau Hoffnungslos darum mit ihm zu sprechen. In der Zeit, in der ich weg war, hat der Rabauke die Schalen mit den Schnipseln auf den Boden geworfen. Vermischt mit dem ganzen Spielzeug ist es nahezu unmöglich es aufzuheben, da ich dann auch keinen Blick mehr auf den Tisch habe. Es frisst zu viel zu beobachtende Zeit. Ich schnappe mir den Rabauken und führe nun ein Gespräch mit ihm.

„Was soll das? Du möchtest doch auch bald ein Ei bemalen. Stell dir vor, andere Kinder würden dein Zubehör wegschmeißen. Das wäre doch mehr als gemein. Jetzt heb mal bitte die Schnipsel auf, dann kann es hier weitergehen!"

Er wirkt geistesabwesend und Null beratungsfähig. Ich flüstere ihm das Wort „Mittagessen" zu und zwinkere ihm mit einem Gewinnerlächeln zu. Erschreckenderweise zeigt er sich verständnisvoll und hebt die Schnipsel auf. Wow, ein Meilenstein. Ich habe ihn in der Hand. Es ist zwar immer noch unruhig ohne Ende, aber immerhin lassen die uns nun in Ruhe hier arbeiten. Ich kann mich mit Abstrichen auf die Situation am Tisch konzentrieren. Schneewittchen aber sieht es nicht so entspannt.

„Nimm das Ei doch besser in die Hand. Du kannst es am Schaschlikspieß festhalten, dann muss es nicht im Sandeimer stecken bleiben. Und denk daran, von hell nach dunkel!“

Mir platzt der Kragen.

„Nein, ich lasse die Spieße im Sandeimer stecken. Ich habe es die Kinder eben probieren lassen und es klappt nicht. Und jetzt lass mich bitte machen!“

„Aber achte auf die Farben!“

Der Pädagogikguru unterbricht sie.

„Sie müssten sich jetzt bitte heraushalten, sonst kann ich die Situation nicht bewerten. Es geht darum, dass Timo sich in Aktion zeigt.“

Schneewittchen geht wieder zurück in ihre Ecke und ist ruhig. Dennoch unterbricht sie mich weitere zwei Male im Angebot und greift ein. In jeder Fahrprüfung wäre dies das absolute K.O. gewesen. Ich finde es eine Frechheit und zeige es ihr auch deutlich, indem ich immer schön weiter das Gegenteil von dem mache, was sie sagt.

Ich versuche die Contenance zu bewahren. Nachdem nun die ersten zehn Kinder ihre Eier bemalt haben und hier wirklich sehr individuelle Werke entstanden sind, neigen wir uns mit dem Angebot fast schon dem Ende zu. Die Atmosphäre drum herum ist durchgehend laut. Ich nehme sie als solche war, aber das stört mich nicht. Nachdem sich nun ein Gefühl von „mir-kann-keiner-was“ in mir breitmacht, passiert das, was in einem Angebot niemals passieren sollte. Der Rabauke steigt auf den Tisch und kickt mit einem Satz alle fertig gemalten ausgeblasenen Eier vom Tisch. Ich bin sichtlich geschockt. Hätte ich die fertigen Eier zur Seite packen müssen, wo Monsieur nicht drankommt? Den Schuh ziehe ich mir nicht an. Ich kann von einem Sechsjährigen erwarten, dass ich mal einige Dinge stehen lassen kann, ohne dass er sie zerstört. Aber nun stehe ich da. Eine Stunde Arbeit für die Tonne. Was wäre eine angemessene Strafe? Ich bin überfragt. Am liebsten würde ich ihn keine Eier machen lassen.

Darf ich das so entscheiden? Ist das vielleicht zu hart? In diesem Moment erscheint mir keine Strafe zu hart. Der Kleine hat den Schuss nicht mehr gehört. Ich versuche so wenig wie möglich nachzudenken, muss aber nun eine Entscheidung fällen. Meine Zuschauer verlangen es mir ab. Während der Rabauke von seinen Freunden gefeiert wird, grätsche ich ihm in seine Meisterfeier, fasse ihn mit beiden Händen an den Schultern und verkünde ihm:

„Da scheinst du nicht gründlich nachgedacht zu haben. Nicht nur, dass du nun mit deiner Mama zehn neue Eier ausblasen, mitbringen und es ihr beichten darfst, dazu kommt, dass du mit deinen Eiern, wenn überhaupt, erst als Letzter von allen drankommst. Zudem kannst du dir das Mittagessen mit mir im Nebenraum heute abschminken. Da habe ich echt keine Lust drauf. Mensch, Junge, lass doch den Käse! Du tust damit keinem einen Gefallen. So, ich bin hier für heute fertig. Du räumst bitte alle Eierschalen vom Boden auf, und wischen darfst du auch. Sei schnell, noch geht die Farbe vom Boden ab!"

Und mit diesen Worten lasse ich ihn stehen. Alle schaulustigen Kinder, die ihn eventuell wieder aufheizen würden, scheuche ich vom Spektakel weg und übergebe die Situation Frau Hoffnungslos und den Praktikantinnen, da wir uns nun für das Reflexionsgespräch verabschieden werden. Der Abschluss ist in meinen Augen super. Besser, glaube ich, hätte ich mich nicht schlagen können. Mir ist aber durchaus bewusst, dass der Rabauke die Schweinerei nach dem Schließen der Tür nicht weiter bereinigen wird, da die Autorität der Zweitkraft nicht groß genug ist. Aber in erster Linie habe ich mich durchgesetzt und merke von Tag zu Tag, wie ich diesen Jungen zu packen habe.

Wir setzen uns nun in einen nahegelegenen Raum. Für mein Gefühl ist es mehr als fahrlässig jetzt aus der Gruppe zu gehen. Schneewittchen und ich sind nicht da, die einzigen, die punktiert mal Grenzen aufzeigen. Wobei, dann doch eher ich. Schneewittchen schüchtert eher mit ihrem Wesen ein, mehr auch nicht. In Gedanken zähle ich die Kinder durch, die heute anwesend sind, um anschließend schneller zu wissen, wer fehlt. Begleitet wird dies von lautem Kinderlärm und knallendem Porzellan aus den Gruppenräumen der roten und gelben Gruppenkinder. Ich werde in meinen Gedanken unterbrochen als wir uns in einen Besprechungsraum an den Tisch setzen. Der Pädagogikguru atmet einmal tief ein. Es steht eindeutig für „es-ist-noch-schlimmer-geworden-als-damals". Sie eröffnet die Gesprächsrunde dennoch sehr wertungsfrei und fragt mich wie immer zunächst nach meinem Wohlbefinden und meiner Einschätzung der Situation. Ich nehme mir den Rat von meinem egozentrischen Anleiter vom Abenteuerspielplatz zu Herzen und spreche ohne groß zu überlegen das aus, was gerade aus mir herausbrodelt. Es klappt ganz gut muss ich zugeben. Doch ich fasse zusammen, dass ich trotz des schlimmen Endes positiv gestimmt bin. Mitunter verlief alles nach meinen Vorstellungen, so komisch es auch klingt. Mir war bewusst, dass es nicht ruhig ablaufen wird. Aber so ist es hier nun mal und das kann ich als Azubi in vier Wochen auch nicht ändern. Besonders die letzten beiden Sätze denke ich mir. Dennoch grätscht mir Schneewittchen vehement dazwischen.

„Es war die reinste Katastrophe!", ruft sie und meint damit nicht das Drumherum.

„Der Plan war, dass die Eier von hell nach dunkel verziert werden. Es sollen alles schöne Regenbogeneier werden. Und was hast du gemacht? Wild durcheinander. Chaos pur. Ich weiß ja nicht, ob es dir aufgefallen ist, aber ein Kind ist nicht mal ganz fertig geworden. Das Ei war noch teilweise weiß. Was soll das? Die Eltern blasen uns die Eier aus, damit da etwas Schönes draus entsteht und nicht sowas. Zum Glück, und das kann ich unter uns sagen, sind die Eier kaputt gegangen."

Ich muss einhaken, weil ich die Sorge habe, dass der gequirlte Dünnschiss ansteckend ist.

„Wenn wir hier schon so ehrlich sind, dann möchte ich gerne auch meine Meinung dazu sagen. Wenn du meine Planung gelesen hättest, dann wüsstest du, wie mein Plan vom Angebot war. Durchgeführt habe ICH es, also entscheide auch ICH, wie ich es mache. Sonst hättest du es ja auch machen können. Außerdem möchte ich gerne, dass die Eier so vielseitig wie möglich werden. Welches Kind weiß denn bei einem Blick auf die Eier welches seines ist, wenn die alle gleich aussehen? Ja, ein Junge hat einige Stellen weiß gelassen, weil er gerne weiße Punkte auf seinem Ei haben wollte und wir keine weißen Schnipsel hatten. Soll er das doch so machen, wenn er es schön findet. Es ist doch sein Ei. Und unter'm Strich zählt, was den Kindern gefällt, wenn sie es schon erstellen. Weder sie noch wir müssen den Geschmäckern der Eltern gerecht werden. Wenn die Eltern auf Regenbogeneier stehen, dann sollen sie selbst welche machen. Die sehen ihr Kind ja auch ein paar Stunden am Tag."

Am liebsten würde ich ihr noch offenbaren, dass sie vom Denken wegkommen muss über alles einen Deckmantel zu schmeißen. Es ist nicht immer alles schön. Und die Kinder werkeln nicht alle wie junge ausgebildete Kreativkünstler. Es ist, wie es ist und das ist auch gut so. Aber bloß immer alles schön vorzeigbar für die Eltern machen ist Unsinn. Der Rabauke ist mit seinen sechs Jahren schon übler drauf, als alle schlimmen Kinder zusammen. Das darf man gerne auch mal anmerken und nicht den Eltern vorgaukeln, dass wir ihn im Griff haben.

Schneewittchen ist sichtlich erstaunt über meine mir selbst auch neue, direkte Seite. Aber irgendwann ist es eben auch mal gut. Und das war meine Grenze, an der ich mich nicht nur bevormundet vorkomme, sondern auch eine Ungerechtigkeit bei den Kindern erkenne. Wieso handelt niemand, wenn der Rabauke andere Kinder verletzt? Stattdessen wird sich über die Technik zur Eierbemalung aufgeregt. Das Gespräch verläuft alles in allem konstant so weiter. Offener Schlagabtausch mit Regeln und Zurechtweisungen. Das muss aber auch mal sein. Man muss manchmal über seinen Schatten springen, um über sich hinauswachsen zu können.

Der Pädagogikguru beendet nach dreißig Minuten das Gespräch und bewertet das Angebot mit einer Zwei. Normalerweise hätte ich zeitgleich fünf Kinder in die Aktion nehmen sollen, was aber in dieser Gruppe nicht möglich gewesen wäre.

Ich bin überaus zufrieden, denn ich habe bei einer solchen Prüfung Schlimmstes in der Notendarstellung erwartet. Der Pädagogikguru hat aber die überaus skurrilen Umstände berücksichtigt. Meine Klassenkameradin und ich begleiten unsere Lehrerin nach draußen. Ich bin erleichtert und angespannt zugleich nachher wieder zum Kriegsplatz zurückkehren zu müssen. Unsere Lehrerin scheint sich so schnell nicht verabschieden zu wollen. Sie fragt uns, ob wir eine Runde mit ihr über den Pausenhof, der ja bekanntlich wie ein intaktes Dorf wirkt, laufen wollen. Natürlich lehnen wir nicht ab. Als wir nun über den Hof schlendern, erzähle ich ihr die unzensierte Realität der letzten

Tage. Sie reagiert auf jedes ausgesprochene Wort wenig überrascht und doch betroffen. Wir verabschieden uns alle voneinander und jeder geht nun den Weg, den er zu gehen hat. Bei mir heißt er Konfrontation. Da es für mich das erste Mal war, dass ich so deutlich wurde, erwarte ich Schlimmes. Schneewittchen hingegen scheint völlig nüchtern und sogar netter mir gegenüber zu sein als je zuvor. Vielleicht braucht sie gelegentlich so eine Ansage? Jemand, der ihr Paroli bieten kann? Es ist zwar nicht meine Art, aber ich denke, ich habe alles richtig gemacht. Und so neigt sich nach ein paar Stunden auch dieser Tag dem Ende zu.

Ich kann nicht sagen, dass die restlichen Tage des Praktikums schlimmer geworden sind, eher gleichbleibend unerträglich. Der Abwärtstrend der ersten Wochen ist vorerst gebremst. Der Ist Zustand ist dennoch mehr als abenteuerlich. Ich bin so froh, dass nun der letzte Tag des Praktikums erreicht ist. Tapfer haben meine Klassenkameradin und ich die Zähne zusammengebissen und bis zum Ende durchgehalten. Ich möchte nicht verbittert herumheulen, aber die Belastung, die hier gang und gäbe war, ist auf Dauer echt nicht auszuhalten. Besonders weil mit einem umgegangen wird, als hätte man nichts zu sagen. Dazu kommt der Umstand, dass die Kinder einen ohne Konsequenz hauen, aufspießen, anschreien, beleidigen oder treten dürfen. Meinen zweiten Lehrerbesuch bei meinem Sportlehrer musste ich leider absagen. Schneewittchen war in der Woche krank, in der der Besuch angesetzt war, und die Gruppe hing somit in der Luft, weil die Zweitkraft nicht die Verantwortung übernehmen konnte oder wollte. Es ging drunter und drüber. Täglich ab zehn Uhr gingen unsere Blicke Richtung Uhr, wann es endlich zur Erlösung zwölf schlug. Zum Glück hat mein Lehrer die Situation akzeptiert, nachdem ich ihn darum gebeten habe sich mit dem Pädagogikguru auszutauschen, die ihm die Sachlage näher erläutern würde.

Hier läuft einfach vieles schief. In solchen Situationen muss man sich bekanntlich etwas Positives herausziehen, auf dem man aufbauen kann. Aber ich sehe kaum etwas Gutes. Vielleicht die Rituale? Ich habe keine Ahnung. Auf jeden Fall war es eine sehr schlimme, erfahrungsreiche und anstrengende Zeit. Nun weiß ich, wie eine Gruppe wird, wenn man sie ohne Konsequenzen, Regeln und mit Unstimmigkeiten im Team an die Kinder verliert. Hierbei ist es vollkommen irrelevant, dass ich genau diese Erfahrung in einem Waldorfkindergarten erlebt habe. Viel wichtiger anzumerken ist, dass das Team und auch die Rahmenbedingungen entscheidend für die Atmosphäre einer Gruppe sind. Ironischerweise durfte ich in der Nebengruppe dieser Einrichtung meine bisher besten Erfahrungen sammeln.

Ertönte im Garten die Aufräummelodie, so liefen alle Kinder weg. Es wurde quasi zu einem Spiel. Drei Kinder stiegen einmal sogar über ein Hochbeet an der Fassade auf das Kindergartendach, das etwa dreieinhalb Meter hoch ist. Und mitten darauf kletterten drei Sechsjährige auf einer Oberfläche voll rutschigem Moos. Dass hier nichts Weiteres passiert ist, grenzt mehr an Glück als an Verstand.

Das Mittagessen erwies sich für mich als Herausforderung und Möglichkeit zugleich. Ich fand recht schnell einen Weg die kleinen Löwen zu bändigen. Also flüsterten wir am Tisch völlig begeistert, bewegten uns geräuschlos mit Gabel und Löffel und lachten wegen der komisch stillen Situation so stark in uns hinein, dass uns allen Tag für Tag die Tränen vor Lachen kamen, selbst bei Kindern, die ich in der gesamten Zeit leider nie mit etwas Positivem verbinden konnte. Einmal war das Lachen sogar so heftig, dass der Rabauke sich in die Hose gemacht hat, sodass er und wir alle noch mehr innerlich lachen mussten. Es war einfach herrlich. Das ist für mich Kindergarten.

Die Zweitkraft hat hier in der Gruppe ein besonders hartes Los gezogen. Ihre Vorgängerin hat sich freiwillig in die blaue Gruppe versetzen lassen, sonst hätte sie den Kindergarten wohl verlassen. Und vor ihr gab es einige weitere Erzieherinnen, die aus dieser Gruppe herauswollten. Das ist absolut verständlich. Man wird selbst als Zweitkraft behandelt wie eine Praktikantin. Kein schönes Gefühl. Einmal saßen wie jeden Vormittag alle Kinder zusammen an der Frühstückstafel. Es gab Brötchen, wahlweise mit Marmelade oder Kräutersalz. Schneewittchen ging mit der Marmelade herum, Frau Hoffnungslos mit dem Kräutersalz. Frau Hoffnungslos hat nach Schneewittchens Ansicht zu viel Kräutersalz auf die Brötchenhälften gestreut, sodass sie fassungslos in den Raum schrie, ob sie die Kinder allesamt töten wolle, da ja bekanntlich zu viel Salz nicht gut für den Menschen sei. Mit dem Brötchen in der Hand, kurz vor dem ersten Bissen, erstarrten alle Kinder und wussten nicht, ob sie es nun essen sollen oder nicht. Frau Hoffnungslos stand völlig vorgeführt da, als ob sie nicht einschätzen könnte, wann es zu viel ist. Ich war ja Zuschauer des Ganzen und muss sagen, dass es nicht zu viel war. Fast sogar zu wenig bei manchen. Aber es war wieder eine Sache, die Schneewittchen nicht selbst gemacht hatte, und somit war die Aufgabe in ihren Augen nicht zufriedenstellend ausgeführt. Zudem konnte sie sich wieder behaupten, indem sie andere heruntermacht. Das ist ein ganz fieses Spiel. Außerdem störte mich, dass die Kinder Beleidigungen gegen alle möglichen Menschen aussprechen konnten, ohne eine Ermahnung zu bekommen. Beispielsweise gab es am ersten Praktikumstag zum Nachtisch mittags Bananen, von denen sich ein Junge einfach während des Essens eine genommen hat, ohne dass eine Erzieherin etwas sagte. Das Kind aß die Banane und warf Schneewittchen, begleitend mit den Worten „Gib noch mehr, du Dumme!", die Schale quasi vor das Gesicht, die daraufhin dem Kind wortlos eine Banane gab.

Schnell wurde mir deutlich, dass eine normale Erziehung in diesem Kindergarten in bloß vier Wochen Praktikumsdauer nicht durchgeführt werden kann und ich für mich selbst Prinzipien aufstelle, sodass die Kinder merken, dass sie mit mir keineswegs so umgehen können. Einen weiteren Makel sehe ich darin, dass ich durch meinen gut aufgebauten Draht zu fast allen Kindern die Aufgabe bekam, laute und wilde Kinder einzufangen, die vorher von den Erzieherinnen gereizt und dementsprechend unruhig gemacht worden sind. Somit spielte ich phasenweise den Buhmann, worunter leider auch dementsprechend voraussehbar die Beziehung zu den Kindern litt.

Zusammenfassend kann ich sagen, dass sich die Arbeit in dieser Gruppe als sehr anstrengend erwies. Stets stand man mitten in Extremsituationen, in denen man meist aus der Situation heraus entscheiden musste und abwog, welche der fünf zeitgleich stattfindenden Raufereien, Regelverstöße etc. man sich eher widmen soll. Daher musste man leider mit der Zeit Abstriche machen und das größere Übel angehen, wobei ich bemerkte, dass die Praktikantinnen eher die Initiative ergriffen und die Erzieherinnen meist das Übel über sich ergehen ließen, selbst wenn die eigenen Praktikantinnen angegangen wurden.

Ich konnte ebenfalls feststellen, dass man selbst kaum noch wusste, wo man zurzeit steht, da sich weder Struktur noch ein etwaiges Schema erkennen ließen. Zwischenzeitlich bekam man den Eindruck, dass man sich wie ein Boxer fühlte, der sich noch über den Gong in die nächste Runde rettete, verglichen mit uns, dass das einzige Ziel galt, endlich die zwölf Uhr zu erreichen, sodass Dreiviertel der Gruppe nicht mehr anwesend ist, was ich als sehr traurig, aber in dem Moment als real empfand.

Man war stets darum bemüht, Kinder zu beruhigen und zu trösten oder aber zu bremsen, bevor sie andere Kinder ernsthaft körperlich angehen konnten. Sollte ich eine Schätzung abgeben wie oft ich Fäuste oder Tritte abfing, bevor sie andere Kinder, Erzieherinnen oder Praktikantinnen erreichten, so muss ich leider ehrlich zugeben, dass ich darüber den Überblick verlor, die sich aber im oberen zweistelligen Bereich befinden müssten. Gleiches galt für Beleidigungen, die sich auf einem Level befanden, welches sich selbst viele Jugendliche nicht einmal zu denken wagen.

Ich bin froh darüber, wiederholt mein Praktikum hier gemacht zu haben, da ich wohl ein ziemlich verzerrtes Bild hatte. Ich begann den Fehler, von einer Gruppe auf die gesamte Einrichtung, und noch viel fataler, auf die gesamte pädagogische Ausrichtung zu schließen. Jedoch bewahre ich mir die blaue Gruppe in guter Erinnerung, und zwar als die Gruppe mit den tollen Pädagogen und in der Einrichtung leider einzigen Gruppe mit dem Auftrag des Erziehens und Eingliederns in die Gesellschaft. Waldorf ist eben nicht gleich Waldorf, so wie Montessori nicht gleich Montessori ist und alle Einrichtungen von einem Träger nicht absolut gleich sind. Es verlangt eine genaue Auseinandersetzung mit dem Thema, um es im Allgemeinen behaupten zu können.

Und so mache ich mich nun auf den Weg nach Hause. Mit einem Rucksack reich an Erfahrungen, aber auch mit einer gehörigen Portion Realismus und Spannung, welche Kindergärten ich nach meiner Ausbildungszeit ansteuern werde. Schön wird es sicher nicht immer, aber in einer Festeinstellung als vollwertiger Erzieher kann ich nun fünf Tage die Woche dazu beisteuern es schön zu machen.

Berufsschule – Der Endspurt

Die Reflexionsrunde am ersten Schultag verläuft wie die Male zuvor. Einige Klassenkameradinnen sind positiv gestimmt, andere negativ und wiederum andere haben sogar ein Stellenangebot für das Anerkennungsjahr in der Tasche. In dem Anerkennungsjahr streben wir nach den beiden Jahren schulischer Ausbildung – mit zwei vierwöchigen Praktika pro Jahr – unsere staatliche Anerkennung an. Mit der staatlichen Anerkennung darf man zukünftig auch in Kindergärten mit städtischer Trägerschaft arbeiten. Doch bevor das Anerkennungsjahr losgeht, müssen wir alle unsere Abschlussprüfung ableisten. Sie wird in drei Examen auf drei Tage aufgeteilt, die verschiedene Themenschwerpunkte haben, aber eine Fusion aus allen Fächern beinhalten. Lernen ist angesagt. Zunächst steht auf meinen Plan, ein möglichst gutes Abgangszeugnis zu zaubern. Jeder strengt sich mehr oder weniger an, feilscht um Noten und leistet Zusatzreferate, um seine Note zu verbessern. Jedem ist nun klar, dass wir nicht mehr oft in dieser Konstellation zusammensitzen werden. Es ist zwar schön zu wissen, dass bald endlich die Zeit des Geldverdienens beginnt, aber traurig ist es, wieder etwas hinter sich lassen zu müssen. Die Zeit war superschön und man hat viele neue Freundschaften geknüpft, von denen ich durchaus behaupten kann, dass einige sogar Bestand haben. Haben sich meine Erwartungen an die Berufsschule erfüllt? Gehe ich mit pädagogisch wertvollerem Ansatz an die Kinder heran als vorher? Bin ich nun professioneller? Wirkt sich das auf mein Auftreten aus? Hat sich die Ausbildung gelohnt? Nun ja, professioneller wirke ich, denke ich, deutlich. Vermehrt haben wir Elterngespräche in verschiedenen Szenarien als Rollenspiele geübt. Ich denke ich bin für die Berufswelt bereit. Dennoch kommt immer noch der entscheidende Faktor Spontanität hinzu. Dinge, die man nicht üben kann. Wenn Eltern mitten im Gespräch emotional explodieren. Sei es durch Weinen oder sonstige Gefühlsausbrüche, weil man Wahrheiten über die Entwicklung des Kindes an die Eltern weitergibt, die Eltern vielleicht nicht so gerne hören.

Ich besitze nun ein breiteres pädagogisches Fachwissen und kann in bestimmten Situationen mit Fachbegriffen nur so um mich werfen.

Man lernt tolle Sachen, die man auch in der Praxis anwenden kann. Dennoch denke ich nach den vielen Praktika mit oft fatalen Erlebnissen, dass diese Ausbildung das Richtige für mich ist. Ich möchte nicht unbedingt den Robin Hood für die Kinder spielen, aber gerne ein Auge mit darauf werfen, wenn Ungerechtigkeit im Raum steht und einem Kind die nötige Stimme und Mut fehlt, um Paroli bieten zu können.

Während der Ausbildung haben wir unzählbar viele Referate halten müssen. Im Schnitt hat jeder von uns etwa drei pro Woche gehalten. Sei es als Vorstellung der Gruppenergebnisse, Referate im üblichen Sinne, Projektarbeiten oder alberne Rollenspiele, in denen man sich vor der ganzen Klasse zum Affen machen konnte, aber immer mit einer großen Portion Humor, und wenn man sich in der Situation selbst nicht zu ernst nimmt, klappt das mit der Zeit und macht sogar Spaß. Das freie Sprechen gelingt mir immer besser. Anfangs hatte ich noch jede Wortmeldung im Kopf gespeichert und Wort für Wort herunter gerattert. Nun, nach Ratschlägen von Stromberg, kann ich durch einen Schub Mut und Motivation endlich frei reden. Ein voller Erfolg. Man feilt in der Ausbildung im sozialen Bereich nicht nur an seinem Wissen, sondern auch an sich selbst, da es immer mit dem Menschen und folglich auch mit der eigenen Person zu tun hat. Ich hatte während der Ausbildung viele Aha-Erlebnisse, weil ein großer Anteil Entwicklungspsychologie Raum im Lehrplan fand. Zu den Lerninhalten erzähle ich später mehr. Die Rollenspiele waren für mich deswegen so erfahrungsreich, weil ich mindestens jedes zweite Mal vor der Klasse stand. Es gab häufig weibliche und männliche Rollen zu vergeben. Da wir nur zwei Männer in der Klasse waren, war die Auswahl der männlichen Besetzung nicht sonderlich groß. Und mit der Einstellung *Mut zur Katastrophe* und *Konfrontation* haben wir diese Rolle auch nicht an jemand Weibliches abgegeben, denn wir nutzten dieses Schicksal als Chance, um an unserem Auftreten zu arbeiten. Die Schule war nicht nur wegen des Inhaltes sehr schön, sie war auch sehr familiär gestaltet. Man stand in einem engen Verhältnis zu den Lehrern, war auf Augenhöhe und wusste, dass man sich stets an sie wenden konnte, wenn es mal brenzlig wurde. Das war natürlich auch mein Vorteil während der vielen Praktika, denn ich wusste, dass der Pädagogikguru ähnlich denkt wie ich und mich dort abholt, wo ich stehe. Auch meine Klassenkameradinnen waren super kollegial. Natürlich gab es Gruppenbildung, aber größere zwischenmenschliche Probleme blieben aus. Vielleicht waren wir auch einfach erwachsener oder motivierter bei der Sache. Alterstechnisch verteilte sich die Klasse auf Schüler zwischen siebzehn bis zweiundvierzig Jahren. Das mit dem Alter ist so eine Sache. Das Entscheidende ist doch, wie man sich fühlt. Und ich musste feststellen, dass viele, besonders die ältere Garde, ihr inneres Kind neu gefunden haben und sich gelegentlich im positiven Sinne echt jung verhielten. Es wurde folglich nie langweilig und wir hatten immer viel zu lachen. Ist es das Klassenkonzept, dass uns spätpubertierend verhalten ließ? Jedenfalls ein sehr interessantes Terrain, wieso man als eigentlich reifer Mensch aus dem Berufsleben wieder in die Schülerrolle mit all ihren Eigenschaften rutscht.

Anfangs waren wir noch achtundzwanzig Azubis in der Klasse. Die Klassengröße reduzierte sich nach einigen Wochen schon auf vierundzwanzig, und zum Schluss waren es bloß zweiundzwanzig Azubis. Die Abgänger haben relativ schnell gemerkt, dass der Beruf nichts für sie ist. Hilfreich war da auch das erste Praktikum. Einerseits sollte man, denke ich, auch mal negative Erfahrungen machen, um daran zu wachsen. Aber wenn man sieht, dass es absolut keinen Spaß macht, dann ist der Weg des Abbrechens nicht der Verkehrte. Es gibt nichts Schlimmeres, als demotivierte Erzieher und Erzieherinnen, die ihren Frust an den Kindern auslassen. Ich hoffe nicht, dass ich jemals eine solche Person als Kollegen oder Kollegin haben werde.

Im Folgenden möchte ich gerne Stellung zu meinen Vorstellungen und Erwartungen an jedes einzelne Fach beziehen und offenlegen, welche Schwerpunkte wir in den zwei Jahren jeweils vermittelt bekommen haben.

Hauswirtschaft: Meine größte Sorge vorab bei diesem Fach war es, nicht negativ aufzufallen. Nun ja, um Interesse am Fach zu zeigen, stellt man einige Fragen. Diese waren von mir rückblickend so blöd, dass ziemlich schnell alle Fronten geklärt waren. Aber ich zeigte mich stets bemüht und sei es, dass ich Zwiebeln, Paprika oder ähnliches in den Praxisstunden geschnibbelt habe. Das alleine war schon viel wert. Die Theoriestunden sahen in etwa so aus, dass wir in der Klasse wichtige

Inhaltsstoffe der Nahrungsmittel besprochen haben. Worauf man achten muss, wenn Kinder laktoseintolerant sind oder wegen ihres Glaubens kein Schweinefleisch essen dürfen. Ebenso gab es nette Ideen, wie man mit den Kindern einen schnellen, gesunden und kindgerechten Mittagssnack vorbereitet. Die Praxisstunden waren deutlich aktiver, denn hier begaben wir uns immer in die Großraumküche mit mehreren separaten Kochnischen, in denen man in Kleingruppen gemeinsam kochte. Oft gab es verschiedene Rezepte, die wir kochen sollten, manchmal teilten wir uns eine Menükarte mit Vor-, Haupt- und Nachspeise auf. Anschließend wurde selbstverständlich unser Produkt immer gegessen. Ein super Fach!

Deutsch: Hier fand eine subjektive Aufwertung des Faches statt. Mit gemischten Gefühlen ging ich in diesen Unterricht, da die weiterführenden Schulen mit Analysen, Interpretationen etc. dieses Fach sehr theoretisch gestalteten. Doch hier war alles anders. Wir lernten oft in Gruppenkonstellationen und erarbeiteten uns recht simpel zu verstehende Inhalte und praktische Umsetzungen, wie beispielsweise eine Bilderbuchbetrachtung mit Kindern. Ich erinnere mich gerne zurück, als ich in einer Präsentation der Gruppenarbeit Klassenkameradinnen die Geschichte vom Sterntaler bewusst so falsch wie nur möglich vorlas, um aufzuzeigen wie man Kindern ein Buch niemals präsentieren sollte. Ebenso denke ich an Bilderbücher zurück, bei denen wir nicht nur den Inhalt, sondern auch die farbliche Gestaltung des Bilderbuches interpretierten. Es war alles in allem ein tolles Fach. Es wurden abwechselnd theoretische und praktische Schwerpunkte gesetzt.

Biologie: Der Biologieunterricht ist kaum mit dem zu vergleichen, was man in weiterführenden Schulen ab der elften Klasse gelernt hat. Hier ging es im Großen und Ganzen um handfeste Dinge. Wir untersuchten unsere direkte Umgebung, bestimmten die verschiedensten Bäume und Sträucher, erarbeiteten uns in Projektphasen die Vielfalt der Gift- und Heilpflanzen und führten jeder in Eigenregie parallel zum Unterricht eine ein Jahr andauernde Baumbeobachtung durch. Außerdem ging man auf den Körper eines Kindes ein, wie Ernährung aussehen sollte, wann man Adipositas bei Kindern und Jugendlichen erkennt und wie man folglich handeln kann. Auch haben wir über Infektionskrankheiten und Allergien gesprochen, welche Risiken sie mitbringen und was man in der jeweiligen Situation tun sollte. Experimente waren natürlich auch Bestandteil des Faches, die man in der Praxis in Form eines Angebots mit den Kindern umsetzen kann. Alles in allem hat das Fach viel Freude bereitet, weil es wie jedes andere Fach auch ausschließlich auf den Beruf bezogen war und man darauf bedacht war möglichst viel daraus mitzunehmen.

Religion: In diesem Fach lernten wir einiges über die verschiedenen Trauerphasen, Trennungssituationen und den Umgang mit dem Tod. Außerdem wurde uns Wissen über die verschiedenen Religionen vermittelt, zum Beispiel welche Feste aus welchen Gründen in den jeweiligen Religionen gefeiert werden. Für mich ist das ein recht überschaubares Fach, welches man auch gut auf ein Jahr verkürzen könnte.

Sport: Eines meiner Lieblingsfächer! Endlich wird man durchgehend aktiv. Zwar teilte sich der Sportunterricht in Theorie und Praxis auf, aber zum Großteil waren wir in der Turnhalle. Eingeleitet haben wir unsere Sportstunden oft mit einem Fang- oder Ballspiel. Der Sportlehrer hat lustigerweise immer gerne mitgespielt. Wir lernten hier jede Menge Bewegungslandschaften kennen, gingen gemeinsam in einen Hochseilgarten, spielten alle möglichen sportlichen Spiele, die man mal eben mit Kindern im Freien gemeinsam spielen könnte, führten uns gegenseitig sportliche Angebote vor und erhielten einen Einblick in verschiedene Vertrauensübungen und Übungen zur Gruppenstärkung. Im theoretischen Part lernten wir, welche Bedeutung Bewegung für Kinder hat, alles Mögliche zur bewegten Schule, zum Immunsystem und den verschiedenen Phasen, in denen man sich befindet, wenn man einer sportlichen Herausforderung nahe kommt, Stichwort Komfortzone und Panikzone. Alles in allem ein echt tolles Fach, das viel Freude macht und Energie freisetzt. Wenn ich Lehrer werden würde, dann wäre ich garantiert Sportlehrer.

Kunst: Als ich zum ersten Mal den Kunstraum betrat, roch es schon nach Kunst. Überall großflächige Tische, die schon ziemlich bearbeitet und versaut aussahen. Wir stellten als erstes einen Stuhlkreis, um uns gegenseitig vorzustellen. Die Lehrerin schien ziemlich neben der Spur zu sein. Ein Mix aus einem Dauergrinsen und nachdenklichem Blick, als müsste sie im Museum ein Gemälde analysieren, überschattete stets ihr Gesicht. Lag es am Klebstoff? Wir werden es nie erfahren. Sie hatte auch den Anschein vermittelt, als wäre die Flower-Power-Zeit nicht ganz spurlos an ihr vorbeigezogen. Wir stellten uns nun alle vor, bis schließlich ich am Zug war. Ich stellte mich mit vollem Namen vor und unsere Kunstlehrerin unterbrach.

„Sie sehen aus wie der junge Michelangelo."

Ich nahm ihre Aussage sprachlos hin.

Sie setzte fort: „Michelangelo ist eine Kunstlegende."

Ich wusste nicht so recht, was ich darauf sagen soll. Setzt sie mich anhand meines Aussehens auf die Stufe eines Weltkünstlers? Ich lächelte ihr daraufhin bescheiden zu und ließ diese Aussage einfach mal im Raum stehen. Im ersten Jahr habe ich für jede Zeichnung eine Eins bekommen. Ich habe mir wirklich Mühe gegeben, aber es kam bei Weitem nicht an die Zeichnungen meiner Klassenkameradinnen heran. Meine Lehrerin jedoch dachte, ich zeichne den Arbeitsauftrag abstrakt, um mir selbst eine Hürde zu stellen. Im zweiten Jahr aber erkannte die Lehrerin, dass ich einfach nur nicht gut zeichnen konnte und somit gab es immerhin eine nett gemeinte Zwei. Unterrichtsinhalt war außerdem die Analyse der farblichen Gestaltung von Bilderbüchern, eine ganze Palette von kreativen Möglichkeiten mit Kindern, verschiedene Maltechniken und das Arbeiten mit Ton. Auch wenn ich nicht der Begabteste in diesem Fach war, hat es trotzdem irgendwie Spaß gemacht. Man musste nicht stetig jemandem zuhören oder mit jemandem reden. Wir konzentrierten uns auf die Sache, aßen und tranken etwas, wenn uns danach war, während im Hintergrund das Radio lief. Es war eine tolle Atmosphäre.

Musik: Wie bereits vorab vermutet, steht die Bühne im Musikraum nicht umsonst da. Zum Abschluss der Ausbildung sollten wir auf der Grundlage eines Bilderbuches in Gruppenarbeit knapp drei Monate lang ein Theaterstück einstudieren und folglich aufführen. Requisiten, Bühnenbild, alles war uns überlassen. Mit so einer Aktion kann man beispielsweise ein Event im Kindergarten abrunden, indem man es den Eltern mit gezückten Kameras aufführt. Ebenfalls lernten wir in den zwei Jahren alle möglichen Kinderlieder, Jahreszeitenlieder, Festlieder, ritualisierte Lieder und Zungenbrecherlieder, um die Mundmotorik zu schulen. Zudem auch die didaktische Führung einer Gesangsgruppe. Anfangs war es mehr als beklemmend mit zwei Männerstimmen gegen den Frauenchor anzutreten. Lippenbewegen zählte nicht und fiel sofort auf. Aber man hat sich mit der altbewährten Mut-zur-Katastrophe-Einstellung schnell daran gewöhnt. Ebenso lernten wir selbstverständlich den Einsatz von den verschiedensten Percussioninstrumenten.

Spiel: In diesem Fach haben wir jede Menge Kreisspiele kennengelernt und gespielt. Es ist ein Fach, in dem es die Aufgabe war zu spielen. Jedes Mal gab es genug Freiwillige, die neue Spiele kennenlernen wollten. Das war sehr gut für die soziale Mitarbeitsnote. Ob man verloren oder gewonnen hatte, spielte keine Rolle. Hauptsache man hatte Spaß und war bei der Sache. Wir lernten aber auch Spiele kennen, die keine Verlierer hatten und wo es einzig um den Spaß ging. Witzig war auch der Einsatz von selbst gebauten Handpuppen, die wir mit viel Albernheit bespielten, um die Hemmschwelle zur Handpuppe zu verlieren. Interessant war außerdem die Einheit zu den Kreisspielen mit Schwerpunkt *Sinneswahrnehmung*. Ein sehr wichtiges und zugleich lustiges Fach.

Italienisch/Englisch: Als jemand, der gerne neue Sprachen lernt, habe ich natürlich Italienisch gewählt. Wir lernten kleine Floskeln auf Italienisch und hielten Referate über Land und Leute. Italienisch hatten wir aber nur ein Jahr. Die Englischbesatzung hatte ihre Sprache zwei Jahre, weil es Teil des Fachabiturabschlusses war, das sie parallel zur Ausbildung absolvierten. All die, die kein Fachabitur machen wollten oder brauchten, haben Italienisch gewählt. Ein selbst für Anfänger machbares Fach.

Politik: Was politisches Wissen angeht bin ich nicht die hellste Kerze auf der Torte und doch muss ich sagen, hat mich dieses Fach wegen seiner Aktualität gefesselt. Wir lernten wichtiges über unsere Rolle in der Gesellschaft, über aktuelle Debatten, über Tarifstreiks, über

Entwicklungen des Berufes, Migrationspolitik und allgemeine politische Entwicklungen. Manchmal war es recht trocken, aber alles in allem war jede Stunde sehr wichtig.

Natur und kulturelle Umwelt: Zu diesem Fach kann ich nicht viel sagen. Wir verbrachten die gesamte Zeit in unserem Schulgarten und gestalteten unser „grünes Klassenzimmer", das im Anschluss auch einen Wettbewerb für seine Vielfalt gewann. Anfänglich war es ein großer Acker mit Unkraut und Steinen, am Ende ein Spielparadies für Groß und Klein. Wir bauten einen Sinnespfad, einen Kompost, eine Kräuterschnecke, kauften eine Hollywoodschaukel und eine Kiste mit Bällen, Schlägern und sonstigen Spielgeräten. Weil wir alle Aufgabenbereiche aufteilten, gab es für die jeweiligen Projekte im Anschluss Noten. Am Ende dachte ich zwar eher, dass wir bloß Mittel zum Zweck waren, wobei der Zweck darin bestand den Garten möglichst günstig schön zu machen, aber ich nehme für mich mit, dass man ein Außengelände verschieden schön gestalten kann. Alles ist möglich.

Medien: Ein super wichtiges Fach. Hier lernten wir derzeitige Medien kennen, mit denen Kinder in Kontakt treten, und wie man diese als Fachkraft begleitet. Natürlich mussten wir erst einmal alles testen und somit brachte einer von uns seine Playstation mit und wir zockten vor allen Schülerinnen und der Lehrerin das Gruselballerspiel *Resident Evil*. Nach gut zwanzig Minuten machte unsere Lehrerin einen Schnitt und wir reflektierten die Spielszene. Ein Heidenspaß. Danach stand eine Runde FIFA auf dem Plan. Außerdem schauten wir uns Kindersendungen an und analysierten sie im Klassenformat. Was auch recht cool war, war, dass wir unsere eigenen Spielzeuge kreieren sollten, nachdem wir bereits die üblichen Spielzeuge analysierten. Ich habe in meiner Praktikumszeit auf dem Abenteuerspielplatz vormittags stets an meinem Holzauto gebaut, ein Lightning McQueen aus dem Animationsfilm Cars.

Recht und Verwaltung: Neben den vielen anderen Fächern eines der spannendsten und wichtigsten Fächer der Ausbildung! Ich glaube, ich war sogar so verrückt und habe das ganze Buch zu diesem Fach innerhalb einer Woche durchgelesen und durchgearbeitet. Für jemanden, der Ambitionen hat irgendwann mal einen Leitungsposten zu besetzen, ist es ein unumgängliches Fach. Hier lernten wir alles zu rechtlichen Grundlagen, wie beispielsweise: Ab wann gilt die Aufsichtspflicht? Wem darf man ein Kind zum Abholen mitgeben? Was tun, wenn dies oder das passiert? Alles rund um Kinderbildungsgesetz, Grundgesetzbuch und Bürgerliches Gesetzbuch. Ebenso die Themen Mutterschutz, Elternzeit, Elternbeiträge und tarifliche Lohntabellen. Die Fachbegriffe klingen zunächst sehr trocken, aber wir lernten immer an Beispielen und konnten das Gelernte schnell auf erlebte Situationen beziehen.

Sozialpädagogik Theorie: Und noch eines der wichtigsten Fächer. Wenn man hier eine Eins erreicht hat, dann hat man es voll und ganz drauf. Es war mit Abstand das anspruchsvollste Fach, weil es eben auch so vielseitig gewesen ist. Hier lernten wir die verschiedenen Erziehungsstile kennen, führten schriftliche Kindbeobachtungen durch, bekamen einen Einblick in die Theorien der wichtigsten und bedeutsamsten Pädagogen vergangener Zeiten, die Identitätsfindung und kulturellen Standards, entwicklungspsychologische Theorien und vieles mehr. Dadurch, dass man als Erzieher ein weites Spektrum hat, in dem man später arbeiten kann, gliederte sich die Ausbildung insofern auf, dass wir in der Unterstufe den Kindergartenbereich behandelten und in der Oberstufe den Jugendbereich. Damit verbunden offene Ganztagsschulen, Übermittagbetreuung, Heim und Jugendclubs. Anhand der Masse, die wir zu lernen hatten, war das Tempo immer sehr schnell. Wir hatten das Fach vier Stunden in der Woche, vielleicht wären fünf oder sechs Stunden besser gewesen, um über alles vertiefter sprechen zu können. Aber am Ende muss ich sagen, dass das gesamte Wissen der Ausbildung zu fünfzig Prozent auf diesem Fach beruht.

Sozialpädagogik Praxis: Das Fach der Fächer. Hier kann, beziehungsweise sollte, man das anwenden, was man in den anderen Fächern gelernt hat. Man kann noch so gut in Musik, Sport oder selbst dem theoretischen Gegenstück hierzu sein – wenn man in der Praxis nicht gut ist, hat alles keinen Zweck. Natürlich standen hier die Praktika im Fokus. Passende Vorbereitung und abschließende Reflexion standen auf der Tagesordnung. Besonders die Reflexion hat einen wichtigen Raum eingenommen, denn wer nicht gelernt hat, fair und angemessen zu reflektieren, der wird früher oder später auf die Nase fliegen. Ganz besonders wichtig, aber auch lästig, waren die Planungen, die man stets geschrieben hat. Pro Praktikum fiel eine Planung des Gesamtpraktikums an, die immer einen Schwerpunkt hatte. Im ersten Praktikumsblock im christlichen Kindergarten war es eine Alltagssituation, im Waldkindergarten eine Angebotsreihe mit drei Angeboten, auf dem Abenteuerspielplatz ebenfalls eine Angebotsreihe und im Waldorfkindergarten eine projektähnliche Arbeit. Jede Großplanung hatte um die zwanzig Seiten. Zudem schrieben wir noch Planungen zu den verschiedenen Einzelangeboten, die in den Großplanungen enthalten waren. Auf die ganzen Planungen folgte natürlich noch ein Reflexionspart. Mit etwa fünf bis zehn Seiten war man dabei. Neben den ganzen Angeboten gab es aber noch etliche Alltagssituationen, die man geplant hat, und auch Kindbeobachtungen, die man schriftlich durchgeführt und anschließend seitenlang ausgewertet hat. Später wurden die Planungen der Einzelangebote von etwa fünfzehn Seiten in Kurzplanungen umgewandelt, die dann grobe Planungsskizzen von sechs Seiten waren. Das Prinzip war bis dahin verstanden und man fasste sich eben einfach kürzer. Dennoch blieb der Durchführungspart erhalten. Jeder Schritt und jede Überlegung wurden pädagogisch und organisatorisch begründet. Und zu allen Handlungen, die in einer Aktion vorkommen, gab es einen Plan B, C und D. Sicher ist sicher. Wenn man es sich recht überlegt, hat das mit Spontanität so gar nichts zu tun, aber es war durchaus sinnvoll. Erst wenn man gelernt hat detailliert zu arbeiten, kann man im Anschluss spontan solche Dinge aus dem Ärmel schütteln. Vielleicht auch deshalb, weil man jenes Angebot bereits schon einmal durchgeführt hat. Ich ging immer gerne in diesen Unterricht. Auch weil er vom Pädagogikguru höchstpersönlich gehalten wurde. Wir hingen ihr förmlich an den Lippen, weil jeder gemerkt hat, dass sie so richtig was auf dem Kasten und jede Menge Erfahrungen in petto hat. Die Note teilte sich in diesem Fach in Praxisbesuch, Planung und Reflexion auf. Man erfährt durch die Reflexion viel über sich selbst. Wieso habe ich so oder so reagiert?

Wieso verwende ich so oft jenes Wort? Gibt es Kinder, die einem immer wieder durch die Lappen gehen? Man lernt durch dieses Fach viel für sein Leben. Aber auch größer gedacht: Die ganze Ausbildung hat mich in meinem Leben sehr bereichert.

Nachdem ich die Schule nun fast abgeschlossen habe, stehen drei Examen vor der Tür. Eines mit dem Schwerpunkt sozialpädagogische Theorie, das zweite mit Schwerpunkt Bewegung und das letzte mit dem Schwerpunkt Medien. Mir graut es davor, weil es bedeutet, dass unsere Medien- und Kunstlehrerin eine Examensprüfung auf die Beine stellen muss. Die Bedingungen für die Examensphase sind sehr strikt. Alle Klassenräume, in denen die ganze Schule nun das Examen schreibt, werden bis zuletzt abgeschlossen, sodass man keine Tische und Stühle mit Spickzetteln präparieren kann. Außer einem Stift und einem Ersatzstift darf nichts an den Platz mitgenommen werden. Taschen und Handys werden vorne am Pult gesammelt. Ganze fünf Stunden wird geschrieben. Aber alles hat eine Lücke. Denn wenn man fünf Stunden schreiben muss, ist der Harndrang irgendwann ausgereizt und man muss auf die Toilette. Die Wege dorthin hatten eine sehr hohe Spickerdichte.

Bei uns fing es aber schon witzig an. Ein kurzer Einblick, wie unsere Examensprüfung Medien im Hochsicherheitstrakt mit Blumenketten, Peacezeichen und alternativen noch nicht ausdiskutierten Regeln ablief: Die Schülerscharen versammelten sich vor den Klassenräumen. Wir haben uns alle eine Woche lang nicht mehr gesehen, weil wir für das intensive Lernen freigestellt wurden, und das Schuljahr vorbei war. Einige Schüler waren überaus nervös, andere tauschten sich mit den Oberschlauen aus und merkten, dass sie wesentliche Inhalte vergessen hatten zu lernen und wurden dann nervös und weinten eventuell sogar. Sätze wie „Das hat doch alles keinen Sinn mehr!" und „ich werde sowas von verkacken!" fielen. Der übliche Quatsch vor einer jeden Klausur eben. Die noch viel Schlaueren unterhielten sich über Gott und die Welt, aber bloß nicht über Schule. In Gedanken formte ich kluge Sätze, die ich irgendwie versuchte ins Examen einzubauen. Ganz egal, wie der Arbeitsauftrag gleich heißen mag.

Der Satz meiner Klassenkameradin fiel mir wieder ein. Sie sagte einst „Medien sind das Fenster zur Welt".

„Ein Bombensatz, der unbedingt rein muss!", dachte ich mir.

Und so schloss nun endlich unsere leicht bekifft wirkende Medienlehrerin die Zimmertür auf und wir setzten uns alle auf einen der freien Stühle. Normalerweise sollte es eine Sitzordnung geben, aber sie hat den Zeitpunkt verpasst uns die Plätze zuzuweisen, sodass nun wertvolle Organisationszeit fehlte. Die anderen Klassen saßen nämlich schon und jeder wartete auf seinen Aufgabenzettel. Nachdem die Rektorin von Klasse zu Klasse ging, um viel Erfolg zu wünschen, teilte unsere Lehrerin verdeckt die Arbeitsblätter aus. Bei der Hälfte stoppte sie und stellte fest, dass sie bloß fünfzehn Kopien gemacht hatte. Sie teilte uns mit, dass wir zu zweit reinschauen müssen. Wir hielten das anfangs für einen Witz, erkannten aber schnell, dass es die Realität ist. Da wir auch Randnotizen machen mussten, war jedes Spicken unnötig geworden. Man tauschte sich einfach per Randnotiz mit dem Sitznachbarn aus. Die über zwei Jahre täglich praktizierte Gruppenarbeit zog sich bis in die Examensprüfung. Partnerarbeit im großen Stil, denn herausgehen durfte die Lehrerin jetzt nicht, um weitere Kopien zu machen. Die Rektorin konnte sie scheinbar ebenso nicht darum bitten die fehlenden Seiten zu kopieren, denn das hätte aufgezeigt, wie sehr sie neben der Spur war und vermutlich immer noch ist. Am Ende entstanden lauter Pärchenklausuren, mit denen man zu einem späteren Zeitpunkt die Sitzordnung reproduzieren konnte. Es war mit Abstand eine der besten Klausuren für alle, und dies, obwohl das Examensthema nur im Ansatz eine Unterrichtsstunde vor der Prüfung angesprochen wurde, als unsere Lehrerin merkte, dass sie das Prüfungsthema in den zwei Jahren Ausbildung nicht einmal thematisiert hatte.

Verwunderlich war, dass wirklich alle Schüler in allen drei Examen auf Anhieb bestanden haben. Wenn nicht, hätte man die Chance der mündlichen Nachprüfung gehabt. Sicherlich gab es Schülerinnen, die sich während der gesamten Ausbildung nie gemeldet haben. Die Wortmeldung „Darf ich mal auf die Toilette?" fiel bei uns weg, weil jeder gehen konnte, wann er wollte. Selbst die Klausuren von Besagten waren selten besser als eine Vier. Die Praxisbesuche ebenso, manche sogar nicht bewertbar oder seitens des prüfenden Lehrers abgebrochen. Dennoch wurde so jemand durchgewunken. Wieso? Ist der Bedarf so groß, dass man selbst scheinbar Ungeeignete durchwinken muss? Ich habe es bis heute nicht verstanden, weil ich denke, dass man mit Herz und Seele bei der Sache sein muss, wenn man mit Menschen arbeitet. Sei es als Pfleger, Lehrer oder eben als Erzieher.

Ich werde die Berufsschule vermissen. Wir haben viele schöne Erlebnisse und Erfahrungen geteilt. Ich denke da auch speziell an die Praktika, von denen wir erfahrungsreicher zurückkehrten. Durch sie habe ich sehr viel für meine berufliche wie auch private Zukunft gelernt.

Ich habe die Erfahrung am eigenen Leib gemacht, was mit Kindern passiert, die nicht erzogen werden, die keine Regeln haben und eine inkonsequente Erziehung erhalten. Ebenso habe ich erfahren, wie ausschlaggebend die eigene Person als Erzieher in einer Gruppe und wie wichtig der allgemeine Kontakt zu seinen direkten Arbeitskollegen ist. Ich habe viel gelernt, was ich in der Praxis umsetzen werde, aber auch besonders Dank meiner Praktika Dinge, die ich absolut anders machen würde.

Mit meinem Zeugnis bin ich alles in allem sehr zufrieden. Mit einem starken Selbstvertrauen ziehe ich nun also in meinen nächsten Lebensabschnitt: Das Anerkennungsjahr.

Elterninitiative – So muss sich Arbeit anfühlen

Dank des Pädagogikgurus habe ich während der Schulzeit einen Geheimtipp bekommen. Das Prinzip vom Waldorfkindergarten finde ich im Kern sehr ansprechend, wenn man es denn für sich richtig definiert. Man kann handwerklich aktiv werden und Kindheit wird dort so verstanden, wie eine Kindheit in meinen Augen eben sein sollte. Das alles scheint der Geheimtipp vom Pädagogikguru im Ansatz zu beinhalten. Sie kennt diesen Kindergarten wohl nicht nur aus Lehrerbesuchen, sondern auch, weil alle ihre Kinder diesen Kindergarten selbst besucht haben. Und das will schon etwas heißen, denn sie kennt fast alle Kindergärten in unserer Großstadt genau, nicht zuletzt, weil auch die ganzen Azubis nach dem Praktikum die ganzen Unannehmlichkeiten aufdecken. Dadurch konnte sie schon damals bei der Praktikumswahl gewisse Praktikumsstellen befürworten oder eben warnen, wenn sich ein Schüler für einen bestimmten Kindergarten entschieden hatte. Daher verlasse ich mich zu hundert Prozent auf ihre Meinung und habe somit während der Schulzeit bereits einmal in diesem Kindergartenparadies hospitiert. Das vorangegangene Vorstellungsgespräch verlief super. Ich habe gemerkt, dass die Leitung des Kindergartens sich ernsthaft mit mir auseinandergesetzt hat. Direkt im Anschluss machte ich dann meine Hospitation, die ebenfalls gut verlief. Dennoch überkam mich oft das Gefühl, dass ich in *meine* blaue Gruppe im Waldorf-Kindergarten gehöre. Es fühlte sich seltsam an woanders zu sein und die Herzen fremder Kinder zu erobern, obwohl ich andere Herzen zurückgelassen habe. Ich war gedanklich nicht bei der Sache, aber den Zwiespalt musste ich überwinden. Der Bauch sagte Waldorf, während mir der Kopf zu diesem neuen Lebensabschnitt riet. Es ist Zeit für etwas Neues! Und wer weiß, vielleicht würde ich irgendwann einmal während des Anerkennungsjahres in die rote Gruppe versetzt werden. Das will ich ganz und gar nicht. Ich musste es einfach versuchen. Und somit habe ich den Vertrag unterschrieben und nötige Formalitäten dort eingereicht. Was ich später erfuhr – der Pädagogikguru hat in diesem Kindergarten ab diesem Sommer, wenn ich dort hinkomme, ihren Enkel angemeldet. Das kann ja ein Spaß werden.

Bevor ich anfing in dem Kindergarten zu arbeiten, habe ich von dem Team eine Einladung zum Sommerfest erhalten. Eine sehr schöne Geste, wie ich finde. Ich bekam eine aufklappbare Grußkarte, in der auf der einen Seite ein gemaltes Bild eines Kindes zu sehen war und auf der anderen Seite die schriftliche Einladung zu deren Sommerfest. Als ich dort ankomme, ist der Garten bereits gut besucht. Auf der großen Wiese befindet sich das Publikum und es ist kaum noch Platz dort. Eltern, Großeltern, viele Kinder und teilweise auch ehemalige Familien stehen eng beieinander und mittendrin befindet sich das ganze Personal: Drei Erzieherinnen, die aktuelle Auszubildende und die Köchin. Nach einer sehr schönen Theateraufführung der Kinder übernimmt die Leiterin das Mikrofon und moderiert die Verabschiedung vieler Anwesender. Als erstes wird die Auszubildende dankend verabschiedet. Alle Eltern sind sichtlich traurig. Für mich ist das ein Zeichen, dass ihre Arbeit anerkannt und wertgeschätzt wurde. Sie scheint ein herber Verlust zu sein. Hoffentlich werde ich die Lücke des Anspruches füllen können und allen genügen.

„Aber wo eines aufhört, fängt etwas anderes an. Und somit möchte ich euch allen unseren neuen Azubi vorstellen!", höre ich völlig aus den Gedanken gerissen.

Als sie in meine Richtung blickt und mich zu sich winkt, mache ich mich auf den Weg zu ihr, der mir in dem Moment zehnmal länger erscheint. Knapp achtzig Blicke richten sich auf mich. Ich finde das sehr unangenehm, da ich nicht gerne im Mittelpunkt stehe. Mir schießen gleich mehrere Gedanken durch den Kopf, was die Eltern wohl klischeehaft denken könnten.

„Wieso muss eigentlich jemand Neues her?"

„Wir tauschen einen Juwel gegen eine Katze im Sack"

„Ein Mann? Im Kindergarten? Was führt der im Schilde?"

„Ich will nicht, dass ein Mann auf mein Kind aufpasst!".

Ich fange an zu schwitzen, was ich aber auf das warme Wetter schieben kann. Ich finde mich auf der Bühnenplattform wieder und sehe auch den Pädagogikguru, der ich beschämt zulächle.

„Möchtest du dich kurz vorstellen?", fragt mich meine neue Chefin flüsternd, während das Publikum mich noch immer klatschend willkommen heißt.

Echt jetzt? So ganz unvorbereitet? Ladet doch direkt noch

jemanden vom Fernsehen ein, dann ist es wenigstens verewigt. Ungefähr fünfzehn Kameras sind bereits von den Eltern auf uns gerichtet. Während ich ernsthaft abwäge, ob ich etwas sagen möchte, erkenne ich an ihrem Blick, dass es bei dieser Frage keine zwei Antwortmöglichkeiten gibt. Ich lasse mir das Mikro in die Hand geben, stelle mich kurz vor und schließe mit dem Satz ab, dass ich mich auf ein aufregendes und schönes Jahr hier freue. Es wird wieder geklatscht. Wahrscheinlich bin ich total rot geworden, aber immerhin habe ich meine peinlichen Versprecher für mich behalten. Im Anschluss hieran werden die einzelnen Familien der Vorschulkinder separat aufgerufen. Das Team dankt den Eltern und spricht darüber, wie sehr sie sich in den drei Jahren des Kindes im Kindergarten eingebracht haben, was sie ausgezeichnet hat und was man vermissen wird. Dann kommen noch viele liebe, individuelle und von Herzen kommende Worte an das Kind. Neben einer Umarmung bekommt jedes Kind zum Abschluss seine Schultüte vom Kindergarten. Die Freude ist bei allen riesengroß und bei vielen Eltern fließen unablässig die Tränen. Nachdem alle Eltern und Kinder offiziell verabschiedet wurden, überrascht uns die Gruppe der Schulanwärter mit einem selbst gedichteten Lied, das auf die Situation und die Kinder abgestimmt ist. Nun weinen auch die Erzieher. Alle sitzen im gleichen Boot und halten sich recht lange in den Armen. Wieso ist das hier so innig und herzergreifend? Was geschieht hier während der dreijährigen Kindergartenzeit? Ist das hier so eine Art Ersatzfamilie? Für mich steht fest: Das hier ist mehr als nur ein Kindergarten.

Nach dem Ende des Programms wird das Buffet im Haus eröffnet. Viele kleine Snacks, Kuchen und Salate werden von allen Eltern aufgetischt. Es ist sehr eng dort, aber so kommt man auch schneller in Kontakt. Ich komme nicht weit. Bereits an der Tür werde ich von allen an mir vorbeigehenden Personen herzlich begrüßt. Sie scheinen jetzt schon sehr dankbar zu sein, dass ich mein Jahr hier ableiste. Ein tolles Gefühl.

Es fallen Sätze wie: „Mein Exfreund damals hieß genauso wie du!"

„Ach, ich bin so froh, dass auch mal ein Mann in den Kindergarten geht. Und dann auch noch zu uns!"

„Wenn Du irgendwelche Fragen hast, was die Formalitäten betrifft, dann komm ruhig zu mir. Ich bin hier im Vorstand. Mehr unfreiwillig als freiwillig, aber die Meute wollte es so. Und ganz ohne Schmiergeld."

Hier und da bricht Gelächter aus, die Stimmung ist einfach super. Ich fühle mich schon jetzt pudelwohl, willkommen, erwünscht und so, als wäre ich schon immer hier gewesen. Weil ich jedoch nebenbei noch an dem Tag auf dem Abenteuerspielplatz jobbe, verabschiede ich mich nach zwei Stunden wieder und kehre zum ASP zurück. Ich habe ein sehr gutes Gefühl. „Das wird ein sehr schönes Jahr werden", denke ich mir. Das war scheinbar die richtige Entscheidung.

Da bin ich nun. Ich stehe vor dem Kindergarten und blicke auf das schöne Haus, um das rundherum der Garten zu sehen ist, welcher sehr individuell zusammengestellt wirkt. Ich sehe eine etwa zweieinhalb Meter hohe Rakete, eine Spielwiese, auf der zwei Tore stehen, eine Garage mit Fahrzeugen für die Kinder, zwei große Bauwagen, einen großen Sandkasten mit Rutsche und Klettergerüst, eine Terrasse mit einigen Bänken und Tischen, zwei etwa eineinhalb Meter hohe und breite Spielhäuser, die eine Miniatur des Kindergartenhauses zu sein scheinen, eine Affenschaukel und einen Balancierbalken. Hinter dem Haus ragt eine Sonnenterrasse in den Garten, die leicht erhöht ist. Ich würde den Garten auf etwa tausend Quadratmeter Grundstücksfläche schätzen. Das scheint eine wahrhafte Kindergartenoase zu sein.

Ich steige die drei Stufen zur Tür hinauf und nehme das Licht wahr, das drinnen bereits leuchtet. Meine Anleiterin, die auch gleichzeitig Gruppenleitung und Leitung des Kindergartens ist, räumt bereits Sachen umher. Ich nenne sie Frau Einhundertprozent. Wir haben gerade einmal viertel nach sieben. Ab halb acht ist der Kindergarten offiziell für die Familien geöffnet. Die Viertelstunde davor ist Vorbereitungszeit, um alle Fenster zu öffnen, die Stühle herunter zu stellen, die Tische abzuwischen und das Frühstück auf den Tisch zu stellen. Ein straffer Plan. Frau Einhundertprozent begrüßt mich herzlich, ist jedoch kurz gebunden, weil der Zeitplan morgens eng gestaffelt ist und man sonst am ersten Kindergartentag schon in Verzug gerät, wenn gleich die neuen Kinder in den Kindergarten kommen. Sie verweist mich auf ein ruhigeres Gespräch am Vormittag. Lektion Eins: Kaffee kochen.

„Wie, du kannst keinen Kaffee kochen? Nun gut, du bist ja in der

Ausbildung. Das gehört eigentlich in die erste Woche der dreijährigen Ausbildung", sagt sie und grinst mir zu. „Wenn du gelernt hast, wie man Kaffee kocht, dann kann der Tag beginnen."

Ich wandere durch den Kindergarten und schaue mich ein wenig um, während ich Frau Einhundertprozent begleite und mir gedanklich notiere, welche Stationen morgens abzuarbeiten sind. Das recht gemütliche Haus teilt sich auf drei Etagen auf. Die Unterste ist die Kelleretage, in der die Lebensmittel gelagert werden und nur auf Absprache für die Kinder zugänglich ist. Im Erdgeschoss sind ein ziemlich kleines Badezimmer, die Garderobe, die Küche und der Gruppenraum. Im Gruppenraum, der sehr übersichtlich ist, befinden sich eine Bauecke und drei Tische, die zum Spielen oder zum Essen genutzt werden. In der Garderobe ist der Treppenaufstieg zur obersten Etage. Eine kleine Matratzenlandschaft findet im Vorraum ihren Platz, im Nebenraum eine großzügige Puppenecke und nebenan ein weiterer Nebenraum, in dem ich auch mein Bewerbungsgespräch hatte. Dieser Raum wird für Angebote, Gespräche und zur Vorbereitung genutzt. Es fällt auf, dass die Räume recht klein geschnitten sind. Ich schätze die Fläche auf bloß achtzig Quadratmeter.

Nach und nach trudeln die ersten Kinder ein, die nach der dreiwöchigen Schließung keinen großen Ansatz von Heimweh ausstrahlen oder sich an ihre Mütter klammern. Jedes der neuen Kinder bekommt von Frau Einhundertprozent ein Garderobenfach angeboten. Die Auswahl ist groß, daher haben die Kinder die Qual der Wahl. Fünf bis zehn Minuten später geht jeweils eine Erzieherin mit dem Kind gemeinsam die Mama oder den Papa verabschieden. Alles ohne Tränen. Im Gegenteil: Einige neue Kinder wundern sich, dass Mütter älterer Kinder immer noch im Kindergarten sind.

Fast alle Kinder fangen direkt an zu spielen. Nur zwei Kinder tun sich etwas schwer. Alle Erzieherinnen haben zu tun, also schnappe ich mir besagte Kinder und winke mit denen am Winkefenster. Das reicht aus, um sie zum Lächeln zu bringen. Der Tag kann nun losgehen. Pro Kind dauerte das Prozedere keine zehn Minuten. Was habe ich nicht alles zu Eingewöhnungsmodellen gelesen. Manche nehmen bis zu sechs Wochen ein und sind in verschiedene Phasen gestaffelt. Währenddessen ist ein Elternteil immer noch mit in der Gruppe, um dem Kind die Sicherheit zu geben, was dann auch nötig ist. Und wenn es am Ende immer noch nicht geklappt hat, fängt man quasi wieder bei null an. Hier sind es zehn Minuten und das Kind ist eingewöhnt. Woran liegt das? Spüren die Kinder wie ich diese Geborgenheit und Sicherheit, die nicht nur das Haus, sondern besonders auch die Erzieherinnen ausstrahlen? Ich frage Frau Einhundertprozent, woran es liegt.

„Es ist nicht immer so einfach, wie es gerade wirkt. Wir haben manchmal Kinder, bei denen dauert das schon so seine ein bis zwei Wochen. Aber in diesem Jahrgang gibt es zwei Kindergruppen. Eine Dreierkonstellation kennt sich aus der Spielgruppe und fünf andere Kinder kennen sich aus dem U3-Kindergarten, den sie vor dem Sommer besucht haben. Die sind quasi miteinander groß geworden. Nur ein Kind, was eben mit dir am Winkefenster war, kennt noch keinen so intensiv. Aber wie die anderen auch war es uns schon einmal vor den Sommerferien besuchen, kennt uns vom Sommerfest und war immer mal wieder hier. Also ganz neu ist der Kindergarten keinem." Das leuchtet ein.

Um neun Uhr ertönt ein Glöckchen. Die Kinder lassen alles stehen und liegen und setzen sich an die bereits seit einiger Zeit gedeckten Frühstückstische. Sie haben die Auswahl zwischen gemahlenen und körnigen Haferflocken, Kürbiskernen, Rosinen und verschiedenen Nüssen, die jeweils in kleinen Schalen mit Löffeln verteilt sind, um ihr eigenes Müsli zusammenzustellen. Weil montags noch keine Einkäufe da sind, gibt es an diesem Wochentag immer Müsli. Die Kinder lieben es. So langsam versuchen wir alle untereinander Kontakte zu knüpfen und uns an die neun neuen Kinder heranzuwagen. Es wirkt harmonisch. Frau Einhundertprozent setzt sich an ihren runden Tisch in der einen Ecke. Dicht daneben sitzt eine weitere Kollegin an ihren eckigen langen Tisch und die andere Kollegin befindet sich an einem weiteren runden Tisch. Hier gibt es also feste Sitzordnungen für das Personal. Jeder hat hier seinen Tisch. Das ist eine schöne Idee, denn es gibt viel Sicherheit, wenn Kinder wählen dürfen, wo sie an diesem Tag sitzen. Nun, wo setze ich mich hin? Mit dieser Entscheidung werde ich wohl einen Grundstein für das kommende Jahr legen. Ich wähle den langen eckigen Tisch und setze mich der Kollegin gegenüber, die ich charakterlich noch nicht ganz einschätzen kann.

Wir essen und essen. Sobald neunzig Prozent der Kinder fertig sind, gehen die Kinder, die ihre Mahlzeit beendet haben, zum Spielen, während die restlichen Kinder gemütlich weiter essen können. Frau Einhundertprozent zwinkert mir zu und möchte anscheinend, dass ich ihr folge. Sie gibt den beiden anderen Erzieherinnen Bescheid, dass wir nun ins Gespräch gehen.

Oben im Besprechungsraum setzen wir uns an den Tisch und reden über alles, was die nächste Zeit auf mich zukommt. Ebenso erzählt sie mir wichtige Dinge über den Kindergarten und die Elterninitiative. Bevor ich näher darauf eingehe, nenne ich grundsätzliche Eckdaten, die eine Elterninitiative ausmachen.

Die ersten Elterninitiativen entstanden ab 1968 in Westdeutschland und wurden aufgrund mangelnder Kindergarten- und Krippenplätze und wegen der Unzufriedenheit über die Qualität einiger Kindergärten gegründet. Der von den Mitgliedseltern in der Mitgliederversammlung gewählte ehrenamtliche Vorstand übernimmt die Vertretung des Vereins nach außen und haftet für die Kindertagesstätte. Zudem übernimmt er in der Regel alle administrativen Pflichten auch als Arbeitgeber.

Da mit den Mitwirkungspflichten der Eltern in diesen Initiativen in der Regel auch erheblich höhere Mitbestimmungsrechte einhergehen, erhalten die Eltern einen wesentlich größeren Einfluss auf die Qualität der Betreuung und Förderung ihrer Kinder. Ebenso findet man hier in der Regel bedarfsgerechtere Öffnungszeiten. Durch die geringere finanzielle Förderung sind Plätze in durch Elterninitiativen getragenen Kindertagesstätten allerdings meistens teurer als in kommunalen oder kirchlichen Einrichtungen. Zudem wird in den meisten derartigen Kindertagesstätten zusätzliche Mitarbeit der Eltern verlangt. Diese Mitarbeit erstreckt sich beispielsweise auf Betreuungsvertretung bei mehrfachen Krankheitsfällen im Erzieherteam, Einkaufen, Kochen, Putzen, Reparaturen, Gartenarbeit, Lohn- und Gehaltsabrechnung, Buchhaltung, Kontoführung, Beantragung und Abrechnung von Fördermitteln und Überwachung der Erfüllung der gesetzlichen Anforderungen an den Betrieb von Kindertagesstätten, Formulierung und Durchsetzung des pädagogischen Konzepts der Einrichtung.

Da die von Elterninitiativen getragenen Kindertagesstätten aufgrund ihrer mit den Kindern ständig wechselnden Mitgliedschaft der Eltern häufig mit obigen Aufgaben überfordert sind, haben sie Dachorganisationen gebildet, die die einzelnen Elterninitiativen in der Tagesarbeit unterstützen und vielerorts auch die politische Interessenvertretung übernehmen.

Nun stellt mir Frau Einhundertprozent den Kindergarten genauer vor. Sie hatte natürlich schon einiges beim Vorstellungsgespräch erzählt, aber es ist immer etwas anderes, wenn man zwischen dem Klausurstress etwas berichtet bekommt oder wenn man einen freien Kopf hat. Hier im eingruppigen Kindergarten sind achtzehn Kinder im Alter von drei bis sechs Jahren. Betreut werden sie von vier Erwachsenen. Eine Erzieherin in Vollzeit, Frau Einhundertprozent, dann eine Erzieherin in Teilzeit, eine Ergänzungskraft auf Lebenszeit, bei der ich nun täglich am Esstisch sitze, und eben jedes Jahr ein/-e Azubi/-ne. Das ist schon ein ordentlicher Personalschlüssel. Zum einen werden wegen des geringen Platzes nur achtzehn Kinder im Kindergarten betreut, was heutzutage leider immer seltener wird, zum anderen rücken täglich vier Erwachsene in dieser Einrichtung an. Wo ist der Haken? Mir leuchtet es ein, wieso das in den Augen vom Pädagogikguru der beste Kindergarten der Stadt ist. Frau Einhundertprozent geht nun auf die jeweiligen Pädagogen ein.

Die Erzieherin in Teilzeit arbeitet jeden Tag vier Stunden im Kindergarten. An einigen Tagen morgens, an anderen Tagen nachmittags. Sie ist die musikalische Seele dieser Einrichtung. Gitarre spielen, Singen und Tanzen sind ihre Steckenpferde. Vor dem Mittagessen findet gelegentlich ein Stuhlkreis statt, den die Gruppenleitung Frau Einhundertprozent leitet. Zweimal die Woche gibt es nachmittags einen Liedergarten, in dem Spiele und Lieder oben im Aktionsraum von der Erzieherin auf Teilzeitbasis für Freiwillige angeboten werden. Jeder kann teilnehmen, aber keiner muss. Ich taufe die Teilzeitkraft auf den Namen Frau Unscheinbar. Sobald Hilfe von Nöten ist, tritt sie an und ist zur Stelle - die gute Seele des Kindergartens. Obwohl sie sich als wahrer Joker für jede Einrichtung herauskristallisiert, hat mir der Pädagogikguru nie vorab von ihr erzählt. Sie scheint sich wohl nicht in den Mittelpunkt zu drängen und doch ist sie so enorm wichtig für das ganze Gebilde. Mit fünf Jahren Berufserfahrung ist sie von allen am kürzesten dabei.

Als nächstes wäre da Frau Einhundertprozent. Sie legt großen Wert auf Zuverlässigkeit und Ordentlichkeit. Ihr Motto ist: „Wenn ich nichts sage, dann ist alles in Ordnung." Großzügig Lob zu verteilen scheint nicht ihre Art zu sein. Sie hat hohe Erwartungen an mich, nicht zuletzt wegen des guten Zeugnisses. Pädagogisch ist sie auf dem neusten Stand, setzt es auch so um und kann hier und da gerne mal ein Machtwort sprechen. Ihre Aufgaben sind unter anderem die Gruppenführung, die Morgenkreise, Koordination, Anleitung von Praktikanten und in der pädagogischen Arbeit speziell der kreative Part sowie der Garten. Ebenso übernimmt sie in der Vorschularbeit alle feinmotorischen und kognitiven Arbeiten. Mit ihren fünfundfünfzig Jahren ist sie in diesem Kindergarten auch einer der alten Hasen.

Und dann gibt es zu guter Letzt meine Esstischkameradin. Sie gehört zur Sorte Macher. Nicht viel drum herumreden und planen, einfach machen. Eine Frau der ehrlichen Worte und immer mit einer Schippe Humor. Sie scheint hier im Laden für den Spaß zu sorgen. Es gibt nichts, was es nicht gibt. Sie tritt als Quereinsteigerin in den Beruf und hat somit einen anderen Blick auf die ganze Pädagogik. Ihre Schwerpunkte liegen im handwerklichen Bereich, den sie auch in der Vorschularbeit zum Besten gibt. Hierzu hat sie im Garten ihren eigenen Bauwagen, in dem eine kindgerechte Werkstatt mit Werkzeugen aller Art zu finden ist. Mit neunundfünfzig Jahren ist die Macherin die Dienstälteste hier und hat schon dreißig Jahre Berufserfahrung in diesem Kindergarten.

Ebenso hat dieser Kindergarten eine eigene Köchin, die jeden Tag für ein paar Stunden kommt und für die Gruppe kocht. Die Zutaten hierfür besorgen die Eltern im wechselnden Rhythmus.

Frau Einhundertprozent weist mich weiter in den Kindergartenalltag ein.

„So, das war für den Anfang schon einiges an Info, aber mach dir von allem einen eigenen Eindruck. Jetzt zu den Regeln: Bei uns sieht der Tag eigentlich immer so aus, dass es keine festen Termine gibt, die für alle anstehen. Wenn es was geben sollte, teilen wir das den Kindern einen Tag vorher im Morgenkreis mit. Demnach haben sie hier eigentlich so oft es geht Freispielzeit, es sei denn es finden

Angebote statt. Da würde ich dich drum bitten, ebenfalls mal welche anzubieten. Aber kein Druck. Lerne erst einmal in den nächsten Wochen alle Kinder kennen, find dich im Tagesablauf zurecht und dann kommt das schon von alleine, glaub mir. Die Kinder dürfen hier den ganzen Tag rausgehen, wenn sie wollen. Es ist immer mindestens einer von uns Vieren draußen, bestenfalls sogar zwei, weil man wegen der Größe des Gartens auf der einen Seite nicht weiß, was auf der anderen Seite passiert. Wie du sicher gesehen hast, sind wir kein geleckter Kindergarten. Heißt, es darf auch mal ein bisschen was herumliegen. Natürlich nicht ständig, aber wir sind halt ein Kindergarten und da darf es nach Leben aussehen. Thema Frühstück: montags gibt's immer Müsli, den Rest der Woche Brot mit allen möglichen Beilagen – zeig ich dir morgen früh in Ruhe. Das wird mitunter deine Aufgabe werden. Wir wechseln uns da immer mal ab, was den Frühstückstisch decken betrifft. Freitags gibt's on top noch Eier jeglicher Form. Ebenso bitte ich dich darum das Zähneputzen nach dem Mittagessen zu übernehmen. Wir haben für die Kinder einen Plan mit deren Namen und Zeichen ausgehangen, dazu einen Buntstift, mit dem sie in ihrer Reihe ein Kreuz oder sonst was reinmalen können, um deutlich zu machen, dass sie sich die Zähne geputzt haben. Deine Aufgabe wird es sein, diese Situation zu begleiten und hier und da Hilfestellungen beim Putzen zu geben. So, das wär's fürs Erste. Das sind alles Dinge, die du für deine Situationsanalyse brauchst."

Ich vergaß, ich muss ja bald schon eine Situationsanalyse verfassen, in der ich die Einrichtung bis ins Detail beschreibe. Zudem noch eine Erwartungshaltung, in der stehen wird, welche Erwartung jede Partei für dieses Jahr aneinander hat. Das klingt nicht nur nach viel Schreibkram, das ist es auch.

Wir beenden das Gespräch an dieser Stelle und stoßen zu unseren anderen beiden Kolleginnen hinzu. Ich beschließe, mich pädagogisch an Frau Einhundertprozent zu orientieren. Ihr Wort gilt bei den Kindern, sie ist immer pädagogisch und sehr kontrolliert in ihrer Art. Den immer lustigen Spaßanimateur, den ich im Waldorfkindergarten einige Male abgegeben habe, werde ich hier erst einmal nicht abrufen. Das Eis wird auch schon so brechen, ohne dass ich mich zum Affen machen muss. Ziel ist es nämlich eine Autoritätsperson zu sein und kein Spielkamerad zu werden.

Den Vormittag nutze ich, indem ich alle Handynummern der neuen Familien ins Telefonbuch einspeichere und mir dabei die unzähligen Vor- und Nachnamen einpräge. Zum Glück sind heute nicht alle Kinder da, da noch Schulferien sind und einige Familien die Chance nutzen zu verreisen, sofern ein Schulkind in den jeweiligen Familien ist.

„Jetzt lass die Technik mal Technik sein und komm mit!", ruft mir die Macherin zu. Ich springe sofort auf und freue mich über die Einladung.

„Ich zeig dir mal, was du zum Garten wissen solltest."

Wir schlendern durch den Garten. Hier und da haut sie immer mal wieder eine humorvolle Lebensweisheit raus, die mich, wie ich merke, in eine ganz neue Sichtweise von Kindergärten rückt.

„Alles was du hier siehst, ist selbst gebaut! Man kann der Klügste von allen sein. Wenn man aber nicht anpackt, dann kannst du's vergessen. Wir brauchen Macher. Leute, die anpacken. Und keine Labertaschen, davon gibt's genug. Leider gibt's immer mehr Labertaschen auf der Welt. Du hörst immer hier und da leere Versprechungen. Wenn du dich darauf verlässt, bist du verlassen. Du musst einfach anpacken, Timo. Es gibt nichts, was man nicht kann. Lass dir das auch von niemandem sagen! Wer fleißig ist, kommt immer voran. Man muss es nur wollen!"

Eine Moralpredigt, die man von seinen Eltern kennt. Aber von ihr so etwas zu hören, hat irgendwas Besonderes. Sie ist immerhin noch recht fremd für mich.

Wir kommen auf die zweistöckige Rakete zu sprechen, die sie gebaut hat. Die sieht nach jeder Menge Schweiß, Fleiß und vielen Überstunden aus, ebenso wie die beiden Spielhäuser, die sie in einem Projekt nach und nach errichtet hat.

„Was hast du auch schon von einem Kindergarten, der nichts Persönliches von einem selbst hat? Das sind doch die Sachen, die einen Kindergarten prägen und individuell machen. Ansonsten kannst du direkt im Musterkatalog für Musterkindergärten einen Musterkindergarten aussuchen. Für einige ist die Pflanze von zu Hause, die man dem Kindergarten geschenkt hat, etwas Persönliches. Für andere ist das einzig Persönliche auf der Arbeit die Jacke, die man an den Haken hängt. Alles was du hier siehst, sind wir. Alles ist selbst gebaut und selbst eingerichtet. Scheiß auf die unsagbar vielen

Arbeitsstunden, die hier investiert wurden. Scheiß auf die Überstunden. Ich bin manchmal bis einundzwanzig Uhr hier und werke alleine herum. Wenn ich, wie zum Beispiel unsere Treppen zur Eingangstür hier errichten muss, damit alle rein und rauskommen können, dann mache ich das solange, bis es fertig ist und nicht im Laufe der nächsten Wochen. Ich mache das, weil ich Spaß daran habe, da mein Herz an dem Kindergarten hängt. Das ist das Problem heute in der Berufswelt. Du machst deinen Job, weil es dein Job ist und nicht, weil es dein Traum, dein Leben ist. Es gab hier alle paar Jahre mal Kollegen, die sich jede fünf Minuten an Überstunden aufschreiben. Weißte was ich da zu denen sage? Bleib doch zu Hause, wenn du keine fünf Minuten dem Kindergarten schenken kannst! Das ging natürlich einige Male so, dass es einfach aus mir herausgeplatzt ist. Ich rede nicht von einem Mal. So welche brauchen wir hier nicht. Die braucht niemand! Entweder man ist gerne bei seiner Arbeit oder eben nicht. Und wenn nicht, dann sucht man sich was Neues! Alles andere ist ungesund für einen selbst. Weißt du, wie viele Überstunden ich habe?"

Ich zucke mit den Schultern.

„Das weiß ich selbst nicht. Ich hab's mir nie aufgeschrieben. Geht natürlich auch nicht, schreib du deine ruhig immer auf! Aber wenn ich meine Überstunden alle abfeiern müsste, dann könnte ich mich den Rest dieses Jahres in die Sonne setzen."

Ich bin fasziniert. Mir imponiert ihre Einstellung zum Kindergarten sehr, auch wenn ich mir sie dabei nicht unbedingt als Vorbild nehmen sollte. Dennoch spüre ich, wie aufopferungsvoll sie wirkt und dass wir zwei in diesem Jahr sehr stark aneinanderrücken werden. Dabei ist sie schon knapp sechzig Jahre alt und könnte locker meine Mutter oder sogar meine junge Oma sein. Dennoch wirkt sie aber in ihrem Auftreten deutlich jünger.

Wir betreten ihr Heiligtum – den Bauwagen mit eingerichteter Werkstatt. Ich kann mir vorstellen, wie viele Arbeitsstunden hier wohl geleistet wurden. Der gemütliche Bauwagen hat Geschichte. Hier befindet sich sehr viel Werkzeug für Kinder und für Erwachsene sowie ein alter kleiner Röhrenfernseher, Radios, eine Werkbank, jede Menge Regale und ein großer Tisch mit Eckbank. Und ich befürchte, dass hier noch viel mehr ist, was man auf den ersten Blick nicht sieht. Die ersten Kinderscharen kommen zu uns hinein.

„Spielt ihr mit uns Fußball?"

„Na logo, lauft euch warm! Wir kommen jetzt", sagt die Macherin.

Ich bin verdutzt. Sie ist immerhin nicht die Jüngste und die erste Frau im Kindergarten, die ich erlebe, die ohne groß überredet werden zu müssen Fußball spielt. Aber das finde ich absolut perfekt. Wir spielen uns gegenseitig locker ein paar Pässe hin und her, bis die Macherin wieder das Wort übernimmt.

„Sagt mal, sieht so euer Fußballspiel aus? Wir machen mal ein richtiges Spiel, vier gegen vier."

Zwei Kinder wählen. Das erste Kind nimmt erstaunlicherweise als erstes sie. Da scheint die starke Sympathie im Fokus gewesen zu sein. Ich bin im gegnerischen Team. Nachdem nun alle Leute gewählt sind, fängt das Spiel an. Das Spielniveau ist wirklich nicht berauschend. Regelmäßig scheinen sie jedenfalls noch nicht zu spielen. An sich ist es ein Spiel zwischen der Macherin und mir. Sie hat die Kontrolle über ihre Mannschaft, ich die über meine. Es macht irre viel Spaß mal wieder Fußball spielen zu können. Irgendwann ruft ein Kind von der Haustür in den Garten, dass das Essen fertig ist. Wir lassen alles stehen und liegen und gehen nach drinnen, waschen uns die Hände und setzen uns an den Mittagstisch, den vorhin schon zwei Kinder freiwillig gedeckt haben. Alles wirkt so idyllisch und in sich abgestimmt. Verglichen mit der roten Gruppe im Waldorfkindergarten sind es zwei verschiedene Welten. Hier gibt es nicht einmal einen Grund schimpfen zu müssen. Es wirkt harmonisch und klar und das spüren die Kinder. Während des Essens ist die Atmosphäre weiterhin super. Unser Tisch ist der belebteste. Hier herrschen die meisten Gespräche und Lacher. Kein Wunder, dass sich fast alle Kinder an unseren Tisch setzen wollen. Nach dem Essen gehe ich immer mit vier Kindern gleichzeitig ins Badezimmer zum Zähneputzen. Frau Unscheinbar unterstützt mich heute dabei, um mir den üblichen Verlauf zu zeigen. Alles verläuft unproblematisch. Nach etwa zwanzig Minuten bin ich mit diesem Tagesordnungspunkt fertig. Einige Kinder toben wieder herum, sind im Garten oder bauen sich oben mit Matratzen schöne Höhlen. Als ich den Gruppenraum betrete, sitzt die Macherin immer noch am Tisch und wählt zwischen ein paar Kindern wild Zahlen auf dem Telefon. Was passiert hier?

„So, du zu ihm?", fragt die Macherin eins der Kinder, das nickt.

Sie gibt das Telefon nach dem Wählen an den Vierjährigen weiter und flüstert ihm zu, wie er sich am Telefon zu melden hat und gegebenenfalls auch was er sagen muss, um sich mit seinem Kumpel zu verabreden. Ein süßes Telefonat kommt zustande, aber scheinbar nicht das erste, was hier stattfindet. Das Ganze geht jetzt noch drei weitere Male so. Nach dem Mittagessen ist hier wohl große Verabredungschance. Dadurch, dass alle Familien bei der Anmeldung unterschrieben haben, dass ihre Kinder bei Verabredungen auch von den anderen Eltern des Kindergartens abgeholt werden dürfen, ist das hier kein Problem. Fast alle Eltern sind untereinander befreundet beziehungsweise werden es im Laufe der Kindergartenjahre. Vertrauen besteht da ohne Einschränkung.

So langsam werden einige Kinder abgeholt. Die Kinderzahl verteilt sich schon den ganzen Tag über einwandfrei. Das Haus hat lauter Nischen, der Garten ebenso und zudem viel Fläche. Man bekommt nicht immer jedes Kind in jeder Minute mit. Daher wohl auch der etwas höhere Personalschlüssel.

Nach und nach sind kaum noch Kinder da. Mit der Macherin spaziere ich durch den Garten und lasse mich noch weiter einweisen. Man kann sich wunderbar mit ihr unterhalten. Frau Unscheinbar und Frau Einhundertprozent kommen auch hinzu. Alle haben einen gesunden Gemütszustand und sind nicht überfordert und gestresst. So sieht hier also ein Tag aus. Ich kann mich damit anfreunden. Nachdem das letzte Kind abgeholt ist, verschwinden wir alle.

Die letzten vergangenen Tage habe ich so langsam meinen Platz in der Gruppe gefunden. Morgens empfange ich die Kinder und lese in gemütlicher Atmosphäre Bilderbücher vor, die ich alle paar Wochen in der Bücherkiste austausche. Selbst wenn man einige Bücher schon zum hundertsten Mal vorgelesen hat, macht es immer noch Spaß sie vorzutragen. Aus dieser Situation wächst eine gute Beziehungsarbeit. So komme ich auch stärker mit den Mädchen der Gruppe in Kontakt. Ein gutes Pendant zum Fußballspielen. Wo wir gerade dabei sind, Fußball steht quasi täglich auf dem Tagesplan. Die Kinder betteln förmlich darum.

Heute haben wir Freitag. Während ich nun also am Morgen ein Buch nach dem anderen vorlese, tritt die Macherin in den Kindergarten. Eine Traube von Kindern hängt an ihr, noch bevor sie ihre Jacke ausgezogen hat. Mit einem Blatt und einem Zettel ruft sie in den Gruppenraum: „Heute ist Eiertag! Gebt mir eure Bestellungen!" Gut, okay. In jedem anderen Kindergarten gäbe es jetzt eine Resonanz, wieso sie meine ruhige Lesesituation unterbricht, aber hier ist das so. Das meinte sie wohl einst damit, dass nicht alles überpädagogisch sein muss. Frau Einhundertprozent sieht das natürlich etwas anders. Ich kann mich in der Mitte wiederfinden.

„Für alle neuen Kinder: Es gibt Spiegelei, gekochtes Ei, Spezi-Ei und Spezi-Ei mit Kräutern."

Die Kinder brennen darauf und hängen ihr an den Lippen. Sie notiert sich auf einer Liste, wer welches Ei haben möchte, und bereitet die Eier sofort in der Küche zu. Bei so einem Personalschlüssel kann man so etwas schon mal machen und hier passiert das jeden Freitag.

Wir finden uns am Frühstückstisch wieder, auf dem Brote, Aufschnitt, Aufstrich und Rohkost gedeckt sind. Auf ein Spielregal zwischen den drei Frühstückstischen legt sie einen Teller mit den verschiedenen Eiern darauf, sodass es wie ein Frühstücksbuffet im Hotel aussieht. Die Kinder sitzen und schauen zu ihnen herüber.

„Eier haben keine Beine!", ruft die Macherin mit einem Grinsen auf dem Gesicht.

Und so steht jeder nacheinander auf, um sich sein Ei abzuholen, und zwar eigenständig. Zwar nicht auf die pädagogischste Art und Weise, aber so ist sie eben. Auf humorvolle Weise werden die Kinder fit für das Leben gemacht. Alle Kinder haben ein Grinsen auf dem Gesicht. Das Essen ist hier mitunter einer der schönsten Tagesordnungspunkte. Man sitzt gemütlich zusammen und unterhält sich über Gott und die Welt. Es fühlt sich an wie Klassenfahrt. Am Tisch von Frau Einhundertprozent und Frau Unscheinbar geht es deutlich ruhiger zu. Bei uns hingegen ist es immer etwas lauter. Die Lautstärke ich noch angenehm, aber das Lachen einiger Kinder ist manchmal kaum zu überhören. Bei uns geht es eher um Themen wie Fußball, was für Projekte wir bald gemeinsam verwirklichen oder eben den ein oder anderen weisen Rat von der Macherin. Es wirkt wie eine Großfamilie. Heute ist das Gesprächsthema Windeln angesagt. Zwei der neuen Kinder tragen nämlich noch welche, wollen sie aber loswerden. Die Macherin hat einen Plan und teilt ihnen mit, dass sie sie gleich mal im Bauwagen braucht. Obwohl wir in den Tag hineinleben und situativ handeln, ist am Tag immer viel zu tun. Keiner liegt auf der faulen Haut. Ich setze mich nach dem Mittagessen mit ein paar Kindern in den Garten und beobachte sie beim Spielen im Sandkasten. Andere Kinder fragen mich, ob ich mit ihnen ein Wettrennen um das Haus mache. Zwei, drei Runden laufe ich mit, danach ziehe ich mich heraus, nachdem nun mittlerweile knapp zehn Kinder mitrennen. Ich hole mir auf Wunsch der Kinder einen Stift und Zettel und schreibe die Zeiten auf, die ich etwas gedankenversunken mal konzentriert und mal geschätzt mitzähle.

Die zwei Windelkinder und die Macherin kommen aus dem Bauwagen. Gemeinsam haben sie nicht nur etwas gebaut, sondern auch eine Choreografie einstudiert. Zu sehen ist ein Bilderrahmen aus Holz, der etwa die Maße 10x10 cm hat, und in der Mitte ist eine Windel aufgeklebt. Über der Windel ist von einer Ecke des Rahmens zur anderen ein Kreuz aufgenagelt worden. Die passende Choreografie besteht darin, dass beide Kinder die Hände über Kreuz halten und rufen „Windel verboten!“ und ihre Arme zur Seite öffnen. Ein Lacher ist garantiert. Dieses sehr individuelle Bild bekommt einen Sonderplatz im Gruppenraum, welches sie heute Nachmittag ihren Eltern zeigen können. Und nun ist es amtlich: Windeln sind ab heute laut beider Kinder bei uns im Kindergarten verboten. Zum krönenden Abschluss, wenn die Kinder über den Berg sind und zwei Wochen am Ball bleiben und üben, schießen wir mit einer Rakete eine Windel in den Himmel, flüstert mir die Macherin mit einem Dauergrinsen zu. Sie ist eben einfach noch jung geblieben und sprudelt vor lauter guten Ideen. Das ist sehr erfrischend.

Beim Abholen sind die Eltern von dem neuen Gesetz fasziniert. Sie lachen sich während der Choreografie schlapp, als die Minis mit ernstem Verbotsblick diese Regel aufsagen und alles ist super. Ich bin fasziniert davon. Die Macherin hat nichts von alledem in einer pädagogischen Schule gelernt. Sie bringt sich einfach selbst mit, legt kaum einen Wert auf das, was in Pädagogikbüchern steht und bildet sich ihre eigene Meinung zu Theorien und Praktiken. Und die Windelaktion hat so viel Gutes und Motivierendes, zum Beispiel den Effekt, dass man in einer gewöhnlichen Situation beim Essen so etwas so ungezwungen bespricht. Das allein legt schon viel Ernsthaftigkeit in solch ein Gespräch, weil eben auch Taten folgen. Und dann hat sie mit den Kindern zusammen den Rahmen gebaut. Die beiden sind erst drei Jahre alt und haben fleißig mitgesägt und gehämmert. Bemerkenswert finde ich auch die Choreografie, die aus dem Nichts entstanden ist, da sie den Kindern bloß aufzeigt, was dieses Kreuz symbolisieren soll. Das haben die Kleinen ohne Aufforderung nachgeahmt und trugen es ihren Eltern vor. Mal abgesehen davon, was das alles im Kind selbst bewirkt: Sie behaupten sich vor den Eltern und ihr Selbstbewusstsein wird gestärkt. Alles in allem würde ich ihr die Praxisnote *sehr gut* geben. Das Beste daran ist: Es ist nicht einmal von der Macherin darauf ausgelegt gewesen. Sie ist, wie sie ist. Windel? Nein danke!

Die Tage plätschern vor sich hin. Jeder Tag ist in sich besonders und anders, obwohl die Basis oft sehr gleich ist. Ich sitze in der Leseecke, die Gruppe füllt sich und jedes der Kinder bringt seine Geschichte mit. Diese werden zum Gesprächsthema und daraus entstehen Dinge, die man gemeinsam machen kann. Vielleicht liegt es am Personalschlüssel, vielleicht auch daran, dass die Kinder immer rausgehen können, wann sie wollen und alles somit entzerrt ist, aber hier kommt bisher nie Stress auf, geschweige Überforderung. Es ist durchgehend angenehm. Als einige Kinder sich ihre Schuhe für den Garten anziehen, rieche ich mal wieder einen Kinderpups, was in einem Kindergarten keine Seltenheit ist. Jeder riecht ihn, aber keiner will es gewesen sein. Ich habe mir im Laufe der Jahre abgewöhnt zu fragen, wer es war. Nicht allein auch wegen der Bloßstellung. Meist kam am Ende eh heraus, dass eines der Kinder, oftmals der Pupser, gesagt hat, ich sei es gewesen. Aber nun gut. Ich gehe mit den Kindern raus und drehe meine Runden. Ich bin mal hier und mal da präsent. Mit zwei Kindern spiele ich Fußball. Die Macherin kommt auch später dazu. Weil es so unfassbar heiß ist, machen wir eine Trinkpause auf unserer Terrasse und setzen uns auf die Bänke. Ich gehe eine Runde, um alle Kinder zum Trinken einzuladen. Ohne große Überredungskunst folgen sie mir. Da scheint aber jemand Blähungen zu haben, denn der Pups setzt sich bei gefühlt jedem Schritt fort. Aushalten ist angesagt. Nachdem alle getrunken haben, kehren die Kinder wieder zu ihren Spielen zurück.

Die Macherin setzt an: „Weißt du, Fußball ist eine der tollsten Sportarten. Er hat so viel in sich, was wichtig ist: Teilen, indem man passt, abwarten können, bis man an der Reihe ist, gönnen und verlieren können, lernen mit Siegen umzugehen, Frust aushalten können, Freundschaften schließen, Gemeinschaftsgefühl und schlussendlich Regeln einhalten, sonst gibt's 'ne gelbe Karte. All so was. Ich bin mal gespannt, wie die Kinder nach dem Jahr spielen werden. Besonders unsere Neuen, die vorher noch nie gespielt haben. Du wirst dich wundern. Wir hatten hier Kinder dabei, die vorher vor dem Ball weggerannt sind. Nach den drei Jahren Fußballschule hier spielen einige mittlerweile sogar in der Regionalliga. Man muss den Grundstein früh legen, wenn das Interesse da ist. Die Kinder kommen nach und nach von selbst."

Wir schwelgen in Gedanken von der Zukunft und werden bald von dem Mittagessensruf unterbrochen. Als wir reingehen, rieche ich in der Garderobe wieder einen Pups, der mittlerweile schon sehr intensiv ist. Ich habe eine Vermutung. Ich spreche im leisen und verständnisvollen Ton den Jungen an, der mir am verlegensten erscheint und habe direkt einen Volltreffer gelandet. Den Hosenschiss will ich aber nicht wegmachen, es wäre zwar nicht meine erste direkte Katastrophenbewältigung in Bezug auf Kot, aber die erste dieser Art. Der Dreijährige möchte sich jedoch nur von mir sauber machen lassen. Die morgendlichen Vorlesungen mit mir scheinen zusammengeschweißt zu haben. Vielleicht scheint hier auch so ein Männlichkeitskriterium eine Rolle zu spielen. Ich fange an, meine schön gestalteten Vorlesestunden zu bereuen. Einige Minuten später finde ich mich in geknieter Position mit Gummihandschuhen im Bad wieder. Ganz vorsichtig ziehe ich seine Hose herunter und bemerke spätestens jetzt, warum mir der Geruch fast durchgehend im großen Garten in der Nase steckte. Für alle, die diesbezüglich nicht viel abkönnen, bitte ich den folgenden Absatz zu überspringen. An seiner Hose klebt förmlich der Kot, der über drei Stunden in der prallen Sonne mit seinem Körper fusionierte. Ein Großteil kommt mir bereits beim Herunterziehen der Hose entgegen. Mist, ich habe vergessen ihm vorher die Schuhe auszuziehen. Mit der Hose auf Höhe der Füße kann ich nur schwer im Stehen seine Schuhe ausziehen. Ich versuche es und mich überkommt der Würgereiz. Der Blick auf die einst weiße Unterhose tut ihr Übriges hinzu. Nach etwa zehn Minuten haben wir mit einigen kurzen Pausen gemeinsam alles abseits der Hüfte bereinigt. Unter seinem T-Shirt erblicke ich weiteres braunes Zeugs. Ich ziehe es etwas hoch und stelle fest, dass sein gesamter Rücken ebenso versaut aussieht wie eben seine Beine. Wie zur Hölle kommt das dahin? Hat er sich im Garten auf dem Boden gewälzt? Selbst dann noch unvorstellbar. Aber ich will mir keine allzu großen Gedanken darüber machen, weil ich gerade echt stark mit mir am Kämpfen bin, nicht meine Beherrschung zu verlieren. Insgesamt zwanzig Minuten brauche ich, um den Jungen aus seiner Not zu befreien. Das Mittagessen neigt sich dem Ende zu.

Die Kinder sind schon beim Nachtisch, aber für uns wurde eine Portion zur Seite gestellt. Heute gibt es Nudeln mit Bolognesesoße. Ich verzichte erstmals dankend auf das Essen. Das wäre jetzt zu viel des Guten. Die Ähnlichkeit mit dem von vor fünf Minuten ist einfach gerade zu naheliegend.

Für mich neigt sich das Mittagessen dem Ende zu und ich versinke in Gedanken. Obwohl ich mich hier sehr wohl fühle, überkommt mich ein seltsames Gefühl von Langeweile. Ich bin zwar gelandet, aber doch auch nicht so richtig. Die Kinder sind mir gegenüber auch offen, aber nicht so offen wie bei der Macherin. Gut, den alten Hasen kennen sie auch schon deutlich länger und wenn man das auf ein bis zwei Jahre hochrechnet, dann hat sie schon so eine Art Mutterstatus. Aber ich denke da besonders an die neuen Kinder, die mit ihr deutlich mehr Spaß haben. Vielleicht verschließe ich mich zu sehr? Warte ich zu sehr ab? Will ich es in den Augen von Frau Einhundertprozent auch absolut pädagogisch korrekt machen? Ich stehe mittlerweile nicht mehr voll und ganz hinter dieser Einstellung, denn mich fasziniert auch die lockere Art der Macherin. Meine nicht authentische Art scheinen die Kinder zu spüren. Vielleicht sollte ich mal mehr Quatsch mitmachen, aber dennoch irgendwie noch ernst zu nehmen sein, wenn es darauf ankommt. Ich nehme es mir für die nächsten Wochen als Test vor und schaue, wie es ankommt und wie ich damit umgehen kann.

In den letzten Tagen fällt mir besonders ein spezieller Junge auf. Er ist schon fünf und wirkt sehr hyperaktiv, sucht gerne die Konfrontation und stichelt gegen andere Kinder, wenn sie nicht nach seiner Nase tanzen. In solchen Situationen wirkt es weniger friedlich. Vom Aggressionslevel her würde ich ihn sogar eine Ecke unkontrollierter als den Rabauken aus dem Waldorfkindergarten einstufen. Beim Rabauken wusste ich, dass ich ständig ein Auge auf ihn halten musste.

Bei dem Jungen hier gibt es zum einen sehr schöne Momente, aber auch extrem andere zu beobachten, was es mir schwer macht mich zeitlich auf ihn zu fokussieren. Der Junge hat Potenzial und ich glaube, ich habe bisher noch nicht alles gesehen. Bislang habe ich auch noch keinen allzu intensiven Draht zu ihm. Noch ein Grund, wieso ich mich ein wenig in meiner Rolle entspannen sollte, denn so kann ich näher an ihn herantreten. Jede Ermahnung meinerseits hat er nämlich bisher lachend ignoriert. Einmal spielten wir im Garten Fangen. Weil er von allen Kindern der Schnellste ist, versuchte er immer mich zu fangen. Mit ein bisschen Hilfe von mir hat er es geschafft und immer im einsekündigen Wechsel fing ich ihn wieder aufgrund meiner längeren Arme zurück. Alle fanden die Situation witzig, bis auf ihn. Er schnappte sich eines der berühmt-berüchtigten Springseile und fesselte mich im Spiel. Er zog das Seil immer fester zu, sodass ich irgendwann eingreifen musste, weil es wehtat. Ich sprach ihn gezielt mit seinem Namen an, um ihn in seinem heimtückischen Plan zu unterbrechen, was er ignorierte und ich dann daraufhin seinen Arm schnappte, damit er nicht fester zuziehen konnte. Weil er merkte, dass er zum ersten Mal jemanden vor sich hat, der ihm kräftetechnisch überlegen ist, fing er vor Verzweiflung an zu weinen, rannte durch den ganzen Garten und rief, dass ich ihm wehgetan hätte. Frau Einhundertprozent nahm ihn im Empfang. Er schilderte ihr die Situation wie einst der Rabauke in der Garderobe mit dem Hausschuh bei Schneewittchen. Frau Einhundertprozent hingegen handelte direkt konsequent und schickte ihn rein, damit er mal über das, was er getan hat, nachdenkt und wie man mit Erwachsenen und seinen Mitmenschen umzugehen hat. Sie zwinkerte mir zu und zeigte mir, dass wir als Team zusammenstehen, komme was wolle. Hätte so ein Rückhalt nicht auch in meinem Waldorfpraktikum gelebt werden können?

Die nächsten Tage ziehen vorüber. Ziemlich schnell rückt Sankt Martin näher. Aus dem christlichen Kindergarten kannte ich, dass der Einfachheit halber entweder Birnen- oder Apfellaternen gebastelt wurden. Die Schablonen wurden von den Erzieherinnen vorab angefertigt und die Kinder mussten diese mit ihren Eltern bloß noch ausschneiden und zusammenkleben. Das ging schnell und einfach, aber es war wenig individuell. Hier hingegen ist das ganz anders. Frau Einhundertprozent geht mit einer Liste herum und fragt die Kinder welche Laternen sie basteln wollen. Von einem Pferd, über Hubschrauber, hin zu Spiderman und einem Haus ist alles dabei. Es gibt keine Auswahl im klassischen Sinne, denn die Kinder dürfen machen, was ihnen gefällt. Gebastelt wird mit der Luftballon-Kleister-Technik: Ein Luftballon wird aufpustet, mit Kleister und Seidenpapier umwickelt und das Fundament für eine Laterne ist gegeben. Aus diesem Kreis kann man so ziemlich alles Weitere formen. Hier ist es zudem noch so, dass die Eltern die Laternen bis zum eigentlichen Fest nicht zu Gesicht bekommen.

Die Laternen werden oben im Gesprächsraum an einer Schnur getrocknet. Es entstehen achtzehn völlig verschiedene Exemplare. Gut, es sind drei Feen und zwei Pferde dabei, aber von der Farbgestaltung sind sie ganz verschieden. Wichtig ist hier auch, dass die Kinder den Bauplan selbst mitgestalten. Und alles, was das Kind zeichnet, wird auch so angenommen sofern es sich Mühe gegeben hat, selbst wenn es in den Augen Erwachsener wie Gekrakel aussieht. Hier muss jedenfalls keine Retusche stattfinden, damit man den Ansprüchen der Eltern genügt. Diese wissen sehr wohl, was ihr Kind kann und wo eventuell ein Erwachsener nachgeholfen hat. Der Ist-Zustand des Kindes wird hier auch von der Elternschaft angenommen und anerkannt. Das ist auch ein stückweit Sicherheit und Vertrauen, was den Kindern somit entgegengebracht wird und was sie durchaus spüren.

Das Martinsfest ist ein voller Erfolg. Die Eltern sehen zum ersten Mal die Laternen und zeigen ihre Freude. Die Kinder werden dadurch in ihrer Kreativität bestärkt. Wir starten mit dem Martinszug des Stadtteils und sondern uns nach wenigen Minuten ab, um unseren eigenen kleinen Zug zu machen. So werde das hier jedes Jahr gemacht, weil der große Zug einfach zu lang sei, sagt mir Frau Einhundertprozent. Aber ich sehe es sinnbildlich für den Kindergarten: Ein bisschen nehmen wir von der Norm an, kapseln uns dann aber ein wenig ab, um Individualität, Persönlichkeit und Gemütlichkeit zu schaffen. Eben etwas Eigenes. Die Macherin zieht mich zur Seite und wir verschwinden schon einmal in den Kindergarten, solange die Familien durch die Siedlung ziehen. Gemeinsam organisieren wir die Feuerstelle, die wir am Vormittag mühevoll errichtet haben. Mit Hilfe von Mehl zieht sie einen Sicherheitsabstand um die Feuerstelle. Wir entfachen das Feuer, das ziemlich schnell recht groß wird. Nach etwa fünf Minuten haben wir schon eine stabile Flamme von gut eineinhalb Metern Höhe, die wir nicht überschreiten sollten. Langsam kommen die Familien in den Kindergarten zurück, setzen sich um das Martinsfeuer und genießen den Moment. Mehr muss man nicht sagen. Bei vielen ist Stille, bei einigen wächst durch Gespräche die Beziehung zueinander. Ein gemischter Haufen und doch sehr deckungsgleich. Im Fokus steht das Kind. Keine Übermutterung, sondern ein gesundes Mittelmaß zwischen Frau Einhundertprozent, der Macherin und Frau Unscheinbar. Dadurch, so denke ich, ergänzt sich das Team so besonders gut. Die ersten Familien verabschieden sich in der Dunkelheit, ich hingegen bleibe mit meinem Team noch bis etwa zweiundzwanzig Uhr am Feuer. Wir unterhalten uns über Gott und die Welt und löschen schließlich die Flamme. Das ist einer der Momente, die ein so kleines Team zusammenschweißen.

Nach dem Fest ist vor dem Fest. Die Zeit vergeht hier wie im Flug und ehe man sich umgucken kann, ist man auch schon in der Vorweihnachtszeit im Dezember angekommen, in der auch gleichzeitig mein Geburtstag stattfinden wird. Morgens verteilt Frau Einhundertprozent noch schnell Glitzer, bevor das erste Kind kommt. Am Nikolaustag ist es hier üblich, dass der Nikolaus über Nacht durch das kleine Heizungstörchen im Badezimmer kommt und durch seine Schritte so viel Glitzer überall verteilt, dass man es am Nikolausmorgen noch sehen kann. Er hat auch einen Brief mit einem Geschenk im Kindergarten versteckt, welchen die Kinder im Laufe des Morgens suchen dürfen. Als alle da sind, machen wir einen Morgenkreis. In den letzten Tagen wurde mittags immer ein Kind ausgewählt, dass vom Adventskalender eine Nummer ziehen darf, welches sich über den Vormittag gut verhalten hat. Hier gingen die Kinder bislang recht selbstkritisch mit sich um. Die Kinder durften andere vorschlagen, die sie als angenehm empfanden, doch es folgten manchmal sogar Sätze der ausgewählten Kinder wie: „Danke, sehr nett von dir. Aber ich kann noch lieber sein. Als keiner geguckt hat, habe ich heute dem Max die Zunge rausgestreckt." Wow, wir Erzieher waren baff über so viel Ehrlichkeit. Einige mussten sich ihr Schmunzeln verkneifen. Weihnachten, die Zeit der Ehrlichkeit. Nun ja, jetzt aber wird im Morgenkreis der Tag besprochen. Alle Kinder begeben sich in die obere Etage, um das versteckte Geschenk zu suchen. Ziemlich schnell kommen sie wieder und bringen auch den vergoldeten Brief mit. Frau Einhundertprozent liest vor und die Kinder kleben ihr an den Lippen. Völlig begeistert dürfen nun zwei von ihnen das Geschenk für die Gruppe auspacken. Darin befinden sich jede Menge neue magnetische Bausteine in allen möglichen Farben und Formen. Die Kinder freuen sich sehr darüber und fangen direkt an damit zu spielen.

Ein paar Tage später habe ich Geburtstag. Wir rücken morgens auf dem Bauteppich zusammen, stellen die Spielsachen zur Seite und jedes Kind geht in die Garderobe, um sein kleines Geschenk mitzubringen. Hier ist es so üblich, dass am Geburtstag jedes Kind ein kleines Geschenk mitbringt, wenn es mag. Von einer gepflückten Blume auf dem Kindergartenweg über ein gemaltes Bild bis hin zu irgendwelchen Aufklebern ist alles möglich. Es darf nur nicht zu groß werden oder extra gekauft sein - einfach eine kleine Aufmerksamkeit. Das viele Auspacken dauert natürlich seine Zeit, aber erfahrungsgemäß können das Geburtstagskind, wie auch die Schenkenden, diese Situation gut aushalten. Ebenso werden Kerzen angezündet und zu jedem erreichten Jahr, das sinnbildlich mit einer weiteren Kerze angezündet wird, ein paar Sätze verloren. Bei mir ist es natürlich etwas anders. Ich bekomme für jeden vollen Zehner eine Kerze, damit wir hier kein Lagerfeuer veranstalten müssen. Nachdem ich alles ausgepackt habe, gehen wir über zur Geburtstagstafel, die ich morgens bereits gedeckt habe. Hier ist es nämlich so, dass die Eltern der Geburtstagskinder das Frühstück übernehmen und Brötchen besorgen sowie Kuchen backen. Am Tisch selbst darf sich das Geburtstagskind Lieder wünschen, die gesungen werden sollen. Für mich ist das eine wirklich umwerfende Situation. Im Mittelpunkt zu stehen ist mir etwas unangenehm aber aushaltbar. Es ist einfach super, sich so willkommen zu fühlen. Als wir mit dem Singen, Futtern und Quatschen fertig sind, verteilen sich die Kinder wieder in ihre Spiele.

Die Winterzeit ist voll von Heimeligkeiten und das merkt man bei den Kindern. Wir starten direkt nach dem Geburtstagsfrühstück unsere Weihnachtswerkstatt, in der die Kinder Holzstämme bemalen können, kleine Stofftücher zu Taschen zusammennähen, etwas Weihnachtliches basteln oder nebenbei einfach ein paar Weihnachtslieder singen. Jeder Wunsch des Kindes wird versucht zu ermöglichen. Und anschließend werden das die Weihnachtsgeschenke von den Kindern an deren Eltern. Aber weil Mama und Papa ja einen unterschiedlichen Geschmack haben, darf sich jedes Kind zwei Sachen aussuchen, die es bastelt. Mit viel Freude sind alle Kinder bei der Sache. Es gibt immer mal Momente, in denen einige eine Pause brauchen und nichts davon wissen wollen, aber das geht uns Erwachsenen ja nicht anders.

Ein wieder mal – besonders in der Weihnachtszeit – anstrengender Tag geht vorbei. Von einigen Eltern wird mir angeboten, mich nach Hause zu fahren. Die Masse an Geschenken ist kaum mit dem Fahrrad zu bewältigen. Zwei große blaue Tüten aus dem skandinavischen Möbelhaus sind bis zum Anschlag gefüllt. Ich bin überwältigt von all den Gesten. Einen Geburtstag hier zu feiern ist einfach nur schön.

Neulich eröffnete mir die Macherin: „Bald fangen hier die Winterspiele wieder an."

„Schneemann bauen und Schneeballschlacht?", frage ich recht naiv, auch mit der Vermutung, dass jetzt wieder etwas völlig Innovatives kommt.

Sie blickt mich dementsprechend an. „Nein, das läuft nebenbei. Kindercurling. Schon mal gesehen im Sportkanal? Da rollen die einen Klotz übers Eis und der muss auf einer bestimmten Stelle weiter weg liegen bleiben. Und das Ganze jetzt mit Kindern. Die Kinder lieben es! Pass auf, morgen früh sind es noch locker fünf bis zehn Grad im Minus. Schnapp dir ein paar Eimer Wasser und schütte die auf unsere Terrasse nach hinten raus. Da habe ich damals extra eine Fußleiste angebracht, damit das Wasser nicht herunterfließt. Nimm am besten immer zwei Eimer. In der Zeit, in der du schüttest, kann der andere sich schon mal auffüllen. Ich schätze mal du brauchst fünfzig bis sechzig Eimer Wasser. Das wird 'ne fette Eisschicht", sagte sie und zwinkerte mir abenteuerlustig zu.

Die Idee ist genial. Ich hätte es mir nie denken können, dass so etwas im Kindergarten möglich wäre, denn eigentlich ist es das nicht. Ich habe noch den Pädagogikguru im Ohr, die im Fach Recht und Verwaltung zu uns sagte, dass man im Winter kleine Pfützen mit einem Hammer aufbrechen muss, damit sich kein Kind verletzt. Die Wahrscheinlichkeit, dass ein Kind darauf ausrutscht und sich den Kopf aufschlägt, ist so vermeidbar. Soll ich es dennoch machen? Na ja, sie wird schon nicht mitbekommen, dass ich die Eisschicht geschüttet habe. Und verpetzen wird mich hier auch schon keiner. Also schütte ich am nächsten Morgen immer weiter fleißig die Eimer Wasser auf die Terrasse. Frau Einhundertprozent ist nicht wirklich davon überzeugt, Jahr für Jahr, aber sie duldet es, solang es stets begleitet wird und die Eltern es gutheißen. Ich schütte und schütte. Dann tippt mir jemand von hinten auf die Schulter. Der Pädagogikguru höchstpersönlich. Das kann doch jetzt nicht wahr sein. Mit einem Eimer Wasser zum Schütten bereit und einem Grinsen, was jedoch bei ihrem Anblick in entsetztes Bereuen übergeht, begrüße ich sie mit den Worten „Es ist nicht das, wonach es aussieht …".

„Ich kann mir schon denken, wessen Idee das war, denn ich bin ja hier schon ein paar Jahre. Aber keine Sorge. Ich bin hier nicht in der Rolle Ihrer Lehrerin, sondern als Großmutter. Und die Großmutter sagt Ihnen bloß: Passen Sie gut auf, dass Sie nicht ausrutschen!", antwortet sie lächelnd und geht ihrer Wege.

Wieso auch immer, aber ich glaube das verlief gut. Immerhin kennt sie die Regeln hier und findet den Kindergarten gerade deswegen so super. Das wird schon keine Auswirkungen auf meine Note haben. Eher im Gegenteil, ich glaube, dass sie es schön findet zu sehen, dass ich Teil des Teams geworden bin. Ich weiß aber nicht genau, ob ich mit der Kindergartenauswahl das große Los gezogen habe. Ich werde quasi jeden zweiten Tag, wenn sie ihren Enkel abholt, in einer ungeplanten Alltagssituation beobachtet. Ich werde zwar nicht benotet, aber sie wird sich ihr Bild schon genauer machen können. Am Ende werden wir sehen, ob es sich rächt.

Als die Eisfläche stabil ist, erscheint die Macherin im Kindergarten. Sie scheint sehr zufrieden zu sein und testet mit mir die Bahn. Sie funktioniert einwandfrei. Nach dem Frühstück gehen wir auch vereinzelt mit einigen Kindern dorthin. Langsam robben sie in Winterhosen und Handschuhen über das Eis. Im weiteren Verlauf möchten einige Kinder geschoben werden, sprich Kindercurling. Sie setzen sich auf den Boden und die Macherin schiebt sie mit einem langen Besen mit einem Schub über das ganze Eis. Das geht nun immer so weiter, bis uns Erwachsenen die Füße erfrieren. An den Folgetagen bringen die Kinder alle möglichen Hilfsmittel zum Rodeln mit, um besonders weit zu rutschen, und eines sogar seine Schlittschuhe. Ein Vater besorgt dazu noch ein paar Pucks, damit wir Eishockey spielen können. Es macht einfach Spaß.

Den Kreativbereich samt Weihnachtswerkstatt haben wir nun erfolgreich abgeschlossen. Alle Geschenke sind beschriftet. Der Gesprächsraum platzt fast aus allen Nähten. Es sind ganz vielseitige Geschenke entstanden. Ich bin vom Typ her nicht materiell veranlagt, aber die Geste, die bei den vielen Geschenken mitschwenkt, ist echt schön. Besonders, weil es teilweise bemalte Weihnachtskarten oder verzierte Holzkunstwerke sind. Nebenbei finden noch die Proben zur Weihnachtsvorstellung statt. Frau Einhundertprozent übernimmt eine Ballettgruppe, mit der sie zum Nussknacker eine kleine Show einübt. Frau Unscheinbar probt mit drei älteren Kindern eine berührende Weihnachtsgeschichte ein, die ein anderes Kind in Gebärdensprache begleitet, welche sie zuvor von der Erzieherin beigebracht bekommen hat. Die Macherin bringt den Kindern Weihnachtswitze und Gedichte bei, die die Kinder bei der Aufführung immer mal zwischendurch zur Auffrischung und Erheiterung erzählen. Die Fußballjungs haben mit ihr sogar ein langes Fußballgedicht geschrieben, das sie dann vortragen dürfen. Ebenso gibt es eine kleine turnerische Darbietung auf den Matratzen, die sie mit einigen Kindern einübt. Ich werde mit den Kindern ein Theaterstück zur Weihnachtsbäckerei vorstellen. Wir singen das Lied und bewegen uns hoffentlich alle spielerisch zum Text. Das kann ja was werden.

Wir üben und üben. Die Kinder werden immer nervöser je näher der Tag rückt. Wir finden uns am Aufführungstag wieder. Nachdem die Generalprobe gestern super verlief, hier und da noch etwas gefeilt wurde, kann es nun endlich losgehen. Die Macherin übernimmt die Moderation und findet zur passenden Stelle immer das richtige Wort. Die Zuschauer haben sich im Publikumsblock breit gemacht. Auf vier Meter Länge und drei Meter Tiefe quetschen sich alle Eltern und teilweise Großeltern, natürlich auch meine Praxislehrerin, in den Gruppenraum. Die Kameras und Handys ragen nach vorne, die Nervosität ist kaum zu bändigen. Selbst für einen Erwachsenen ist das eine Herausforderung. Die vorangegangene Ballettvorstellung ist wirklich atemberaubend. Die Eltern der entsprechenden Kinder sind tief beeindruckt, einige haben Tränen in den Augen. Frau

Einhundertprozent hat mitgetanzt und die einzelnen Schritte zur Orientierung vorgemacht. Eine runde Sache. Nun folgt ein Witz von den Dreijährigen. Volltreffer. Gut, er ist etwas flach, aber dass den Witz ein kleines Kind mit seinen Sprachfehlern vorträgt, macht es wieder süß. Im Anschluss kommt auch schon unser kleiner großer Auftritt. Ich baue schnell das Bühnenbild auf und gebe den Kindern Zeichen, wann sie an der Reihe sind zu singen, sofern sie es nicht mehr wissen. Ich fühle mich etwas unwohl, vor vierzig Erwachsenen plus Lehrerin „In der Weihnachtsbäckerei" zu singen. Was ist denn jetzt los? Kaum ein Kind singt mit, sodass ich kurzerhand die Elternschaft zum unterstützenden Mitsingen animiere. Der Plan geht auf. Jetzt singen wir alle gemeinsam, auch meine Kinder vorne auf der Bühne. Ich bin sehr zufrieden und die Kinder sind erleichtert. Nach uns tragen zwei in weiß gekleidete Mädchen ein sehr anrührendes Gedicht vor. Das eine erzählt es, das andere führt die Gebärdensprache dazu aus, die sie kurz vorher passend zum Gedicht gelernt hat. Wenn mir das Weinen leichter fallen würde, würde ich es jetzt tun. Nahezu jeder in der Gruppe ist emotional berührt. Alle bis auf wenige Ausnahmen haben Tränen in den Augen. Ein Moment, den ich hoffentlich nie vergessen werde. Danach kommt das Fußballgedicht der Kicker. Zum Glück ist der Vorschuljunge mit dem großartigen Gedächtnis dabei, den ich den kleinen Professor nenne. Einmal gehört, kann er dir ganze Geschichte Wort für Wort wiedergeben. An ihm orientieren sich alle anderen Kinder. Die Aufführung ist ein voller Erfolg für Groß und Klein. Ich wüsste nichts, was ich beim nächsten Mal anders machen würde. Anschließend steht noch ein nettes Beisammensein mit den Eltern auf dem Programm. Wir essen Plätzchen und genießen die Gesellschaft. Die große Bescherung der Eltern steht auch noch auf dem Plan. Alle sind positiv überrascht. Für viele Eltern ist das ja wirklich das erste Mal, dass sie eine Weihnachtsfeier im Kindergarten erleben und sie haben folglich nicht mit einer solchen Darbietung gerechnet. Als nach und nach alle Eltern mit ihren Kindern nach Hause gehen, machen wir unter uns im Team eine kleine Abschlussrunde. Die Macherin hat für jeden ein Schokoladenpaket für die Schließungszeit mitgebracht, was ich für eine sehr nette Geste halte. So etwas ist gut für die Teamatmosphäre. In der Küche reflektieren wir das erste halbe Jahr bei einem Glas Glühwein und man merkt uns an, wie von jedem von uns ein Sack

Ballast abfällt. Die Aufführung war auch für uns wegen der Organisation eine ziemliche Herausforderung. Zum Glück haben die Kinder so gut mitgemacht. Sehr innig verabschieden wir uns voneinander und hoffen, uns froh, frisch und munter in zwei Wochen wiederzusehen.

Für mich ist das kommende Jahr keine Erleichterung. Die Winterschließung nutze ich zum Planen meiner Projektarbeit, die ich bis Juli durchgeführt haben sollte. Ich habe mich für das Thema Sinneswahrnehmung entschieden, weil das in meinen Augen am vielseitigsten ist. Dadurch, dass die Vorschulkinder ab Januar zweimal in der Woche ganz intensiv ihre Vorschulgruppe haben, werde ich mich um die übrigen dreizehn Kinder kümmern. Geplant sind etwa achtzehn Angebote, um jeden Sinn nicht nur abzudecken, sondern sich richtig damit zu befassen. Weil ich wegen der Masse an Kindern zwei Gruppen einteilen werde, mache ich jedes Angebot zweimal. Die nächsten zwei bis drei Monate werde ich wohl nur im Planen und Angebote ausführen stecken. Das bedeutet jede Menge Arbeit, Stress und Schreibkram. Aber da muss ich jetzt durch. Ich merke, wie ich von Angebot zu Angebot wachse. Ich plane die Aktionen nicht mehr so konkret wie anfänglich. Grobe Angebotsskizzen genügen mir mittlerweile. Der Vorteil ist auch, dass ich jedes Angebot zweimal durchführe. Nach jedem reflektiere ich mit Frau Einhundertprozent meine Ausführung und verbessere sie im zweiten Anlauf. Ein Luxus, den nicht jeder hat. Allein die stetige Begleitung von Frau Einhundertprozent ist einfach Gold wert.

Ich habe mittlerweile wieder ein bisschen Luft, denn das Projekt neigt sich dem Ende zu. Auch wenn es furchtbar anstrengend ist, ist es absolut wichtig. Die Entwicklung in meinem Denken, Handeln und Planen ist deutlich besser geworden. Während des Projektes hat mich der Pädagogikguru zweimal besucht und benotet. Alles lief gut. Nach dem Projekt ist bekanntlich vor dem Projekt. Die Macherin hat eine neue Idee. Seit einiger Zeit beobachtet sie die Meisen, die über der Terrasse in einem Vogelhaus Platz zu nehmen scheinen.

„Ich würde ja schon gerne mal gucken, was da so abgeht im Vogelhäuschen. Sicherlich ist das auch für die Kinder eine irre Erfahrung", teilt sie mir grübelnd mit.

„Seit wann lebst du denn in Träumen? Kennst du da nicht jemanden, der da weiterhelfen kann?", frage ich sie.

„Ach klar, Moment. Ich ruf mal eben den Opa vom Max an. Der kennt sich doch mit Technik und solchen Sachen aus."

Ohne lange Umschweife hat sie ihn am Hörer und eine Vogelhauskamera organisiert, die er am Nachmittag vorbeibringt.

„So, die montieren wir heute noch dran und dann gucken wir mal, was da oben so vor sich geht. Ich baue mal den Fernseher im Bauwagen auf, verlege ein paar Kabel zum Vogelhäuschen und dann müsste das klappen."

Die Frau trägt ihren Namen nicht ohne Grund. Schon am nächsten Morgen sind wir auf Sendung. Über den Abend hat sie noch einen Videorekorder angeschlossen, der sich ebenfalls im Bauwagen versteckt hat. Nun können wir für alle Kinder die Highlights aufnehmen. Das heißt für sie, dass sie nun immer bis zwanzig Uhr im Kindergarten bleibt, wie gewöhnlich Kleinigkeiten baut und repariert und nebenbei den Nestbau mitfilmt, damit die Kinder das Wunder der Natur miterleben können. Die nächsten Tage sind superspannend. Die Kinder kommen noch bevor sie in das Kindergartenhaus gehen am Bauwagen vorbei und gucken zusammen mit ihren Eltern fünf Minuten Meisen-TV. Vom Nestbau bis hin zum Eierlegen, Schlüpfen und Füttern haben wir alles auf Band mitunter ist der Angriffsversuch einer Elster ebenfalls eines der Highlights. Für die Kinder ist es sehr schön, das Leben der zwei Meisen namens Anton und Antonia täglich mitzuverfolgen.

Das nächste Jahresevent steht an: Unsere Jugendherbergsfahrt. Mit genügend Vorbereitung starten wir mit allen achtzehn Kindern unsere Reise in die zwanzig Kilometer entfernte Jugendherberge. Einige Eltern weinen am Bahnsteig. Immerhin fahren wir nun dreieinhalb Tage weg. Ein, zwei Mamas bitten mich am Hauptbahnhof flüsternd, ob ich ihnen nicht abends immer ein Zeichen per SMS schicken könne, damit sie wissen, dass alles gut ist. Selbstverständlich tauschen wir die Nummern aus. Die Eltern der älteren Kinder sind da durchweg entspannter. Die kennen diese Fahrt noch vom letzten Jahr und wissen, wie schön es für die Kinder gewesen ist. Aber ich muss zugeben, als Vater würde ich wohl ähnlich klammern, besonders im ersten Jahr.

Wir fahren los. Den Eltern fällt der Abschied für drei Tage schwerer als den Kindern. Diese packen im Zug bereits ihre Lunchpakete aus, obwohl wir gerade einmal vier Stationen gefahren sind. Aber zum Reisen an sich gehört so etwas nun einmal dazu. Immerhin müssen die gutgemeint üppigen Lunchpakete ihr Ende finden. Es wird lustig geteilt und getauscht. Als wir schließlich kurz darauf in der Jugendherberge ankommen, beziehen wir unsere Räume. Frau Unscheinbar nimmt fünf Kinder auf ihr Zimmer, Frau Einhundertprozent sieben Kinder und die Macherin und ich zusammen sechs Kinder. Als erstes beziehen die Erwachsenen alle Betten. Leichter gesagt als getan. Dadurch, dass es alles Etagenbetten sind, ist das Beziehen auf dem mehr als schmalen Mittelgang im Zimmer stark eingeschränkt. Dieser ist aber gerade einmal einen Meter breit. Drum herum turnen dann noch in unserem Fall sechs völlig aufgedrehte Kinder, die im Abenteuermodus stecken. Schön und harmonisch Beziehen ist hier nicht. Ich höre mich verzweifelt ausbrechen, während die Macherin mit zwei Kindern die Koffer verstaut und herzlich lacht. Wir sind noch keine zehn Minuten hier und ich bin mit einem Grinsen am Rande der Verzweiflung. Nachdem nun alle Betten bezogen sind, treffen wir uns im Speiseraum und werden vom Herbergsvater auf Kurs gebracht. Wo sind die Toiletten, wo kommen die ausgezogenen Schuhe hin, welche Kinder sind ebenfalls in unserer Woche hier? Das alles sind angesprochene Fragen. Nun gibt es Mittagessen. Unsere Kindergartenköchin kann natürlich keiner ersetzen, aber die Kinder mögen es. Am Nachmittag bauen wir mit der Macherin und so gut wie allen Kindern ein großes Tipi aus dicksten Ästen, die wir gerade noch tragen können. Das Ganze wird knapp vier Meter hoch und hat eine Bodenfläche von knapp zweieinhalb Metern. Hier findet die ganze Gruppe Platz. Die Kinder verdunkeln das Tipi von außen in Eigenregie mit Blättern und kleinen Ästen. Ein Kind wird zum Anführer erkoren, schnappt sich vier, fünf Kinder und verlegt den Waldbodeneingang zum Tipi mit Rinden jeglicher Art. Im Tipi selbst nehmen einige Mädchen Platz und rühren aus Lehm und Erde eine Suppe an, damit der Rindenboden besser hält. Ein schönes Gruppenprojekt. Die nächsten Tage verlaufen ähnlich schön. Die Kinder haben immer gut zu tun, spielen oder werkeln am Indianerprojekt. Sie dürfen sich im Indianerstil schminken, Indianerschmuck oder Bögen aus mitgebrachten Haselnussästen herstellen und Bilder malen. Alle haben mächtig Spaß. Oft gehen dennoch von allen die Gedanken zum Kindergarten zurück. Was wird aus den Meisenbabys, die wir durch unsere Kindergartenfahrt zurücklassen mussten? Eine Mutter aus dem Kindergarten, die in der Nähe des Kindergartens wohnt, hat sich freiwillig bereit erklärt, die Videoaufnahmen in Betrieb zu halten. Somit sind wir täglich kurz mit dem Meisen-TV verbunden. Abends, wenn alle Kinder schlafen, lassen wir den Tag immer kurz Revue passieren und besprechen nochmal schnell den kommenden Tag. Ebenso genießen wir die Zeit unter uns und reden bis spät in die Nacht über Gott und die Welt. Viel Schlaf ist in dieser Woche nicht garantiert. Per Videokamera begleiten wir für die Eltern nicht nur die Erlebnisse am Tag, sondern protokollieren auch unsere Erlebnisse abseits der Kinder in besagter Runde. Jeder von uns Erwachsenen darf, wenn er mag, pro Tag abends einmal in die Kamera sprechen. Eine Sache, die anfangs etwas unangenehm ist, an die man sich aber gewöhnt. Und so sitzen wir am Abend des letzten Tages auf der Terrasse und philosophieren in die Nacht hinein. Die Macherin erhebt wieder einmal das Wort und gesteht mir unter Zustimmung von Frau Unscheinbar und Frau Einhundertprozent, dass sie sich freuen würde, wenn ich den Kindergartenposten in der derzeitigen Philosophie, sobald sie in Rente geht, übernehmen und eventuell sogar leiten würde. Dieses Angebot muss nicht lange überdacht werden. Ich stimme sofort zu. Aber wie es bekanntlich in einer Elterninitiative ist, kann das nur der Vorstand, der dann in dem jeweiligen Jahr gewählt wurde, beschließen. Aber das Team kann und wird wohl ein gutes Wort für mich einlegen.

Wir springen in den Themen und sprechen darüber, wie froh wir darüber sind, dass keines der Kinder sich während unseres dreitägigen Aufenthaltes verletzt hat oder von Heimweh geplagt nach Hause wollte. Wir könnten uns sogar vorstellen die Reise zu verlängern. Auch wenn wir fix und fertig sind, würden wir das im derzeitigen Moment so wollen. Die Stimmung ist einfach super. Doch dann hören wir ein lautes Husten. Frau Unscheinbar schaut zur Sicherheit nach, ob bei den Kindern alles in Ordnung ist und jeder schläft. Recht hektisch kommt sie zu uns gerannt und erklärt uns, was passiert ist. Eines der Kinder hat eine Krupphustenattacke bekommen. Für mich ist es das erste Mal, dass ich so etwas miterlebe. Es hört sich furchtbar an. Starker heiserer Husten mit einer Fußnote von „ich bekomme keine Luft mehr". Ich schnappe mir den Jungen aus der oberen Etage seines Bettes und setze mich mit ihm auf die Terrasse, während er in seiner Bettdecke eingewickelt Platz auf meinem Schoß findet. Hier bekommt der Kleine frische Luft. Frau Einhundertprozent kontaktiert sofort die Eltern, die aber leider nicht ans Telefon gehen. Gut, wir haben mittlerweile Mitternacht und es ist unter der Woche. Vielleicht schlafen sie. Doch dann meldet sich jemand. Auf Wunsch der Mutter dürfen wir ihm gerne ein Notfallmedikament aus der Apotheke besorgen und einflößen. Der Junge weint und kämpft mit sich. Für mich als Außenstehender ist das eine sehr bedrückende Situation. Man fühlt sich so machtlos. Nach gut einer Stunde ist er auf meinem Arm eingeschlafen. Vom ganzen Team begleitet trage ich ihn in sein Bett und wir lassen alle gemeinsam den Vorfall sacken. Gerade haben wir noch davon gesprochen und schon ist es passiert. Wir machen uns nun auch so langsam auf den Weg ins Bett, um wenigstens ein paar Stunden Schlaf in der letzten Jugendherbergsnacht zu ergattern.

Die Macherin erzählt mir auf dem Weg ins Zimmer: „Genieß den Moment! Morgen früh ist alles anders. Wenn du wach wirst, gibt es einen krassen Schnitt und dann wirst du merken, dass die Jugendherbergsfahrt vorbei ist."

Ich weiß nicht so genau, was sie mir damit sagen will. Ich will auch nicht weiter nachfragen, weil ich zu müde bin und kein neues Thema aufmachen möchte.

Am nächsten Morgen werde ich von lautem Klopfen an die Tür geweckt. Es ist kaum zu überhören. Jemand möchte, dass wir wach werden. Als wir nach einer Minute immer noch im Bett schlummern, wird die Tür aufgerissen und drei Mütter stehen neben unseren Betten. Eine recht beklemmende Lage. Eine Mutter stürzt sich auf ihr noch schlafendes Kind und lässt ihren Gefühlen freien Lauf.

„Kann sie nicht noch eben fünf Minuten warten, damit ich mich anziehen und waschen kann?", denke ich mir bloß. Aber das Mutterherz schlägt höher.

Die Macherin guckt mich relativ verschlafen von ihrem Bett aus an und sagt mir mit ihrem Blick das, was sie mir abends kurz vor dem Schlafen gehen erzählt hat. Die Tour ist hier vorbei. Eltern übernehmen. Das Frühstück verläuft mittlerweile recht unkontrolliert.

Sechs Eltern sind gekommen, um uns wie geplant am Morgen von dort mit Autos abzuholen, damit wir nicht auch mit dem Zug zurückfahren müssen. Das ist im Prinzip eine schöne Sache, aber hier entsteht nun eine Grauzone in der Verantwortlichkeit. Die Eltern denken, dass die Erzieher weiterhin die Kontrolle haben. Dadurch, dass aber einige Eltern da sind, übernehmen die Eltern die Aufsichtspflicht für ihre eigenen Kinder. Diese wollen aber nicht unter Publikum zu streng mit ihrem Kind sein, weil ja alle anderen Eltern auch nichts sagen. Selbst wir Pädagogen sagen nichts. Also sagt niemand etwas und einige Kinder toben durch die Gegend. Der Blick von der Macherin hält an. Jetzt gerade wird die Fahrt unschön, aber es ist nur noch ein kurzer Moment, bis wir zurück in den Kindergarten fahren. Nachdem nun alle Sachen gepackt sind, verteilen wir uns auf die Autos und fahren zurück Richtung Kindergarten, wo auch schon die restlichen Eltern liebevoll ein Willkommensfrühstück organisiert haben. Wir lassen uns an Ort und Stelle verwöhnen und genießen den Moment. Alle Eltern sind überaus dankbar, weil es nicht selbstverständlich ist, so etwas mit achtzehn Kindern auf die Beine zu stellen, wobei andere schon bei ihren eigenen zwei Kindern manches Mal auf die Barrikaden gehen. Wir bekommen zum Dank einen Essensgutschein von der Elternschaft überreicht.

Alles in allem war es eine tolle Fahrt und eine schöne Erfahrung. Ich denke zurück an die vielen schönen Momente mit jedem der Kinder. Diese Fahrt hat uns noch mehr zusammengeschweißt als wir es ohnehin schon waren. Einige Kinder sind in sich gewachsen und treten noch viel selbstbewusster auf als vorher. Ich denke ebenfalls zurück an den Badetag. Immer zu zweit setzten sich die Kinder in die mit Wasser gefüllten Duschwannen und plantschten. Ein sehr schöner Moment. Zum krönenden Abschluss ging die Macherin mit dunklen Anziehsachen duschen und alle Kinder schauten ihr dabei zu, wie sie sich mit Sonnenbrille, Hut, T-Shirt, Hose und Gummistiefeln für die Kinder zum Clown unter der Dusche machte und versuchte ihre schwarzen Sachen vergeblich mit Duschgel weiß zu bekommen. Ein Riesenspaß für Klein und Groß. Es wirkt sehr oft wie eine große Familie. Das waren schöne Momente, aber es gab natürlich auch Konfliktsituationen. Man merkt aber bei jedem, dass ihnen alle Kinder am Herzen liegen. Dieses Gefühl habe ich in so gut wie allen

Einrichtungskindergärten meiner Praktika nicht durchgängig erlebt und wenn, dann wurden spezielle Kinder bevorzugt, zu denen man ein besonderes Verhältnis aufgebaut hatte. Ich denke auch zurück an das schöne Lagerfeuer am letzten Abend, sowie die Mittagsschlafphasen, in denen wir bei uns im Zimmer so viel Quatsch gemacht haben, dass ich mich glücklich geschätzt habe, mich dort einquartiert zu haben. Vor dem Mittagsschlaf zogen sich bekanntlich die Kinder dort um und eines von ihnen warf seine Unterhose mit einem riesigen Grinsen einem anderen Kind auf der gegenüberliegenden Seite ins Gesicht. Es entstand das Unterhosenspiel. Jeder bekam die Unterhose auf sein Bett geworfen und warf sie weiter. Selbst die Macherin machte diesen etwas anderen Spaß mit. Wir hatten Tränen in den Augen vor Lachen. Ob ich so eine Fahrt noch einmal machen wollen würde? Auf jeden Fall. Gerne auch ohne zusätzliche Überstunden gutgeschrieben zu bekommen. Wir bekommen den halben Donnerstag, den Rückkehrtag und den Freitag zum Ausgleich frei. Für mich ist das absolut in Ordnung. Die Frage ist eher, ob das jeder Kindergarten anbieten würde. Wohl eher nicht.

Ich glaube, dass es in erster Linie am Betreuungsproblem der eigenen Kinder vom Personal und eventuell auch an der Bereitschaft zu einer solchen oftmals mühsamen Fahrt mit wenig Schlaf scheitert. Zudem bildet dieses Abenteuer viele Hürden: Der Transport mit öffentlichen Verkehrsmitteln, Wanderungen in neuen Gebieten mit allen Kindern, mögliche Krankheitsfälle, Heimweh, Schlafen in Hochbetten, den stetigen Überblick über alle Kinder etc. Schlussendlich entscheidet jede Kindertagesstätte für sich selbst, ob es eine solche oder ähnliche Fahrt anbietet, und wägt dabei die Vorteile und den entsprechenden Mehraufwand ab.

Die nächsten Wochen verlaufen wieder etwas ruhiger. Jeden Tag haben wir zwar immer gut zu tun, aber es laufen keine Großprojekte. Die Meisen Anton und Antonia sind nun auch von dannen und alle kleinen Meisen sind mit weggeflogen. Die Natur nimmt ihren Lauf.

Heute steht ein Bewerberelternabend an, das heißt, dass sich Eltern vorstellen, um für das kommende Kindergartenjahr einen Platz für ihr Kind zu bekommen. Hier in der Initiative werden nämlich die Eltern die kommenden Eltern auswählen. Eine Vorauswahl hat netterweise Frau

Einhundertprozent getroffen. Und so starten wir den Abend an einer langen Tafel. Es ist witzig mit anzusehen, wie die Businessväter und gutgekleidete Mütter auf den Ministühlen Platz nehmen. Ich stelle mir wiedermal wegen der Ähnlichkeit ihr Kind an deren Stelle vor und versuche das Verhalten des Kindes auf die Eltern zu übertragen. Das Kopfkino sorgt für innerliche Lacher.

Nun gut, wir sind vollständig. Ein Mix aus neuen und alten Eltern. Erstaunlich ist, dass hier im Kindergarten trotz der regelmäßigen Zusammentreffen an den Elternabenden immer so gut wie alle anwesend sind. Man spürt es jederzeit, wenn die Elternschaft mit ins Boot genommen wird und Entscheidungen fällen müssen, die das Kind betreffen.

Wir starten mit einer Vorstellungsrunde. Die alten Eltern fassen sich kurz, die Bewerbereltern eher lang. Jeder weiß, je mehr Gutes man über sich erzählt, desto besser sind die Chancen einen Platz zu bekommen. Und somit fallen Sätze wie „Mein Kind ist schon sehr selbstständig“, „Mein Kind hört und sieht man am Tag kaum, völlig stressfrei“, „Wir kommen jeden Tag beim Spazieren hier am Kindergarten vorbei und mein Sohn will unbedingt hier hin“ und „Ich habe gute Connections zu einem Spielwarenhandel. Da könnte ich etwas organisieren“. Es ist erstaunlich, wie krass es auf dem Kindergartenplatzmarkt zugeht. Jeder versucht sich ins beste Licht zu rücken. Eine Mutter gibt sogar ein Foto ihrer Tochter herum, um dem Kind ein Gesicht zu geben und vielleicht über diese Art die Entscheidung der Eltern zu beeinflussen. Für mich ist das alles eine sehr erschreckende und traurige Atmosphäre. Wichtig hierbei sind auch immer die Berufe der Eltern. Anders als in gewöhnlichen Kindergärten ist hier in der Elterninitiative die Mitarbeit der Eltern erwünscht und zwingend notwendig. Jeder hat gewisse Elternstunden im Kindergartenjahr zu verrichten und sollte natürlich dies tun, was er am besten kann und vielleicht sogar beruflich gelernt hat. Somit haben Handwerker, also Macher, hier bessere Karten. Aber mit am Wichtigsten sind natürlich das Alter und das Geschlecht der neuen Kinder. Es muss in das Raster der Gruppe passen. Bestenfalls hat die Gruppe sechs Dreijährige, sechs Vierjährige und sechs Fünfjährige. Ebenso sollte die Geschlechterverteilung in etwa gleich sein. Demnach muss bei der Neuvergabe der Plätze genau geplant und geschaut werden, wen man aufnimmt und wen eben leider nicht.

Es ertönt ein Handy. Die Handtasche vibriert. Dreimal kann die Mutter den Anruf wegdrücken, ohne dass es zu viele mitbekommen. Bloß nicht negativ auffallen heißt es für sie. Doch beim vierten Mal bemerken mehrere Kindergarteneltern den Anruf und erlauben selbstverständlich ans Handy zu gehen.

„Ja bitte? Es ist gerade sehr ungünstig. Oh ... echt? Nein, das darf nicht wahr sein! Ok ... ok ... bis gleich", hören wir beim kurzen Telefonat mit.

Die Mutter bricht in Tränen aus und teilt uns den Gegenpart des Telefonats mit. Ihre Babysitterin hat angerufen und Bescheid gegeben, dass der Kleine gestolpert ist und sich dabei eventuell einen Zahn ausgeschlagen hat. Wir zeigen uns alle verständnisvoll, aber die Mutter ist untröstlich. Für sie ist die Chance hier einen Platz zu bekommen in dieser Sekunde schlechter geworden, da sie nun die Vorstellungsrunde verlassen muss, um bei ihrem Sohn sein zu können. Ich spüre den Druck, der auf den Eltern lastet. Der Abend nimmt nun weiter seinen Lauf, auch ohne sie. Wir kommen ins Gespräch und verabschieden kurz darauf die restlichen Eltern, um intern darüber abzustimmen, wer nun einen Platz bekommt und wer nicht. Es wird heiß diskutiert und zum Schluss steht fest: Drei der sechs Familien haben eine Zusage bekommen und werden sofort angerufen. Den anderen drei Familien, die den Platz leider nicht bekommen haben, wird ebenfalls Bescheid gegeben. Für diesen Job gibt es verständlicherweise weniger Freiwillige.

Alles in allem war das eine sehr erfahrungsreiche und gleichzeitig erschreckende Situation. Mir war nie so deutlich bewusst, was Eltern alles über sich ergehen lassen müssen. Das ist ja schlimmer als in einer Bewerbungsphase auf dem Arbeitsmarkt. Frau Einhundertprozent teilt mir auf dem Nachhauseweg mit, dass es auch schon Familien gab, die ganze Bewerbungsmappen mit Anschreiben abgegeben haben, in denen sie von den Fähigkeiten und Eigenschaften des Kindes berichteten. In meinen Augen ist es eine sehr traurige Entwicklung, wenn das Tun des Kindes protokolliert werden muss, nur das Schönste niedergeschrieben wird und man sich als Elternteil verleiten lässt, sich hiermit zu profilieren. Man sucht sich seine Eltern nicht aus, teilte mir die Macherin einmal mit. Der Satz enthält viel Wahres.

Eines Morgens kommt einer der Fußballjungs an, bekennender Dortmund-Fan, und ist zutiefst traurig, dass der Nationalspieler Mario Götze sich verletzt hat.

„Hast du das mit Mario Götze gehört? Das ist doch traurig, oder?", fragt er mich als erstes, als er den Kindergarten morgens betritt.

„Ja, er ist nun die nächsten Wochen erst einmal verletzt. Aber das kommt beim Fußballspielen eben auch mal vor."

„Ja, aber das hat der nicht verdient, sagt mein Papa. Und ich finde das auch. Der ist doch so jung."

„Da hast du Recht. Sowas wünscht man Keinem."

„Am liebsten würde ich ihm eine Grußkarte schicken", teilt er mit.

Ganz im Sinne der Macherin frage ich: „Warum eigentlich nicht? Lass uns ihm einen Brief schreiben."

Mit einem Blatt und einem Stift bewaffnet, schreiten wir zur Tat.

„So, dann jetzt erstmal die Begrüßung. Das kommt bei einem Brief als erstes."

„Ja gut, okay. Also: *Hallo Mario Götze*", schlägt er vor.

„Hm, üblich ist *Lieber Mario Götze*", gestehe ich und frage mich gerade, wieso ich einem Kind beibringe, was von der Gesellschaft wieso auch immer üblicherweise gemacht wird.

„Ja, aber wissen wir, ob der lieb ist? Da passt *Lieber* nicht. Oder etwa doch? Was meinst du?", fragt er mich.

Das Ganze geht geschlagene zehn Minuten so weiter. Ich spiele dieses kindliche Dilemma mit und lasse ihn selbst seine Erfahrungen machen. Am Ende entsteht ein Brief, den ich nicht vorenthalten möchte:

Hallo Mario Götze,
ich bin Max aus dem Kindergarten. Ich bin schon sechs Jahre alt. Mir tut es leid, dass du dich verletzt hast und ich hoffe, dass du schnell wieder gesund wirst. Wer soll denn bei Dortmund sonst die Tore schießen? Ich übe jeden Tag im Kindergarten und möchte irgendwann, wenn ich groß bin, auch Fußballer werden. Bitte halt mir einen Platz frei und sag dem Weidenfeller, dass der super ist.

Liebe Grüße und werde schnell wieder gesund. – Max

Nachdem ich den Brief am Mittag zu Händen an Jürgen Klopp persönlich verschickt habe, kam kurze Zeit darauf eine von Mario Götze unterschriebene Autogrammkarte zurück mit „Liebe Grüße an Max". Man kann sich vorstellen, wie sehr er aus dem Häuschen war. Mich freut es ebenso aus vielerlei Hinsicht. Zum einen macht es mich glücklich, dass das Kind sich über so eine unerwartete Geste freut, zum anderen bin ich stolz darauf, dass ich spontan gehandelt habe und daraus direkt eine Resonanz gefolgt ist.

Das Jahr wird hier im Kindergarten mit einem weiteren Event abgerundet: Die Kindergartenübernachtung. Alle Kinder übernachten wahlweise in Zelten oder im Kindergarten und bleiben von morgens bis zum nächsten Morgen. Ab dem Frühstück des Folgetages ist dann für alle frei und Erholung für die Erwachsenen angesagt. Neben einem Grillabend, einem kleinen Feuerwerk von der Macherin mit Silvesterüberresten, einer Kinderdisko und einer Glühwürmchensuche steht auch eine Aftershowparty für uns Erwachsene an. Hier will ich bleiben, denke ich mir. Zu schade, dass ich bald schon den Kindergarten verlassen werde.

Nachdem wir völlig übermüdet einschlafen, werde ich von so vielen Sachen auf einmal gestört. Es gibt drei Zelte: Das eine bezog die Macherin, das andere ich und das zwischen uns einige Kinder. In jedem der Zelte sind etwa zwei bis vier Kinder. Frau Unscheinbar und Frau Einhundertprozent übernachten mit einigen Kindern im Haus. Der nächste Morgen startet früher als gedacht. Schon ist ein Kind wach und äußert das auch bemerkbar. Mit einem „Pst" zische ich das Kind ruhig. Das verschafft mir aber bloß zwanzig Sekunden Ruhe. Das wird nun mehrere Male wiederholt. Irgendwann gebe ich es auf. Mit einem Ohr nehme ich wahr, dass zwei Kinder aus meinem Zelt ins Kinderzelt gehen. Dort scheint eine kleine Party zu steigen. Die Kinder spielen in dem zwei mal zwei Meter Zelt fangen. Geschätzt zehn von ihnen sind nun dort versammelt. Die Kinder haben riesigen Spaß, sind aber auch irre laut für diese Uhrzeit. Ich bin aber zu müde, um etwas zu sagen. Es ist schon halb sechs und ich habe noch nicht einmal zwei Stunden geschlafen. Nun ja, selbst schuld. Die Macherin übernimmt das Wort. Ich döse ein und wache erst wieder auf, als alles leise ist. Scheinbar sind nun alle schon drinnen am Frühstücken. Ich stoße recht verschlafen dazu und bin einfach nur froh diese Menschen beim Aufwachen als erstes zu sehen.

So langsam steht für mich eine Angelegenheit an, um die ich mich ungern kümmern möchte, aber doch schließlich in Angriff nehmen muss: Eine neue Stelle suchen. Ich befasse mich nur nebensächlich mit dem Thema. Dadurch, dass ich als Mann in einem dermaßen frauenlastigen Beruf arbeite, habe ich als Exot die Qual der Wahl. Es gibt zwar Einrichtungen, die schlichtweg keine Männer in ihrem Kindergarten haben wollen, aber die Mehrheit ist sehr dankbar dafür. Von einer Freundin erfuhr ich damals per Zufall, dass ihre Chefin in der Bewerbungsphase die Mappen der männlichen Bewerber zur Seite genommen hatte und diese ohne sie zu lesen wieder zurückschickte. Eine absolute Frechheit. Aber scheinbar ist so mancher unter uns noch nicht tolerant genug für diesen Schritt. Ich überwinde mich und verfasse eine Bewerbung. In ihr finden sich alle nennenswerten Erfahrungen wieder, die meine Fähigkeiten und Einstellung haben reifer werden lassen. Schnell bekomme ich eine Einladung zu einem Vorstellungsgespräch, das ich auch wahrnehmen möchte. Was bleibt mir anderes übrig? Es ist ebenfalls eine Elterninitiative. Schließlich habe ich hier die besten Erfahrungen meines Berufsweges gemacht. Im Gegensatz zu diesem Kindergarten ist der andere sogar recht nahegelegen zu meinem Wohnort.

Mit dem Fahrrad erreiche ich den Kindergarten und stehe vor einem großen blickdichten Metalltor, auf dem steht: „Kindergarten. Betreuung von Kindergartenkindern und Hort". Sehr skurril. Ich klingle und mir wird aufgemacht. Über eine kleine Rampe im Innenhof gehe ich zum eigentlichen Kindergarteneingang. Es ist seelenruhig. Ist vielleicht nur noch die Leitung da? Sind alle Kinder schon weg? Wir haben immerhin schon halb fünf. Ich betrete den Kindergarten und stehe in einem Flur, in dem die Garderobe der Kinder zu sein scheint. Es wirkt recht lieblos, ohne Stil und mit viel Plastik. Im ersten Moment weiß ich nicht, ob ich in einem Kindergarten bin oder in einem Lagerraum eines Geschäftes, den man eher weniger zu Gesicht bekommen sollte. Ich überlege wieder rauszugehen, höre dann aber Kinder. Ein paar Stufen nach oben führt der Weg in den Garten, wo ein Mann mittleren Alters ein Kind auf dem Schoß hat und „Hoppe, Hoppe, Reiter" singt. Eine Kollegin von ihm und vier weitere Kinder sind ebenfalls im Garten. Als er mich sieht, erhebt er sich und stellt sich vor. Ach super, ein Erzieher. Das wäre dann mal ein männlicher Kollege. Ich wäge ab, gebe dem Laden eine Chance und bin erst einmal neutral zu diesem Kindergarten eingestellt. Er scheint zwar anders zu sein, als der, in dem ich derzeit bin, aber anders ist ja nicht immer direkt schlechter oder besser. Er begleitet mich netterweise ins Büro, wo auch schon eine Dame auf uns wartet.

„Ich habe die ganze Zeit gewartet. Es hat geklingelt und ich warte und warte. Aber da bist du ja, Hallo", faucht sie uns beide an, versucht es aber mit einem Zunge herausstrecken und Lächeln wieder zu verharmlosen. Ich kaufe es ihr nicht ab.

„Ach, ich mag dich doch auch", schmeißt der Erzieher ihr höchst ironisch und grinsend entgegen. Wir gehen in den Gesprächsraum neben dem Büro. An einem großen Tisch nehmen wir drei Platz.

Ohne sich vorzustellen, startet sie mit der Gesprächsführung. Es wirkt sehr amateurhaft.

„So, dann erzähl doch mal, was sind deine Schwächen?"

Gut, als Einstiegsfrage schon einmal sehr gewagt. Ich weiß immer noch nicht, wer die Frau überhaupt ist. Scheinbar die Leitung, aber ich weiß weder Namen noch Position.

„Ich würde sagen, dass ich so meine Zeit brauche, bis ich mich akklimatisiert habe. Ich bin auch eher eine ruhigere Natur, aber ob das gleich eine Schwäche ist weiß ich nicht. Ich ... ja ... hm ... muss mal überlegen. Mir fällt gerade nichts Weiteres ein."

Sie scheint ebenso überfragt zu sein, was nun der nächste Schritt wäre. Sie faucht in Richtung des Erziehers: „Jetzt mach du doch auch mal!"

Er übernimmt das Wort: „Und was sind deine Stärken?"

Ich hätte es mir fast denken können.

„Ich decke sehr gerne den motorischen Bereich ab. Derzeit arbeite ich in einem Kindergarten, in dem dieser Punkt ganz speziell angesteuert wird und ich daraus enorm profitiere. Auf Ihrer Homepage steht, dass Sie eine Turnhalle haben. Das ist super. Ebenso denke ich, dass ich jetzt in dem Jahr den Rundumblick verbessert habe und auch eine recht offenherzige Art habe."

Es herrscht Stille. Niemand weiß mehr, was er fragen soll. Ich stelle eine rhetorische Frage, um das notwendige Gespräch aufrecht zu erhalten: „Und das ist eine U3-Gruppe, in der ich eingesetzt werde?"

„Ach ja, genau. Also das ist so, dass du bis Dezember hier in der U3-Gruppe eingesetzt wirst und dann in die T1-Gruppe von zwei bis sechs Jahren eingeteilt wirst. Diese Gruppe ist im Nebengebäude mit separatem Eingang. Wir haben hier drei Gruppen. Eine U3, dann eine mit Kindern von drei bis sechs Jahren und eben Gruppe von zwei bis sechs Jahren nebenan. Der Herr hier am Tisch ist auch in der U3-Gruppe und wäre dann dein Kollege. Wenn keine weiteren Fragen sind, würde ich gerne einen Hospitationstermin mit dir ausmachen."

Mein Bauch sagt „Nein", mein Kopf sagt ebenfalls „Nein". Doch Anschauen schadet nicht und folglich sage ich „Ja". Ich beginne es zu bereuen, aber was bleibt mir schon übrig? Und so sitze ich nun wenige Tage nach dem Gespräch auf dem Fahrrad Richtung Kindergarten, der eventuell meine neue Station werden soll. Mein Bauchgefühl hat sich immer noch nicht geändert, mein Kopf hingegen gibt dem Ganzen hier eine Chance. Gegen zehn Uhr komme ich an. Ich gehe die Rampe hinter dem Eingangstor hinunter und stehe vor der Kindergartentür. Es kann losgehen. Ich betrete den Flur und klopfe an die Tür direkt um die Ecke. Das ist scheinbar die U3-Gruppe, in der ich heute hospitieren soll und wohlmöglich ab Sommer arbeiten werde. Ich mache die Tür auf und stehe mitten im Geschehen. Es ist verhältnismäßig ruhig. Immerhin sind hier zehn Kinder unter drei Jahren. Neben den vielen Krabblern nehme ich drei Erwachsene wahr. Den Erzieher aus dem Vorstellungsgespräch, eine stark übergewichtige Frau und eine sehr, sehr dünne Frau. Beide Damen wirken auf mich wenig professionell. Ich muss überlegen und denke, dass es wohl an deren Haltung, Mimik und Gestik liegt. Sie wirken recht gelangweilt und stehen eben tatenlos im Raum herum. Das Leben hier in der Gruppe spielt sich aber auf dem Boden ab. Ich begrüße alle formgerecht und folge den Anweisungen des Erziehers, den ich auf Grund des derzeitigen Gruppenzustands gerne in Gedanken Herr Überfordert nenne. Es sieht schlichtweg unordentlich aus. Und da meine ich nicht Waldorfkindergarten-blaue-Gruppe-unordentlich, sondern alle Ablagen der Erwachsenen sind zugemüllt und total unorganisiert. Es wirkt wie der Arbeitsplatz eines armen Schluckers, der den Schreibtisch voll Arbeit hat, jedoch bisher nie dazu kam es abzuarbeiten, während immer neue Sachen nachrücken.

Und hier und da auch das ein oder andere U3-Kind. Ich fühle mich in der Gruppe recht unwohl. In der Mitte steht der Frühstückstisch, an dem die Kinder eigenständig frühstücken dürfen. Ein etwa zehn Monate altes Baby tut dies auch. Mich wundert es, wieso kein Erwachsener das Kind füttert. Es stehen ausschließlich Brötchen und ein Aufschnittteller auf dem Tisch. Es wirkt sehr lieblos. Nun ja, ich bin ja hier nicht nur, um mir einen Eindruck zu machen, sondern auch, damit die sich von mir einen Eindruck machen können. Also krieche ich auf den Bauteppich und geselle mich zu einem blonden zweijährigen Mädchen. Es hat ein ruhiges Wesen und lächelt mich an. Wir bauen aus Duplo einen Turm, den sie mit einem breiten Grinsen kurz darauf wieder zunichtemacht. Dann bauen wir ihn erneut auf. Das wiederholt sich einige Male, sodass auch mehrere Kinder hinzustoßen. Ich komme mit den Kindern, speziell dem Mädchen gut ins Gespräch. Wir stellen uns gegenseitig vor und spielen währenddessen weiter. Die ganze Zeit stehen Herr Überfordert und die übergewichtige Erzieherin einen Meter neben mir. Ich nehme aber bloß deren Beine wahr, denn andauernd hochzuschauen, ist mir zu blöd.

„Wie hast du das denn gemacht?", fragt mich Herr Überfordert im geschockten und überfragten Ton.

„Wie habe ich was gemacht?", frage ich ihn zurück.

„Die hat bisher noch nie gesprochen. Wir hatten sogar Gespräche mit den Eltern, weil wir vermutet haben, sie sei stumm. Und plötzlich spricht sie mit dir, obwohl du neu bist. Wie geht das denn?"

Ich bin ein wenig überfragt, fühle mich aber sehr darin bestärkt hier weiter zu machen und in Kontakt mit den Kindern zu kommen. Nebenbei nehme ich ein zehn Monate altes Baby wahr, das sich mittlerweile aus dem Stuhl gerobbt hat und auf dem Boden unter dem Tisch wie ein Hund die Reste der anderen Kinder aufisst. Ich bin irritiert. Es scheint hier niemanden zu stören, beziehungsweise es nimmt wohl keiner wahr. Die sehr dünne Erzieherin kommt wieder zur Tür hinein. Mit einer Flasche Cola und einem Nutellastuten, den sie sich oben in der Kindergartenküche geschmiert hat, verläuft sie sich zu uns. Sie isst im Stehen, krümelt dabei recht große Stücke Stuten auf den Boden, was dann wiederum das Baby aufisst. Sie nimmt es wahr, nachdem ich penetrant zum Baby gucke.

„Ach, du Kleine. Sag doch, wenn du auch was willst", und fängt gemeinsam mit der übergewichtigen Erzieherin an zu lachen, da das Baby schließlich noch nicht sprechen kann.

Sie reißt dem Kind ein Stück von ihrem abgebissenen Nutellastuten ab und füttert es, ähnlich, wie man ein Reh im Streichelzoo füttert. Ich kann da nicht hingucken. Was wird hier vermittelt? Wofür steht dieser Verein hier? Herr Überfordert zieht mich wenige Minuten später zur Seite und sagt mir in einem Gespräch, dass sie derzeit keine Leitung haben und auf der Suche sind. Er teilt mir ebenso mit, dass er die Gruppe quasi alleine führt und eigentlich noch im Anerkennungsjahr ist. Er hat große Pläne, scheint sich aber zu viel auf einmal alleine aufzubrummen, wie ich merke.

„Dementsprechend sieht es hier so aus", denke ich mir.

Ich befürchte, er nimmt das schon gar nicht mehr wahr. Er erzählt mir ebenfalls, dass er sehr froh wäre, wenn ich hier anfangen würde. Ich hingegen halte mich neutral und nicke, denke mir aber „Auf gar keinen Fall werde ich das tun".

Nun wollen wir alle in den Garten gehen. Man kann die Nebengruppe in der Garderobe vor der Tür hören, wie sie sich in der Sammelgarderobe für beide Gruppen umziehen. Aufräumen ist hier eher weniger angesagt. Das scheint man eventuell später oder gar nicht zu machen. Ich für meinen Teil räume mit dem Mädchen unsere Duplosteine weg. Wohin aber? Alle Plastikbehälter sind kunterbunt gemischt. Die dünne Erzieherin sagt mir: „Ach, das ist egal. Tu einfach da rein wo Platz ist." Das scheint das Motto dieser Gruppe zu sein.

Als wir nun nach einem Anziehmarathon über die drei Stufen den Garten betreten, atme ich tief ein, um das Erlebte zu verdauen. Nun nehme ich den Garten wahr, der eigentlich nicht als solcher zu bezeichnen ist. Es ist eigentlich ein quadratischer Hinterhof in der Größe eines etwa 80 m^2 großen Schrebergartens. Auf dem Grundstück stehen ein hohes Klettergerüst mit Rutsche, ein Geräteschuppen und ein verhältnismäßig großer Sandkasten mit integrierter Matschanlage. An manchen Stellen sind sogar noch Rasenfetzen zu sehen, die von den Kindern noch nicht abgelaufen worden sind. Selbstverständlich hält auf so wenig Fläche, auf der fünfunddreißig Kinder spielen, kein Rasen. Ich lerne meinen derzeitigen Traumkindergarten immer mehr zu schätzen, in dem achtzehn Kinder abzüglich des Hauses locker das Zehnfache an Platz zum Spielen haben. Ach ja, zudem befindet sich im Garten eine Holzbank, auf der sich wie die Hühner auf der Stange vier Erzieherinnen pressen. Alle weiteren, die keinen Platz haben, stellen sich daneben und hoffen, dass man ziemlich bald nachrücken kann, sobald jemand aufsteht. Ich will am ersten Tag natürlich auch Kontakt zum Team aufbauen und stelle mich in die Runde, oder besser gesagt in die Reihe. Es wird niveaulos gelästert, was das Zeug hält. Eine ehemalige Erzieherin, die ich Frau Lustlos nennen muss, betritt das, was alle als Garten bezeichnen. Sie trägt eine Miene zur Schau, mit der man sich nur Feinde machen kann, und mit einen breiten Gang, der nach Auf-dicke-Hosen-machen aussieht. Kurz darauf wird mir bewusst, dass die Frau schwanger zu sein scheint. In Gedanken entschuldige ich mich bei ihr. Sie umarmt alle Kolleginnen und gibt Herrn Überfordert und mir die Hand. Die zwei scheinen sich noch nicht zu kennen.

„Wo ist eigentlich die Jasmin?", fragt sie in die Reihe.

Eine Erzieherin zeigt mit dem Finger auf das etwa zwei Meter entfernte Baby, das in der Gruppe unter dem Frühstückstisch gefuttert hat.

„Boah, ist die fett geworden!", schreit sie lautstark und fassungslos in den Garten. Einige Kinder drehen sich um, andere nehmen es wahr, lassen sich aber nicht stören und spielen weiter. Die Kolleginnen tratschen nun über einige Kinder und über Dinge, die die letzten Monate in ihrer Abwesenheit passiert sind. Ich hingegen bin geschockt. Was haben die für ein Bild vom Kind? Es scheint das absolute Gegenteil von meinem jetzigen Kindergarten zu sein. Für mich hat sich dieser Kindergarten erledigt. Ich will hier weg und sofort in meinen Kindergarten zurück, in dem ich derzeit das Anerkennungsjahr mache. Ich kapsle mich schon einmal von der Erwachsenengruppe ab und setze mich auf die Kante des Sandkastens, um weiter Kontakt zu den Kindern aufzubauen. Nicht, dass es von zukünftigen Belangen ist, aber ich will nicht mit solchen Leuten über solche Themen sprechen. Die Frau, die mit mir das Vorstellungsgespräch führte, kommt ebenfalls in den Garten. Aus dem Gespräch heraus erfahre ich, dass sie die stellvertretende Leitung und ebenso Erzieherin ist. Sie winkt mich zu sich und wir verschwinden ins Büro. Nach einem kurzen knackigen Gespräch an der Oberfläche des zu Sagenden lädt sie mich zu einem weiteren Hospitationstag in der anderen Gruppe ein, in der ich dann ab Dezember arbeiten würde. Das ist dann wohl die Gruppe, die im Nebengebäude ist. Ich bin kurz davor mich herauszureden, sage ihr aber zu, dass ich kommen werde. In Gedanken steht für mich aber bereits so gut wie fest, dass ich den Tag nicht dort antreten werde. Mir fehlt einfach in diesem Moment der Mut ihr abzusagen. Somit werde ich morgen dort anrufen und den Termin per Telefon absagen. Ich verabschiede mich und denke mir zugleich: Dieses Gesicht werde ich wohl nie wiedersehen. Aber man sieht sich bekanntlich immer zweimal im Leben.

Im Anschluss gehe ich zurück in meinen Traumkindergarten. Ich berichte Frau Einhundertprozent, der Macherin und Frau Unscheinbar von meinem Hospitationstag. So recht können sie nicht verstehen, ob es so eine Einstellung in Bezug auf Kinder wirklich geben kann. Mir fällt es nicht sonderlich einfach zu berichten. Innerlich bin ich noch geladen und sauer, wie dort mit den Kindern umgegangen wird. Schließlich lernt man durch Vorbilder. Mein Gemütszustand schwappt ein bisschen in Traurigkeit um. Nicht nur, weil es den Kindern dort nicht gut geht, sondern auch, weil es für mich bedeutet, dass ich eine weitere Bewerbung schreiben muss und einen halben Überstundentag verschenkt habe. Am Nachmittag sehe ich zudem noch den Pädagogikguru, die ihren Enkel abholt. Ich erzähle ihr von dem Tag und bin mittlerweile etwas zwiegespalten, ob ich dem Kindergarten noch eine Chance geben soll. Schließlich kann die andere Gruppe ja komplett anders sein. Der Pädagogikguru war schon sehr lange nicht mehr in diesem Kindergarten zu Besuch, daher kann sie mir nicht sagen, wer mittlerweile dort arbeitet und wie die Erzieher dort drauf sind.

„Wichtig ist einfach, dass du auf deinen Bauch hörst. Wenn er dir irgendein Zeichen gibt, dass du hier selber als Kind nicht gerne wärst, dann lass es lieber bleiben!".

Diesen Rat nehme ich mir zu Herzen. Er hat so viel Wahres und doch denke ich an die Kinder, die keine Wahl haben, aber dort sein müssen. Wäre das nicht für mich die Möglichkeit, ihnen eine schöne Zeit zu schenken? Wieso möchte ich weglaufen, anstatt zu helfen? Muss nicht gewissen Erzieherinnen das Handwerk gelegt werden? Ich entschließe mich, der anderen Gruppe eine Chance zu geben und opfere einen weiteren halben Überstundentag.

Hier bei uns im Kindergarten läuten so langsam die Glocken des Abschiedes. Es liegt in der Luft, ich kann es spüren. Frau Einhundertprozent fragt die Vorschulkinder, was für Schultüten sie denn gerne hätten. Hier ist es nämlich Tradition, dass die Erzieherinnen den Vorschulkindern eine eigene Schultüte basteln. Darin steckt dann immer sehr viel Zeit und Herzblut. Ich darf mich um eine Fußballschultüte kümmern. Das wird mit Hilfe der Macherin schon klappen.

Zwei Tage darauf trete ich meine zweite Hospitation in dem Gruselkindergarten an. Nachdem ich neben der Glastür die Klingel betätigt habe, öffnet mir eine gutgelaunte und lächelnde Erzieherin die Tür.

„Du musst der Hospitant sein, wir haben schon auf dich gewartet", begrüßt sie mich.

Sie zeigt mir einen Platz, wo ich meine Sachen hinhängen kann, und führt mich im Kindergarten herum. Es wirkt von den Räumlichkeiten wie auch von der Atmosphäre deutlich angenehmer als im anderen Gebäude. Hier sieht es nach Kindergarten aus und es fühlt sich auch so an. Zudem stellt sie mir noch ihr Team vor, das ebenfalls motiviert zu sein scheint. Wir sind alle schnell per du.

„Also, wir würden uns jetzt ein wenig herausziehen und dich mal ein wenig im Kontakt mit den Kindern beobachten. Ich weiß, das ist immer eine blöde Situation, aber das wird schon. Fühl dich nur nicht zu sehr beobachtet", erklärt sie mir lächelnd.

Schnell kommt ein Kind zu mir. Wir reden ein wenig und sortieren Steine im Garten, die ähnlich aussehen. Das zieht natürlich mit der Zeit wie von selbst weitere Kinder zu uns. Es wirkt harmonisch. Allein der Garten ist ein starker Kontrast zur anderen Gruppe. Hier blühen Blumen, es ist deutlich grüner und die Kinderdichte ist nicht so extrem wie vor zwei Tagen im anderen Gebäude. Ich fühle mich wohl. Auch, so scheint es, können die Kinder wie in meinem jetzigen Kindergarten in den Garten gehen wann sie wollen, jedenfalls im Sommer. Nach knappen eineinhalb Stunden verabschiede ich mich mit einem positiven Gefühl und bin froh darüber, diese Überstunden letzten Endes doch noch geopfert zu haben. Ich bin wieder einmal überrascht, wie stark sich Gruppen voneinander unterscheiden können. In der einen geht es scheinbar sehr professionell zu, in der anderen ist es die reinste Hölle. Mit dem Versprechen ab Dezember in dieser Gruppe arbeiten zu dürfen, unterschreibe ich kurz darauf den Vertrag und binde mich erst einmal für ein Jahr.

Die letzten Tage im Kindergarten sind das reinste Dilemma. Ich bin sehr traurig darüber, gehen zu müssen. Ebenso ist die gesamte Elternschaft sehr traurig darüber. Am Nachmittag meines letzten Tages werde ich im Kindergartenhaus von allen Eltern überrascht. Ich wunderte mich bereits, wieso alle zeitgleich ihre Kinder abholen kommen. Sie überreichen mir viele Geschenke, Fotos und umarmen mich innig. Einige von ihnen weinen sogar Rotz und Wasser. Wie einst am Anfang meiner Vorstellung beim Sommerfest stehe ich nun beim Abschied ebenfalls im Mittelpunkt. Ich kann es aber mittlerweile besser aushalten. Weil es die letzte Stunde meines Arbeitsverhältnisses ist, überreiche ich nun den Kindergartenschlüssel an Frau Einhundertprozent. Für mich und einige Mütter ist das wegen seiner symbolischen Kraft fast der traurigste Moment. Es ist erst dann vorbei, wenn man den Schlüssel abgeben muss. Und dieser Moment ist jetzt. Mit zwei großen blauen Tüten, gefüllt mit Abschiedsgeschenken, verlasse ich den Kindergarten. Ich habe dort die bisher schönste Zeit verbracht. Ich lasse nicht nur liebe und offenherzige Kinder zurück, sondern auch ebenso tolle Kolleginnen und Eltern. Eine Familie auf Zeit – das ist ein Glück und Fluch zugleich. Jeder Kindergarten, der nun kommt, kann doch im Vergleich nur verlieren. Die kälteste Dusche wird wohl meine U3-Gruppe sein, in der ich bis Dezember arbeiten werde. Leider verpasse ich das diesjährige Sommerfest, weil ich die letzte Woche in den verlängerten Urlaub fahre, um eine etwas längere Reise antreten zu können.

Ich denke zurück an die vielen Gespräche mit Kindern und Kolleginnen, an die Herzlichkeit, die einem stets entgegengebracht wurde und an die vielen Kinder, denen ich teils auch auf Wunsch der Eltern das Fahrradfahren beigebracht habe. Diese Herzlichkeit untereinander in dieser Elterninitiative hat jeder von uns jederzeit gespürt. Nicht zuletzt deswegen sind auf unserer Jugendherbergsfahrt alle Kinder angetreten und keines hatte Heimweh. Ich habe hier schnell meine eigene Rolle gefunden. Frau Unscheinbar war für den gesamten musikalischen Bereich zuständig, die Macherin für das

Handwerkliche und den grenzenlosen Spaß, ebenso übernahm sie in der Vorschulgruppe den Holz- und Kochkurs, und Frau Einhundertprozent war für den kreativen Part und die Gruppenführung an sich verantwortlich. Jeder hatte seine Aufgabe und meine war es, mir die vielseitigen Schwerpunkte genauer anzusehen und mich diesen Erfahrungen anzunähern. Ich habe erlebt, wie ehemalige Kinder, die schon teilweise seit mehreren Jahren aus dem Kindergarten raus sind, diesen in den Schulferien besuchen kommen. Das gesamte Team empfing jedes der ehemaligen Kinder mit offenen Armen. Deren Motto war: Je mehr, desto besser. Und für gute Freunde ist immer Platz. Man wuchs auf wie in einer Familie. Ich finde es dennoch erstaunlich. Einst traf ich Kindergartenkinder aus dem Waldorfkindergarten, die mittlerweile in die Schule gingen. Es machte sich ein Gefühl von Scham im Kind breit, als sie mich sahen. Deren Blick sagte: „Sprich mich jetzt bitte bloß nicht vor meinen neuen Schulfreunden an. Das ist peinlich, wenn wir uns über den Kindergarten unterhalten." Hier hingegen bringen Ehemalige ihre Schulfreunde mit in den Kindergarten. Es wirkt in sich geschlossen. An einem Tag kam ein Dreijähriger zu mir und meinte: „Ich gehe mal ins Wohnzimmer, mal gucken wer da so ist." Ich musste schmunzeln. An sich war es ja auch ein Einfamilienhaus, das umgerüstet wurde. Aber in einem Einrichtungskindergarten habe ich es bisher nie erleben können, dass ein Kind auf die Idee käme den Gruppenraum als Wohnzimmer zu bezeichnen.

Neben einigen Babysitterjobs, die ich halte, um einfach im Kontakt zu bleiben, habe ich ebenso viele Freunde hier kennengelernt, z.B. Frau Einhundertprozent, die mich zwar während des ganzen Kindergartenjahres nie lobte, aber stets ein offenes Ohr für mich hatte und mich bei allen Angeboten positiv und ehrlich begleitet hat sowie Frau Unscheinbar, die ich täglich immer intensiver zu schätzen wusste und die als Bindeglied zwischen den pädagogischen Ansichten von Frau Einhundertprozent und der Macherin fungierte und die Macherin, die mich täglich verzaubert hat. Mit ihrer ehrlichen und direkten Art hat sie sich für mich sehr schnell als einen sehr wichtigen Menschen in meinem Leben herauskristallisiert. Ich versuche immer so motiviert und engagiert zu sein wie dieses Dreiergespann. Auch wenn es gelegentlich Unstimmigkeiten gab, so hat man immer als Wand zusammengestanden, wenn es darum ging pädagogisch zu handeln und vor den Eltern präsent zu sein. Nichts wurde nach außen getragen, was da nicht hingehörte. Das nenne ich Professionalität. Ebenso nehme ich mit, dass man sich stets selbst reflektieren und den Kindern auf Augenhöhe begegnen sollte, was im kommenden Jahr wohl ein sehr großes Thema werden könnte. Ich habe in diesem Jahr keinen Erwachsenen wertend, urteilend oder bestimmend reden hören. Ich habe auch gelernt wie wichtig es ist ein tolles Team hinter sich zu wissen. Ein gutes Team zeichnet sich dadurch aus, dass sie dich morgens innerhalb von fünf Sekunden dort abholen, wo du bist, und dich zum Lächeln bringen. Und dieses Gefühl hatte ich hier stetig. Es reichte freitags beispielsweise der Blick zur Macherin, wie sie mit der Eierliste die Bestellungen entgegennahm oder wie Frau Einhundertprozent mit einem Grinsen meine leicht schief hingelegten Frühstücksmesser gerade richtete oder Frau Unscheinbar, wie sie einmal die Woche meinen Kaffee mit einem Geschrei in die Spüle spuckte, weil es immer das falsche Kaffee-zu-Wasser-Verhältnis war. Besonders für mich als Azubi war das die tollste Prägung, die ich erleben durfte. Ich wurde perfekt angeleitet. Mir wurde genügend Raum gegeben, mich zu frei zu erproben, konnte aber auch einer engen Begleitung und einem ehrlichen Feedback begegnen.

Ich denke zurück an die vielen Stunden auf der Fußballwiese, die mittlerweile aussieht wie ein Acker, an die Lärmampel, die für eine Woche bei uns während des Mittagessens aufgestellt wurde, weil Frau Einhundertprozent sich über die Lautstärke an unserem Tisch beschwerte. Natürlich hat sie die Rechnung nicht mit der Macherin gemacht, die dieses Spiel mitspielte und das Besteck extra lauter hat auf den Porzellanteller fallen lassen, damit die Sirene angeht, was die Kinder deutlich amüsierte. Schön waren auch die beiden Arbeitswochenenden, an denen alle Eltern gemeinsam bei genügend Verpflegung den Kindergarten reparierten, herrichteten und gestrichen haben. Viele Hände, schnelles Ende. Was mir erst viel später bewusst wurde, war, dass ich während des gesamten Jahres keine einzige Pause gemacht habe, obwohl mir vom Team täglich die Möglichkeit gegeben wurde eine zu machen. Niemand hat hier je eine Pause gemacht. Ich will nicht sagen, dass es sich immer so anfühlte wie eine Pause, aber anders gesagt: Braucht man eine dreißigminütige

Pause, wenn man über einige Stunden hinweg mit seinen Freunden unterwegs ist? Und genau so habe ich mich dort durchweg gefühlt. Arbeit ist erst dann Arbeit, wenn es sich so anfühlt. Für mich war es ein Ort, an dem ich nette Leute treffe und gerne auch mal am Wochenende mit der Macherin etwas werkle.

Aus schulischer Sicht wurde ich fünfmal vom Pädagogikguru in ihrer offiziellen Rolle als Lehrerin besucht. Bei dem ersten Besuch unterhielten wir uns im Gesprächsraum über die verschiedenen Erwartungshaltungen aneinander. Beim zweiten bis vierten wurde ich bei Angeboten und Alltagssituationen beobachtet und beim fünften Besuch fand das Abschlussgespräch statt, bei dem ich auch die Endnote erhielt und die Note meines Kolloquiums. Das habe ich nämlich zum Ende des Kindergartenjahres ebenfalls noch ableisten müssen. Dieses Kolloquium wurde in Partnerarbeit mit einer Klassenkameradin bearbeitet. Unser Thema bezog sich auf das geschlechtliche Rollenverhalten und die Stigmatisierung der Gesellschaft. Wieder viel Schreiberei und Lernerei, um letzten Endes während einer fünfundvierzigminütigen mündlichen Prüfungsphase von vier Lehrern bewertet zu werden. Eine an sich ungemütliche Situation, jedoch mit der passenden Mitstreiterin und dem richtigen Thema die wohl beste und letzte schulische Präsentation des Lebens. Die Bühne der zur Schaustellung haben wir in den letzten Jahren vermehrt unter Beweis stellen müssen, die eben auch bei einer solchen mündlichen Prüfung im Raum steht. Während des gesamten Anerkennungsjahres haben wir ebenfalls Interessenblöcke wählen müssen, die uns dazu zwangen, an den Tagen nochmal in die Berufsschule zu kommen und an den Fortbildungen teilzunehmen. Es standen Blöcke zur Auswahl wie beispielsweise: Trommelworkshop, Elterngespräche in Konfliktsituationen, Erlebnispädagogik, Hochseilgarten, Geocaching, Meditation etc. Zudem musste ich während des Jahres bei zwei meiner Klassenkameradinnen hospitieren gehen. Das waren zum einen ein Betriebskindergarten und zum anderen eine Außenwohngruppe eines Kinder- und Jugendheims. Im Betriebskindergarten wurde mir ein nobler und perfekt strukturierter Kindergarten präsentiert. Hier hatte alles seinen Platz, die Flure waren sehr hell und breit und niemand musste sich in zu enge Garderoben quetschen. Ebenso war die Technik auf dem neusten Stand. Aushänge und Fotokollagen vom letzten Ausflug wurden nicht auf großen Pappen angefertigt, es reichte ein Stick in einem digitalen Informationsbilderrahmen, der in Dauerschleife alle Bilder abspulte. Die Erzieherinnen liefen deutlich besser angezogen herum, als ich in meinem derzeitigen Kindergarten. Für mich ein Hindernis, denn wie soll ich mich so uneingeschränkt auf dem Boden hocken, um einem Kind die Schleife zu binden oder mit ihm zu spielen? Die Außendarstellung ist hier sehr wichtig. Vom Standing war jede Erzieherin gefühlte Sozialpädagogin und hat sich auch dementsprechend präsentiert. Selbstverständlich wird man hier von den Eltern gesiezt und von den Kindern mit Nachnamen angesprochen. Bloß nicht zu viel Nähe schaffen. Nicht selten sind solche Betriebskindergärten mehrgruppig, was auf eine hohe Kinderdichte schließen lässt. Die Gärten sind schön anzuschauen, enthalten viel Rindenmulch, Beete und schöne metallische Spielgeräte. Meist sind in solchen Betriebskindergärten die Personalschlüssel sehr üppig, weil oft noch eine Muttersprachlerin, die den Kindergartenkindern die englische Sprache näherbringen soll, mit in der Gruppe eingesetzt wird. Zusätzlich gibt es dann oft noch Gelder für insgesamt bis zu vier Erzieher in einer Gruppe mit Kindern zwischen drei bis sechs Jahren. Ebenso ist es nicht selten, dass in solchen Einrichtungen fast durchgehend das sogenannte Qualitätsmanagement betrieben wird. Hierbei werden möglichst alle Gruppen und Einrichtungen auf den gleichen Stand gebracht. Formulare müssen ausgefüllt werden, um nachhaltig Statistiken, Abläufe und Qualität zu sichern. Welches Kind hat wie oft die Windel voll gehabt? Welche Gruppe ging heute mit wie vielen Kindern wohin, um einen Ausflug zu machen? Welche Gruppe hat schon länger keinen Ausflug mehr gemacht? In meinen Augen Zeitverschwendung. Lebe den Moment und halte doch bitte in diesem Bereich der Gesellschaft die Bürokratie, die nicht zwingend notwendig ist, vom Berufsalltag fern. Ich bekam jedoch bloß einen ersten und einzigen Eindruck von diesem Modell Kindergarten, als ich dort hospitiert habe. Aber mir wurde schnell klar, dass es keine Station sein wird, in der ich mich in Zukunft sehe. „Alles viel zu geleckt hier", würde die Macherin sagen.

Die Außenwohngruppe eines Heims war da schon etwas ganz Neues. Hier befanden sich acht männliche Kinder und Jugendliche in einem Haus. Oft teilten sich zwei etwa Gleichaltrige ein Zimmer. Das Verhältnis untereinander war familienähnlich und auf Augenhöhe. Die Aufgaben der Erzieher bestehen darin ein Auge auf die Entwicklung der Kinder und Jugendlichen zu halten und diese mitzugestalten. Hier ist niemand mit seinem Problem allein, es sei denn man möchte seine Ruhe haben. Eine in meinen Augen schwierige und anspruchsvolle Arbeit. Eine Phase, die Pubertät und Rebellion beinhaltet. Wie auch für den Kindergarten muss man hierfür gemacht sein. Durch die vielen Nachtschichten, die hier ebenfalls gemacht werden müssen, verdiente mein Klassenkamerad im Anerkennungsjahr schon um die 300,00 Euro netto mehr als ich. Mein Lohn lag bei um die 1.200 € netto. Die ersten beiden Ausbildungsjahre sind unbezahlt gewesen. Durch die Nachtschichten bekommt man in einer Außenwohngruppe recht schnell seine Stunden voll. Wo unsereiner seine neununddreißig Stunden an fünf Tagen die Woche ableistete, brauchte er nur zweieinhalb Tage, da er durch die Nachtschichten schnell im Halbschlaf sein Pensum erfüllte. Dennoch ist der Anspruch ein anderer und die Herausforderung im Umgang mit einigen auffälligen Jugendlichen auch manchmal größer. Er berichtete mir neulich von einer Auseinandersetzung mit einem Achtzehnjährigen, der wegen schlechter Laune die Möbel zerstörte. Daraufhin wurde mein Klassenkamerad von ihm geschlagen, was zwar einen Rausschmiss des Jugendlichen zur Folge hatte, aber immer im Hinterkopf bei zukünftigen Konflikten mitspielt. Eine, wie gesagt, sehr heftige Art von Arbeit, in der man stets eng mit dem Jugendamt zusammenarbeitet. Eine, in meinen Augen, schöne und sinnvolle Institution, aber keine Station, in der ich mich persönlich sehe.

Aus Eigenmotivation heraus habe ich für einen Tag während meines Anerkennungsjahres in einer U3-Einrichtung hospitiert, um genauer zu sein, bei einer Tagesmutter in der Großtagespflege, von der jährlich viele Kinder zu uns in den Kindergarten kommen. Vorgefunden habe ich ein großes Einfamilienhaus mit einem ziemlich großen Garten. Hier wurden zehn Kinder betreut, aber auch nicht jedes der Kinder täglich. Gearbeitet haben hier zweieinhalb Tagesmütter pro Tag. Ein recht guter Schlüssel. Die Kinder konnten, wie bei mir im Traumkindergarten, von den Erwachsenen begleitet rausgehen wann sie wollten. Im Garten selbst war eine riesige Koppel mit einem Pferd und zwei Ponys. Hier wurde zweimal die Woche auch Reiten für die Kleinen angeboten. Ebenso lebten dort zwei Hunde und zudem einige Kaninchen in einem Freilandgehege. Es wirkte sehr idyllisch. Hier in der Betreuung galten aber andere Gesetze. Feierabend war nicht, wenn das letzte Kind abgeholt wurde, sondern erst nachdem in der Nachbereitungszeit alle Tiere verpflegt worden waren. Überstunden wurden gar nicht festgehalten, weil alles im Sinne der Macherin freies Engagement war. Entweder man steht da zu einhundert Prozent hinter oder man sucht sich einfach etwas Neues. Reine Einstellungssache. Man hat gespürt, dass die Tagesmütter für den Beruf, für die Kinder, für die Tiere und für das Haus gelebt haben. Mit der Einstellung hier täglich seine acht Stunden voll zu kriegen, wäre sehr mühsam. Neu für mich war jedoch die Mittagsruhe, in der alle Kinder bis auf zwei schlafen gingen. Es war zwar so oder so schon ruhig hier, weil durch den vielen Platz alles entzerrt wurde, aber in dieser Phase war eine eineinhalbstündige Pause angesagt. Wir reflektierten, ich hörte zu wie die nächsten Tage geplant wurden und man tauschte sich auch mal über Privates aus. Es ähnelte einer Halbzeit beim Fußball. Ich bin dankbar für diese kostbare Erfahrung und packe sie in meinen immer vielseitiger werdenden Rucksack voller Erlebnisse.

Elterninitiative U3 – Schlimmer geht's immer

Der Tag der Tage ist gekommen. Auch wenn ich mich im ersten Jahr nach der abgeschlossenen Ausbildung befinde, strotze ich vor Selbstbewusstsein. Die Erfahrungen aus dem vergangenen Jahr wird mir so schnell niemand nehmen können. Ich muss einfach versuchen, so lange es geht meine gesunde Grundeinstellung beizubehalten. Ich fühle mich in meinem Denken so bestärkt, dass ich mir schnell zur Aufgabe nehme, den neuen Kindergarten nach meinen Vorstellungen zurechtzubiegen. Schließlich muss ich dort arbeiten und verkörpere die Gruppe mit dem, wofür ich stehe. Und mit dem, was sie derzeit ausstrahlt, sind meine Ansichten nicht vertreten. Also betrete ich gegen kurz vor neun Uhr die Einrichtung. Wie in einigen anderen Kindergärten gibt es auch hier eine morgendliche Auffanggruppe, in die die U3-Kinder und die Drei- bis Sechsjährigen in den Tag starten. Unglücklicherweise ist die Auffanggruppe in den Räumlichkeiten der T3-Gruppe fünfzehn Stufen höher, und nicht mein Gruppenraum im Erdgeschoss. Als eine T3-Gruppe bezeichnet man üblicherweise eine Gruppenform mit Kindern von drei bis sechs Jahren. Unsere Kleinen müssen täglich erst einmal hoch in die Gruppe und sich mit dem Spielzeug der Großen beschäftigen, wobei vieles auch verschluckt werden könnte. Ich bin irritiert, schreibe es gedanklich mit, aber lasse mich zunächst einmal darauf ein. Ich stelle mich nun erst einmal bei meinen neuen Kolleginnen vor. Sie wirken müde, nicht auf den Mund gefallen und unauthentisch übernett. Kurz darauf schlägt die Uhr neun und unsere Minigruppe, bestehend aus bloß vier Kindern, muss nun nach unten düsen und die Gruppe verlassen. Für mich ist das eine schwierige Situation. Zwei der vier Kinder können gehen, bräuchten aber noch Hilfe an der Treppe und zwei andere gehören der Krabbelfraktion an. Ich trage beide Babys, merke aber, dass sie das gerade nicht unbedingt wollen. Schließlich kennen sie mich nicht. Sehr mies organisiert. Zumal sind das meine ersten direkten Babyerfahrungen, bei denen ich sogar die Verantwortung trage. Die Hospitation bei der Tagesmutter war da doch sehr befreiend für mich, da ich nur am Rande mehr oder weniger zugeschaut habe. In der Garderobe angekommen, lege ich die beiden Babys wieder ab. Zum Glück kommt jetzt Herr Überfordert zu seinem Schichtbeginn in die

Gruppe. Er nimmt netterweise die Babys in Empfang, um deren kritischen Gesichtsausdruck zu besänftigen, die seine Anwesenheit sichtlich mehr genießen als meine. In der Garderobe sehe ich weitere mit Babys ausgestattete Eltern unserer Gruppe. Wieso kamen sie nicht vorhin mit nach oben? Sie scheinen nämlich schon länger zu warten.

Als wir unsere Gruppe betreten, gehen die Kinder recht verhalten hinein. Es ist eine für mich sehr unangenehme Situation. Die Gruppe wirkt recht dunkel und kahl, ähnlich eines Flures im Krankenhaus, in dem provisorisch Tische, Stühle und zwei, drei Kisten Plastikspielzeug hineingestellt wurden. Drei Kinder stehen in der Gruppe mit ihren Müttern an der Hand, teils auf dem Arm und fremdeln. Die vier frühen Kinder suchen sich etwas auf dem Bauteppich zu spielen und Herr Überfordert und ich versuchen die Kinder entgegen zu nehmen. Es fühlt sich seltsam an. Dass die Kinder nicht unbedingt zu mir wollen, ist mir einleuchtend. Aber wieso fremdeln sie selbst so stark bei Herrn Überfordert? Hier gab es keine sommerliche Schließungszeit, in der anfängliches Fremdeln nach langer Zeit der Abwesenheit üblich ist. Ich versuche die Situation etwas zu lockern und setze mich zu den bereits spielenden Kindern auf den Bauteppich. Mit der Zeit winke ich ein Kind samt Mutter herbei, sodass diese sich zu uns setzen können, um mitzuspielen. Zum Glück geht die Rechnung auf. Ein erstes Spiel beginnt, die Kinder haben Fuß gefasst und kurz danach sind alle Eltern verschwunden. Die Tränen einzelner Kinder reichen bloß bis zur Sichtweite der Mutter. Wenn sie nicht mehr gesehen wird, wischt es sich seine Tränen weg und spielt mit einem Lachen weiter. Faszinierend. Ist es Gewohnheit oder einfach nur, um den Eltern ein schlechtes Gewissen zu machen? Eine Frage, die ich mir gerne zu einem späteren Zeitpunkt stellen möchte.

Die Kinder reißen mich aus den Gedanken. Hier ist sehr viel los. Unsere Gruppe ist zwar noch nicht vollständig, aber jedes einzelne von ihnen ist sehr besitzergreifend. Selbst ich werde schon als Ware im hohen Kurs gehandelt. Um das Schauspiel von heute Morgen nicht weiter einreißen zu lassen, steht bei mir auf der Nummer Eins der To-Do-Liste: Beziehungsebene zu den Kindern aufbauen. Erst wenn die in den nächsten Tagen und Wochen ausreichend gestärkt ist, kann man darauf aufbauen. Ich habe so viele Pläne im Kopf, die ich hier umsetzen wollen würde. Herr Überfordert wirkt müde und ausgelaugt, obwohl die Woche gerade erst begonnen hat. Jedoch erkenne ich auch einen Ausdruck von Erleichterung.

Er übernimmt das Wort: „Weißt du, Timo, ich glaube, lange hätte ich das alleine hier nicht mehr durchgehalten. Was ich die letzten Monate geackert habe, machen andere nicht in zehn Jahren, die sie hier arbeiten. Neben meiner Ausbildung, den Lehrerbesuchen und Planungen die Gruppenleitung spontan zu übernehmen und diese Gruppe neu zu gestalten, die einst eine Hortgruppe war, war echt eine starke Mehrfachbelastung. Ich würde hier so gerne so viel ändern wollen, aber ich kriege es irgendwann nicht mehr hin. Deswegen bin ich jetzt echt froh, dass da noch jemand zur Verstärkung in die Gruppe kommt. Und zwar fest. Ich hatte die letzten Monate immer mal wieder eine Springerin hier drin. Aber die trug halt null Verantwortung, weil sie ja eventuell morgen woanders sein könnte. Daher habe ich alleine die Eingewöhnung von allen neuen Kindern übernommen. Wir sind auch noch lange nicht durch. Siehst du ja, einige Kinder weinen morgens noch sehr und brauchen mehr Ankommenszeit. Wenn du Bock hast, können wir den Laden hier auf Vordermann bringen, aber echt nur wenn du Bock hast. Ich denke da so an das Spielzeug zum Beispiel. Ist halt echt viel Plastik, was von Eltern damals gespendet wurde, als es hieß, wir eröffnen eine U3-Gruppe."

So langsam kann ich mir den Ist-Zustand hier erklären. Und ehrlich gesagt, sieht das Spielzeug auch genauso aus. Von allem ein bisschen, teilweise nicht vollständig oder kaputt, von schlechter Qualität, nicht U3-gerecht. Aber ich möchte ihm keinen Vorwurf machen, jedenfalls nicht zu sehr, denn das ist schon ein Batzen an Aufgaben, die er stemmen musste. Als sich das Gruppengeschehen etwas eingespielt hat und die Kinder auf dem Bauteppich in ihr Spiel vertieft sind, lasse ich meine Blicke schweifen. Ich schaue auf den Bauteppich, der wie zusammengewürfelt aussieht. Spielsachen aus Plastik, kaputte Duplosteine, die ziemlich spitz wirken, kleine Holzmurmeln mittendrin, eine Handvoll verirrtes Lego von der oberen Gruppe, dicke Faltbücher aus Stoff für U3-Kinder, die aber deutlich zerfleddert aussehen und Metallautos, die nur noch zwei Räder haben. Ganz viel Kleinzeug, verstaut in drei Plastikbehälter, die die Kinder scheinbar immer leeren wollen, sodass das ganze Spielzeug verteilt auf dem Boden liegt. Meine Blicke gehen weiter. An den Wänden hängen selbstgemalte zwei Meter große Cartoonfiguren auf Papier oder Tapetenrollen. Um ehrlich zu sein, sind die sogar ziemlich gut gemalt, aber in meinen Augen haben Benjamin Blümchen, Windel Winnie in allen Posen und Hello Kitty nichts in einer sozialpädagogischen Einrichtung zu suchen. Der Kitschpegel ist dadurch nahezu am Zenit angekommen. Mir scheint es so, als stünde man vor einigen Monaten mit der Pistole auf der Brust vor der Aufgabe diesen Raum von einer Hortgruppe in eine U3-Gruppe umzugestalten. Ich spinne die Geschichte weiter und denke an ein Zusammentreffen einer aus kreativen Erzieherinnen und Eltern entstandenen Gruppe, die daran dachten, was Babys gefällt, und denen Hello Kitty und Co. in den Sinn kam. Mir graut es. Ich blicke weiter. Ein Highlight für mich ist die Leseecke. Unter einem Baldachin ist eine aus Schaumstoff runde, fast ebenerdige Landschaft erstellt worden. Es wirkt gemütlich, kindgerecht und nahezu liebevoll.

Ich vermisse jedoch eine Kreativecke mit Malutensilien und Ähnlichem. Herr Überfordert deutet auf einen Tisch hinter ihm, den er mit dem Satz: „Der ist aber noch nicht fertig", kommentiert. Der Tisch ist nicht zu sehen. Bloß die drei Stühle, die daran stehen, lassen ihn als Tisch mutmaßen. Auf ihm sind hohe Berge von Papier, Papprollen und Stifte zu erkennen. Ich bin mir noch nicht sicher, ob Herr Überfordert vom Typ her Macher oder Laberbacke ist. Das wird die Zeit zeigen. Dennoch, Hut ab vor dem, was er bisher schon geleistet hat. Der Frühstückstisch hingegen hat einen neuen Platz bekommen. Er steht zum Glück nicht mehr in der Mitte der Gruppe wie einst beim Hospitationstag, sondern in einer Ecke neben der Kochnische. Ich weiß nicht, was ich als erstes machen soll. Ganz im Sinne der Macherin werde ich mich aufopfern. Ich will das Beste hier für die Kinder und für die Erzieher rausholen. Das geht natürlich nicht im Alleingang. Ich muss versuchen mir Verbündete zu suchen, sie zu animieren, wenn sie mich arbeiten sehen, oder sie gegebenenfalls sogar von meiner Idee zu überzeugen. Ich mache mich vertraut mit der Idee Multiplikator zu werden.

In den nächsten Tagen wird sehr schnell deutlich, was hier gespielt wird. So ziemlich jeder hängt in den Seilen und ist zu müde und unmotiviert, um einen Aufschwung mitzugestalten. Liegt die Erschöpfung an der nicht vorhandenen Schließungszeit? Der

Kindergarten hat das ganze Jahr über geöffnet. Ein Traum für viele Eltern, die sich nicht nach Schließungszeiten richten müssen. Folglich hat jedoch jeder Mitarbeiter dreißig Urlaubstage im Jahr, die er nehmen kann, wann er will. Das Problem liegt darin, dass in Kindergärten mit dreiwöchiges Sommerschließung jährlich fünfzehn Urlaubstage fix abgezogen werden und man sich nur noch fünfzehn Tage während des Jahres nehmen kann. Es ist folglich aus beruflicher Sicht einfacher zu handhaben, wenn jemand drei Wochen zur freien Verfügung hat, anstatt dass er sechs Wochen im Jahr von der Bildfläche verschwindet, während durchgehend Betrieb ist und die Personalbemessung aus Kostengründen ohnehin bloß auf ein Minimum gesetzt ist. Ein Teufelskreislauf, der auf Kosten der Kinder und Erzieher geht. Nichtsdestotrotz versuche ich mir Verbündete zu suchen. Herr Überfordert und eine recht kleine, korpulente Erzieherin kommen mir in den Sinn, die zwar oft am Tag die Ruhe genießen, aber sich noch mit am ehesten von meiner vorgelebten Arbeit animieren lassen. Wächst hier eine Macher-Revolte an? Ich hoffe es, denn Arbeit ist genug da und damit meine ich nicht die Kinder. Die kleine korpulente Erzieherin wirkt in ihrem Auftreten sehr selbstsicher und aufbrausend. Ihr Ton mit den Kindern ist ganz und gar nicht stimmig, aber vielleicht lässt sich daran noch feilen, sobald ich einen guten Draht zu ihr aufgebaut habe. Wegen ihrer recht harschen Art und wegen ihres Potenzials, das ich in ihr vermute, taufe ich sie gedanklich auf den Namen Schwester Rabbiata. Wir verstehen uns an sich ganz gut. Als Nachbarin wäre sie sicher in Ordnung. Sie ist kommunikativ, kann lachen und ist sich auf dem ersten Blick für nichts zu schade. Aber beruflich scheinen wir da zwei verschiedene Straßen zu befahren, dazu später genaueres.

Die ersten zwei Wochen konzentriere ich mich durchgehend auf die Kinder, um zu ihnen einen guten und stabilen Draht aufzubauen. Der Kontakt wird mit der Zeit sehr innig. Das sehe ich mittlerweile daran, dass die Kinder morgens sehr gerne in meine Arme laufen und sich ohne zu weinen von ihren Eltern verabschieden. Ein tolles Gefühl und das erste Erfolgserlebnis. Schlussendlich kommt es genau darauf an: Dass die Kinder gerne ihre Zeit hier verbringen und die Eltern mit diesem Gefühl auch zur Arbeit gehen können. Dennoch gibt es Kinder, dessen Vertrauen ich noch nicht gewonnen habe und die sich noch so verschließen, dass mir das Trösten morgens recht schwerfällt. Dazu kommt, dass die anderen Kinder natürlich auch ihre Zeit bei mir beanspruchen und die weinenden Kinder mich teilen müssen, was keinem der beiden Lager gefällt. Ein Dilemma. Eines Tages wird es mir zu wild. Herr Überfordert verlässt die Gruppe, weil er auf die Toilette muss. Somit habe ich alle zehn Babys für etwa fünf Minuten alleine. Drei Kinder weinen, zwei hängen mir an den Hosenzipfeln und ein Dauerweinkind mit bisher noch nicht zu durchdringender Schale auf meinem Arm. Dazu kommt noch ein sehr auffälliges Kind, das mit eineinhalb Jahren stundenlang im Sitzen ein Auto hin und her bewegt. Begleitet von schaukelnden Oberkörperbewegungen und Lauten, die ich vom Hospitalismus kenne. Je rauer der Untergrund unter dem Spielzeugauto ist, desto angenehmer scheint es für ihn zu sein. Derzeit ist es die verkantete Heizung, über die er in einer Lautstärke fährt, dass man absolut nichts mehr hören kann. Mut zur Katastrophe. Ich fange an „Hoppe, Hoppe, Reiter" zu singen. Ich muss relativ laut singen, damit ich gegen das Weinkonzert ankomme. Mit einem Waldorfdauergrinsen mache ich mich, begleitet mit dem Gesang in immer übertriebener Betonung, vollkommen zum Affen. Zum Glück sieht kein Erwachsener zu, sonst würde ich mich das nicht trauen. Das Weinkind auf meinem Arm fängt an zu lachen und mit ihm die ganze Gruppe. Das mache ich auf Wunsch der Kinder die vollen fünf Minuten Pipipause. Als Herr Überfordert wieder hineinkommt, ist die ganze Gruppe am Lachen und er schließlich auch. Dennoch erkenne ich in seinem Blick einen Hauch von Eifersucht, den er nur schwer verleugnen kann.

Ich mache in der Eingewöhnungsphase, die teilweise bis zu zwei Monate geht, eigene Erfahrungen. Besonders gut klappen die Eingewöhnungen, wenn eine stabile, humorvolle und angenehme Basis zwischen den Erziehern und den Eltern besteht. Dies darf und soll das Kind auch gerne sehen. Ein Kind ist stark von der Laune und Einstellung der Eltern abhängig und vertraut denen ausnahmslos, sofern das Vertrauen nie missbraucht wurde. Ein Kind wird sich vermutlich keinem Erzieher freudestrahlend präsentieren, wenn dessen Mutter sich stets ängstlich und abgegrenzt ihm gegenüber verhält. Oft ist dies bei Familien zu beobachten, die zum ersten Mal ihr Kind abgeben müssen und die Eltern mehr daran zu knabbern haben als die Kinder selbst. Aber folglich schwappt das Gefühl der Sorge über und erfahrungsgemäß sind besonders diese Familien diejenigen mit den längsten Eingewöhnungszeiten.

Im Laufe der Eingewöhnungszeit, die ich hier erlebt habe, habe ich mir eine Liste mit Wünschen aus Sicht des wortlosen Kindes erstellt, die Eltern zum Nachdenken anregen kann und sollte:

- Bitte schenk mir das Vertrauen alleine im Kindergarten zu bleiben, denn erst dann traue ich es mir auch selbst zu!
- Erst wenn du mir ausnahmslos zeigst, dass du dich hier im Kindergarten wohlfühlst, erst dann kann ich es auch tun. Ich merke sehr wohl, wenn es dir nicht leichtfällt, mich in andere Hände zu geben.
- Während der Eingewöhnung brauche ich die Sicherheit, dass du da bist. Bleib also immer am gleichen Platz, damit ich dich auch immer wieder finde und mich in Sicherheit weiß.
- Akzeptiere bitte, dass ich zu Beginn erst einmal nur schauen und nicht zu lange bleiben möchte.
- Sobald es mir gut gefällt, bleibe ich jeden Tag ein bisschen länger.
- Verabschiede dich bitte von mir und schleiche dich nicht fort! Anstatt zu spielen bin ich dann damit beschäftigt dich zu suchen.
- Sag mir, wann du wiederkommst! Ich verlasse mich darauf, dass du dein Versprechen einhältst.
- Erzähl bitte den Erziehern, wenn ich mich müde, krank oder traurig fühle, denn ich selbst kann es ihnen noch nicht sagen und dann verstehen sie mich besser.

Wenn man diese Regeln befolgt, wird alles deutlich einfacher. Wichtig ist auch, dass die Eltern sich zum richtigen Zeitpunkt lösen können. Nicht jedes Kind braucht zum Verabschieden ein Küsschen und Tamtam. Oft sind es die Eltern, die es brauchen und dem Kind es unnötig emotional schwer machen. Jedes Kind ist individuell und somit anders. Sich entwickelnde Rituale können durchaus helfen. Speziell bei U3-Kindern, die noch etwas mehr Nähe brauchen. Sei es, ob man sich zwei Minuten mit auf den Bauteppich setzt, beim Verabschieden in die Hand der Mama klatscht oder am Winkefenster mit einem Erwachsenen winkt. In der Anfangszeit kann so etwas eine gute Brücke sein, um dem Kind die nötige Sicherheit zu geben. In Situationen, in denen Kinder morgens beim Verabschieden hysterisch geweint haben, weil sie einen schlechten Start in den Tag hatten oder eventuell andere Pläne für den Tag, Stichwort Montagssyndrom, rief ich auch gerne in Eigeninitiative bei den Müttern oder Vätern auf dem Handy an, dass sich das Weinen innerhalb von einer Minute erledigt hat. Idealerweise hören sie Kinder im Hintergrund und keines davon, das weint. Dieser Schachzug sorgt nicht nur für eine verbesserte Vertrauensbasis zu den Eltern, sondern auch für eine professionelle Arbeit, in der sich die Eltern ebenso abgeholt fühlen wie die Kinder.

Mit der Zeit habe ich gemerkt, dass ich meine Rolle hier im Kindergarten finden und mir dieser bewusst werden muss. Ich brauche fixe Aufgaben, die ich übernehmen kann, um einen roten Faden aufzuspannen, an dem sich alle orientieren können. Weil es hier jeden Freitag ein gemeinsames Frühstück mit Brötchen gibt, die zuvor einer von uns Erziehern im Wechsel besorgt, biete ich mich an diese immer zu holen, weil mein Arbeitsweg so oder so bei der Bäckerei entlangführt. Dies übernehme ich für beide Häuser, um uns auch mehr mit der dritten Gruppe zu vernetzen. An den restlichen Tagen besorge ich ebenso das Brot, so auch heute. Ich bringe frisches Brot vom Bäcker mit, komme gegen neun Uhr in den Kindergarten und gehe hoch in die Küche, um es auf beide Gruppen zu verteilen. Auf einmal begeben sich Schwester Rabbiata und die Gruppenleitung in die Küche und schnappen sich das Nutella aus dem Vorratsschrank: „Endlich ist das frische Brot da." Soll ich eher darüber sauer sein, dass sie vor den Kindern Nutella auf ihr Brot schmieren, was wohl bemerkt vom Kindergartengeld bezahlt wurde und nur für die Erzieherinnen zu sein scheint, weil die Kinder ja gesund essen müssen, oder darüber, dass die Kinder das alte teils harte Brot von vor zwei Tagen essen müssen und sie sich das frische unter die Nägel reißen? Ich bin fassungslos, sage aber noch nichts, weil ich neu bin.

Nachdem ich Herrn Überfordert angeboten habe, ihn beim Gruppenumbau zu unterstützen, was in meinen Augen aber eher einer Restauration gleicht, beginne ich Stück für Stück am Nachmittag, auch besonders nach Feierabend, die Gruppe umzurüsten, da ich dann mehr Ruhe und Platz habe. Ich möchte ihm jedoch nicht auf den Schlips treten und sein Aufgebautes zerstören, obwohl es der Renovierung bedarf. Die Frage ist nun, was räume ich zuerst auf? Zur Auswahl stehen der Maltisch und die Tatsache, dass die Kinder auf dem Bauteppich mit Müll spielen. Ich entschließe mich für den Maltisch, weil ich mir noch keinen Überblick verschaffen konnte, was da noch so alles liegt.

Ich beginne am Nachmittag nach Feierabend den Tisch zu entleeren und sortiere gleiche Dinge auf einen Haufen. Es ist unvorstellbar, wie viel auf so einen Tisch passt. Der Boden ist in einem Radius von zwei Metern nicht mehr zu sehen. Ich falle aus allen Wolken, als ich offene scharfe Scheren und Prickelnadeln aus dem Haufen ziehe. Ich bin fassungslos und mache eine kleine Pause. Wie kann so etwas passieren? Es ist absolut verantwortungslos und höchst fahrlässig den Tisch in dem Ausmaß anzubieten, beziehungsweise frei zugänglich zu lassen, wahrscheinlich über Wochen und Monate. Gestärkt versuche ich die sortierten Sachen in die entsprechenden Schränke zu verstauen. Diese scheinen aber noch unordentlicher zu sein als der Tisch. Es muss eine Grundsanierung her. Wo soll ich hier anfangen? Im geschlossenen Erzieherschrank in der Gruppe scheint es, als wurde alles nur noch hineingeschmissen. Ich finde mehrere einst gefüllte Kaffeetassen von Herrn Überfordert, dessen Inhalt mittlerweile weiß ist. Eine Tasse scheint vor einiger Zeit auch im ganzen Chaos übersehen worden zu sein, sodass sie im Schrank umgekippt ist. Der Inhalt verteilt sich über einige Fächer, in denen auf den ersten Blick Dokumente, Spielzeug und Materialien zu finden sind. Das reinste Chaos. Ich atme tief ein und gehe zu einem anderen sehr großen Schrank, der sich im Schlafraum befindet. Mit beschrifteten Rollcontainern und Fächern ist er unterteilt, was mich positiver stimmt. Jedoch ist der Inhalt der Fächer ebenso zusammengewürfelt, wie der der Behälter auf dem Bauteppich. Hier passt gar nichts. Weil hier ein wenig Platz ist, lege ich meine vorsortierten Sachen vorsichtig hinein, bis ich einen passenden Platz hierfür gefunden habe. An den nächsten Nachmittagen kümmere ich mich jeweils um eine weitere Abteilung. Um weiter sortieren zu können, muss ich mich um die Schränke kümmern. Ich brauche Platz zum Verstauen und um ein gesundes Gefühl von Wohlfühlatmosphäre vortäuschen zu können. Pro Schrank brauche ich einen ganzen Nachmittag bis etwa zwanzig Uhr. Die Überstunden hierfür schreibe ich mir selbstverständlich nicht auf. Was soll ich auf den Überstundenzettel schreiben, auf den auch der Vorstand und somit die Eltern Einblick haben? Kernsanierung täglich bis zwanzig Uhr? Dann höre ich schon die Chefetage: „Es sollen keine überflüssigen Überstunden gemacht werden. Außerdem, wenn es so dringend notwendig gewesen ist, wieso hat es die Gruppenleitung denn nicht schon viel früher gemacht, beziehungsweise so weit kommen lassen?". Ich lasse es sein, auch um Herrn Überfordert keinen reinzudrücken.

Des Weiteren nehme ich mir den Bauteppich vor, der, wie bereits beschrieben, nicht kindgerecht bestückt ist. Wie kann man ebenso verlangen, dass ein Kind aufräumt, wenn der Erwachsene keine Möglichkeit zum Aufräumen bietet? Drei Kisten für unzählbar viel Kleinmaterial, die Rechnung geht nicht auf. Ich suche im Keller, der ironischerweise von allen als „die Bombe" bezeichnet wird, nach Behältern. Ein Blick hinein erklärt, wieso er offiziell diesen Namen bekommen hat. Es sieht aus, als hätte jeder einfach immer alles dort hineingeschmissen. Am Rand des Kellers kann man Schränke erahnen, die anfangs zum Sortieren hier hineingestellt worden sind. Ein trauriger Anblick. Ich will nicht wissen, wie viele Sachen hier vor sich hingammeln. Allein für diesen Keller würde ich knapp zwei Tage durchgängig brauchen, um ihn aufzuräumen. Weil er aber außerhalb der Reichweite der Kinder und für die Allgemeinheit gedacht ist, also auch eine Schwester Rabbiata und die anderen Kollegen hier aufräumen dürften, beschränke ich mich erst einmal auf unsere Gruppe. An diesem Nachmittag schaffe ich es wirklich, den Bauteppich kindgerecht zu gestalten, merke aber auch, wie es Herrn Überfordert mittlerweile ärgert, dass ich Stück für Stück seine Gruppe verändere. Sie ändert sich zwar zum Guten, aber es scheint ihm egal zu sein. Sie ist anders, als er es gestaltet hat, was ihm ein Dorn im Auge zu sein scheint. Eventuell hätte ich ihn mehr ins Boot nehmen müssen oder gar mit ihm gemeinsam die Gruppe umgestalten sollen. Mir ist das mittlerweile ziemlich egal. Ich kann nicht auf alles Rücksicht nehmen und muss eben solche Dinge beseitigen, bevor sie zu Gefahren für die Kinder werden. Der falsche und unbeaufsichtigte Umgang mit der Schwere oder wahlweise der Prickelnadeln wäre mindestens eine Abmahnung gewesen. Diesen Schuh möchte ich mir nicht anziehen, denn indem ich dort arbeite, hafte ich ebenso für die Sicherheit.

Heute Nachmittag kümmere ich mich um die Wechselsachen des Gruppenfundus. Eine Mutter brauchte heute beim Abholen des Kindes unbedingt einen Ersatzbody, hatte aber keinen mehr parat, sodass ich einen vom Kindergartenfundus hergeben wollte. Ich war knappe fünf Minuten im Nebenraum, um einen zu suchen. In vier Kisten wurden alle möglichen Sachen wild hineingeknüllt und niemand wusste, wo was war. Mir war es ziemlich unangenehm, auch wenn ich dafür nichts konnte. Also beginne ich nun nach Dienstschluss den Schrank der Wechselsachen auszumisten. Es entstehen Haufen mit dreiundzwanzig Jeanshosen, einunddreißig T-Shirts, fünfzehn Pullovern, über fünfzig Bodys und unzählbar viele Socken und Unterhosen von Größe „Baby" bis zum „Drittklässler". Wer zum Teufel soll das bitte alles anziehen? Alle Kinder haben zudem noch ihre eigenen Wechselsachen im Fach. Ich erlaube mir das Sortiment zu verringern und beschränke mich auf zwei Hosen in verschiedenen Größen pro Geschlecht, zwei T-Shirts und Pullis pro Geschlecht, vier Bodys und zwei Paar Socken. Unterhosen braucht hier kein Kind, da eh alle eine Windel tragen. Der Rest landet in der Altkleidersammlung. Abschließend beschrifte ich von außen die Behälter und falte die Kleidung in diese, damit jeder von außen bereits sieht, was wo ist.

Ich stoße auf eine grün gefleckte, modische Hose mit weißem Untergrund. Als ich diese näher betrachte, stelle ich fest, dass sie völlig hart und vertrocknet ist. Schnell wird mir klar, dass das eine vor Monaten oder Jahren vollgeschissene weiße Hose war, die jemand einfach dort in die gewaschene Kindergartensammlung geschmissen und nie wieder herausgeholt hat. Ich bin wütend, entsetzt und sauer. Dass die Gruppe völlig verwahrlost ist, schiebe ich auf Überforderung und Erschöpfung. Aber dass jemand eine vollgeschissene Hose hier hinlegt, das ist für mich respektlos und fahrlässig. Ich habe genug gesehen. Ich breche das Ganze hier heute ab und verlasse den Kindergarten für den Moment. Ich habe keine Lust mehr. Ziemlich erschöpft schnappe ich mir meine sieben großen Säcke Kleidung, schmeiße sie in die Altkleidersammlung und fahre völlig genervt nach Hause. Mir scheint, als müsste man hier jeden von den Erwachsenen an die Hand nehmen und zeigen, was geht und was mal so gar nicht geht. Volle Kaffeetassen in Schränke abstellen und sie mit Müll zum Umkippen bringen, vollgeschissene Kleidung nicht in die Wäsche, sondern zu den sauberen Sachen legen, Prickelnadeln und Scheren auf Höhe der Kinder hinlegen und kaputte Plastikspielsachen auf dem Bauteppich anbieten, die die Kinder in dem Alter in den Mund nehmen: Das geht alles nicht. Die Grenze ist erreicht. Ich bin nicht nur sauer auf den Ist-Zustand, sondern auf jeden Einzelnen von hier, der das toleriert hat.

Am nächsten Tag nehme ich mir einzelne Figuren, speziell Herrn Überfordert, zur Brust und konfrontiere ihn mit den Erlebnissen, die ich die letzten Wochen gemacht habe. Er zieht sich den Schuh nicht an und schiebt es auf seine Vorgängerin, die derzeit in Mutterschutz ist. Die scheint wohl sehr unordentlich gewesen zu sein. Mir graut es, als er das von sich gibt, da er bekanntlich auch nicht der ordentlichste Mensch unter der Sonne ist. Am Nachmittag ist die wöchentliche Teamsitzung, in der ich einige Punkte mit einbringen möchte. Nachdem ich mich mit Herrn Überfordert ausgetauscht und ihn überzeugt habe, werden wir uns dafür stark machen die morgendliche Auffanggruppe in den jeweiligen Gruppen zu organisieren. Sobald die Beziehungsebene zu den Eltern stabil wurde, vertrauten mir einige Eltern an, dass sie ungern ihre Kinder in die Hände so mancher Erzieherinnen geben, die in der anderen Gruppe zu finden sind. Mein starker Verdacht beschränkt sich auf Schwester Rabbiata. Dadurch ergibt sich die Problematik, dass Herr Überfordert und ich unterschiedliche Schichten haben müssen, damit beide Randzeiten abgedeckt sind, sowohl früh als auch spät. Da ich gerne länger schlafe und im Feierabend keine eigenen Kinder zu betreuen habe, biete ich an immer die Spätschicht zu übernehmen. Das bringt Ruhe und Sicherheit in den Laden. Demnach hat Herr Überfordert immer Frühschicht, für die er sehr dankbar ist, da er dann nahezu jeden Tag früher gehen kann. Zu meinem Leid scheint Schwester Rabbiata ebenso wie ich zu denken, und somit werden wir zwei in diesem Jahr von morgens bis nachmittags stetig in der gleichen Schicht arbeiten. Aber ich freue mich, dass der Vorschlag angenommen wurde.

Nachdem nun das Organisatorische in der Gruppe größtenteils nach einigen Wochen bereinigt wurde, kann ich mich jetzt wieder frei machen und mich zu einhundert Prozent auf die Kinder konzentrieren. Die Kinder scheinen mich sehr gut aufgenommen zu haben, andersherum ist es genauso. Jedes der Kinder liegt mir am Herzen und ich reagiere wie eine Löwenmutter, sobald Schwester Rabbiata und die anderen gegen sie wettern. Besonders Schwester Rabbiata bereitet den Kindern mit ihrer Mimik ziemliche Angst. Ich möchte das an folgendem Beispiel zeigen: Ein Kind meiner Gruppe ist gerade mit mir im Sandkasten und spielt. Ich sitze mehr oder weniger daneben und begleite das Kind. Ich muss kurz aufstehen und einem anderen Kind helfen, das sich wehgetan hat. Keiner meiner Kollegen fühlt sich dafür verantwortlich, obwohl das Kind keine zwei Meter von ihnen entfernt ist. Als ich mich also erhebe, fängt das einjährige Kind, mit dem ich im Sandkasten spielte, an zu weinen. Daraufhin plustert sich Schwester Rabbiata auf, presst ihre Lippen aufeinander, macht ihre Augen so groß es geht, die Augenbrauen nach unten und stemmt die Hände in die Hüfte. Für ein Kind von einem Jahr ist dann auch eine 1,50 m kleine Frau eine Riesin. Das Kind erschrickt, weint noch mehr und will nur noch weg. Es krabbelt hilfesuchend durch den Sandkasten. Die Nase wird dabei durch den Schnodder mit Sand paniert, da es krabbelnd ständig auf die Nase fällt und seine Tränen völlige Sicht erschweren. Die restlichen Kolleginnen, oder wie man sie nennen mag, machen sich aus der Entfernung lustig über die Situation und Schwester Rabbiata fühlt sich bestärkt weiter zu mobben. Ich muss dazwischen gehen, nehme den Kleinen auf den Arm und mache ihm die Nase sauber. Mir ist es völlig egal, was die Damen nun über mich denken, aber es liegt auf der Hand, wieso alle Kinder hier so völlig lieb und unauffällig sind. Sie haben Angst von gewissen Erzieherinnen gemobbt und vor allen Kindern bloßgestellt zu werden.

Tage vergehen und auch Herr Überfordert sieht es für angemessen an, mich ins Wickeln einzuarbeiten, da die Kinder sich mittlerweile an mich gewöhnt haben. Er nimmt sich die Zeit und zeigt mir, worauf man beim Wickeln besonders achten muss, während ausnahmsweise die stellvertretende Leitung in unserer Gruppe aushilft, die eigentlich für gruppenübergreifende Angebote eingeteilt ist. Ich entkleide das Kind, befreie es von seiner Windel und suche im unteren Bereich der Wickelkommode nach einer frischen Windel, während ich eine Hand an seinen Beinen halte. Es wird wärmer und wärmer, bald habe ich sie gefunden. Doch nun wird es richtig warm, auch im übertragenen Sinne. Der Kleine hat mich angepinkelt. Es ist ziemlich ekelig, aber mit ein paar Feuchttüchern schnell bereinigt. Ich muss demnächst vor dem Wickeln immer alle Sachen bereithalten!

Beim Schlafen legen, stehe ich vor einer ähnlich großen Prüfung. Nachdem mir Herr Überfordert alle Kinder nach dem Durchwickeln in den Schlafraum schickt, habe ich alle zehn wachen Kinder in ihren Betten, die aber nicht gewillt sind einzuschlafen. Was mache ich nun? Rausgehen? Mich totstellen? Allen ein Lied vorsingen? Mich einzeln um jedes Kind kümmern? Ich probiere alles einmal aus und lande beim letzten Vorschlag. Mit der Zeit habe ich eine eigene und individuelle Taktik entwickelt, um jedes Kind zum Schlafen zu bringen. Genaueres folgt später.

Ich merke allmählich, wie ich mich immer mehr für den Kindergarten und speziell die Kinder aufopfere. Ähnlich wie die Erzieherinnen aus meinem ehemaligen Traum-Anerkennungsjahr-Kindergarten. Ich denke, ich mache das Richtige. Dennoch ist es schwierig zu ertragen, wenn man gegen alle ankämpfen muss. Wieso ziehen wir nicht alle an einem Strang? Wieso erlebe ich so viel Unpädagogisches? Wieso sind sie Erzieherinnen geworden, wenn sie es nicht leben? Durch mein inniges Verhältnis zu den Kindern, die mich teilweise sogar Papa nennen, kommen die Kinder von sich aus an, um mich in den Arm zu nehmen. Ich nehme es als Kompliment auf, dass sie sich hier jemandem öffnen können und anvertrauen. Ich denke, auch dadurch bin ich in der Lage, ziemlich schnell die Kinder an deren Kleidungsgeruch zu erkennen. Ein wichtiger Punkt in der Arbeit mit Kleinkindern, die selbst noch nicht kommunizieren können, wem was gehört. Ich habe zuletzt oft unbeschriftete Kleidung beim Aufräumen, Umziehen oder Fegen gefunden, die man aber keinem Kind zuordnen kann. Mittlerweile kann ich die Kleidung am Geruch erkennen. Ein praktischer Lifehack für den Kindergartenalltag im U3-Bereich.

Dadurch, dass ich mich so aufopfere, verspüre ich immer weniger den Drang selbst einmal Kinder zu bekommen. Dieses Gefühl hatte ich auch schon im Kindergarten meines Anerkennungsjahres zwischenzeitlich. Reflektierend muss ich feststellen, dass keine der

Erzieherinnen aus meinem Traumkindergarten eigene Kinder hatte. Übersättigt der Beruf einen so sehr, dass man keinen Bedarf verspürt eigene zu haben? Ich weiß es nicht, jedenfalls möchte ich derzeit keine haben. Mir reichen die zehn Kinder hier zurzeit voll und ganz.

Ich komme wie jeden Morgen gegen kurz vor Neun in den Kindergarten und so ziemlich alle Kinder laufen auf mich zu, noch bevor ich meine Jacke aufgehängt habe. Zwei Mütter sind erst gegen Neun mit ihren Kindern in den Kindergarten gekommen, weil sie mittlerweile wissen, dass ich immer erst um diese Uhrzeit da bin. Ein schönes Kompliment für mich, ein miserables für alle anderen Erzieher. Ich fühle mich dennoch mittlerweile ausgelaugt, urlaubsreif und überarbeitet. Es ist anstrengend nicht nur Aufgestautes aufzuarbeiten, sondern auch gegen einige Meinungen im Team anzukämpfen und möglichst niemandem auf den Schlips zu treten. Zudem kommen die einfordernden Kinder, die einen in jeder Sekunde brauchen. Wenn der eine nicht, dann der andere. Eines der Kinder, das anfangs das Auto geschaukelt hat, schmeißt mittlerweile vermehrt harte Sachen auf andere Babyköpfe. Bei einem Mal war es so schlimm, dass ein Baby eine Platzwunde am Kopf hatte. Aber wer hat auch schon wieder dieses blöde aussortierte Metallauto hervorgeholt? Vermutlich die stellvertretende Leitung, die einmal kurz hier ausgeholfen hat. Diesen Jungen muss man durchgehend unter Beobachtung halten, damit er andere nicht verletzt. Die anderen Kinder sind mehr oder weniger im Gruppengeschehen gelandet, fühlen sich sichtlich wohl. Dennoch nervt es mich, wie die Arbeitsbedingungen in den heutigen Kindergärten sind. Wieso muss auf Teufel komm raus eine U3-Betreuung angeboten werden, wenn die Voraussetzungen dafür nicht gegeben sind? Erzieher, Kinder und schließlich Eltern leiden, die es dann wiederum auf die Erzieher schieben. Ein Teufelskreis, aus dem man nur schwer ausbrechen kann. Zehn Kinder auf zwei Erwachsene, in Räumlichkeiten, die nicht U3-tauglich sind. Ich bekomme des Öfteren die Krise, bin am Rande meiner Grenzen angekommen und frage mich, wie der Plan aufgehen soll. Wenn Herr Überfordert auf Toilette geht, dann bin ich jedes Mal für fünf Minuten alleine in der Gruppe. Wenn einer von uns alle Kinder wickelt, dann hat der andere eine Stunde lang neun Kinder alleine. Wenn einer von beiden Urlaub hat, wer kommt in die Gruppe? Ebenso bei Krankheit und

Pausenzeiten.

Zum Glück haben wir eine gruppenübergreifende Kraft in Form unserer stellvertretenden Leitung, die jedoch mehr draußen ist als in der Gruppe. Um das Image des Robin Hood und Helfer in der Not aufzutischen, arbeitet sie in der Bringphase fleißig am Kind, damit die Eltern ihre Anwesenheit sehen und zieht sich nach neun Uhr raus. Im Großen und Ganzen ist man alleine. Inwiefern ist das machbar und vertretbar? „Ruf mich, wenn du wickelst", sagt sie mir und verabschiedet sich. Es interessiert mich aber, wo sie den ganzen Tag ist und so halte ich ein Ohr in die Garderobe. Von unten höre ich, dass sie sich oben in die T3-Gruppe setzt und den zwei Erzieherinnen plus Auszubildende Gesellschaft leistet. Die hängen dort scheinbar einfach ab und erzählen sich nette Geschichten. Arbeit am Kind? Die Kinder meiden die Erwachsenen und die Erwachsenen können gut damit leben, weil sie dann Ruhe haben. Ein trauriges Schauspiel. Ich bin enttäuscht und sauer zugleich. Ein roter Faden, der sich hier durch den Kindergarten zieht. Soll ich die stellvertretende Leitung um Hilfe bitten, damit sie sich als Retter in der Not präsentieren und nachher oben in der Gruppe protzen kann? Niemals! Auf so eine kann ich verzichten.

Am Nachmittag konkretisiere ich meine Gedanken einen Kindergarten zu gründen und beginne grob ein Konzept zu verfassen und Elternbeiträge zu kalkulieren, damit es sich deckt. Mir wird der Ärger auf der Arbeit nämlich zu viel. Ich muss weg. Wie sieht der Plan aus? Die Chance einen eigenen Kindergarten zu gründen, ist hierdurch näher gerückt. Angepeitscht von der Wut schreibe und überlege ich bis in den Abend hinein. Nebenbei entwickle ich einen Wickelplan für unser Badezimmer. Es kamen vermehrt Eltern zu uns, die wissen wollten, ob deren Kind an dem Tag Stuhlgang hatte. Da wir jedes Kind quasi dreimal am Tag wickeln, also dreißig Windeln verteilen, können wir uns das nicht immer merken. Besonders, wenn Herr Überfordert nicht weiß, ob ich nun einen Stuhlgang saubergemacht habe oder Pipi und umgekehrt. Eine sinnige Sache. Hierzu brauchen wir nun bloß die Uhrzeit in die Tabelle eintragen und P für Pipi, S für Stinker und MS für Megastinker. Dass ich bald einen MMS (Monstermegastinker) erwische, ist mir da noch nicht bewusst.

Der Tag ist nun endlich gekommen, an dem wir wieder mit einem Kapitän über die Meere ziehen. Wir bekommen eine neue Leitung.

Diese stand wohl schon seit einiger Zeit fest, konnte aber erst jetzt hier antreten.

„Zur Wahl", so lasse ich es mir von Schwester Rabbiata und dem Lästerclan erzählen, „standen zwei Leitungen. Eine ruhige, kollegiale Bewerberin, die schon in einigen Kindergärten die Leitung übernommen hat und eben eine, die vorgeprescht ist, keine Vorerfahrungen in dem Leitungsbereich hat und eigentlich bloß Erzieherin ist. Wir wurden damals vor deiner Einstellung vom Elternvorstand gefragt, wen wir uns als Leitung vorstellen könnten und auch gerne hätten. Wir haben natürlich die erste gewählt. Die andere war halt nicht unser Fall. Dreimal darfst du raten, wem sie daraufhin die Stelle gegeben haben. Der Zweiten. Die gönnen uns gar nichts!"

Ich kann nachvollziehen, was hier passiert ist. Der Vorstand sieht offenbar die Problematik und will keine kollegiale Leitung auf Kuschelkurs, sondern eine, die polarisiert. Eine, die denen die Ohren langzieht.

Als sich nun die neue Leitung mit einem Eis für jeden als Geschenk an dem warmen Sommertag vorstellt, wirkt alles recht harmonisch. Sie scheint einen Plan zu haben, scheinbar als Einzige in unserem Haufen. In den nächsten Tagen geht sie von Gruppe zu Gruppe und hält mit dem ein oder anderen von uns Gespräche im Gruppenraum. Ich kann mich immer nur entschuldigen, wie es hier aussieht. Schön ist es immer noch nicht, aber die Gefahrenquellen sind behoben. Und leider fehlt das Geld, um unbedingt Nötiges zu besorgen. Gegen sechzehn Uhr, als ich alleine in der Gruppe bin, setzt sie sich zu mir.

„Hui, das ist ja schon eine Herausforderung hier", sagt sie mir ganz offen.

„Du hättest sehen müssen, wie es hier noch vor ein, zwei Monaten aussah. Ich bin ja auch ganz neu und was ich hier auffand, das kann ich dir gar nicht sagen. Kaum zu glauben!", antworte ich ihr.

„Was? Es sah noch schlimmer aus?"

„Und wie! Aber lassen wir das, ich bin gerade dabei das zu verdauen. Es war einfach nur schlimm! Und überall dieser Kitsch!", gestehe ich ihr.

„Ja, das ist mir auch schon aufgefallen. Was ist denn eigentlich mit diesen Zeichnungen an den Wänden? Hängt ihr daran?"

„Ach ja, weißt du, ich bin froh, dass du hier bist. Du bringst neuen

Wind hier rein. Ich habe das schon fast übersehen. Ich bin am Ende meiner Kräfte. Du willst nicht wissen, wie viele Tüten Müll ich hier rausgetragen habe. Lass uns die einfach direkt abreißen. Der Künstler darf sie gerne mit nach Hause nehmen."

Neben den Bildern lassen wir noch ein paar Disneybilderbücher verschwinden und ich bin froh Licht am Horizont zu sehen.

Heute haben wir etwas Besonderes vor. Wir machen einen kleinen Spazierausflug. Idealerweise habe ich beim Durchkämmen der Bombe einen Kinderwagen entdeckt, der Platz für ganze sechs Kinder hat. Irgendwie haben wir es geschafft ihn einen Tag vorher aus dem Keller zu befreien, damit wir ihn am Morgen mit Kindern bestücken können. Die stellvertretende Leitung, auf die ich derzeit nicht gut zu sprechen bin, muss uns leider begleiten. Nun ziehen wir also den Kindern ihre Schuhe an und ärgern uns wie jeden Tag darüber, wieso ein- und zweijährige Kinder unbedingt Schleifenschuhe tragen müssen. Noch besser sind Chucks, in die alle Kinder in dem Alter kaum ohne Hilfe hineinkommen. Hauptsache sie sehen gut aus. Aber denkt da bitte auch mal jemand an die Erzieher, die zehn Kindern für die Gartenzeit zwanzig Schleifen machen müssen?

Über das Anziehen der Schuhe gibt es eine witzige Geschichte, die mir Herr Überfordert zugetragen hat: Ein zweijähriger, wortgewandter Junge hat Schwierigkeiten beim Anziehen seiner Gummistiefel. Die Erzieherin kniet sich vor ihm hin, um ihm zu helfen. Mit gemeinsamem Stoßen, Ziehen und Zerren gelingt es zuerst den einen und schließlich auch den zweiten Stiefel anzuziehen.

Dann sagte der Kleine: „Ich habe Entenfüße!"

Sie schluckt ihren Anflug von Ärger runter und schaut ungläubig herunter. Aber der Kleine hat Recht. Links und rechts waren tatsächlich vertauscht. Es war für sie ebenso mühsam wie beim ersten Mal, die Stiefel wieder auszuziehen. Es gelingt ihr aber, die Fassung zu bewahren, während sie die Stiefel tauscht und dann gemeinsam mit ihm diese wieder anzieht, ebenfalls unter heftigem Zerren und Ziehen.

Als das Werk vollbracht ist, sagt der Kleine: „Das sind nicht meine Stiefel!"

Sie weiß nicht, ob sie weinen oder schreien soll. Sie muss sich auf die Lippen beißen, während die anderen Kinder bereits im

Kinderwagen auf sie warten.

Sie fragt ihn: „Warum sagst du das erst jetzt?"

Sie bekommt keine Antwort auf die rhetorische Frage. Es hilft ja alles nichts und so zieht sie dem Kleinen die Schuhe wieder aus. Nach heftigem Ziehen wundert sie sich, dass sein Fuß noch an seinem Körper ist und sie nur den Schuh in der Hand hält.

Da erklärt ihr der Kleine: „Das sind nicht meine Stiefel, sondern die von meinem Bruder. Aber meine Mama hat gesagt, ich muss sie heute anziehen, weil es so kalt ist."

In diesem Moment würde sie gerne ihren genervten Gesichtsausdruck sehen wollen. Ein Ausdruck zwischen Wut, Fassungslosigkeit und Erschöpfung. Sie nimmt ihre Professionalität beim Schopfe und stößt, schiebt und zerrt an den Schuhen, bis sie endlich beide angezogen sind. Dann fragt sie den Jungen erleichtert: „Wo sind denn deine Handschuhe?", woraufhin er antwortet: „Ich habe sie vorne in die Stiefel gesteckt."

Der ganz normale Wahnsinn. Als nun alle Kinderwagenplätze besetzt sind, starten wir Richtung Wald. Wir betreten den Wald, als eines der Kinder stehenbleibt und die Tränen in den Augen hat. Völlig überfordert sagt er unter Angst: „Warum sind hier so viele Bäume?" Er scheint wie erstarrt. Ein süßes Schauspiel. Herr Überfordert und ich haben ein Lächeln aufgelegt und er nimmt ihn auf die Schultern. Eine Situation, die beide sehr genießen. Wir sind auf dem Weg vollends erleichtert. So eine Entspannungsstunde hatten wir bisher noch gar nicht. Keine Minute, in der keine Hetze war, keine Minute, in der man nicht trösten oder heilen muss. Jetzt hingegen ist es wie Urlaub. Die Kinder genießen es und wir auch.

„Jetzt wäre es doch super, wenn wir ein Banner oder einen Farbdruck an unserem mega coolen Schlitten hätten. Der zieht doch eh die Blicke auf sich. Alle bleiben stehen und schauen uns an. Ein bisschen Werbung wäre doch nicht verkehrt", schlage ich Herrn Überfordert vor.

Er sieht es ähnlich. Wir einigen uns darauf, diesen Vorschlag am Nachmittag unserer Leitung vorzuschlagen. Zur Frühstückspause setzen wir die Kinder auf eine Bank im Wald. Es wirkt harmonisch, wie eine Großfamilie. Neben uns eine Mutter, die zwei Kinder im ähnlichen Alter hat, mit der ich oberflächlich ins Gespräch komme. Einem unserer Zweijährigen fällt aber nun sein Brötchen auf den Boden, woraufhin die stellvertretende Leitung, die ich wegen ihrer nicht vertrauenswürdigen und fiesen Art Frau Hinterhalt nenne, ihn schreiend zur Sau macht.

„Was fällt dir ein? Für wen haben wir denn heute die Brötchen besorgt? Da hast du jetzt Pech gehabt, dein Frühstück hat sich erledigt!"

Dem Kleinen stehen die Tränen in den Augen. Ich empfinde ein hohes Maß an Fremdscham. Selbst die Mutter zieht ihre Kinder geschockt zu sich und verlässt diesen Ort so schnell es geht. Ich blicke zu Herrn Überfordert.

„Besser wir lassen das Banner weg!"

Als wir den Kindergarten erreichen, setzen wir uns dennoch sehr erleichtert und positiv gestimmt an den Mittagstisch, um zu essen. Frau Hinterhalt scheint genug von uns zu haben und widmet sich ihren Freundinnen in der Lästergruppe. Als Ersatz schicken sie ihre Auszubildende in unsere Gruppe. Heute gibt es Nudeln, die Kinder lieben es. Demnach ist recht schnell kaum noch etwas da. Herr Überfordert und ich nehmen daher wenig, bloß den berühmt-berüchtigten pädagogischen Happen, um den Kindern ein Vorbild zu sein und an der Situation aktiv teilzunehmen. Die Auszubildende jedoch nimmt sich zum dritten Mal nach und es sind wahrlich keine Kinderportionen.

Als sie den letzten Rest für sich aus der Schüssel kratzt, sagt ein Zweijähriger unserer Gruppe zu ihr: „Ich wollte aber auch noch etwas."

Daraufhin sie: „Ja, aber jetzt ist nichts mehr da", und fängt an zu essen.

Herr Überfordert platzt der Kragen. Er sagt ihr paar Takte dazu und sie bietet dem Kleinen wider Willen ein wenig ihrer Portion an. Der Kleine möchte jedoch verständlicherweise nicht mehr. Es gibt manchmal Leute, da fällt einem nichts mehr zu ein. Besonders, weil wir als Erwachsene eigentlich nur aus pädagogischer Sicht mitessen dürfen und die Eltern für das Essen extra bezahlen.

Nach dem Mittagessen lege ich wie gewohnt die Kinder schlafen. Es läuft mittlerweile ganz gut. Die Kinder lassen sich auf mich und auf die Dunkelheit ein. Ein zweijähriger Junge auf der gegenüberliegenden Seite findet einfach nicht in den Schlaf. Er zappelt herum. Weil es irgendwann zu wild für meine Verhältnisse wird, gehe ich zu ihm. Aber was ich sehe, habe ich so noch nie erlebt. Er wackelt und schüttelt sich wie bei einem epileptischen Anfall, verdreht dabei die Augen und scheint nicht er selbst zu sein. Ich rufe schnell nach Hilfe. Herr Überfordert und Frau Hinterhalt sind die, die ich am schnellsten erreichen kann. Wir stehen am Bett und beide sind ebenfalls geschockt.

„Oh je, guck mal seine Wange. Die zieht sich nach unten. Nicht, dass er einen Schlaganfall bekommt!", mutmaßt Frau Hinterhalt im ersten Moment.

Mir graut es. Herr Überfordert verteilt die Aufgaben. Er und ich bleiben bei dem Jungen, Frau Hinterhalt soll den Notdienst anrufen und dann dessen Eltern. Alles geht sehr schnell. Der Kleine hat die ganze Zeit die Augen geöffnet, ich bin mir aber nicht sicher, wie viel er wirklich mitbekommt. Vom Typ ist er recht scheu und panisch. Das tägliche Ausziehen seines T-Shirts im Bad ist jedes Mal eine Qual, weil er entweder nicht durch das zu enge Kopfloch passt oder aber zu lange mit dem Kopf unter dem T-Shirt steckt.

Wir haben mittlerweile ihn und sein Bett aus dem Schlafraum getragen und in die Gruppe transportiert. Ziemlich schnell, knappe zwei Minuten nach dem Anruf, ist der Rettungswagen am Kindergarten und eine Garde aus Rettungsassistenten und Ärzten steht in unserer Gruppe. Jeder von uns funktioniert gerade nur noch. Frau Hinterhalt erreicht endlich seine Eltern. Sie schaffen es leider nicht so schnell in den Kindergarten, weil der Krankenwagen direkt losfahren möchte, und fahren direkt ins Krankenhaus. Ich biete an mitzufahren und den Kleinen zu begleiten. Wenn ihn jetzt keiner von uns die nötige Sicherheit gibt, dann wird die Situation sicher noch viel schlimmer für ihn. Vorsichtig wird er auf die Liege gelegt. Er scheint langsam zu sich zu kommen und fängt an zu weinen. Es gibt nicht viel Traurigeres, als wenn Kinder leiden und man selbst ihnen nicht helfen kann. Im Rettungswagen setze ich mich neben ihn und halte seine Hand. Der Fahrer kündigt die Sirene an, die im Wagen selbst irre laut ist. Irgendwie versuche ich es kindgerecht zu verpacken, damit der ohnehin panische Junge nicht anfängt zu weinen. Im Krankenhaus bekommt der Kleine eine Spritze. Er schreit fürchterlich. Aber zum

Glück kommt nun sein Vater mit hinzu, der besorgt und schockiert aussieht. Er bedankt sich tausend Mal bei mir, dass wir ihn nicht alleine gelassen haben und einer mitgefahren ist, was für uns als gesamtes Team eine Selbstverständlichkeit ist.

Als ich den Kindergarten erreiche, merke ich, wie meine Knie weich werden. Die Last, die mir in den letzten eineinhalb Stunden aufgebrummt wurde, löst sich so langsam. Ich bin noch bei Bewusstsein, aber merke, dass mir Sitzen gerade am besten tut. Was für ein aufregender Tag. Ich werde wohl etwas länger brauchen, bis ich das endgültig verdaut habe.

Es vergehen ein paar Tage und dem Kleinen geht es mittlerweile wieder gut. Zum Glück war es bloß ein Fieberkrampf. Es war für uns alle eine schlimme Situation und doch haben wir alle durchweg gut gehandelt. Wenn es darauf ankommt, dann funktioniert man eben.

Heute Morgen gehen wir wie immer einmal die Woche hoch in die Turnhalle. Vorab hat Herr Überfordert eine Bewegungsbaustelle hergezaubert, die die Kinder allesamt annehmen. Das Turnen macht immer viel Spaß. Es gibt nichts an Kleinzeug, was man stundenlang aufräumen muss und nichts, was einem anderen wehtun könnte. An sich müssten wir jeden Tag eine kurze Einheit turnen gehen, denke ich mir. Die Situation trägt die Kinder. Herr Überfordert und ich kommen wie fast täglich ins intensive Gespräch, um uns den Frust von der Seele zu sprechen.

„Hast du schon die Lohnabrechnung in der Gruppe gesehen? Hab sie dir da hingelegt“, sagt er mir.

„Ja doch, habe ich. Danke dir! Hatte diesen Monat aber irgendwie mehr drauf. Wieso auch immer.“

Er kommt ins Grübeln: „Also ich hatte keine Veränderung. Komisch. Stand da was von Sondervergütung?“

„Ja, ich meine schon“, gebe ich zu.

„Das kann doch wohl nicht wahr sein. Wollen die mich jetzt hier vollkommen verarschen? Ich arbeite seit einem Jahr hier und du seit drei Monaten. Und du bekommst Weihnachtsgeld und bei mir sagten sie letztes Jahr, dass ich im November noch kein Anrecht darauf habe, weil ich erst seit August hier arbeite. Und jetzt bin ich das zweite Jahr hier und bekomme es immer noch nicht? Nicht mit mir!“

Er brüllt cholerisch und verlässt dabei die Turnhalle ohne Rücksicht darauf, dass ich jetzt alleine bin. Vom Turnhallenfenster sehe ich, wie er wutentbrannt Richtung Büro stampft und höre, dass er die Leitung ziemlich zur Sau macht. Dabei schmeißt er seine Lohnabrechnung durch die Gegend und haut auf den Tisch. Nach zehn Minuten Entertainment am Fenster kommt er zurück in die Turnhalle und verkündet mir: „So, das werden die jetzt erst mal checken. Ich will das rückwirkend haben. Nicht mit mir, Freunde!"

Ich muss an die Worte meines Vaters denken, der mir immer riet: „Es gibt zwei Dinge, die auf der Arbeit kein Thema sein sollten: Privates und wie viel du verdienst. Das gibt immer Stress." Und er hat Recht behalten. Andererseits denke ich mir, wenn man Fairness schaffen möchte, dann sollte man die Gehälter aufdecken. Wieso bekommen Schwester Rabbiata und Frau Hinterhalt knapp 1.00,00 € brutto mehr im Monat als ich, obwohl sie zehnmal weniger machen? Die Berufserfahrung ist hier entscheidend. Aber das sagt doch nicht direkt etwas aus. Wenn jemand zwanzig Jahre nur Mist praktiziert, dann ist er doch nicht besser als ein motivierter Berufsanfänger. Wo ist hier die Fairness?

Am Nachmittag bekommen wir Besuch von einer Lehrerin. Mit unserer Leitung im Schlepptau betritt sie unsere Gruppe. Wir bekommen eine Praktikantin, siebte Klasse. Herr Überfordert freut sich, weil es seine erste Praktikantin ist, die er anleiten darf. Nachdem die Lehrerin herumgeführt wurde, gehen sie wieder ins Büro. Herr Überfordert und ich sind froh darüber, dass wir ein wenig Verstärkung bekommen. Es reicht ja an sich schon jemand, der zwei Kindern immer im Wechsel ein Buch vorliest. Somit hätten wir dann nur noch acht Kinder zu betreuen. Das klingt erst einmal hart, aber uns steht das Wasser wegen der Gegebenheiten bis zum Hals. Erstmalig verlasse ich die Gruppe kurz, um im Bürogebäude auf Toilette zu gehen. Auf dem Weg dorthin werde ich von unserer Leitung abgefangen, die mit der Lehrerin noch am Tisch sitzt, um den Ablauf des Praktikums zu besprechen.

„Komm doch mal bitte zu uns!", ruft meine Leitung mich zu sich.

Ich nehme bei den beiden Damen am Tisch Platz und die Lehrerin beginnt mir zu erzählen, dass die Praktikantin äußerst schüchtern und zurückhaltend ist. Wir brauchen da ganz viel Fingerspitzengefühl,

Ruhe und Geduld. Ich höre mir das Ganze fünfzehn Minuten an, als ich mich nun so langsam verabschieden muss, da Herr Überfordert die ganze Zeit alleine in der Gruppe ist.

„Würdest du denn bitte die Anleitung übernehmen?", bittet mich meine Leitung.

„Ähm, nett dass du fragst, aber Herr Überfordert wollte es eigentlich als Gruppenleiter machen. Ich will ihm da nichts wegnehmen."

„Ich weiß, ich weiß. Ich fände es aber sinnvoller, wenn du das machen würdest."

Nach einigem Zögern willige ich ein. Ich habe dennoch ein schlechtes Gewissen, weil er sich ziemlich darauf gefreut hat und sie hinter seinem Rücken nun mich als Zweitkraft aussucht, so eine Aufgabe zu übernehmen, die eigentlich eine Gruppenleitung in erster Linie machen sollte. Wenn das mal nicht Unruhe stiften wird. Ich vermute, dass sie ihm diese Aufgabe nach seinem cholerischen Auftritt von heute Morgen nicht aufhalsen möchte. Sie scheint an seiner Ruhe, Geduld und seinem Fingerspitzengefühl zu zweifeln. Das Thema wird noch spannend bleiben.

Die nächsten Tage und Wochen vergehen. Die Leitung scheint sich mittlerweile eingelebt und ihre Rolle gefunden zu haben. Dennoch geht sie mir mit der Zeit ziemlich auf die Nerven. Es gibt keinen eisernen Draht mehr zwischen uns, mit dem wir den großen Umschwung in Machermanier starten. Sie scheint sich stark von Frau Hinterhalt, ihrer rechten Hand, beeinflussen zu lassen, die unsere Gruppe aus privaten Gründen nicht attraktiv findet. Mit den Damen von oben versteht sie sich einfach besser, und das zeigt sie dann auch über alle Wege und jeden Hinterhalt. Noch schlimmer finde ich, dass die Leitung sich ins gleiche Boot setzt und nun in alle Richtungen, die Frau Hinterhalt ihr ansteuert, schießt. Mich stört es, dass sie jeden zweiten Tag bisher unangekündigt mit fremden Eltern zu allen Zeiten des Tages in die Gruppe kommt und selbst die Schlafräume öffnet, während die anderen Kinder schlafen, bloß um den Bewerbereltern die gesamte Einrichtung zu jeder Zeit zeigen zu können. Wenn es nur das wäre, denn dann folgt stets in Begleitung der Eltern ein maßregelnder Spruch ihrerseits, der uns schön unterbuttert und durch den sie ihren Status nach oben zu ziehen versucht. Mit Macht können nicht viele Menschen umgehen. Dazu scheint sie zu gehören. Ebenso kam sie auf die innovative Idee für nicht gerade wenig Geld drei Bobbycar ähnliche Fahrzeuge für die Gruppe zu besorgen. Dadurch, dass die Rollen aus Holz sind und wir in der engen Gruppe Kinder haben, die noch krabbeln, werden denen ständig die Finger überfahren, was höllisch schmerzen muss. Die, die den Schmerz ertragen müssen, sind die Kinder. Die, die die Schmerzen auffangen und den Ärger der Eltern entgegennehmen, sind wir. Aber Hauptsache wir spielen mit Müll auf dem Bauteppich. Ebenso brachte die Leitung als Tischdekoration eine Zwiebelpflanze für unseren Esstisch mit, um den Tisch schöner zu gestalten. Frau Hinterhalt recherchierte in Abwesenheit der Leitung und erstellte daraufhin Aushänge für die Eltern und Handouts für das Team zum Thema Giftpflanzen, da es sich bei der Zwiebelpflanze um eine Giftpflanze handelt. In erster Linie eine Bloßstellung der Leitung.

Hinzu kommt, dass wir wegen des zusätzlichen Geldes spontan eine Überbelegung in unserer Gruppe verzeichnen können. Ohne das vorher mit uns abzusprechen, kam unsere Leitung eines Morgens in unsere Gruppe und stellt uns unser neues Kind mit seinem Opa im Schlepptau vor. Eine vermutlich schwierige Eingewöhnung, weil das Kind kein Wort deutsch spricht und es bisher keine Trennungsphasen gab, weil Opa jederzeit für den Kleinen da war. Nach nur einem Monat zogen wir die Reißleine und lösten den Betreuungsvertrag auf. Das Dilemma, das ich bei der Leiterin sehe, ist, dass immer mehr gefordert wird und nichts zurückkommt. Es entsteht hier kein Team, sondern eine Egoshow, um möglichst gut vor den Eltern dazustehen. Ich erlebe selbst Kollegen, die sich vor den Eltern mit fremden Federn schmücken oder auf der Grundlage eines einzigen Satzes, den die Erzieherin über den ganzen Tag mit dem Kind führte, so tun, als hätten sie sich heute ausgiebig mit dem Kind beschäftigt. Das möchten Eltern schließlich hören. Dass sich mit dem Kind viel beschäftigt wurde und dass es ihm gut geht. Aber was aus deren Mündern kommt, ist gelogen. Ich hoffe, dass hier im Kindergarten bald einige Eltern dahinter blicken.

Am Nachmittag zur Snackphase trifft mich der Schlag. Als ich unser Geschirr nach oben in die Küche bringe, fällt mir auf, dass es in der T3-Gruppe auffällig leise ist. Ein Blick in die Gruppe überrascht mich.

Mitten im Gruppeneingang sitzen fünfzehn Kinder mucksmäuschenstill auf dem Boden. Ich bin nicht wirklich überrascht, weil ich es mittlerweile hier kenne, aber nehme den Moment wahr, als wäre hier eine Fütterung von Hunden zu Gange, die auf dem Boden essen. Wieso setzen die sich nicht an die drei freien Tische? Ich versuche es mir zusammen zu reimen und komme zu der Erkenntnis, dass dann ja drei Tische gleichzeitig betreut werden müssten und das Pendeln zwischen den Tischen zu mühselig wäre. Des Weiteren bemerke ich, wie Schwester Rabbiata das übriggebliebene Popcorn von Sankt Martin an die Kinder verteilt. Es ist lose und nicht in Tüten verteilt. Sie legt es nun auf den Boden, verstreut es als würde man Tauben im Park mit Körnern füttern und die Kinder essen es. Einige verzichten.

Es ist wohl bemerkt der Eingangsbereich der Gruppe, über den morgens und mittags alle Eltern mit Straßenschuhen laufen. Zudem haben wir Winter und deren Schuhe sind von unten nass und vom Schnee mit Salz, Steinen und Dreck versehen. Ich finde es abartig, so zu essen. Mir platzt der Kragen, sodass ich mit der Gruppenleitung und Schwester Rabbiata am Nachmittag ein Gespräch führe. Zwischen Tür und Angel weise ich sie darauf hin, wie dreckig der Boden ist, woraufhin als Reaktion kommt: „Je weniger Kinder das Popcorn essen, desto mehr bleibt für uns doch übrig. Spaß, den haben wir natürlich vorher sauber gemacht". Sie lachen ironisch und gehässig und gehen weg. Kann man bei so viel Unverschämtheit und Dummheit noch dagegen ankämpfen? Mir sind die Hände gebunden, was soll ich machen? Es sind keine Kinder aus meiner Gruppe, somit haben sie die Verantwortung, dennoch fühle ich mich dazu berufen etwas zu tun.

Aber bald habe ich es geschafft. Dann werde ich endlich die Gruppe verlassen und ins Nebengebäude in die von mir benannte Sonnenscheingruppe wechseln, zu den Erzieherinnen Sonnenschein I und II und III. Heute ist endlich die Teamsitzung, in der es bekanntgegeben wird. Schließlich wird heute auch die Erzieherin aus dem Mutterschutz wiederkommen, die ich beim Hospitationstag im Garten kurz erleben konnte. Zur Feier des Tages sind auch zwei Elternteile aus dem Vorstand anwesend. Die Erzieherin, die ich Frau Lustlos taufe, übernimmt somit wieder ihre Gruppenleitung unserer U3-Gruppe, so dass Herr Überfordert demnach die Zweitkraft dort wäre. So ist der Plan. Ich wusste jedoch nicht, dass Herr Überfordert heute Vormittag schon zur Leitung gegangen war, um über seine Position zu reden. Folgendes erfahre ich nun in der Teamkonferenz.

„Wir begrüßen Dich recht herzlich in unser Team zurück und hoffen, dass du eine schöne und innige Zeit hattest!", beginnt der Vorstand.

„Nun ja, wie ihr euch sicher denken könnt, müssen wir nun das Teamkarussel drehen und es wird einige Wechsel geben. Und zwar wird Herr Überfordert in die Sonnenscheingruppe wechseln und Frau Lustlos übernimmt wie zuvor die Gruppenleitung in der U3-Gruppe."

Ich melde mich zu Wort und blicke verdutzt in die Runde.

„Ähm, das kann nicht sein. Mir wurde damals im Vorstellungsgespräch versichert, dass ich ab Dezember in diese Gruppe wechseln soll. Demnach muss ich dorthin wechseln und nicht Herr Überfordert!"

Herr Überfordert mischt sich ein: „Na, dann hast du halt Pech gehabt, würde ich sagen."

Boah, ich bin fassungslos. Wieso fällt er mir auf einmal so hinterhältig in den Rücken? Die Kolleginnen der Sonnenscheingruppe sind ebenfalls entsetzt über diesen Charakterzug.

Der Vorstand übernimmt. „Wie? Dir wurde das beim Vorstellungsgespräch versprochen? Wer hat das Gespräch mit dir eigentlich geführt?"

Ich deute auf Herrn Überfordert und Frau Hinterhalt.

„Das kann doch nicht sein. Das sind beides Erzieher und Herr Überfordert war zu dem Zeitpunkt bloß Auszubildender. Ihr durftet gar nicht einfach so Leute einstellen. Das muss über den Arbeitgeber, also uns, laufen."

Mich schockt hier gar nichts mehr an organisatorischem Verhalten.

„Nun ja, es ist aber nun so, wie ich es gesagt habe. Herr Überfordert wird zunächst in die Gruppe wechseln und alles bleibt wie gehabt."

Ich bin gerade ziemlich traurig. Das Fenster im Besprechungsraum führt zur Straße hinaus, an dem einige Passanten in der Dunkelheit vorbeigehen. Ist denen bewusst, dass hier im Raum gerade eine Hoffnung zerstört wurde? Wie viele Träume werden sekündlich zerstört, wie viele vom Schicksal erschlagen, und keiner bekommt es mit? Mich stimmt es traurig, weil ich mich in Gedanken nach Abschied sehne. Ich höre nur noch mit halbem Ohr hin, mein Augenmerk führt nach draußen durch das Fenster. Lange werde ich hier nicht mehr sein, auch allein, weil ich viel zu erschöpft bin, es noch viel weiter durchzustehen. Das Vertrauen wurde missbraucht, die Basis ist zerstört. Hier kämpft jeder nur für sich und so hinterhältig wie es nur geht. Werde ich sofort gehen oder mir erst was Neues suchen? Soll ich das Jahr noch voll machen und den Vertrag erfüllen? Im Moment ist mir alles egal, aber tief im Inneren weiß ich, dass ich es den Kindern schuldig bin. Ebenso muss ich schauen, dass die Gruppe stabil ist. Ich muss hier weiter umräumen, für Ordnung sorgen und Frau Lustlos auf die Spur bringen, um mit gutem Gewissen von hier weggehen zu können. Derzeit kann ich das den Kindern, so wie es hier ist, nicht antun.

Die restliche Woche ist für mich gegessen und doch geht es weiter. Frau Lustlos tritt ihr Amt an und nimmt Herrn Überfordert die Gruppenleitung und somit die Verantwortung ab, worauf er mehr als zickig, pampig und irgendwann auch gleichgültig reagiert.

Sie fragt ihn zum Beispiel: „Wann machst du Pause?"

Seine Reaktion, wie die Tage zuvor, lautet: „Ist mir egal."

Darauf antworte ich: „Wie, egal? Machst du jetzt Pause oder soll ich sie jetzt machen?"

Er erwidert: „Ist mir egal, ich habe hier nichts mehr zu sagen."

Ich entgegne ihm: „Na gut, dann mache ich halt jetzt Pause und du danach."

Aber das scheint ihm auch nicht zu gefallen.

„Ich dachte du machst immer später Pause."

„Mensch, deswegen fragte ich dich doch. Willst du jetzt machen oder wie?"

„Ist mir egal."

Und somit endet das Gespräch. Es ist furchtbar anstrengend ein weiteres Kind in Form eines Erwachsenen in der Gruppe zu haben. Sein Bild bei mir ist so oder so anders geworden, seitdem ich seinen Auftritt in der Konferenz miterlebt habe. Kameradenschwein pur.

Die nächsten Morgenkreise übernehme ich. Herr Überfordert zieht sich nun aus allem heraus und ist mehr außerhalb als in der Gruppe. Mittlerweile bin ich froh, wenn er endlich die Gruppe verlässt. So herzlich und verständnisvoll er auch zu den Kindern war, zwischenmenschlich geht das gar nicht mehr. Frau Lustlos schaut sich bei mir den Ablauf ab. Für sie ist das Ganze hier auch Neuland, denn zuvor hatte sie hier eine Hortgruppe betreut. Sie hat keine Vorerfahrungen mit Babys im Einrichtungsbereich. Frau Lustlos wirkt teils motiviert und doch distanziert. Sie scheint abzuchecken, wie ich gestrickt bin, und passt sich dementsprechend an.

Nun beginnt die Wickelphase. Mindestens ein Stinker liegt hier im Raum. Die Frage ist aber: Wo hat sich die Bombe versteckt und wer entschärft sie? Frau Lustlos und ich kriechen auf dem Boden herum und riechen würdelos an den Popos der Babys, die noch nicht viel sagen können. Frau Lustlos hat die Bombe gefunden.

„Wer soll dir den Popo sauber machen? Timo oder ich?", fragt sie das kleine Kind, das sie kaum kennt und voll auf mich fixiert ist.

Natürlich sagt das Kind meinen Namen. Im ersten Moment finde ich es witzig, im zweiten jedoch nicht, weil sie es die nächsten Male ebenso macht, sobald ein Stinker in der Luft liegt. Bin ich durch die gute Beziehung zu allen Kindern also dazu verdonnert jeden Stinker wegzumachen? Nicht mit mir. Ich spreche sie darauf an und möchte, dass das unterbunden wird. Sie lenkt kulanterweise ein.

Einige Wochen später merke ich, dass sie sich immer mehr gehen lässt. Sie hat ihre Rolle gefunden, indem sie nicht mehr macht als zwingend notwendig. Ich bin der Ansicht, dass der Laden laufen muss, daher übernehme ich weitaus mehr Aufgaben als die einer gewöhnlichen Zweitkraft. Für sie ist es ein ruhiges Leben geworden, weil sie sich bloß die Rosinen rauszupicken scheint.

Heute überlasse ich ihr mal den Morgenkreis und verabschiede mich in die Pause, wie sie es sonst immer macht. Als ich wiederkomme, sitzen alle Kinder auf dem Bauteppich und singen den letzten Vers von „Meine Oma fährt im Hühnerstall Motorrad". Es wirkt lustlos vorgetragen und kaum ein Kind steigt darauf ein. Weil ich die Vorahnung habe, dass, wenn ich mich dazu setze, ich die Situation übernehmen muss, bleibe ich stehen und räume Kleinigkeiten aus der Kochzeile zusammen. Ich stehe hier nun seit einer Minute und höre seitdem keinen Ton. Sind alle weg? Ich drehe mich nach links, um zum drei Meter entfernten Bauteppich zu blicken, sehe aber zum Glück noch alle dort sitzen. Frau Lustlos wird ihrem Namen gerecht. Sie guckt sich Fotos ihrer Tochter auf dem Handy an und möchte sie mir zeigen. Ich hingegen sage ihr, dass ich sie mir später angucke. Die Kinder hängen sprichwörtlich in der Luft, weil sie eigentlich erwarten etwas zu singen. Eine weitere Minute später fängt Frau Lustlos recht laut an zu gähnen, was ich nur peinlich berührt wahrnehme. Oh man, hätte ich das dem Pädagogikguru in einem Lehrerbesuch präsentiert, dann wäre das nicht mal mehr eine Sechs geworden, sondern ein Schulverweis. Schlimmer geht's nicht, denke ich mir. Nach zwei weiteren Minuten der Ungeduld sagt eines der Kinder: „Mir ist langweilig.", woraufhin Frau Lustlos brüllt: „Ja und jetzt? Soll ich den Affen spielen oder was?" Der Kleine ist irritiert und überrascht über die Reaktion, hält sich nun geschlossen und fällt nicht weiter auf. Mir wird das zu dumm. Ich setze mich dazu, befreie die Kinder von diesem Schauspiel und spiele abschließend noch ein Spiel mit ihnen. Ich habe es befürchtet. Es schleicht sich ein. Der alte Trott und der Umgang mit den Kindern. Aber das kann die Gute sich abschminken, denke ich mir. Solange ich da bin, wird es so etwas nicht mehr geben.

Ich rieche wiedermal einen extremen Stinker. Schon als ich in die Gruppe kam, fiel mir dieser Geruch auf. Direkt mit meiner ersten Vermutung finde ich die Bombe. Einen so bestialischen Geruch habe ich noch nie gerochen. Ich nehme die Kleine an die Hand und gehe mit ihr ins Badezimmer. Wichtig anzumerken ist, dass wir derzeit in akuter Magendarmphase stecken und einige Kinder deswegen krankheitsbedingt zu Hause sind.

Ich ziehe ihr die Jeanshose herunter und mich trifft ein Geruch, den man nicht einatmen möchte. Ich versuche nicht mehr durch die Nase zu atmen, aber ich schätze, dass sie ab heute nicht mehr zu gebrauchen ist. Nur wenn es unbedingt nötig ist, atme ich durch den Mund, während ich nach hinten schaue und saubere Luft erwischen möchte. Ich vergaß, dass die Lüftung des Badezimmers ziemlich idiotisch installiert worden ist. Sie saugt die stinkende Luft über dem Wickelbereich ab und sprüht sie in der Mitte des Badezimmers wieder heraus, sodass ziemlich schnell das gesamte Bad danach riecht. Nach der Jeanshose ziehe ich ihr die Leggins, die Stumpfhose und den Body aus. Jede Etappe grenzt an eine Mutprobe und der Geruch wird von Mal zu Mal immer schlimmer. Alle, die keine Details benötigen, überspringen bitte den nächsten Absatz.

Am Ende sehe ich in der Windel eine Suppe von vorwiegend weißen, blassbraunen und teils gelben Stücken. Mich überkommt es, ich bin kurz davor mein Übriges hinzu zu geben. Ich kann es mir aber noch verkneifen und bitte Frau Lustlos ihre Mutter anzurufen und den Durchfall zu melden.

Frau Lustlos wählt die Nummer der Familie, lacht sich halb schlapp, weil ich hier ernsthaft zu kämpfen habe, und berichtet der Mutter den Vorfall.

„Die Mama möchte wissen, ob es eher süßlich oder bitter riecht", fragt mich Frau Lustlos.

Mir war durchaus bewusst, dass die Kleine die letzten Wochen immer mal Durchfall hatte, was die Mutter jedoch immer auf das Zahnen zurückführte.

„Ich habe keine Ahnung. Es riecht in erster Linie nicht gesund. Aber keine Ahnung ... bitter!", rufe ich mit dem Rest Sauerstoff im Mund nach draußen.

„Sie sagt, dass das normal ist. Sie zahnt", zitiert Frau Lustlos die Mutter, während sie am Hörer ist.

Ich bin entsetzt. Wieso wird alles auf dem Rücken der Erzieher ausgetragen? Ist das mein Kind oder deins? Wieso muss ich so einen schlimmen Stinker ganz verständnisvoll wegmachen, während diese Mutter tatsächlich zu Hause sitzt und Serien streamt? Wieso muss ich das Kind weinend hier halten, obwohl es wegen Magendarm schreit? Wieso müssen wir als Erzieher erst krank werden, damit die Einrichtung geschlossen wird und alle Kinder zu Hause bleiben müssen? Man sucht sich bekanntlich seine Eltern nicht aus, um die Macherin wieder einmal zu zitieren. Für mich ist das unverständlich. Wenn wenigstens ein dickes Danke am Nachmittag käme, wäre das eventuell sogar was anderes, aber die Art von Selbstverständlichkeit geht mir mittlerweile mehr als nur auf die Nerven. Bei einigen tendiert die Dankbarkeit sogar Richtung Null.

Während hier die Kacke am Dampfen ist, erinnere ich mich an die SMS, die mir die Macherin in meiner Pause geschickt hat. Sie berichtete von ihrem neuen Projekt, einem Iglu für die Kinder. Über die Nacht kommt jedes Mal ein neuer Eisklotz hinzu. Und am Ende wollen sie wie die Inuit am Nordpol einen Fisch am Lagerfeuer vor dem Iglu braten und Mittagessen. Ich werde wehmütig. Warum kann man da so viel Schönes machen und hier mühen wir uns ab, um überhaupt den Tag heil zu überstehen, und kriegen am Ende noch einen oben drauf, weil jemand nicht zufrieden ist? Ich finde es ungerecht, bin neidisch und möchte zurück in meinen Traumkindergarten.

Heute stehen bei uns die Entwicklungsgespräche an. Hier ist es wohl üblich, dass alle Gespräche an einem Tag stattfinden. Die Eltern tragen sich zu Terminen ein, die vor der Gruppe am schwarzen Brett aushängen. Selbst habe ich so ein Gespräch noch nie geführt, aber konnte es mir mal bei Frau Einhundertprozent anschauen, als sie mich einlud bei einem zu hospitieren. Ebenso hatten wir in der Schule solche Situationen geübt, dennoch ist es etwas anderes, wenn der Ernst der Lage losgeht und nicht geschauspielert wird. Das erste Gespräch ist pünktlich um neun Uhr. Frau Lustlos und ich gehen gemeinsam in jedes Gespräch. In der Zwischenzeit übernehmen Frau Hinterhalt und die Auszubildende aus der anderen Gruppe unsere Kinder.

Als wir im Gespräch sitzen, übernimmt Frau Lustlos die Gesprächsführung und ich assistiere und werfe ergänzende Einwände hinein. Eine Rolle, die mir derzeit sehr gefällt. Ich bin froh, dass sie den Part der Gesprächsführung übernimmt, weil ich keinerlei Einblick auf die Berichte hatte, die sie immer mal wieder in Eigenregie schrieb, während ich im Betrieb bei den Kindern war. Als die Mutter nun bei uns am Tisch sitzt und das Gespräch beginnt, wird die Befindlichkeit von Frau Lustlos schlagartig ermüdender. Sie wirkt nicht mehr so fit wie um neun Uhr in der Gruppe. Die Mutter spricht sie daraufhin an und fragt, ob alles in Ordnung ist. Scheinbar wollte sie diese Reaktion der Mutter erzwingen.

„Ja, mir geht's nicht so gut. Ich werde gleich auch nach dem Gespräch nach Hause gehen. Hab das schon mit der Leitung abgeklärt", sagt sie ihr.

Bitte was? Sie lässt mich jetzt hier alleine? Und wieso erfahre ich das während eines Gesprächs mit jemand anderem? Das kann jetzt nicht wahr sein. Wie soll ich die restlichen Gespräche führen? Ich habe keinen Plan, was ich sagen soll. Ich kenne keinen einzigen Bericht. Das Gespräch verläuft in Ordnung. Ich möchte ihr an Ort und Stelle keine Boshaftigkeit unterstellen, aber so ganz kann ich ihr die Krankheit nicht abnehmen, da sie Minuten vor dem Gespräch noch deutlich vital gewirkt hat. Aber das sei mal so dahingestellt.

Mit den Worten „Du kannst ja zur Not den Eltern absagen und wir machen dann die Tage neue Termine" verabschiedet sie sich und ist auf einmal weg. Ich kann doch unmöglich den Eltern jetzt absagen. Das nächste Gespräch ist schon in zwei Minuten und einige haben sich extra freigenommen für den Termin. Das ziehe ich jetzt durch. Ich habe jetzt zwar keine Zeit mehr mich durch den Bericht zu arbeiten, versuche es nun einfach spontan. Wird schon schief gehen. Nervös bin ich bloß ein bisschen, denn zum Glück habe ich zu so gut wie allen Eltern mit der Zeit eine sehr gute Beziehung aufgebaut. Die Gespräche verlaufen alle super. Von Mal zu Mal werde ich immer selbstsicherer und wortgewandter. Schließlich gehen alle Eltern mit einem guten Gefühl aus dem Gesprächsraum. Mir ist es wichtig, dass den Eltern nicht nur der Entwicklungsstand berichtet wird, sondern dass man auch an der Beziehungsarbeit zu den Eltern arbeitet. Man kann hier von vielen Meilensteinen in der Entwicklung erzählen und von den letzten schönen Erlebnissen mit dem Kind berichten. Es hätte so schön werden können. Doch bei meinem letzten Gespräch stampft es auf einmal im Flur vor unserem Raum.

Frau Hinterhalt reißt die Tür auf und motzt mich an: „Hast du mal auf die Uhr geguckt? Ich bin bis halb drei bei dir in der Gruppe eingeteilt. Wir haben zwanzig vor! Für jedes Gespräch sind dreißig Minuten vorgesehen und nicht vierzig!"

„Erstens geht das auch netter und zweitens bin ich sowieso gleich fertig!", entgegne ich ihr.

„Das ist mir jetzt egal. Ich bin nur noch zwei Minuten in deiner Gruppe. Danach geh ich einfach raus."

Wie soll man auf so viel Dummheit und Dreistigkeit reagieren? Sie sitzt doch eh ansonsten oben in der Gruppe und trinkt Cola. Ebenso nervt es mich, dass sie hier einen auf großen Macker macht, der was zu sagen hat. Noch schlimmer ist es, dass sie das vor den Eltern macht. Ich übe mich in Geduld und versuche ruhig und professionell darauf zu reagieren. Es fällt mir schwer, aber man wächst bekanntlich an den Grenzerfahrungen. Das Ganze hat ein Nachspiel. Noch bevor ich zu ihr gehen kann, war sie schon bei der Leitung, die mich zurechtweisen will.

„Das kannst du nicht einfach machen. Sie hat netterweise eure Gruppe den ganzen Tag beaufsichtigt und dann überziehst du. Das ist nicht fair", sagt mir die Leitung.

„Bitte? Also so langsam reißt bei mir echt der Geduldsfaden. Ich komme hierhin und werde nebenbei darüber informiert, dass ich alle Gespräche heute alleine machen muss, in die ich zuvor keinen Einblick hatte. Darüber hinaus habe ich gar keine Erfahrungen, was Entwicklungsgespräche betrifft. Bis zum letzten Gespräch habe ich echt ein tolles Gefühl gehabt, weil ich das in meinen Augen echt gut gemacht habe. Ich habe die Fahne für die Gruppe und des Kindergartens oben gehalten, obwohl ich alle Termine hätte absagen können, woraufhin alle Eltern mehr als sauer gewesen wären. Kommt ein Dankeschön? Eine Nachfrage wie es lief? Nein! Zudem sind die Eltern nun alle durchweg mit einem sehr guten Gefühl nach Hause gegangen. Selbst bei vorerst als anstrengend eingeschätzten Gesprächen. Bei der letzten Mutter habe ich zehn Minuten überzogen, aber es war einfach noch Klärungsbedarf und so viel Zeit räume ich mir ein. Frau Hinterhalt ist ja sonst nirgends eingespannt. Mal ehrlich, wo wäre sie sonst gewesen? Sorry, aber wenn man mal einen Tag im Jahr arbeiten muss, dann darf man sich nicht so beschweren. Sie pampt mich da vor der Mutter an, als wäre ich sonst was. Was meinst du, wie die Mutter reagiert hat und was das für ein Aushängeschild für den Kindergarten ist? Ein Armutszeugnis!"

„Ja, kann ich verstehen. Aber achte bitte einfach auch darauf, dass du auf die Zeit guckst. Leg dir doch eine Uhr neben deine Zettel!"

Sie hat scheinbar nicht verstanden, worum es geht. Ich denke mir „du blöde Kuh" und verlasse das Büro.

Die nächsten Wochen vergehen ebenso miserabel wie die zuvor. Es stören mich hier so viele Dinge auf einmal. Hier ist kaum einer auf Kindergarten gestimmt, sondern einzig auf sich und seine Bedürfnisse. Jeder Erfolg, der zustande kommt, wie beispielsweise eine angebotene Aktion mit den Kindern oder das Ausfüllen eines Entwicklungsbogens, wird wochenlang thematisiert, weil es sonst nichts zu feiern gibt. Ebenso stört mich der Umgang mit Praktikantinnen. Die T3-Gruppe hat neuerdings eine Praktikantin, die durchweg gemobbt wird. Von Schwester Rabbiata wird ihre einst lustige Art nachgeahmt und verspottet, während sie danebensteht. Zudem wird offen über sie gelästert. Mittlerweile ist die Praktikantin nur selten positiv drauf und hat sich voll und ganz verschlossen. Sie wirkt wie eines der Kinder, die bloß nicht auffallen wollen, um nicht vor die Linse zu kommen und zum Opfer zu werden. Ich fühle mich für alle verantwortlich. Ich möchte es nicht das Robin-Hood-Syndrom nennen, aber es geht in die Richtung. Als Kind hatte ich ebenfalls nicht den Mut für mich zu sprechen und meinem Ärger Luft zu machen. Ich war ebenfalls in der Lage eingeschüchtert zu werden, wurde es aber zum Glück bis auf meine zweimalige Ferienreise nie. Dennoch möchte ich ihnen helfen, weil hier Ungerechtigkeit ohne Ende herrscht. Ich denke zurück an die Ferienreise nach Bayern. Schwester Rabbiata ähnelt einer der Erzieherinnen und so sehe ich es als meine Aufgabe, ihr das Handwerk zu legen. So jemand darf hier nicht weiterarbeiten. Ich muss zwar bald einen Kodex brechen, der besagt, dass man im Team zusammenhält, aber hier geschehen Dinge, die ich schon lange nicht mehr vertreten kann. Ich frage mich, was würden die Kinder dazu sagen, wenn sie sich gut ausdrücken könnten? Würden sie von mir erwarten, dass ich für sie spreche? Ich denke schon und der Tag wird kommen.

Frau Lustlos wird ihrem Namen täglich immer mehr gerecht. Der Blick geht stetig auf das Handy, um zu gucken, ob ihr Mann ihr geschrieben und neue Babyvideos ihrer Kleinen hochgeladen hat. Es nervt mich, aber ich ignoriere es. Bald bin ich hier weg. Am schlimmsten ist ihre Lustlosigkeit, wenn es Richtung Urlaub geht, denn da baut sie schon Wochen vorher mental ab. Sie ist im Prinzip zu nichts zu gebrauchen, meckert herum und schaut auf ihr Handy. Sie geht zweimal raus zum Rauchen. Immerhin stückelt sie ihre dreißigminütige Pause in zweimal fünfzehn Minuten auf, um rauchen zu können. Es ist aber Land in Sicht. Wir bekommen zwischenzeitlich eine Verstärkung in die Gruppe. Einen Engel. Sie ist zwar eine Mutter aus der Sonnenscheingruppe, aber ebenso Erzieherin wie wir. Dadurch, dass sie derzeit Kapazitäten hat, bot sie sich uns an. Frau Lustlos ist skeptisch.

„Die ist doch bloß ein Spitzel der Leitung", teilt sie mir mit.

Ich hingegen freue mich, dass sie endlich gezwungen ist professionell zu arbeiten, wenn auch nur gespielt.

Die Neue bringt frischen Wind in die Bude und hinterfragt auf Wunsch meinerseits alles, was sie seltsam findet. Leider bin ich mittlerweile fast blind geworden für Dinge, die eigentlich behoben werden müssten. Ich freue mich über ihre Art, ebenso, dass sie mir regelmäßig am Tag ein Glas Wasser anbietet mit den Worten „Heute schon getrunken?“ Es ist total schön, jemanden an seiner Seite zu haben, der sich um jemanden kümmert, jemand mit Lust und Motivation.

Eines Tages spricht der Engel unsere Matschanlage im Badezimmer an, die ich schon gar nicht mehr auf dem Schirm hatte. Wir besitzen zwei Bäder. In dem einen wird immer gewickelt, hier sind die Toiletten der Kinder und Waschbecken zu finden. Im Anderen nebenan sind die Matschanlage und das Regal für die Wechselwäsche.

Ich verfalle in den Trott und antworte: „Na ja, es war nie Zeit bislang so etwas anzubieten. Bis man die Kinder umgezogen hat, dauert es und dann kann man eben auch nur zwei Kinder dort mit reinnehmen. Der andere von uns hat dann acht Kinder alleine.“

Daraufhin sie: „Ja, gut. Aber was ist denn mit jetzt? Wieso gehen nicht zwei Kinder baden? Welcher Kindergarten hat schon so eine coole Badelandschaft?“

Sie hat Recht. Wir müssen raus aus dem Loch, auch ich. Sie ist mein Grashalm, an dem ich mich hochziehen kann, um nicht auch abzusinken wie der Rest des Vereins hier. Also schnappe ich mir zwei freiwillige Kinder und ziehe sie um.

Frau Lustlos grätscht dazwischen: „Nein, ich möchte nicht, dass das heute gemacht wird. Lass uns das morgen machen, dann sieht auch die Leitung, dass wir was mit den Kindern machen. Sie hat ja heute Urlaub.“

Der Engel und ich können nicht so recht glauben, was wir da gerade hören. Ist all das, was sie macht, nur dazu da, um die Leitung und Eltern zu beeindrucken? Das macht Sinn, denn in den Bring- und Abholphasen ist Frau Lustlos präsent. Aber sie hat nicht weitergedacht, denn schließlich ist der Engel ebenfalls Mutter eines Kindes hier im Kindergarten. Ich lasse ihre Entscheidung so stehen, denn schließlich ist sie die Gruppenleitung.

Fakt ist und bleibt für mich, dass ich mir etwas Neues suchen muss.

Dennoch werde ich, wenn ich gehe, mit einem Knall gehen. Das wird Funken geben, schwöre ich mir. Am Nachmittag noch suche ich erstmals nach einer neuen Stelle im Internet. Schnell werde ich fündig. Es ist eine zweigruppige Einrichtung eines großen deutschen Trägers. Kleinere Einrichtungen findet man leider heutzutage nicht mehr so viele und das Außengelände scheint ebenfalls großzügig zu sein. Ich schicke die Bewerbung ab und bin gespannt, wann etwas zurückkommt. Eine Freundin von mir arbeitet als Sekretärin an einer offenen Ganztagsgrundschule (OGaTa), deren Übermittagsbetreuung ebenfalls jemanden sucht. Diese Stelle wäre sogar eine der wenigen Vollzeitstellen in dem Bereich. Dort bewerbe ich mich ebenfalls. Mir tut es für meine Kinder total leid, dass ich sie jetzt verlasse und in diesem Ist-Zustand allein lasse. Ich fühle mich sehr schuldig und bin traurig, nicht noch mehr tun zu können. Ich musste sehr mit mir ringen, aber ein Jahr habe ich voll bekommen und muss mir eingestehen, dass hier eine Bombe explodieren muss, bevor es sich verändern kann. Jedoch kann ich, nachdem ich diese verbale Ohrfeige verteilt habe, nicht wieder zurück in dieses Team. Ich notiere mir Stichpunkte, die ich bald ansprechen werde, aber dazu später mehr.

Noch am Abend bekomme ich einen Anruf des großen deutschen Trägers.

„Wir haben gerade Ihre Bewerbung bekommen. Leider hat der Kindergarten, den Sie angeschrieben haben, schon jemanden gefunden. Aber die Leitung von dort hat Ihre Bewerbung in die Leiterinnenkonferenz mitgenommen und in die Runde gefragt. Ich konnte mich gegen einige Leiterkolleginnen durchsetzen und habe ernsthaftes Interesse, Sie für uns zu gewinnen. Ihr Zeugnis spricht für sich und auch, dass Sie ein Mann sind, ist ein Glücksgriff. Ihre Eigenschaften und Vorstellungen aus dem Anschreiben sind ebenfalls in unserem Sinne. Wir wären wirklich froh darüber, wenn Sie sich für uns entscheiden könnten", legt sie los. Ich kann nicht einhaken und so führt sie weiter fort: „Was bieten wir: Dreißig Tage Urlaub im Jahr und eine tarifliche Bezahlung. Über das Einstiegsgehalt lässt sich durchaus sprechen. Die Gruppenform ist ebenfalls Verhandlungssache. Die Stellenausschreibung ist zwar für eine Zweitkraftstelle im Alter von zwei bis sechs Jahren, aber wenn Sie lieber mit T3-Kindern arbeiten wollen, kann man sicherlich etwas machen. Können wir vielleicht mal einen Termin ausmachen, damit Sie uns besuchen kommen?"

Ich bin zwar etwas überrumpelt gegen halb neun abends noch einen solchen Anruf zu bekommen, aber ich lenke ein und mache einen Termin mit ihr aus, der in einer Woche stattfinden wird.

Wenig später meldet sich die Grundschule auf meine Bewerbung und gibt mir ebenfalls grünes Licht für einen Hospitationstag. Der jedoch ist schon morgen, sodass ich spontan zusage. Ich bin überwältigt von der Nachfrage auf dem Stellenmarkt. Ich frage mich, wieso ich mir diesen Stress hier antue, wenn es hundertmal bessere Kindergärten gibt, die professioneller arbeiten.

Am nächsten Tag melde ich mich spontan bei meiner Leitung ab. Private Probleme nenne ich als Grund und nehme mit etwas schlechtem Gewissen einen Urlaubstag. Auf dem Weg zur Grundschule, die ein gutes Stück entfernt ist, komme ich ins Grübeln. Schon neun Uhr. Die Kinder aus meiner Gruppe sind jetzt alle in der Gruppe angekommen. Hoffentlich finden sie alle gut in den Tag. Ich muss aber nun aufhören darüber nachzudenken, was sein könnte, und mich auf das beschränken, was nun ist. Als ich die Schule nach einer Stunde Fahrtweg mit den öffentlichen Verkehrsmitteln erreiche, betrete ich das mögliche neue Kapitel meines Lebens. Als ich die Schule betrete, empfängt mich eine Lehrerin und führt mich zum Besprechungsraum. Ich habe mich aus Gründen der Authentizität nicht vorbereitet, bin jetzt aber trotzdem ein bisschen nervös. Es ist wie es ist und ich versuche einfach locker aufzutreten. Als ich den Raum betrete, sitzen bereits drei Damen am Tisch: Die Koordinatorin der OGaTa, die somit meine direkte Vorgesetzte wäre, die Vorstandsvorsitzende vom Träger-Verband und die Schulleitung. Drei gestandene Damen zwischen vierzig und fünfzig Jahren. Hier und da kommt eine Frage, wir kommen aber an sich problemlos ins Gespräch. Es verläuft gut und sie scheinen mir gegenüber positiv gestimmt zu sein. Zumindest alle bis auf die Koordinatorin. In jüngster Vergangenheit hat sie schlechte Erfahrungen mit einem männlichen Erzieher gemacht, meinem Vorgänger, und ist daher sehr vorsichtig. Sie teilt mir mit sie bräuchte eine Nacht Bedenkzeit, um sich ihrer Sache sicher zu sein. Absolut legitim, denke ich mir. Keiner muss auf Anhieb entscheiden. Die beiden anderen Damen sind jedoch schon im Team Timo. Wir beenden das Gespräch und die Koordinatorin zeigt mir die außerordentlich kleine Schule. Sie ist bloß eingleisig, sprich von jeder Stufe gibt es nur eine Klasse. Von ihrem Personal, ein Erzieher und eine Erzieherin in meinem Alter, wird sie mit einem Küsschen rechts und links begrüßt. Hier scheint es sehr harmonisch zu sein, sonst würde der Mann in meinem Alter keine fünfzigjährige Frau auf die Wange küssen. Jeder Nebenraum des Klassenzimmers verfügt über eine Küche, mehrere Tische und Schränke mit Spielen darin. Es wirkt in sich alles sehr ruhig, während die Kinder in den Klassen sitzen. Nun scheint der Unterricht zu Ende zu sein und die Kinder trudeln in den Gruppenraum der Klasse, die die Koordinatorin leitet.

„Nun kannst du mal zeigen, was du so draufhast. Ich beobachte dich ein bisschen, aber keine Sorge. Fühl dich nicht unter Druck gesetzt!"

Mit diesen Worten stürze ich mich ins Gewusel. Ich werde recht schnell von den Kindern aufgenommen. Es braucht nicht viel, um dazu zu gehören. Eine Runde Quartett mit einer Handvoll Kinder und schon ist man das Zentrum des Raumes. Ich lerne langsam die Kinder kennen und merke, wie mies es mir dabei geht. So muss es sich wohl anfühlen, wenn man jemandem fremdgeht. Ich fühle mich falsch und als würde ich die Kinder aus meiner U3-Gruppe hintergehen. Ist es das Richtige? Soll ich mich für was Neues öffnen oder soll ich an dem, was ich habe, festhalten? Ich weiß es nicht, versuche aber in dieser Situation zu funktionieren. Es läuft gut und ich habe quasi in den dreißig Minuten mit jedem Kind zu tun. Die Koordinatorin ist begeistert, dennoch möchte sie eine Nacht Bedenkzeit haben und sich morgen früh melden. Ich gebe ihr Bescheid, dass sie sich auf jeden Fall melden soll, egal wie die Entscheidung ausfällt, denn morgen ist der letzte Tag des Monats, so dass ich zum neuen Schuljahr fristgerecht kündigen und hier arbeiten könnte. Wir verabschieden uns voneinander und ich habe ein gutes Gefühl. Ich denke, dass ich die Stelle habe und freue mich auf der einen Seite und bin etwas traurig auf der anderen Seite.

Am nächsten Morgen bin ich etwas nervös. In meiner Tasche habe ich eine vorgefertigte Kündigung meines Vertrages. Aber die kann ich erst abgeben, wenn ich grünes Licht von der Grundschule bekomme. Somit warte ich recht angespannt auf den Anruf. Dann aber gegen kurz nach Neun klingelt auch schon mein Handy. Zufällig bin ich sogar gerade alleine in der Gruppe und nehme den Anruf entgegen.

„Ich bin froh, Ihnen mitzuteilen, dass Sie die Stelle haben!", höre ich von der anderen Seite der Leitung. „Wieso freuen Sie sich nicht?", fragt sie mich.

„Naja, doch. Ich freue mich. Aber ich merke, wie jetzt der Stein ins Rollen gerät und muss jetzt gleich andere Herzen dafür brechen. Aber vielen Dank für die Information."

Wir verabschieden uns und in diesem Moment rückt Frau Lustlos in den Raum. Ich entschuldige mich kurz und gehe zur Leitung ins Büro.

„Ich habe eine schlechte Neuigkeit. Und zwar werde ich kündigen. Ich habe sehr lange mit mir gerungen, aber es geht einfach nicht mehr. Ich kann so einige Sachen nicht mit mir vereinbaren. Deswegen muss ich gehen."

Die Leitung wirkt geschockt und doch verständnisvoll.

„Ich habe mir gedacht, dass das früher oder später passieren wird. Es ist schwer jemand Kompetenten zu halten, wenn der Rest nicht mitschwimmt. Dennoch würde ich gerne erfahren, woran es genau gelegen hat. Meinst du, du kannst mir das anvertrauen? Ich möchte dir bloß vorher sagen, dass du das nicht musst."

„Doch, und wie ich das sagen werde. Ich werde dir all die Dinge erzählen, die so gar nicht gingen und hoffe damit auch, dass es Konsequenzen für einige hat."

Ich ziehe meinen vorbereiteten Zettel hervor und trage ihr nach und nach meine Notizen vor.

„Zuerst möchte ich über Schwester Rabbiata sprechen. Ist dir bewusst, dass sie Kinder gruppenübergreifend verbal fertig macht sowie mobbt und Jungs anschließend mit den Worten „Mann oder Memme?" verspottet, wenn diese vor Einschüchterung weinen? Dass sie ironisch zu den Kindern sagt „Jaja, ich mag dich auch. Geknebelt und gefesselt im Wandschrank"? Ich meine, es gibt kein Kind, das keinen Respekt beruhend auf Angst vor ihr hat. Einst trockene Kinder von vier Jahren nässen und koten sich wieder ein, weil sie sich nicht trauen sie zu fragen, ob sie ihnen die Hose aufmachen kann. Einmal ist bei einem Waldausflug ein Sechsjähriger etwas ausgeflippt. Sie hat ihn auf den Boden gelegt und sich mit dem Knie auf seinen Rücken gehockt und Arme verschränkt, damit er sich nicht wehren kann. Mit dieser in ihren Augen großartigen „Heldentat" hat sie alle Eltern ihrer Gruppe konfrontiert, um denen deutlich zu machen, wie anstrengend ihr Beruf ist. Sie hat sich nicht nur völlig zum Affen gemacht, sondern auch das Image des Kindes vor allen Eltern versaut, ebenso das des Kindergartens, und das heißt schon was hier in unserem Laden.

Das Image des Kindergartens ist eh sehr schlecht, wenn wir mal ehrlich zu uns sind. Dann fing sie neulich an im Garten offen über mich zu lästern. Die Vorgeschichte war, dass eines unserer U3-Kinder am großen Klettergerüst klettern wollte. Die Kindergartenregel besagt, dass die Kinder das alleine schaffen müssen und wir ihnen nicht hochhelfen dürfen. Ich habe den fitten zweijährigen Kindern also bloß assistiert, Tipps gegeben und mich vorsichtshalber einfach hinter sie gestellt, für den Fall, dass sie herunterfallen sollten. Immerhin ist das Klettergerüst zweieinhalb Meter hoch und drum herum ist harter Boden. Wenn ein Kind da herunterfällt, dann schlägt es sich den Kopf auf oder bricht sich was. Sie hingegen beobachtete das Szenario und sagte allen Eltern, die in den Garten kamen, dass ich keinen Kindern etwas zutraue und sie immer überbehüte. Hallo, muss das sein? Muss ich mich schuldig fühlen, wenn ich jemanden davor bewahren will, dass er stürzt? Meine Kinder sind immerhin gerade einmal zwei Jahre alt und waren noch nie auf dem Klettergerüst. Ich finde es auch schlimm, wie hier mit Praktikantinnen umgegangen wird. Ist denen bewusst, dass diese Praktikantinnen in Schulen sind und dort Reflexionen stattfinden und im Detail besprochen wird, wie das Praktikum war? So einen schlechten Ruf, der sich bei uns in der Szene schnell herumspricht, kriegt man so schnell nicht wieder weg!

Dann kommen wir zu Frau Hinterhalt. Wusstest du, dass sie hinter deinem Rücken deine Tischpflanze, die, wie sie herausgefunden hat, eine Giftpflanze war, nicht nur im Team sondern auch in der Elternschaft genutzt hat, um dich vorzuführen? Ja, das hat sie! Und wenn wir mal ehrlich sind, wie viele gruppenübergreifende Angebote hat sie während des Jahres angeboten? Kein einziges! Was ist das bitte für eine Stellenberechtigung? Sie hängt den ganzen Tag bei ihren Lästerschwestern oben ab und beschwert sich, wenn sie mal vorrübergehend irgendwo aushelfen muss. Ich musste mir, wie schon berichtet, von ihr vor den Augen einer Mutter ihre Zickerei anhören. Das ist ein Ding der Unmöglichkeit. Da hätte ich mir ehrlich gesagt auch mehr Rückendeckung von dir gewünscht. Frau Lustlos und ich sind ständig unter Anspannung, weil es einfach zu viel wird und oben sitzen die zu viert in einer T3-Gruppe und quatschen über Gott und die Welt.

Und wenn wir gerade einmal so ehrlich sind. Ich habe auch Punkte, die mir an dir nicht gefallen. Ich bin ganz offen. Wenn ich dich morgens schon sehe ... dann ... ja dann wird mir schlecht. Ich bekomme Bauchschmerzen, weil ich denke, dass du wieder etwas zu meckern gefunden hast. Ich mag es auch nicht, wenn du unangekündigt mit Bewerbereltern in unsere Gruppe kommst und mich ständig maßregelst. Ich finde das äußerst unangenehm und unprofessionell. Jeder weiß, dass du die Leitung hast, aber das musst du nicht bei jeder Gelegenheit raushängen lassen. Ich fand es auch nicht gut, dass du über unseren Kopf hinweg einfach ein neues Kind angenommen hast, ganz egal, ob es für uns passt oder ob es die Gruppenkonstellation zulässt. Das geht gar nicht. Auch hört man von dir immer nur Negatives. Kein Lob, nichts Positives. Es ist immer schwierig so etwas aus meiner Position zu äußern, denn sobald man sich über zu wenig Lob beschwert, kann jedes auch ernst gemeinte Lob nicht mehr für wahr empfunden werden. Aber das tut ja bei mir jetzt nichts mehr zur Sache.

Und wie bitte sollen wir diese Gruppe zu zweit packen? Warum kann man das Personal nicht so aufstellen, dass wir unten stetig zu dritt sind? Selbst zweieinhalb wären super. Bis zum Mittagessen zu dritt, der Rest geht schon irgendwie. Ebenso kotzt es mich an, wie undankbar so einige hier sind. Tut mir leid, wenn ich so ausfallend werde, aber das staut sich hier schon seit Monaten an. An einem Tag habe ich die Bombe aufgeräumt. Ich bin an einem Wochenende hier hingekommen und habe wenigstens den Fluchtweg freigemacht, was knapp vier Stunden Arbeit waren, weil sich dort endlos viel Müll befunden hat. Nachdem ich das nun in Eigenregie gemacht habe, kam zufällig einen Tag später ein Bewerbervater, der Feuerwehrmann ist und sich die Fluchtwege angucken wollte. Stolz konntest du es ihm präsentieren. Was meinst du wie peinlich das geworden wäre, wenn ich das nicht gemacht hätte? Du hast es einer Kollegin erzählt, die daraufhin meinte, dass ich zum Glück einen Tag vorher aufgeräumt habe. Deine Reaktion war „Aber fertig ist er auch nicht geworden!". Weißt du, wegen dieser Aussage mache ich hier gar keine Extraarbeit mehr. Das ist Undankbarkeit pur. Mich peitschen seit Dezember nur noch die Kinder an, die es wert sind, dass man hier was macht. Und das ist sehr traurig. Aber ich muss deswegen leider gehen. Ich habe mein Jahresziel geschafft: Die Gruppe sieht deutlich besser aus, als vorher und das muss jetzt auch reichen."

Die Leitung ist stark errötet und sichtlich bloßgestellt. Für mich als eher introvertierter Mensch ist das eine ganz neue Situation. Aus ihrem Mund, der die ganze Zeit über geöffnet war, kommen nun auch ein paar Worte.

„Ich danke dir erst einmal für deine Ehrlichkeit. Ich denke, es ist viel passiert, was einfach nicht passieren darf. Ich werde meine Schlüsse daraus ziehen. Für mich ist es auch das erste Jahr als Leitung und ich bin dir dankbar, dass du mir gegenüber so offen reden kannst. Dazu gehört eine Menge Mut. Was würdest du denn raten, wie man weiter vorgehen soll?"

„Für mich sind einige Punkte ganz deutlich. Zum einen müssen alle runter von dieser Egotour. Und dann muss Schwester Rabbiata schleunigst Konsequenzen bekommen. So ist sie nicht tragbar und wenn du das duldest, dann bist du kein Deut besser. Du trägst Mitschuld, weil du nun dank mir davon Kenntnis hast. Und das habe ich ganz bewusst gemacht. Ich will, dass sich etwas ändert. Zum anderen würde ich Frau Hinterhalt nichts mehr anvertrauen. Bestimme notfalls eine neue stellvertretende Leitung. Die Frage ist wer dafür in Frage kommt. In der Sonnenscheingruppe sind durchweg tolle Erzieherinnen, die zwar Frau Hinterhalt bei dir allesamt schlecht geredet hat, weil sie die aus persönlichen Gründen nicht mag, aber beruflich sind die top! Aber am Wichtigsten ist mir, dass Schwester Rabbiata ihre Grenzen aufgezeigt bekommt. Ich denke, dann würde es den Kindern sicher besser gehen."

„Da ist sehr viel Wahres dran. Wenn ich das alles so höre, dann wird mir ganz schlecht. Ich kann es kaum glauben und doch passt das ins Bild. Ich höre sie recht oft bis hier ins Bürogebäude schreien."

„Und dann reagierst du nicht? Ist dir klar, dass das durch den Hinterhof hier in der ganzen Nachbarschaft zu hören ist? Schon einmal darüber nachgedacht, wieso wir bloß Kinder von mindestens vier Straßen weiter weg haben? Alle, die hier wohnen, würden das ihrem

Kind doch niemals antun. Würdest du das deinen Kindern antun?"

Wir beenden das Gespräch, das etwa eine Stunde geht. Ich fühle mich befreit, endlich alles einmal unzensiert gesagt zu haben und klatsche ihr die Kündigung auf den Tisch.

Mit einem Grinsen auf dem Gesicht fragt sie mich an der Tür noch einmal: „Und du bist dir sicher, dass du gehen willst?"

„Ich war mir noch nie so sicher!", antworte ich und verlasse das Büro.

Auf dem Weg in die Gruppe rufe ich kurz beim großen deutschen Träger an, um denen eine Absage zu erteilen. Sie sind recht enttäuscht und deutlich kürzer gebunden als bei dem Angebotsanruf am Abend.

Ich unterrichte Frau Lustlos nun darüber, dass ich gekündigt habe. Sie ist ebenfalls enttäuscht und stumm.

Nach etwa zehn Minuten sagt sie zu mir: „Ich habe es mir fast gedacht. Du warst für deine Verhältnisse zu lange aus der Gruppe und dann auch noch im Büro. Stell dich darauf ein, dass nun der Tanz beginnt. Der Vorstand, die Leitung, die Kollegen und die Kinder. Hast du dir das gut überlegt?"

„Ja, das habe ich. Deswegen kündige ich auch erst jetzt. Ich war im Dezember in der Teamsitzung schon kurz davor. Aber ich hatte noch einige Dinge zu erledigen, bevor ich gehe. Sei mir nicht böse, aber es muss so sein."

Sie zeigt sich mittlerweile verständnisvoll. Zum Glück. Der Engel in der Gruppe war es von Anfang an.

„Mach dir hier noch eine schöne Zeit. Unter uns: Der Laden hier hat dich nicht verdient", gesteht sie mir und zwinkert mir zu.

Ich merke, wie mir langsam ein Stein nach dem anderen vom Herzen fällt. Ich habe das Richtige getan.

Am nächsten Morgen werde ich, noch bevor ich die Gruppe erreiche, von einer Mutter aus dem Elternvorstand abgefangen. Wir gehen ins Büro.

„So, jetzt einmal für mich als Vorstandmutter. Wieso willst du kündigen?"

„Also erst einmal will ich nicht kündigen, ich habe schon gekündigt. Gestern. Und dann gibt es natürlich mehrere Gründe, wieso ich gehen muss. Ich hatte gestern schon ein langes intensives Gespräch mit der

Leitung."

Sie möchte gerne Gründe hören, also nenne ich sie ihr. Ich erzähle ihr, dass ich mich als Gruppe samt Kindern und Frau Lustlos im Fokus für Lästereien von den Erzieherinnen aus der T3-Gruppe fühle.

„Ist das alles?", entgegnet sie mir.

Ich bin überrascht. Reicht sich unwohl fühlen hier nicht aus? Ich nenne weitere Gründe, wie beispielsweise das Verhalten der Leitung sowie von Schwester Rabbiata und von Frau Hinterhalt. Bei beiden Letzteren lasse ich aber deren Umgang mit den Kindern im Detail außen vor, weil auch ihre Tochter in der Gruppe von Schwester Rabbiata ist und ich nicht möchte, dass sich speziell Eltern jetzt auch gegen sie verbünden. Die pädagogische Führung sollte weiterhin die Leitung übernehmen. Nach jedem meiner Argumente folgt jedoch ihr kaltes „War's das schon?". Ich berichte vom Umgang mit den Praktikantinnen und der allgemeinen Arbeitsatmosphäre. Wie aus dem Nichts heraus beginnt sie zu weinen. Ich tröste sie und sie entschuldigt sich.

„Das sind natürlich alles Dinge, die nicht gehen. Aber es sind Dinge, die wir alle in den Griff bekommen. Ich bin hier nicht nur, um mir deine Gründe anzuhören, sondern möchte dir auch ein Angebot unterbreiten und hoffe, dass es nicht schon zu spät ist. Ich habe hier einen Vertrag für dich, den wir dir gerne unterbreiten würden. Der ist zwar nicht unbefristet, aber du rutschst eine Gehaltsstufe nach oben. Du wärst dann jetzt in der dritten Stufe. Das wären dann 2.800 € brutto im Monat. Was sagst du?"

„Tut mir leid, aber meine Entscheidung steht fest. Ich finde es aber sehr schmeichelhaft, dass ihr immer noch daran festhalten wollt. Das zeigt mir, dass ihr meine Arbeit zu schätzen wisst."

Sie scheint nicht mit der Ablehnung gerechnet zu haben. Dementsprechend ist ihr Blick. „Ich muss mal kurz raus", sagt sie zu mir und fängt an zu telefonieren.

Kurze Zeit später kommt sie wieder. Ich bin mittlerweile wieder gefasster als zu dem Zeitpunkt, als ich ihr die Argumente heruntergerattert habe, weil es Punkte sind, die mich gefühlstechnisch das ganze Jahre enorm beschäftigt haben.

„Pass auf, ich habe eben mit meiner Vorstandskollegin für Finanzen gesprochen. Aber das, was ich dir jetzt sage, das bleibt unter uns. Wie du sicher weißt, sind hier die Gehälter auf Verhandlungsbasis. Das ist zum einen gut für uns, weil wir nicht unbedingt in dem Turnus die Gehälter tariflich anheben müssen, aber zum anderen auch gut für den Arbeitnehmer, weil er sein Gehalt auch positiv für sich mit beeinflussen kann. Ich kann dir ein einmaliges Angebot von 3.500 € brutto machen. Das ist mehr als jeder hier verdient, selbst mehr als die Leitung. So viel wirst du in diesem Beruf nirgendwo verdienen, weil die Tariftabelle nur bis knapp 3.300 € geht, und das auch erst nach Jahrzehnten Berufserfahrung. Wir wollen dich unbedingt halten, wie du siehst, und wir hoffen jetzt, dass du dich zum Bleiben entscheidest. Und denk daran: Die Kinder brauchen dich. Man muss auch mal an die Kinder denken!"

Ich übernehme das Wort: „Ich glaube, es kam gerade nicht ganz rüber. Ich habe gekündigt und das fiel mir schon unendlich schwer, weil ich zu hundert Prozent an die Kinder denke, die ich hinter mir lasse. Ich habe es mir nicht einfach gemacht, das kannst du glauben. Der Vertrauensbruch im Dezember war für mich schon allein Grund zu gehen. Ich habe hier bloß angefangen zu arbeiten, weil mir die Sonnenscheingruppe als Gruppe versprochen wurde. Höchstwahrscheinlich hätte ich mich sonst für einen anderen Kindergarten entschieden. Ich bin nur geblieben, weil mir jedes der Kinder am Herzen liegt. Ich habe jedes von ihnen sehr gern. Ich bin aber nicht käuflich. Ich wäre sogar bereit, wenn der Kindergarten Notstand hätte, monatelang mit reduziertem Lohn zu arbeiten. Aber nicht in diesem Kindergarten, weil hier keinerlei Dankbarkeit an den Tag gelegt wird. Wusstest du, dass ich in den ersten Monaten jeden Sonntag hierher gefahren bin, um alle Betten der Babys neu zu beziehen, nachdem wir das Bettzeug freitagnachmittags den Eltern zum Waschen mitgegeben haben? Schreibe ich mir das auf? Nein! Aber könnte ich das auch während der Arbeitszeit machen? Dafür ist absolut keine Zeit, weil sonst Frau Lustlos oder ich locker eine dreiviertel Stunde aus der Gruppe raus wären, während noch andere Kinder gewickelt werden müssen. Selbst wenn du mir 8.000 € netto anbieten würdest, würde ich nicht annehmen. Ich habe meinen Stolz und bevor der endgültig hier bricht, muss ich mir was anderes suchen. Denn sonst kann ich mich selbst nicht mehr ernst nehmen und in den Spiegel sehen. Entweder man lebt für seine Berufung oder man ist auf das große Geld aus. Ich bin Erzieher geworden und dreimal darfst du raten, zu welcher Sorte ich gehöre. Ich liebe den Beruf, weil ich mich zu einhundert Prozent einbringen kann. Aber wenn man lauter Querulanten hat, gegen die man sich durchsetzen muss, und die über unsere Gruppe lästern, dann macht es ab einem gewissen Punkt keinen Sinn mehr. Dieser kam bei mir schon sehr früh und doch habe ich der Kinder wegen ein ganzes Jahr durchgehalten. Trotzdem bitte ich dich wegen der Vertraulichkeiten, dass das, was ich gesagt habe, bitte unter uns bleibt."

Sie nimmt meine Aussage hin und bleibt äußerlich gefasst und doch innerlich fassungslos, dass ich ihr Angebot nicht angenommen habe. An der Tür versichert sie mir, dass es unter uns bleibt und sie dankbar für die Ehrlichkeit ist. Ich verlasse den Raum und gehe zurück in die Gruppe meiner Kinder. Freudig werde ich begrüßt. Frau Lustlos sieht sich das Schauspiel an und ist traurig. Auch für mich ist es traurig. Es wirkt so, als würde ich meine Arbeitsehefrau alleine mit zehn Kindern zurücklassen. Natürlich tut es erst einmal weh, aber ich bin mir sicher, dass dieser Schnitt nun genau so kommen musste. Ich berichte ihr im Groben von den Gesprächen mit der Leitung und dem Vorstand. Sie ist mir dankbar, dass ich gewisse Dinge wie beispielsweise das Lästern angesprochen habe und durch meine Ansage bei der Chefin den Stein ins Rollen gebracht habe, der ihr die Arbeitsatmosphäre erleichtern könnte. Zehn Minuten später bekommen wir einen Anruf in die Gruppe. Frau Hinterhalt möchte mich gerne im Büro sprechen. Ich gehe nun also wieder raus und betrete das Gesprächszimmer in der Büroabteilung. Die Vorstandmutter und Leitung scheinen nicht da zu sein.

„Wie, du gehst wegen mir?", fragt mich Frau Hinterhalt.

„Hä? Wer hat das denn gesagt?"

„Die Vorstandsmutter hat mir das eben gesagt, dass du mit meiner Art nicht klarkommst und deswegen kündigst."

„Bitte was? Wie selten laufen wir uns über den Weg? Wenn mir etwas nicht an dir passt, dann könnte ich drüber hinweggucken, aber du wärst kein Kündigungsgrund. Ich habe andere Gründe genannt, die ich jetzt aber nicht anspreche. Aber ich kann dich beruhigen: Du bist nicht mein Kündigungsgrund", gebe ich ihr wahrheitsgemäß zu verstehen.

Sie zeigt sich einsichtig und ich verlasse nun wieder die Räumlichkeiten. Ich bin wütend. Gut, Frau Hinterhalt war Gesprächsthema, aber kein alleiniger Grund. Dennoch habe ich darauf bestanden, dass es vertraulich bleibt und sie nutzt die erste Chance nach zwei Minuten mir hinterherzutreten. Was für ein verlogener Haufen.

Die letzten Tage vergehen recht schnell. Gedanklich bin ich zwar auf Abschied eingestellt und kann viele Dinge lockerer betrachten, dennoch blicke ich auf eine Zeit zurück, die es in sich hatte. Wie viele pädagogische Unfälle habe ich hier erlebt. Kinder, die unter ihren Möglichkeiten standen sowie Kinder, die eingeschüchtert und nicht sie selbst waren und ungern in den Kindergarten gingen. Und doch haben sie sich nach und nach mit dem Kindergarten arrangiert. Ich blicke auf eine Zeit zurück, in der keiner den Mund aufgemacht und gehandelt hat. Hier fehlte ein Macher. Jemand, der auf den Tisch haut und daraufhin handelt. Dementsprechend sah die Bombe aus, in der man mittlerweile geordnet durchlaufen kann und einen Überblick von dem hat, was man so alles doch schon besitzt. Im Juni habe ich in Absprache mit der Leitung den Sperrmüll bestellt und neunzig Prozent der Sachen weggeschmissen, da es reinster Müll war. Ebenso warf ich das ein oder andere kaputte Plastikspielzeug bei der Gelegenheit mit weg. Ich bin kein Fan von batteriebetriebenen Plastikspielzeugen, aber dann müsste man hier alles wegschmeißen und das geht auf einen Schlag ja auch nicht. Wenigstens die Batterien habe ich entsorgt, damit sie nicht weiterhin eine Gefahrenquelle sind. Ich denke ebenfalls an die Zeit zurück, in der wir knapp ein halbes Jahr lang nicht in den Garten gingen, weil es allen zu frisch und mühselig war, die Matschhosen anzuziehen. Das passiert also, wenn der Beruf einem völlig egal ist. Ebenso war das Thema Urlaub für mich ein stetiges Aufregerthema, da wir keine Schließungszeiten hatten und somit immer mal wieder jemand weg war. Wir hatten über das ganze Jahr keine Woche, in der alle mal gleichzeitig da waren. Das bringt unnötig Unruhe in den Laden und zudem sind die Kollegen, die gerade aus dem Urlaub kommen, anschließend innerhalb von zwei Tagen erneut völlig geschlaucht, weil nun ein anderer Kollege fehlt. Und da sind die spontanen Krankheitstage noch gar nicht eingerechnet. Wir hatten bei uns sehr viele Fehlzeiten, die Krankheit betreffen. Auch ein Indiz, wenn es nicht läuft. Die Leute werden unzufrieden, lassen sich dann krankschreiben oder deren Immunsystem macht wegen Überforderung nicht mehr mit. Zudem fehlt das Ziel, das man sich jedes Jahr gedanklich setzt.

Ich habe es mit der Zeit angenommen täglich ein stückweit aufzuräumen. Die Grundordnung war nach kurzer Zeit gegeben, aber dadurch, dass ich jeden Tag Spätschicht hatte, konnte ich am Nachmittag immer mal kurz in fünf Minuten Frau Lustlos hinterherräumen. Tassen weg, Spüle sauber machen, Ablagefläche von alten Notizzetteln befreien. An sich keine tolle Aufgabe, aber es musste gemacht werden: Es spielte sich sehr schnell ein. Aber lieber räume ich jemand Unordentlichem fünf Minuten am Tag hinterher, als im Müll zu ersticken und dann wochenlang eine Großbaustelle zu entfernen, während die Kinder diese in jeder Minute wahrnehmen müssen. Unvorstellbarerweise kam ich regelmäßig sonntags in den Kindergarten, um entweder gewisse Räumlichkeiten zu entmüllen oder auch regelmäßig die Betten im Schlafraum neu zu beziehen. Bei uns war es üblich, dass freitags alle Betten abgezogen wurden und wir den Eltern Tüten mit der zu waschenden Wäsche mitgegeben haben. Dies waren dankbare Elternstunden und das wiederholten wir wöchentlich. Demnach mussten montags immer alle zehn Betten neu bezogen werden. Weil ich mich nicht eine dreiviertel Stunde im Höchstbetrieb aus der Gruppe ziehen konnte und Frau Lustlos dann gerne mal eine Stunde aus der Gruppe war, beschloss ich es entzerrend sonntags in Ruhe zu machen, damit wir zu einhundert Prozent für die Kinder da sein konnten. Eine andere Zeit war leider einfach nicht gegeben, außer wenn manchmal freitags am Nachmittag kaum noch Kinder da waren und man Reservebettzeug nutzte. Aber wann ist das schon mal so?

Ich denke aber auch an die schönen Momente zurück, die zwar nicht so oft existent waren, aber es gab sie, sonst hätte ich nicht ein ganzes Jahr hier durchhalten können. Es sind die kleinen Momente am Tag, die dir Kraft gaben weiter zu machen, zum Beispiel jeder Morgen, an dem ich durch die Hofeinfahrt zur Gruppe ging und schon von draußen die Kinder meinen Namen rufen hörte, anschließend die Gruppe betrat und sie mir entgegenliefen und krabbelten, um mich zu begrüßen. Das wurde zum Ritual und zog sich durch das ganze Jahr. Das war immer einer der schönsten Momente für mich. Mich begeisterte ebenso das Disney-Mädchen, das den ganzen Tag auf der Suche nach ihrem Prinzen war. Fassungslos kam sie immer zu mir und fragte mich: „Wo ist denn nur mein Prinz?" Einfach nur süß. Zudem muss man sagen, dass die Ruhephasen eine Art Extrapause waren, in denen man so alle möglichen Dokumentationen vorbereiten kann, die Gruppe auf Vordermann brachte oder, wenn nichts mehr zu tun ist, einfach mal entspannte. Dennoch sind die Phasen, in denen was passierte und alle wach waren, dann immer doppelt und dreimal so anstrengend. Man musste sich natürlich organisieren und ich denke ein gewisser Grad an Berufserfahrung trägt die Gruppe anschließend selbst. Jedoch waren wir beide ohne Vorerfahrungen in diesem Bereich, ich zudem noch Berufsanfänger, und oft kam ich mir vor, als müsste ich für zwei arbeiten. Demnach kam man sich oft so vor, als müsste man an jedem Ort gleichzeitig sein.

Als meine persönlichen Highlights sehe ich in diesem Kindergarten, dass ich es am Ende doch noch schaffte, die Gruppe umzustellen und sie U3-akzeptabel zu machen. Dann denke ich, dass ich durchweg meiner Linie treu blieb und somit sehr schnell die Herzen der Kinder erobere. Diese fühlten sich deshalb wohl und gingen gerne in den Kindergarten. Am stolzesten bin ich jedoch auf die Entwicklung meiner Praktikantin, deren Anleitung ich Mitte des Kindergartenjahres übernahm. Sie kam ein halbes Jahr lang einmal die Woche für drei Stunden zu uns in die Gruppe. Am ersten Tag meldete sie sich krank, da ihre Nervosität zu stark war. Am zweiten Tag und ihrem quasi ersten Tag hat sie sich mehrmals vor Nervosität in der Gruppe übergeben, obwohl nur ein Kind in der Gruppe war. Aber dieses eine Kind war ihr schon zu viel. Von Mal zu Mal steigerte ich den Anspruch, sodass wir nach einigen Wochen schon im normalen Alltag angelangt waren. Sie entwickelte sich super, lachte sogar gelegentlich mit den Kindern und fühlte sich sehr wohl. Das konnte man bei ihr sehr gut erkennen und so wurde es von Mal zu Mal immer besser, beziehungsweise lockerer. Am Ende des Jahres war sie sogar soweit, dass sie aus Eigenmotivation ein kleines Angebot mit den Kindern angeleitet hat und ihre Lehrerin sich daraufhin bei mir meldete. Sie war überrascht, was aus ihrer Schülerin geworden ist, denn scheinbar hat sie sich, seitdem sie bei uns im Kindergarten gearbeitet hat, in der Schule so drastisch verbessert, dass sie in jedem

Fach *sehr gut* oder *gut* steht, sich stetig meldet und sich mehr zutraut. Ich habe das Leben von jemandem positiv beeinflussen können. Viel stolzer kann ich nicht sein, als ich es derzeit bin. Mich freut es so wahnsinnig für sie und ebenso für mich, dass ich sehe, dass meine Arbeit Früchte trägt.

Was habe ich sonst noch bewirkt? In der Woche, in der ich ging, entstand ein Umbruch ohne Aussicht auf ein Ende. Nach mir kündigten ebenfalls zwei Sonnenscheingruppenerzieherinnen und mit ihnen Herr Überfordert, der sich immer ungerecht behandelt fühlte und die Chance nutzte, das sinkende Boot zu verlassen. Mit uns zogen viele Eltern die Reißleine, meldeten ihr Kind dort im Kindergarten ab, ohne dass wir ihnen Einzelheiten zu unserem Abgang erzählten. Aber man musste schon blind sein, um nicht zu sehen, dass einige im Erziehergespann unzufrieden waren und die Kinder nicht ansatzweise am Optimum ihrer möglichen Behutsamkeit angekommen sind. Was geschah mit Schwester Rabbiata? Nun ja, sie wurde am gleichen Tag meiner Kündigung in die Sonnenscheingruppe versetzt, in der sie neununddreißig Stunden in der Woche von den professionellen Erzieherinnen unter die Lupe genommen wurde. Da sie sich punktuell professionell verhalten konnte, waren die ersten zwei Wochen in Ordnung. Dann jedoch brachen ihre Dämme und sie wurde wieder sie selbst. Sie bekam mehrere Abmahnungen aus verschiedenen Gründen, zog die Reißleine und verließ den Kindergarten. Ihr wurde das ständige Arbeiten zu viel. Ich habe jedenfalls ein gutes Gewissen. Ich habe hoffentlich einen Umschwung bewirkt und hoffe, dass gewisse Erzieherinnen nicht weiter ihre Show abziehen können, ohne genauestens von Teamkollegen beobachtet zu werden.

Anfangs war ich verhalten dieser Gruppenform gegenübergestellt. Ich fragte mich, wieso kleine Kinder schon so früh in die Fremdbetreuung müssen. Als ich mich mit den Familien genauer auseinandergesetzt habe, entwickelte ich eine deutlich höhere Toleranz. Viele Familien handhaben die Betreuungszeiten noch sehr flexibel, individuell und schauen, dass deren jungen Kinder noch nicht allzu lange fremdbetreut werden.

Offene Ganztagsschule – Einen Versuch ist es wert

Ich bin gespannt. Mein erster Tag in der OGaTa rückt immer näher. Neulich wurde ich von der Koordinatorin, die mich wie eine Mutter an die Hand nimmt und die ich deshalb die „Mutti" nenne, zu einem Elternabend eingeladen. Die Koordinatorin einer OGaTa ist für die Leitung und Koordination aller Gruppenleitungen zuständig. Bei dem geplanten Elternabend bekommen die Eltern einen ersten Eindruck von mir und erhalten Informationen über das kommende Schuljahr. Ich erreiche die Schule und bin froh, dass ich mit dem Fahrrad bloß dreißig Minuten im guten Tempo brauche, verglichen mit der mindestens einstündigen Bahnfahrt. Noch ist keiner da, also spaziere ich ein wenig durch das kleine Gebäude. Die Mutti erscheint und begrüßt mich sehr herzlich. Zudem gratuliert sie mir zur neuen Stelle. Wir stellen schon einmal die Tische und Stühle zurecht. Als wir fertig sind, schaue ich mir ihre Vorstellung von der Bestuhlung an. An die Schultische sind mehrere Stühle gestellt, die alle zur Tafel ausgerichtet sind. Und vor der Tafel ist eine Tischreihe mit Stühlen dahinter. Es wirkt wie eine Pressekonferenz. Das ist hier wohl so. Wieso distanziert man sich hier so sichtbar von den Eltern? Schule ist ein anderes Einsatzgebiet, demnach nehme ich das erst einmal auf und reflektiere im Nachhinein. Die Klasse füllt sich. Sowohl Eltern, als auch das Erziehergespann, bestehend aus fünf Personen, sind nun da. Der Abend kann losgehen.

Die Mutti beginnt mit der Begrüßung und rattert einen Punkt nach dem anderen ab. Bislang kommen keine Zwischenfragen, daher geht es recht schnell vonstatten. Dann kommen wir zum Punkt Personalumstellung. Sie beginnt mit der Vorstellung von mir und dass ich den Platz von dem anderen Erzieher vorübergehend einnehmen werde. Er hingegen wird zum Hauptstandort der Schule wechseln und dort für ein Jahr aushelfen, weil dort Personalmangel besteht. Das Getuschel der Eltern beginnt. Tischweise wird geflüstert und kurz darauf lautstark diskutiert. Dann meldet sich ein Elternsprecher aus den Tischgruppen und beschwert sich über den Ablauf.

„Wieso muss denn unser Erzieher gehen? Wieso wechselt der Neue denn nicht direkt zum Hauptstandort der Schule und wir behalten unseren?"

Eine berechtigte Frage. Dennoch fühlt man sich in der Situation etwas ungewollt. Ich kann aber das Gefühlschaos der Eltern verstehen, besonders weil es die letzten Jahre immer viel Rotation bei den Erziehern hier in der OGaTa gab. Es war mir aber auch im Vorhinein bekannt, dass kaum eine OGaTa mit dem gleichen Personal vom Schuljahresanfang bis zum Schuljahresende besteht. Es gibt selten eine Klasse, die vier Jahre den gleichen Erzieher behält.

Es ist ein regelrechtes Durcheinander im Klassenraum und ich nutze die Chance und flüstere der Mutti ins Ohr: „Also, an mir soll es nicht liegen. Von mir aus gehe ich auch erst einmal für ein Jahr rüber auf die andere Schule und komme dann wieder. Dann muss der Kollege nicht extra gehen."

Sie schaut mich irritiert an und zischt ein „Jetzt sei bloß still" in meine Richtung. Sie scheint sichtlich genervt zu sein vom Feedback der Eltern. Es wird sich darauf geeinigt, dass der Kollege mehrmals die Woche Zeit bekommt, Kontakt zu seiner OGaTa-Klasse zu halten, was sich dann im Laufe des ersten Quartals auspendeln wird. Die Eltern bleiben dennoch erbost. Nachdem nun weitere kleine Punkte thematisiert worden sind, wie beispielsweise das AG-Angebot für das kommende Jahr und AG-Wünsche der Eltern, kommen wir zum letzten Punkt, genannt Verschiedenes, bei dem die Eltern Wünsche und Anregungen äußern können.

Ein ziemlich kräftiger und etwa fünfzig Jahre alter Mann mit verschränkten Armen meldet sich zu Wort. Schon beim Reinkommen musste ich bei ihm wegen seines Bartes an ein Walross denken.

„Also ich finde es eine Unverschämtheit, dass meine Tochter Ihnen jeden Nachmittag nun die Hand geben muss, wenn sie sich auf dem Weg nach Hause macht", äußert sich der Vater in Richtung der Koordinatorin.

Die Mutti nimmt Stellung dazu.

„Das habe ich nicht ohne Grund beschlossen. Auch für die anderen Eltern: Eine Gruppe von vier Viertklässlerinnen hat neulich die Schule verlassen ohne sich zu verabschieden. Kurz darauf, als es vier Uhr schlug und wir Feierabend machen wollten, suchten wir wie die Wilden, wo diese vier Mädchen sind. Wir waren eine volle Stunde hier in der Schule, haben herumtelefoniert und konnten uns nicht helfen. Im Endeffekt sind sie einfach schon nach Hause gegangen. Daraufhin haben wir beschlossen, dass sie sich für eine gewisse Zeit mit Handschlag verabschieden sollen, um zu lernen, dass man sich auf jeden Fall abmelden muss."

Die restliche Elternschaft zeigt sich verständnisvoll und findet es gut, dass diese Entscheidung getroffen wurde. Der Vater übernimmt wieder das Wort, möchte sich scheinbar nicht so schnell geschlagen geben.

„Aber ich finde es ist eine Zumutung, wenn meine Tochter Ihnen jeden Tag die Hand geben muss. Wer weiß, wo Sie mit ihren Händen überall gewesen sind. Wer weiß, ob Sie Ihre Hände nach dem Pinkeln waschen. Meine Tochter hat mir auch schon gesagt, dass sie es eklig findet, Ihnen die Hand zu geben. Ich spreche für mich und meine Tochter. Wir wollen das nicht!"

Meine Koordinatorin ist sichtlich peinlich berührt. Einige Tränen schießen ihr in die Augen. Alle Eltern bis auf ihn sind ebenfalls geschockt über diese Aussagen und äußern das auch. Es wird unruhig. Meine Koordinatorin übernimmt zum letzten Mal das Wort.

„Passen Sie mal auf. Hier in der OGaTa gibt es gewisse Regeln, die wir als pädagogischer Erzieherstab treffen müssen und treffen werden. Wenn wir der Meinung sind, dass die Kinder uns zu deren Sicherheit die Hand geben müssen, dann ist das so. Es ist nicht das erste Mal, dass Sie versuchen uns ans Bein zu pinkeln. Wenn Sie so unzufrieden sind, dann melden Sie ihr Kind doch von der OGaTa ab. Und glauben Sie mir, nach der Aktion jetzt hier werde ich mein Möglichstes tun, um diese Zusammenarbeit zu beenden. So etwas muss ich mir nicht bieten lassen!"

Sie beendet den Elternabend und verlässt mit einer Kollegin gemeinsam als erstes den Raum. Nach und nach verabschieden sich die Eltern und gehen nach Hause. Am Ende stehen nur noch wir vom Personal zusammen. Wir besprechen die Situation und das Verhalten des Vaters. Es ist zwar schade für das Kind, denn wer sucht sich seine Eltern schon aus, aber wie es aussieht, muss der Betreuungsvertrag aufgehoben werden, weil so etwas schon des Öfteren vorkam. Ich bin etwas überrascht über das Verhalten des Vaters. In meiner Kindergartenzeit habe ich eine solch krasse Respektlosigkeit seitens der Eltern noch nie erlebt.

„Lass dich nicht abschrecken! Nicht alle sind so, wie du siehst. Und das Schöne ist doch, dass wir immer zusammenhalten", sagt mir eine Erzieherin.

Alle nehmen sich in den Arm. Auch ich als Neuling werde eingeschlossen. Es ist mittlerweile sehr spät geworden. Wir verabschieden uns und machen uns auf den Heimweg.

Die offene Ganztagsschule bietet Schulkindern eine Betreuung am Nachmittag an und richtet sich vorwiegend an berufstätige und alleinerziehende Eltern. Hierbei fällt in der Regel ein monatlicher Elternbeitrag an, der die Kosten des Mittagessens abdeckt. Neben der Betreuung werden ebenso ein Mittagessen, Förderangebote, die Betreuung der Hausaufgaben und die verschiedensten AGs angeboten. In einer OGaTa-Gruppe arbeiten im Regelfall eine pädagogische Fachkraft und eine Hauswirtschaftskraft.

Nun ist mein erster Arbeitstag im neuen Lebensabschnitt gekommen. Ich starte mit der Betreuung in den Sommerferien. Das klingt nach viel Freizeit, Spaß und keine Verpflichtungen für die Kinder. Wegen meines vertraglichen Starts bekomme ich bloß noch die letzte Woche der dreiwöchigen Ferienbetreuung mit und die befindet sich in einem Indianercamp, das mit einem Reisebus angefahren werden muss. Nachdem alle Kinder am Morgen angekommen sind, starten wir in voller Montur und fahren mit unserem eigenen Bus. Es fühlt sich richtig an. Zudem hatte ich während des ganzen letzten Jahres keine einzige Situation während der Arbeitszeit, in der ich einfach mal nichts machen musste. Ich genieße es. Einige Kinder unterhalten sich und manche schauen aus dem Fenster. Wir erreichen das Indianercamp, das auf einer riesigen Wiese steht und in etwa die Größe von zwei Fußballfeldern hat. Ebenso gibt es hier ein Vereinshaus, mehrere Unterstellplätze, eine Lagerfeuerstelle und mehrere Gehege für alle möglichen Raubvögel. Der Besitzer dieses Platzes übernimmt ab jetzt die Anleitung der Kinder und ist ebenso für das Entertainment zuständig. Ich frage mich, was ich nun machen soll. Die Kinder sind betreut, verpflegt und unterhalten. Scheinbar haben wir hier auch Urlaub. Der Besitzer hat aus riesigen Lastwagenplanen eine Wasserrutsche den Hügel hinab gebaut und lässt sie durchgehend von mehreren Wasserschläuchen begießen. Die Kinder ziehen ihre

Badesachen an und rutschen was das Zeug hält. Alle haben viel Spaß. Auch mein männlicher Kollege zieht sich um und rutscht einige Male. Zu essen gibt es mal Pizza, mal Nudeln, mal Pommes. Eben einfaches, leckeres Ferienessen nach Maß. Die Kinder lieben es selbstverständlich. Vor dem Essen falten alle Kinder ihre Hände und beten. Für alle Anwesenden ist dies selbstverständlich und so bete ich einfach mal mit. Die Tage ähneln sich hier sehr, aber es ist durchweg genial. Da der Platzwart für sein Angebot von uns gebucht wurde, sind wir aus dem Gestaltungsinhalt raus. Natürlich kümmern wir uns ebenso um die Kinder, aber es ist hier auf einem fremden Platz nicht unsere Aufgabe irgendetwas zu gestalten. Demnach sitzen wir mit unseren Liegen in der Sonne und einige Kinder setzen sich dazu. Wir reden über Gott und die Welt und lernen uns einander besser kennen. Mir als Macher ist es etwas unangenehm, aber mir wird klar verdeutlicht, dass es mit der eigentlichen Arbeit nichts, aber auch gar nichts zu tun hat. Wir sind derzeit im Urlaubsmodus und für fast alle Kinder hier ist das der einzige Jahresurlaub und den sollen sie so gut es geht genießen. Weniger ist manchmal mehr.

„Lass die Kinder einfach machen! Die haben hier genug an Aktivität und müssen auch einfach mal zur Ruhe kommen“, sagt mir die Mutti.

„Glaub mir, es wird bald nicht mehr so entspannt. Es kommt die Zeit, in der du dich wieder an diesen Punkt zurückwünschst.“

Ich kann es nicht so recht glauben. Immerhin wirken die Kinder durchweg gut gelaunt und recht unkompliziert. Aber ich nehme es jetzt einfach erst einmal so hin und genieße schlichtweg den Moment.

Der ganz normale Alltag geht nun in der nächsten Woche los. Bei einem Schulgottesdienst lerne ich nun meine erste Klasse kennen, sowie meine beiden Lehrerinnen, die die erste Klasse leiten. Ich bin eher für die Hintergrundarbeit zuständig merke ich: Spiel, Spaß und Erholung. Eine Aufgabe, die mir liegt und mit der ich gut leben kann. Die Erstklässler scheinen gut drauf zu sein. Dennoch hat mir die Klassenlehrerin, die ich „die Engagierte“ nenne, bereits mitgeteilt, dass ein Junge diese Klasse wiederholt und dieser ziemlich verhaltensauffällig zu sein scheint. Aber zu dritt müssten wir ihn locker auf die richtige Bahn lenken können.

Wir gehen in den Klassenraum. Die Engagierte, die assistierende Lehrerin im ersten Jahr nach ihrem Referendariat und ich als

Gruppenleiter stellen uns den Kindern vor. Der Rahmen wirkt sehr nett und kindgerecht, wie man sich eben eine erste Klasse so vorstellt. Ich, als jemand der aus dem Kindergarten kommt und weiß auf welchem Stand die Vorschulkinder den Kindergarten verlassen, kann ziemlich gut erkennen, ob das, was hier gefordert wird, ihren Fähigkeiten angepasst ist. Dies scheint auch der Fall zu sein. In normaler und einfacher Sprache wird den Kindern durch die Engagierte ein sanfter Start in die Schule ermöglicht.

Meine Stellenbeschreibung sieht wie folgt aus. Pro Woche habe ich fünfundzwanzig Stunden am Kind und vierzehn Stunden Vorbereitungszeit, sprich knapp drei Stunden pro Tag. Das ist wahrer Luxus, denke ich mir. Ich scheine den Jackpot gezogen zu haben. In dieser Vorbereitungszeit stelle ich morgens die Mittagstische zurecht und decke sie. Die restliche Zeit organisiert man seinen Gruppenraum, während die Kinder nebenan in der Klasse bei einer Lehrerin lernen. Von den fünfundzwanzig Stunden am Kind deckt ein Großteil den Nachmittagsbereich ab, in dem ich mit ihnen alleine bin und mit ihnen esse oder sie im Gruppenraum oder auf dem Hof betreue. Zudem gibt es Unterrichtsstunden, in denen man fest eingeteilt wird. Am Schuljahresanfang gleiche ich mit den Lehrerinnen die Stundenpläne ab und schaue, wann ich in welchem Unterricht bin, um meine fünfundzwanzig Stunden am Kind voll zu bekommen. In Fächern wie Schreiben und Rechnen bin ich gesetzt, weil sie den intensivsten Lerninhalt haben, um auf Zukünftiges aufbauen zu können. In den Stunden, in denen ich eingeteilt bin, assistiere ich der jeweiligen Lehrerin, unterstütze die Kinder in Stillarbeitsphasen und bin dafür zuständig, kleine Unruhestifter zu bremsen. Alles nimmt hier seinen Lauf. Die Tage vergehen und ich finde mittlerweile meine Rolle hier an der Schule. Am Nachmittag gehe ich mit den Kindern wegen des schönen Wetters oft auf den Hof. Einen Garten kann man ihn nicht nennen, da er vollständig asphaltiert ist. Nur ein halb so großer Platz wie das Außengelände meines letzten Kindergartens ist mit Rasen versehen und eingezäunt. Dies ist der Ruheort für die Schüler, zu dem sie sich Zutritt verschaffen können, wenn ein Erwachsener diesen abgesperrten Platz aufschließt. Ich suche mir einen Aussichtspunkt aus, von dem aus ich auf alle Kinder gleichzeitig blicken kann und doch mitten im Geschehen bin, falls etwas passiert. Ich wähle den

Eingangsbereich des Schulgebäudes, an dem auch alle Eltern vorbeigehen, und habe somit den Eingang zum Schulhof, die Toiletten und die Kinder im Blick. Das Walross, der Vater vom Elternabend, steht bei mir und beobachtet mich. Ich nehme ihn durchaus wahr. Er fängt ein Gespräch mit mir an und ich versuche selbstironisch einen guten Draht zu ihm aufzubauen, um den Feind auf meine Seite zu ziehen. Das Gespräch ist oberflächlich, aber in Ordnung. Einige Basketbälle, die mir entgegenrollen, werfe ich bemüht in Richtung des Korbes. Es entsteht ein aktives Gespräch, aus dem ich mich wegen der Kinder jeder Zeit herausziehen kann. Am Nachmittag kommt die Mutti zu mir und unterrichtet mich im Katastrophenstil darüber, was derzeit im Umlauf ist. Hier wirkt alles Gesagte immer wie Code Red.

„So, pass auf! Es bahnt sich wieder etwas an. Der Vater vom Elternabend hat scheinbar einem anderen verrückten Vater auf dem Elternabend aus der Seele gesprochen und die haben sich jetzt verbündet. Es scheint so etwas wie ein Lager zu entstehen. Der Kirchenvorstand hat letzten Endes entschieden, dass der Vater und somit seine Tochter noch eine Chance bekommen und weiter hierbleiben dürfen. Ich konnte mitbekommen, dass die eben über dich im Flur gesprochen haben. Die haben sich ein leichtes Ziel gesucht: Den Neuen. Nimm es nicht persönlich, du machst gute Arbeit. Aber die haben dich einige Zeit hier heute im Garten beobachtet und sich ausgetauscht, dass du die ganze Zeit bloß hier rumstehst."

„Was? Aber ich soll doch hier betreuen. Ich habe anfangs versucht hier und da mal mitzuspielen, aber dann habe ich das Schultor nicht im Blick und weiß nicht, wer rein und raus geht", entgegne ich ihr mitten im Satz.

„Nein, zieh dir den Schuh nicht an! Du machst es genau richtig. Aber geh vielleicht mal auf und ab, um Aktivität zu zeigen. Das reicht meistens schon. Ich mein, immerhin machst du nicht den Fehler und steckst deine Hände wie dein Vorgänger durchgängig in die Taschen. Pass nur bitte auf! Ich wollte dir das bloß mal sagen, bevor es hier Ausmaße annimmt, die nicht mehr schön werden."

Ich bin ihr sehr dankbar, dennoch bin ich recht enttäuscht. Der Vater hat mich gelinkt und mein Vertrauen gewinnen wollen. Was für ein Idiot. Aber gut, dass wir hier zusammenhalten und ich ihm gegenüber einen Wissensvorsprung habe. Am nächsten Mittag steht der Vater wieder am Eingangsbereich und beobachtet mich. Er ist deutlich zu früh, Abholung ist hier erst ab vierzehn Uhr und wir haben gerade einmal dreizehn Uhr dreißig. Hat er sich jetzt vorgenommen mich eine halbe Stunde zu beobachten? Ich gehe langsam, aber bestimmt zu ihm.

„Und, mache ich alles richtig?", frage ich ihn rhetorisch und hänge dran: „Wenn Sie jetzt denken, dass Sie mich bis vierzehn Uhr beobachten können, dann muss ich Sie enttäuschen. Viel Action passiert hier nicht."

Der Vater wirkt ertappt und beschämt. Er geht daraufhin auf und ab und schließlich vom Schulhof. Ich hingegen bin stolz. Ich konnte mich direkt behaupten und meinen Standpunkt klarmachen. Dies scheint hier an einer Schule absolut notwendig zu sein, damit einem die Kinder und vereinzelte Eltern nicht auf der Nase herumtanzen. Die Mutti kommt nach draußen und ich erzähle ihr von meinem Erlebnis. Sie ist froh und belustigt, dass ich ihm die Grenzen so offen gezeigt habe. Ich merke, dass sie sich bestärkt fühlt, mit mir als Erzieher eine gute Entscheidung in der Bewerbungsphase getroffen zu haben.

An meiner Seite habe ich täglich eine hauswirtschaftliche Unterstützung. Sie hilft mir in der Zeit während des Mittagessens und übernimmt den anschließenden Spüldienst, damit ich mich rein auf die Kinder konzentrieren kann. Insgesamt ist sie täglich zwei Stunden in der Gruppe. Sie scheint jedoch ein wenig speziell zu sein. Weil sie, wie sie sagt, eine sehr gebildete Frau ist und sich wohl deutlich mit dem Spüldienst unterfordert fühlt, räume ich ihr jeden Tag nach dem Mittagessen eine Erzählzeit von maximal zehn Minuten ein, die sie eingefordert hat. Sie geht förmlich darin auf, den Kindern Phantasiegeschichten über ihren frei erfundenen Flohzirkus zu erzählen. Die Kinder lieben es und hängen ihr an den Lippen. Ich finde es schön, da es eine Win-Win-Situation ist und beide Parteien auf ihre Kosten kommen. Nebenbei räume ich schnell ein paar Teller weg und versuche sie soweit es geht zu unterstützen. Manchmal setze ich mich auch bloß zu den Kindern und höre mit zu. Sie scheint ein Talent dafür zu haben Geschichten aus dem Stehgreif frei zu erzählen, ohne zu wissen was im nächsten Satz passiert. Mit der Zeit gehen ihre Geschichten oft punktuell in die falsche Richtung, was man daran erkennt, dass sie ihre jüngste Scheidung von ihrem reichen Mann verarbeiten will, indem sie ihn immer wieder in die Geschichten einbaut. Es wirkt selbsttherapierend und doch spreche ich sie am Ende darauf an, diese Passagen lieber zu streichen, weil die Kinder von ihrer Scheidung und privaten Erlebnissen nichts wissen sollten. Sie ist erstaunt, aber lenkt ein. Es ist und bleibt ein täglich verrückter Tagesordnungspunkt und doch muss ich den Mut dazu haben, diesen beizubehalten, weil er bis auf ein paar Passagen kindgerecht ist und genau das bewirkt, was die Kinder hier in der Schule beim Essen brauchen: Entspannung und kindliche Tagträume.

Besonders hier in der Schule merke ich nämlich, dass der Druck im Vergleich zum Kindergarten deutlich spürbar ist. Hier zählt Leistung, persönliches Behaupten und Bestehen. Es wird immer unwichtiger, so vermute ich, was in einem Kind selbst geschieht. Es ist wichtig, was am Ende dabei rauskommt und was es im Unterricht hervorbringen kann. Im Kindergarten ist es eher das Individuelle und die Persönlichkeit, die zählt. Es steht der Mensch als Mensch im Fokus. Hier hingegen steht das Gesagte und Gemachte im Vordergrund. Eine Einstellung, mit der ich mich nur schwer anfreunden kann. Ich versuche jedoch die schönen Momente mit den Kindern zu gestalten und im freien Spiel Persönlichkeit und Individualität in den Fokus zu stellen. Das spüren die Kinder, denn bei mir sind sie durchaus unbedarfter und entspannter als bei den Lehrerinnen. Ich konnte beobachten, dass einige Kinder ihr lockeres Verhalten mir gegenüber auf ihr Verhalten zu den Lehrerinnen übertragen wollten. Im ersten Moment waren die Lehrerinnen überrascht, weil das an einer Schule eher unüblich ist und sorgten dann wieder für einen gewissen Abstand zu den Kindern.

Ich merke, dass die ersten Wochen hier an der Schule ziemlich anstrengend werden, da der stetige Lärmeinfluss in meinem Gruppenraum kaum noch auszuhalten ist. Die Tage mit andauerndem Sitzen, Input und Leistungserwartungen gingen nicht spurlos an allen Kindern vorbei. Alle wirken total hibbelig und unausgeglichen. Ich traue jedem Einzelnen in diesen Momenten die Energie für einen Marathon zu. Die Realität sieht jedoch anders aus, denn sie stecken hier in einem Gruppenraum fest und müssen sich mit dem wenigen Platz genügen, den der Raum bietet. Und schlussendlich muss ich über jeden einzelnen die Übersicht behalten. Ich bin bemüht, die Kinder gelegentlich ruhiger zu stimmen, obwohl ich weiß, dass diese gerade sechs Stunden Input bekommen haben und still am Tisch sitzen mussten. Unter dem Strich sind wir alles nur Menschen. Und besonders Kinder brauchen doch ein Ventil, durch das sie den Druck ablassen können. Dennoch ist der Dezibelwert wahrscheinlich höher als auf jeder Baustelle und dem Waldorfkindergarten zusammen. Der Anspruch besteht darin, darüber noch die Kontrolle zu behalten und den strikten Zeitplan einzuhalten. Kindern beim Salat essen erklären, dass man Salat nicht wie Pommes mit den Händen essen sollte, wir bitte möglichst sitzenbleiben und danach abwechselnd die Zähne putzen. Danach ist entweder direkt Unterricht, zu dem wir pünktlich fertig sein müssen oder eben eine AG, die die Kinder gewählt haben. Zur Auswahl stehen neben den sportlichen AGs wie Fußball, Ballett, Tischtennis, Schwimmen und Capoeira auch weitere wie Textil und Kochen. Da wir eine kleine Schule sind, ist die Auswahl hier recht übersichtlich, was ich nicht verkehrt finde. Es gibt hier im Umkreis jedoch auch Schulen mit bis zu fünfundzwanzig verschiedenen AGs. Ich stelle es mir schwierig vor dabei noch den Überblick zu behalten, denn ich habe bei der Anzahl hier schon meine Schwierigkeiten. In der Zeit, in der ich fünf Erstklässler zum Tischtennis begleite, ist die Klasse alleine. Da die Turnhalle am Schultor ist und ich erst in zwei Stunden mitbekommen würde, wenn ein Kind verschwunden ist, bin ich persönlich dafür verantwortlich, dass sie auch dort ankommen. Bis ich alle dreißig Erstklässler in ihre Räume begleitet habe, geht ganz schön viel Zeit drauf. Ich fühle mich mehr als Organisator und weniger als Pädagoge. Ich fühle mich körperlich und mental unterfordert und doch auch irgendwie überfordert, weil ich dem Stress nicht gewachsen zu sein scheine. Ich könnte niemals damit leben, wenn einem der Kinder etwas zustößt oder es abhandenkommt. Für mich gibt es hier eindeutig zu viele Schlupflöcher, durch die Fremde hinzustoßen können und ich es nicht einmal mitbekommen würde. Ich muss mich eventuell noch weiter einleben, um hier mein eigenes Ding zu starten und aufzublühen. Vielleicht muss ich mir einfach mehr Zeit geben.

Heute ist ein besonderer Tag, denn ich werde spontan eine Lehrerin vertreten und meine erste Vertretungsstunde geben. Ich habe von ihr einen Zettel mit Arbeitsaufträgen für die Kinder bekommen und ziehe somit den Unterricht, so wie er gewünscht ist, durch. Ich bin gespannt, wie ich mich als Vertretungslehrer anstelle. Wie die Engagierte organisiere ich mir die Stunde so, wie sie es macht, denn bei ihr scheint es zu klappen. Als erfahrene Lehrerin kann ich nur von ihrem Vorbild profitieren. Es ist alles in allem ein wenig mit einem Referat zu vergleichen, welches man zwanzig Minuten hält. Hier sind jedes gesprochene Wort und jede Mimik und Gestik von großer Bedeutung. Die Kinder sind natürlich in Lauerstellung, um zu schauen, wie weit sie gehen können. Ich denke aber, dass ich die Einheit gut durchgeführt habe, auch wenn die Unterrichtsstunde für mich schneller zu Ende ist, als ich vermutet habe. Ich ziehe meinen Hut. Es ist eine große Verantwortung vor vielen Kindern seinen Plan durchzuziehen und den Erwartungen der Eltern und des Lehrplanes stets gerecht zu werden. Immerhin sollen sie einen Lernzuwachs erreicht haben und dann doch bitte auch noch so individuell wie möglich. Schon zuvor konnte ich beobachten, dass die Leistungsspanne in dieser Klasse, wie wahrscheinlich in so vielen Klassen, sehr groß ist. Es gibt Kinder, die Arbeitsaufträge schon selbstständig lesen können oder dir ganze Geschichten vortragen. Und es gibt Kinder, die noch nie einen Buchstaben vor sich gesehen haben. Kinder, die wie unsereins gerade einmal eine Minute für eine Seite im Sachbuch brauchen und Kinder, die nach zwei Stunden am Ende der Seite vergessen haben, was am Anfang der Seite beigebracht wurde.

Für stark zu fördernde Kinder sind so genannte Förderlehrer an der Schule eingestellt. Wir als kleine Schule haben bloß einen. Dieser Förderlehrer verbringt an unserer Schule zwei Stunden in der Woche. Wir haben insgesamt vier Klassen hier an der Schule. Somit schnappt er sich immer drei, vier Kinder mit Förderbedarf und bearbeitet mit ihnen separat kleine Aufgaben. Ich frage mich nun, inwieweit dieses Modell Früchte tragen soll? Wie soll ein Kind hiervon profitieren, wenn es den Förderlehrer bloß fünfundvierzig Minuten in der Woche erlebt? Das ist ein Beispiel für einen schönen Gedanken in sehr schlechter Umsetzung. Wieso gibt es nicht mehr solcher helfenden Engel? Ist uns die Bildung der Kinder nicht so viel wert? Wieso muss eine Lehrerin in der heutigen Zeit eine Klasse alleine betreuen? Ich empfinde es als eine Fahrlässigkeit, dass die Bedingungen heutzutage so enorm schlecht sind und auf dem Rücken der Kinder und Fachkräfte ausgetragen werden. Ich sehe ebenfalls, wie die junge Lehrerin, die ihr erstes Jahr als Lehrerin beschreitet, manches Mal überfordert wirkt. Sie ist älter als ich und sagt mir dennoch oft, dass ich didaktisch viel weiter als sie bin. Gut, das macht vielleicht die Erfahrung, weil ich jedes Jahr in mehreren Kindergärten war und stetig am Kind gelernt habe. Ich kann nicht viel zum Lehramtsstudium sagen, aber ich habe mir sagen lassen, dass der didaktische und praktische Teil deutlich zu kurz kommen und man in gewissen Fachrichtungen im Studium Inhalte lernt, die völlig irrelevant für die praktische Umsetzung im Alltag sind. Wieso lernt er nicht mehr am Kind, besucht Schulen und macht Praktika? Wieso gibt man nicht Tipps und Tricks weiter, um die angehenden Lehrerinnen und Lehrer vorzuwarnen und gewappneter zu machen? In unserer Nebenklasse unterrichtet eine Lehrerin, die die Kontrolle über ihre Klasse voll und ganz verloren hat. Es ist durchweg laut und wenn ich sie besuchen gehe um Kreide zu schnorren, macht jeder was er will und sie sitzt vorne am Pult, resigniert und ist aufgesetzt fröhlich. Es ist nicht selten vorgekommen, dass ich in die Klasse ging und auf Wunsch der Lehrerin die Kinder in die Schranken gewiesen habe. Ich bin irritiert und doch ist es die Realität.

Ich frage mich ob das, was ich mache, das Richtige ist. Ich bin nicht traurig darüber diesen Schritt gewagt zu haben. Immerhin konnte ich mir ein Bild davon machen, wie es in der Grundschule so vor sich geht. Dennoch denke ich mir, dass ich dies wohl nicht ein Leben lang machen möchte. Es ist hart, zerrt an meinen Nerven und ist etwas ganz anderes als der Elementarbereich im Kindergarten. Ich glaube, dass es eine Einstellungssache ist. Entweder ist man für den Kindergarten gemacht oder für den Jugendbereich. Das sind im Grunde total verschiedene Tätigkeitsfelder.

Ich stehe an dem Punkt, an dem ich mich frage, was mir wichtig ist. Ich komme auf Schlagwörter wie Geborgenheit schenken, Ruhe genießen, kein Leistungsdruck, den Menschen dort abholen, wo er steht, familiäre Atmosphäre und Herzlichkeit. Nicht viele davon kann ich hier wiederfinden. Ich befürchte, meine Kündigung aus meinem letzten Kindergarten schien eher eine Flucht gewesen zu sein, um endgültig die Reißleine zu ziehen. Ein Versuch war nun diese Station. Hinzu kommt leider, dass es durch die Kälte für mich kaum noch möglich ist eine halbe Stunde mit dem Fahrrad zum anderen Ende der Stadt in die Schule zu fahren. Ebenso möchte ich nicht klitschnass hier ankommen. Die Fahrt mit den öffentlichen Verkehrsmitteln dauert aber leider eineinhalb Stunden. Wegen Hin- und Rückfahrt sind das drei Stunden Freizeit, die mir jeden Tag verloren gehen und sinnlos verschwunden sind. Lohnt sich der Aufwand denn? Macht das Reiseziel mich glücklich? Nein. Um ehrlich zu sein, habe ich seit einiger Zeit sogar ein Pfeifen auf dem Ohr, das mir stetig Druck und Taubheit in die Ohren jagt. Ich bin mittlerweile auch an dem Punkt angekommen, dass ich morgens die kinderlose Schule betrete und das Pfeifen beginnt. Ich denke, ich muss mir eingestehen, dass ich für diese Arbeit nicht der Richtige bin. Und bevor ich mich zum Hausdrachen oder einer Schwester Rabbiata entwickle, wechsle ich lieber den Standort, um meine Fähigkeiten mit Menschen zu teilen, bei denen auch ich glücklich werde.

Ich bin unzufrieden und sauer auf mich selbst. Wieso habe ich diesen Fehler begangen und wieso müssen nun die Kinder darunter leiden, indem es schon zu den Herbstferien den ersten Erzieherwechsel gibt? Immerhin bin ich mittlerweile teilweise zu einer Bezugsperson geworden, der die Kinder mit Abstrichen gut im Griff hat und dem die Kinder folgen. Aber ich denke mir, wenn es nicht geht, dann komme ich mental unter die Räder. Hinzu kommt für mich ausschlaggebend ebenso die Entfernung zur Schule. Da für mich ein Umzug wegen der Arbeit nicht in Frage kommt und ich meine Woche nicht in diesem Stil ableben möchte, dass ich zu Hause angekommen, bloß noch esse und schlafe und dann weiterarbeite, denke ich, ist es das Richtige die Reißleine zu ziehen.

Ich setze mich wieder verzweifelt an meine Kindergartengründungspläne, die mir immer wieder Mut und Hoffnungen gemacht haben. Vielleicht sollte ich mich auch auf den U3-Bereich fokussieren? Dies scheint derzeit ein ziemliches Angebotsloch zu sein und die Plätze unterschreiten die Nachfrage. Ich melde mich in einem Tagesmutterforum an, um dort mitzulesen und Fragen zu stellen. In meinem ersten Post stelle ich mich kurz vor und stelle Fragen wie „Wie ist die Vergütung einer Tagesmutter?“ und „Welche Richtlinien muss man erfüllen?“. Kurz darauf werde ich blockiert und gelöscht, mit der Begründung, dass hier keine Männer Zutritt haben.

Es sei eine reine Tagesmutterseite. Es macht mich sauer, denn ich denke mir, dass meine Einstellung zum Kind das ist, worauf es ankommt und diese nicht abhängig von meinem Geschlecht ist. Wieso habe ich kein Recht auf gleichen Informationsfluss wie eine Frau? Ich fühle mich endgültig im Mittelalter angekommen und beende den Tag. Es kann beruflich nur noch besser werden.

Ich habe meinen Entschluss gefasst und werde die Schule verlassen. Als ich das meinen Kollegen und den Kindern sage, ist die Enttäuschung erst einmal groß, aber sie können es mit der Zeit immer besser nachvollziehen. Oft höre ich den Satz „Du musst dir die Chance und die Zeit geben! Du handelst zu früh", doch ich habe schnell für mich erkannt, dass diese Art von Arbeit nicht das ist, wofür mein Herz schlägt. Spätestens beim Pfeifen auf dem Ohr habe ich erkannt, dass der Körper sich mittlerweile auch zu Wort meldet und da ist für mich die Entscheidung gefallen.

Dennoch denke ich an eine kurze aber schöne Zeit in der Ferienbetreuung zurück, in der im Vordergrund stand, dass die Kinder einen schönen Urlaub haben und wir uns im Team ebenso gut austauschen konnten. Ich denke an die vielen tollen, manchmal auch anstrengenden Kinder zurück, die mein Herz schnell gewinnen konnten und wegen denen mir der Abschied am meisten weh tut. Ich denke an die schöne, nahezu perfekte Art von der Engagierten zurück, die morgens die Kinder immer mit einem kindgerechten Gitarrensong in den Tag holte. Es war ein wunderschönes Lied, woraufhin alle Kinder beim ersten Akkord direkt einstiegen zu singen. Auch wusste sie immer ganz genau, wann es Zeit war eine kleine Bewegungseinheit einzufügen, die etwa drei Minuten dauerte und woraufhin die Kinder wieder voll bei der Sache waren. Sie hatte für mein Empfinden unzählbar viele Spiele und Lieder in petto. Von ihr hätte ich wohl noch viel lernen können.

Ich denke zurück an einen Moment in der Ferienbetreuung, als einer der Viertklässler seine Medikamente nicht bekam, sogenanntes Ritalin. Es wird verschrieben, um Kinder mit dem Aufmerksamkeitsdefizithyperaktivitätssyndrom aus dem Teufelskreislauf der Hyperaktivität zu holen. Vom Arzt verordnet, brauchte er jeden Morgen und Mittag eine dieser Tabletten. Am letzten Tag unserer Ferienbetreuung hatten wir fatalerweise keine mitgenommen und bekamen recht schnell die Quittung. Der Junge war außer sich, attackierte andere Kinder, zeigte sich respektlos den Erwachsenen gegenüber und war kaum zu halten. Selbst den Platzwart vom Indianercamp, ein stämmiger Kerl, griff er an, wozu entweder eine Menge Mut oder Dummheit von Nöten war. Es war einer der härtesten Momente meiner Karriere und doch frage ich mich, was dieses ADHS ausdrücken soll.

Ist es ein Zustand, auf den man Einfluss hat, oder ist es eine Krankheit? Sofern man ersteres annimmt, könnte ADHS eine Reaktion auf die Gesellschaft oder beispielsweise auch auf die Ernährung sein. Viele Bereiche der Gesellschaft werden immer schnelllebiger und optimierter. Darunter können in sich ungefestigte Kinder leiden, da die Zeit der kindlichen Verarbeitung zu kurz bemessen ist. Eine medikamentöse Behandlung würde das Problem eindämmen, bekämpft aber nicht die Ursachen, weil die Gegebenheiten oft nicht verändert werden, welche die Probleme auslösen. Die Frage ist nun: Kann man das Umfeld des jeweiligen Kindes so gestalten, dass es den individuellen Ansprüchen angepasst ist? Ganz gleich welcher Grund zu einem solchen Symptom führt, zolle ich den jeweiligen Eltern vollsten Respekt für die über Jahre hinweg tägliche Geduld und Energie, bei der man an seine physischen und psychischen Grenzen kommen kann.

Ungewohnt war für mich jedoch, dass ich gemerkt habe, dass ich immer mehr die Buhmann-Rolle bekam: Schwierige, auffällige und laute Kinder ermahnen und sie, wenn es nicht besser wird, in den Gruppenraum zu einer Eins-zu-eins-Ansage konfrontieren. Das Verhältnis zum Kind wurde nicht deutlich schlechter, aber die Art zu arbeiten war nicht meine. Ich möchte nicht durchweg Ansagen und Rügen verteilen. Es ist, wie bereits gesagt, einer der Punkte, die meine Entscheidung beeinflusst haben. Wenn es nicht das Richtige für einen ist, dann muss man eben einfach gehen.

Christliche Kindertagesstätte 2.0 – Back to the roots

Nach einem kurzen Zwischenstopp in der OGaTa trete ich nun meine neue Stelle an, die ich mir während meiner letzten Arbeitswoche in der Schule gesucht habe. Es ist eine mir bekannte Stelle. Und zwar sehr bekannt. Ich machte dort mein erstes Blockpraktikum während der Ausbildung. Es ist die christliche Einrichtung, die ich aus der Praktikantenperspektive zusammengefasst als eher streng und konservativ empfand. Nun bin ich aber kein Praktikant mehr und kann mich dort selbst mit einbringen und Regeln aufstellen oder gegebenenfalls alte Regeln umstellen. Es spricht mich natürlich an, weil es ziemlich nah an meinem derzeitigen Wohnort ist und ich aus der OGaTa-Erfahrung gelernt habe, dass zu viel Fahrtzeit zur Arbeit nicht wirklich gut für mich ist, weil dann die Freizeit darunter leidet. Zu nah ist aber auch nicht immer von Vorteil. Derzeit sind es nur knapp zwei Kilometer. Für mich eine perfekte Entfernung. Ich finde es auch spannend, dass der Kindergarten derzeit umzieht und ich im Hinblick auf meine Kindergartengründungspläne einmal miterleben möchte, wie so ein Kindergartenumzug abläuft und an was man alles denken muss. Daher auch meine telefonische Anfrage, ob eine Stelle zu vergeben sei. Schließlich will sich der Kindergarten gruppentechnisch neu aufstellen. Volltreffer! Wenige Minuten bevor die Leitung die Stelle online stellen wollte, kam mein Anruf. Manchmal muss man auch einfach Glück haben. Aber wenn sich das nicht rächt, denke ich mir. Ich bin vorsichtig geworden. Im ersten Moment sieht alles recht nett aus, aber beim näheren Betrachten kommt wahrscheinlich der alltägliche Wahnsinn ans Tageslicht. Oder vielleicht auch nicht? Wichtig für mich sind bei einer neuen Stelle die Atmosphäre im Team und die aufgestellten Regeln, die hier gelebt werden. Wenn das schon nicht harmonisch ist, dann wird es eher eine Qual für mich. Aber das sieht jeder anders.

Und so steige ich nun wieder in den Tätigkeitsbereich Kindergarten ein. Ich bin so froh wieder auf diesem Weg zu laufen und gewohntes Terrain zu betreten. Hier fühle ich mich zu Hause und hierfür bin ich gemacht. Ich gehöre in den Kindergarten. Das spüre ich am ersten Tag schon sehr schnell. Es fühlt sich richtig an und darauf kommt es an. Als ich die Einrichtung betrete, ist kaum ein Kind zu sehen. Wie ich schnell herausfinden kann, fängt ab heute die Umzugsphase an. Es besteht eine Notgruppe und nur die Kinder, dessen Eltern keinen Urlaub bekommen haben, finden sich hier wieder. Demnach sitzen nach einer gewissen Zeit erst einmal alle Erzieherinnen mit vier Kindern im Notgruppenraum, der schon recht kahl wirkt. Einige wenige vom Team kenne ich noch, sehr viele sind aber neu hinzugekommen. Ich werde vom Team herzlich empfangen. Sie freuen sich über mich und auch, dass endlich mal ein männlicher Kollege hier anfängt. Ich bin scheinbar der Erste. Die Leitung, die recht kumpelhaft und locker wirkt, betritt die Gruppe und weist uns ein, wie der Plan des Tages aussieht. Ein Umzugsunternehmen hat bereits begonnen, die Möbel in die vielen Umzugswagen zu tragen. Ich muss an die Macherin denken, die sich hier pudelwohl fühlen würde. Heute und wahrscheinlich die nächsten Wochen sind Tage des Anpackens.

Nun bleiben drei Erzieherinnen hier, um auf die Kinder aufzupassen und der Rest des Teams geht in das neue Kindergartengebäude und stellt, beziehungsweise baut, die gelieferten neuen Möbel in der Gruppe auf. Ebenso bekommt jede Gruppe ein eigenes Badezimmer mit einer eigenen Wickelkommode. Der U3-Bereich ist für diese Einrichtung absolutes Neuland. Demnach gibt es hier folgende Gruppenformen: eine T3-Gruppe mit Kindern zwischen drei und sechs Jahren, eine T1-Gruppe, die von zwei bis sechs Jahren geht, und eine T2-Gruppe, die Kinder im Alter von einem bis drei Jahren betreut. Meine Einsatzgruppe wird im Schwerpunkt die T3-Gruppe sein, da hier wohl dieses Jahr sehr viele Vorschulkinder sind und der Bedarf an zusätzlichem Personal recht groß ist. Ich stelle mich natürlich dieser Aufgabe, jedoch steht nun erst einmal die Umzugsphase bevor.

Der Kindergarten wirkt auf den ersten Blick sehr ordentlich und sauber. Auf dem Boden befinden sich helle Fliesen, die Wände im Flur sind weiß und es gibt breite lange Wege. Die Gruppen sind allesamt mit blauem PVC-Boden bestückt und haben blassgelbe Wände. Die Größe ist völlig in Ordnung: Knapp fünfzig Quadratmeter pro Gruppe plus etwa halb so große Nebenräume würde ich schätzen. Zusätzlich haben wir hier eine Turnhalle und eine sehr große Küche mit einem separaten Lebensmittelraum und Spülküche. Es wirkt alles hochmodern und sehr edel. Fühle ich mich wohl? Es ist etwas ganz anderes als mein Traumkindergarten aus dem Anerkennungsjahr. Und doch ist es erst einmal für mich in Ordnung.

Die nächsten Wochen bin ich damit beschäftigt wie eine Bohrmaschine von Gruppe zu Gruppe herumgereicht zu werden, um dort Schränke auszurichten, aufzubauen und zu schleppen. Ich fühle mich wertgeschätzt und empfinde, dass ich genau zur richtigen Zeit hierherkam. Alle sind sehr nett und dankbar. Zudem finde ich schnell eine Verbündete. Ich nenne sie „Frau Immermehr". Sie halst sich immer mehr Baustellen und Projekte auf, sodass nie Leerlauf entstehen kann. Eine Macherin eben. Außerdem hat sie einen Humor, der meinem sehr ähnlich ist. Mit ihr zusammen geht alles viel schneller und wir werden ein eingespieltes Team. Ebenso habe ich zu vielen anderen schon einen guten Draht aufbauen können. Das Team wirkt recht jung, bloß mit wenigen älteren erfahrenen Erzieherinnen, die aber eine gewisse Gelassenheit und Erfahrung ausstrahlen. Nachdem ich in allen Gruppen die Schränke auf Vordermann gebracht habe, können die Erzieherinnen diese befüllen. Zwei Schreiner, die als externe Allrounder zusätzlich die ersten zwei Wochen im Kindergarten engagiert wurden, kümmern sich um die Wickelkommoden. Ich habe richtig Spaß beim Aufbauen, sodass ich mir zwischenzeitlich die Frage stelle, ob ich zum Lager Erzieher oder zum Lager Handwerker gehöre. Aber das Gute an unserem Beruf ist ja, dass dieser sehr vielseitig ist und ich hier auch meine handwerkliche Seite ausleben kann. Demnach entsteht ziemlich bald schon eine Werkbankecke im Kindergarten. Die Umzugsphase ist recht anstrengend, aber sie trägt Früchte. Dadurch, dass alle mit anpacken, sind wir recht schnell fertig und können nach zwei Wochen Schließung den Kindergarten für die Kinder wieder freigeben. Es war eine aufregende und auch teamstärkende Phase. Mittags aßen wir immer etwas vom Griechen oder Italiener und es herrschte durchweg eine schöne Atmosphäre. Jetzt fehlen nur noch die Kinder.

Die Zeit der Ruhe ist nun vorbei. Der erste Tag startet und man kann gut sehen, dass die Kinder die Gruppen wunderbar annehmen, ebenso den Garten, der zwar noch recht kahl wirkt, weil die Pflanzen erst noch richtig wachsen müssen, aber das wird alles noch. Ich arbeite nun in einem Team mit zwei älteren Damen. Beide sind um die sechzig

Jahre alt, aber damit habe ich als junger Hüpfer in der Vergangenheit super Erfahrungen gemacht. Schon in meinem Traumkindergarten habe ich in einem Team gearbeitet, in denen beide Kolleginnen über fünfzig waren und doch konnte man es denen nicht ansehen. Man ist eben auch nur so alt, wie man sich fühlt und es ausstrahlt. Die Gruppenleitung wirkt sehr nett. Sie ist ebenso erst vor einem Jahr hierher gewechselt und demnach noch recht neu. Die andere Kollegin ist die Dienstälteste hier. Ich kenne sie noch aus meiner Praktikumszeit. Sie war die erschöpfte Erzieherin mit der durchzustreichenden Anwesenheitsliste der Kinder. Ich nenne sie „Frau Alte Schule". Vielleicht schaffe ich es mit der Zeit einen intensiveren Kontakt auf Augenhöhe zu ihr herzustellen, der es mir auch ermöglicht zu erkennen, wieso sie so erschöpft ist. Vielleicht kann ich ihr auch genügend Arbeit abnehmen.

Ich lasse den Kindergarten auf mich wirken, speziell auch diese Gruppe. Es wird in meinen Augen viel von den Vorschulkindern verlangt. In einem Regal finde ich Schreibhefte, in denen Schwungübungen zu sehen sind, die die Kinder nachschreiben sollen. Ich bin zwar von dem Waldorfkindergarten geprägt, aber wenn man den eigenen Namen schreiben kann und schon gewisse Schwungübungen vorher macht, dann ist das in meinen Augen in Ordnung. Neben den Schreibheften gibt es ebenso Stickkarten, Webrahmen, Übungen an den verschiedenen Verschlussrahmen und Aufgabenhefte, in denen Arbeitsaufträge ausgeführt werden müssen, welche den kognitiven Bereich abdecken. Am Ende der Kindergartenzeit sollten alle Arbeiten beendet worden sein, sodass sie fit für den Einstieg in der Schule sind.

Ich kann mich mit diesem Leistungsgedanken nicht so recht anfreunden und scheine mir hierfür noch ein wenig mehr Zeit geben zu müssen. Ich muss mir feste Aufgaben suchen und meine Rolle hier im Kindergarten finden. Durch meine engagierte Art entwickle ich mich immer mehr zum festen Bestandteil dieser Einrichtung und dies kann man auch spüren. Ich schreie förmlich nach Aufgaben, denn es gibt nichts Schlimmeres für mich, als sinnlos auf dem Stuhl zu sitzen und zu warten, bis etwas passiert. Ich übernehme in unserer Gruppe nun die wöchentliche Turnstunde mit allen Kindern, die Schlafphasen an zwei Tagen von der T1-Gruppe und helfe der gruppenübergreifenden Kraft bei ihrer Vorschularbeit. Da wir dieses Jahr zwanzig Vorschulkinder haben, müssen wir zwangsweise zwei Gruppen daraus machen, um punktuell besser ansetzen zu können. Ebenfalls rufe ich mit der Vorschulerzieherin ein neues Projekt ins Leben: Eine Kindergartenübernachtung. Einige vom Team sträuben sich dagegen, aber solange sich jedes Jahr fünf Erzieher dafür bereit erklären, ist die Sache in trockenen Tüchern. Dies alles sind Aufgaben, denen ich gerecht werden möchte und ich bin froh, nun meine Rolle gefunden zu haben. Sie schimpft sich auch „Springer". Ich hingegen nenne mich den Allrounder. Der Vorteil liegt darin, dass man recht schnell zu allen Kindern des Kindergartens einen guten Draht aufbauen kann, hingegen andere Kolleginnen nach einem Jahr noch nicht die Namen aller Kinder kennen. Zudem trägt man immer nur eine Teilverantwortung, da man bei Krankheitsvertretungen überall nur aushilft und recht neu im Geschehen ist. Der Nachteil ist aber natürlich auch, dass man nirgendwo zu Hause ist und man morgens auf dem Weg zur Arbeit nie genau weiß, wie der Tag aussieht und wo man eingesetzt wird. Viel Planen ist da nicht. Man muss dafür gemacht sein, aber ich denke, für ein dreiviertel Jahr ist das völlig in Ordnung und diese Erfahrung nehme ich gerne mit.

Mein Engagement scheint schnell Früchte zu tragen. Die stellvertretende Leitung tritt an mich heran und fragt, ob ich nicht ihren Posten besetzen möchte, da sie schon etwas älter ist und sie diese Aufgabe gerne bald abgeben möchte. Ich halte es mir offen, aber sage ihr, dass ich mir das derzeit noch nicht vorstellen kann, da ich gerade mal zwei Monate dabei bin. Zudem, so denke ich mir, ist mir der gesamte christliche Bereich etwas fremd. Auf dem Papier bin ich zwar Christ, aber ich lebe diesen Glauben nicht wirklich aus.

Heute ist wiedermal ein Spielzeugtag. Den gibt es hier bei uns in der Gruppe einmal im Monat. Die Kinder bringen morgens jeweils ein Spielzeug mit und stellen dieses im Morgenkreis den anderen Kindern vor. Anschließend dürfen sie damit im Freispiel spielen. Ich tue mich schwer damit so einen Tag im Kindergarten anzubieten. Was soll damit bezweckt werden? Möchte man das Zuhause und den Kindergarten verknüpfen? Geht das nicht auch anders? Zeichnen wir uns durch Spielsachen aus? Ich sehe da eher die Kontra-Argumente. In erster

Linie erzieht man die Kinder zum materialistischen Denken, denn wenn die Kinder ihr Spielzeug einzeln präsentieren, folgt stets eine Reaktion, wie zum Beispiel: „Wow!“ oder „Das sieht aber toll aus“. Oft folgt dann auch die Frage: „Was kann das denn so?“. Spielzeug ist nicht mehr Spielzeug. Alles muss etwas können und wenn ein ferngesteuerter Monstertruck die Herzen aller Kinder erobert, möchte man sich verstecken, wenn man bloß mit einem kleinen Metallauto in den Kindergarten kommt. Man vergleicht, das liegt in unserer Natur. Schlimm ist es für die Kinder, die diesen Tag vergessen haben und morgens mit keinem Spielzeug kommen. Entweder ist das Geschrei groß, Tränen fließen oder die Eltern hetzen sich ab, um zu Hause ein bestimmtes Spielzeug zu holen. Eltern, die bereits im zeitlichen Stress sind, aber auch nicht wollen, dass es im Vergleich zu den anderen Kindern blöd dasteht.

Nun also sitzen wir alle im Stuhlkreis. Der eine stellt sein Auto vor, die andere eine Barbie, die trinken und pinkeln kann, der nächste einen Hubschrauber und ein anderes Kind eine Puppe, die Lieder aus Disney-Verfilmungen singt. In mir kribbelt es, weil wir künstliches Interesse vortäuschen und Fragen über dieses Spielzeug stellen, wie: „Von wem hast du das bekommen?“, „Wie lange hast du die schon?“ oder eben „Was kann das Spielzeug alles?“. Ich halte mich aus diesen Gesprächen raus und beobachte nur. Nun stellt ein Kind seinen Monstertruck vor. Es fährt in unserem Kreis und kann dies mit seinen drei Jahren schon sehr geschickt. Es wird etwas wilder, die Kinder werden aufgeweckter. Endlich mal Stimmung im Laden. Der Truck fährt von Stuhlbein zu Stuhlbein und überfährt einige Male die auf den Boden liegenden Barbies. Die Stimmung ist sehr amüsant. Doch am Ende dieses Events frage ich mich: Muss das sein? Muss man den Konsum fördern? So gut wie alles besteht aus Plastik und Batterien. Ich bin dafür ihn abzuschaffen, aber meine Kolleginnen legen da besonderen Wert drauf. Aber so ist das nun einmal in einem Team. Man beugt sich einer Meinung und muss manchmal auch einfach damit leben. Ich selbst werde so einen Morgenkreis mit Spielzeug ungern durchführen wollen, Bilderbuchtage erscheinen mir hingegen deutlich sinnvoller.

Täglich kann ich spüren, dass der Schritt hierher zu wechseln genau das Richtige war. Man spürt diese Herzlichkeit und Dankbarkeit, die mir von vielen Eltern, dem Team aber auch speziell den Kindern entgegengebracht wird. Das Jahr geht schnell vorüber. Wir haben viele Ausflüge gemacht, hatten im Großen und Ganzen in der Gruppe eine nette Arbeitsatmosphäre und ich habe das Jahr in vollen Zügen genossen. Mir wird von der Kumpelchefin das Angebot unterbreitet, die Gruppe zu wechseln. Drei Vollzeitkräfte in der T3-Gruppe sind etwas zu viel, wo hingegen in der T2-Gruppe mit zehn U3-Kindern nur eine Vollzeitkraft ist, Frau Immermehr. Ich muss nicht lange überlegen und bin sichtlich dankbar für dieses Angebot. Immerhin verstehe ich mich mit ihr und ihrem Gruppenteam super. Außerdem bin ich die Rolle als Springer los, weil ich in dieser Gruppe mit den jüngeren Kindern zum festen Bestandteil werden muss. Neben der Gruppenänderung liegt mir auch ein unbefristeter Vertrag offen. Ich gebe der Kumpelchefin direkt grünes Licht und freue mich auf ein schönes neues Kindergartenjahr. Es ist für mich zudem eine Premiere, denn länger als ein Jahr war ich noch nie in einem Kindergarten. Alles in allem fasse ich das letzte Jahr wie folgt zusammen: Ich hatte hier viel Spaß, blieb aber unter meinen Fähigkeiten. Ich kam mir wegen der Überbesetzung in der Gruppe oft überflüssig vor und habe mich gelegentlich in die Umzugsphase zurückgewünscht. Im ersten Moment klingt es super, wenn man überbesetzt in einer Gruppe arbeitet. Es ist aber von großer Bedeutung, dass man seine eigene Rolle und Position definiert und auch findet. Das ging hier nur bedingt. Demnach bin ich zudem recht froh, dass mir eine neue Aufgabe in einer neuen Gruppe gegeben wird.

Nach dem Jahr ist vor dem Jahr, so auch jetzt. Ich habe im Gefühl, dass es ein aufregendes Jahr wird. Voller neuer Erfahrungen und Erlebnisse. Ich trete in eine Gruppe ein, in dem wir nun zu viert arbeiten werden. Frau Immermehr als Gruppenleitung, eine Kollegin auf Teilzeit, eine Auszubildende auf Teilzeit und ich in Vollzeit. Die Auszubildene macht eine sogenannte praxisintegrierte Ausbildung, in der man sowohl in der Einrichtung arbeitet als auch zusätzlich in die Schule geht. Frau Immermehr ist unsere Montessori-Fachfrau, die Erzieherin auf Teilzeit unsere Pikler-Fachfrau. Wir scheinen ein bunter Haufen zu sein, das den Kindern und auch uns vermutlich durch die Vielfalt in die Karten spielen wird. Aber was ist Pikler eigentlich?

Emilie „Emmi" Pikler war eine ungarische Kinderärztin, die im 20. Jahrhundert die Kleinkindpädagogik neu definierte. In der Pikler-Pädagogik ist die Initiative des Kindes von Bedeutung und die Geduld der Erwachsenen. Emmi Pikler behauptet, dass jedes Kleinkind ein eigenes Zeitmaß für seine Entwicklung in der Autonomie, Individualität und Persönlichkeit besitzt. Das Kind soll durch die Freude, etwas selber erreicht zu haben, Selbstvertrauen gewinnen. Außerdem ist es wichtig, dem Kind gegenüber aufmerksam zu sein. Man übernimmt die Aufgabe durch die ausstrahlende Sicherheit, das Kind zum Ausprobieren zu animieren und es in seiner Selbstständigkeit zu unterstützen. In einer sicheren, regelminimierten und stabilen Umgebung lernt ein Kind am besten, wie es aus eigener Initiative heraus handeln kann.

Zu Beginn des Kindergartenjahres bekommen wir fünf neue Kinder, allesamt in etwa ein Jahr alt. Das wird eine Herausforderung, denke ich mir. Von den Eltern morgens gebracht, wird noch schnell die aktuellste Neuigkeit erzählt. Bei den Kleinkindern merkt man, dass hier eine engere Zusammenarbeit mit den Eltern besteht. Die Tür- und Angelgespräche sind länger und detaillierter. Auch werden die Beschwerden näher besprochen und fast täglich kontrolliert. Eines unserer Kinder leidet unter dem respiratorischen Affektkrampf. Für mich ist das ein absolutes Neuland, denn ich weiß gar nicht, was das ist. Ich lasse es mir erklären und mache mich zudem im Internet darüber schlau. Bei solchen Affektkrämpfen versteifen sich die Kinder in ihrer Schreiphase und kommen gar nicht mehr dazu Luft zu holen. Dann tritt wenig später eine Ohnmacht ein und die Kinder entspannen sich. Jetzt können sie wieder Luft holen und nach etwa zehn Sekunden wieder zu sich kommen. Ich hoffe nur, dass wir so etwas nie erleben müssen.

Ebenso bleibt man in der Anfangszeit stets in engem Kontakt zu den Eltern, um über den Verlauf der Eingewöhnung zu sprechen. Wie bereits beschrieben, muss auch eine aktive Eingewöhnung der Mutter oder des Vaters stattfinden. Erst wenn die Eltern gelandet sind, kann sich das Kind voll und ganz auf die neuen Personen und Gegebenheiten einlassen. Es gibt jedoch drei verschiedene Typen von Eltern:

Zum einen Elternteil A, das möglichst überbehütet sein Kind in stetiger Sicherheit wissen möchte und am Kind klammert. Dieses Elternteil findet morgens beim Verabschieden kein Ende. Manches Mal setzt es sich auch mit in die Gruppe und wird zum Teil des Freispiels. Sagt man Elternteil A nicht, dass es Zeit wäre zu gehen, so bliebe es vermutlich bis zum Mittagessen. Aus eigener Erfahrung konnte ich erkennen, dass es sich bei Elternteil A meist um Eltern handelt, die ihr erstes Kind bekommen haben und es zudem selten bis nie eine Trennungssituation gab.

Elternteil B geht völlig locker mit der Situation um. Es kennt meist bereits durch das Erstgeborene, wie der Ablauf ist und kann sich gut lösen. Dieses Elternteil hört bestenfalls auf die Ansagen der Erzieher und kann dies auch authentisch dem Kind widerspiegeln. Hier herrscht ein gesundes Maß an Vertrauen zu den Pädagogen.

Elternteil C ist ebenfalls locker drauf, fast schon gleichgültig. Es gibt morgens an der Gruppentür die Verantwortung ab. Die Gespräche mit den Erziehern sind auch eher mager und kurzgebunden, weil die Arbeit ruft. Komme was wolle entsteht der Abschied, der manches Mal für das Kind eher kommt als erwartet, sodass es oft schon anfängt zu weinen, sobald der erste Fuß in den Kindergarten gesetzt wird.

Wir scheinen dieses Jahr alle drei Typen dabei zu haben. Aber hier besteht ja schließlich die Kunst darin, damit umzugehen. Dadurch, dass wir recht viele Erwachsene in der Gruppe sind, was durchaus gerechtfertigt ist, werden wir das schon hinbekommen. Ich freue mich, weil wir gedanklich auf dem gleichen professionellen Level zu sein scheinen.

Heute Morgen läuft alles wie immer. Das eine Elternteil klammert, das andere ist schon weg, woraufhin das Kleine bitterlich weint, weil sich die Mutter nicht verabschiedet hat, und die anderen Babys sind gut in den Tag gestartet. Im Morgenkreis machen einige Babys sogar schon mit, indem sie zu den Liedern klatschen und lächeln. Musik verbindet. Nachdem die Kinder in der Mitte beim Mitmachlied getanzt haben, setzen sie sich wieder auf ihren Platz zurück. Eines der neuen Kinder möchte sich neben mich setzen, doch da sitzt schon ein anderes Kind. Um dem Kind mit besagten Affektkrämpfen direkt die Regeln aufzuzeigen, begleitet meine Kollegin ihn liebevoll an seinen

Platz zurück. Das scheint der Kleine jedoch nicht verstehen zu wollen und fängt an zu weinen. Er weint so stark, dass seine Lippen blau werden. Uns fällt allen auf, dass er schon lange nicht mehr Luft geholt hat. Ich puste ihm ins Gesicht, um einen Reflex auszulösen. Nichts passiert. Er kippt schließlich bewusstlos um. Ich halte ihn im Arm. Völlig regungslos hängt er in den Seilen. Frau Immermehr und ich reden auf ihn ein und verlassen mit ihm den Morgenkreis, um dieses Schauspiel nicht in der Mitte des Morgenkreises vor allen Kindern auszuführen. Uns ist die Angst auf die Stirn geschrieben. Er ist furchtbar schwer geworden, weil seine Muskeln jetzt völlig erschlafft sind. Es fühlt sich total beängstigend an. Frau Immermehr pustet und pustet in sein Gesicht und schreit seinen Namen. Es ist die Hölle. Ich schaue nach, was sein Herz macht. Es schlägt zum Glück. Nach etwa zehn Sekunden Bangen kommt er nun wieder zu sich. Er weint und ist ziemlich müde von dieser Aktion geworden. Wir atmen ebenfalls auf. Zum Glück ist nichts passiert. Es braucht seine Zeit bis wir diese Situation überwunden haben. Mit den Eltern bleiben wir diesbezüglich im Gespräch und freuen uns über jeden krampffreien Tag, der dazu kommt.

Die Pause verbringe ich immer mit Frau Immermehr. Wir sind gedanklich auf einer Wellenlänge und das ist auch gut so. Oft tauschen wir uns über pädagogische Belange aus, sodass eine Pause weniger dafür sorgt Abstand und Erholung zu genießen. Jedoch scheinen wir beide diese Gespräche zum Ausgleich zu benötigen. Eine Kindergartengruppe kommt uns entgegen. Es ist die T3-Gruppe der Elterninitiative, in der ich vor einem Jahr war. Bis auf die Gruppenleitung und einige Kinder kenne ich kaum noch welche. Ich lasse mir sagen, dass auf meine Stelle, seitdem ich weg bin, schon einige folgten. Insgesamt vier Leute kamen und gingen und keiner ist länger als drei Monate geblieben. Zwar bestärkt es mich, dass ich scheinbar das Richtige getan habe und dass ich mir die Zeit, die ich dort ausgehalten habe, hoch anrechne, dennoch bin ich verdutzt, dass sich scheinbar doch nicht so viel geändert hat. Oder vielleicht lagen die Kündigungen auch teilweise an etwas anderem.

„Jede neue Erzieherin dort in der Gruppe benennt Frau Lustlos nach dir. Es gab schon Timo zwei, Timo drei und Timo vier. Du hast die Gruppe sehr geprägt und auch die Kinder sind noch teilweise traurig, dass du gehen musstest. Aber so ist das halt."

Mir erscheint die Gruppenleitung der T3-Gruppe abseits von Schwester Rabbiata deutlich angenehmer. Die Pause ist leider nun vorbei. Wir tigern wieder in den Kindergarten und finden uns beim Mittagessen wieder. Wie jeden Tag starten wir das Essen mit einem Gebetsspruch:

„Jedes Tierlein hat sein Essen, jedes Blümlein trinkt von dir, hast auch unser nicht vergessen, lieber Gott wir danken dir. Im Namen des Vaters und des Sohnes und des heiligen Geistes, Amen."

Doch es kommt ein wenig anders. Als wir in der Mitte des Gebetes sind, ertönt ein lauter Knall. Eine Erzieherin hat mit der Hand eine Fliege erledigt und es geht weiter im Text. Ich bin ein wenig irritiert. Im einen Moment singen wir über die Tiere und die Blumen und im nächsten Moment töten wir sie. Ich muss etwas schmunzeln. Mir ist durchaus bewusst, dass diese Aktion im Waldorfkindergarten mindestens eine offizielle Abmahnung nach sich ziehen würde. Nebenher hätte man bei so gut wie jedem Kollegen auf Lebenszeit verschissen. Das Mittagessen startet. Es hat wenig mit einem gemütlichen Beisammensein zu tun. An sich zwar schon, aber die Kinder sind natürlich noch gar nicht in der Lage eigenständig zu essen. Dementsprechend sehen die Gesichter und die Plätze anschließend aus. Nachdem die Kleinen nun geschlafen und die Großen in der Zwischenzeit etwas Ruhiges gespielt haben, gibt es unseren täglichen Snack. Heute stehen zur Auswahl: Knäckebrot mit Käse, Äpfel und Tee. Da ich selber keinen Tee mag und alles daransetze, den Kindern nichts aufzudrücken, was sie nicht mögen, versuche ich es spielerisch. Ab heute gibt es nämlich nicht nur langweiligen Tee von heute Morgen, sondern ich nenne ihn Eistee, beziehungsweise Hello-Kitty-Tee oder Bob der Baumeister-Tee. Die Kinder springen drauf an und lieben den Tee. Die Tage zuvor blieb der Tee immer stehen, aber sobald man der Sache einen besonderen Stempel aufdrückt, bekommen die Kinder einen neuen Blick darauf. Einen gewissen Grad an Überzeugungsarbeit muss man eben leisten. Versuche die Ware unter die Leute zu bekommen, heißt die Mission.

Als wir am Nachmittag draußen im Garten sind, ist es noch recht warm. Die Kollegen rücken zusammen und es wird sich unterhalten.

Frau Alte Schule wirft in die Runde: „Ach, ich hätte jetzt echt mal Lust auf ein Stück Kuchen für unsere Konferenz gleich. Wo ist eigentlich eure Praktikantin? Dann lass uns sie mal zum Discounter schicken."

Das ist eine wunde Stelle bei mir. Wieso müssen Praktikanten solche Arbeiten verrichten? Ich werde hellhörig und ergreife humorvoll die Initiative.

„Hast du Appetit auf Kuchen?", frage ich sie.

„Ja."

„Dann solltest du dir vielleicht einen kaufen!"

Meine Kolleginnen sind etwas erstaunt, weil sie mich so nicht kennen. Aber an ihren Blicken kann ich lesen, dass sie ähnlich denken. Frau Alte Schule ist selbst auch irritiert. Mit so einem Spruch hat sie nicht gerechnet. Natürlich war ich bemüht, das auf eine nette Art und Weise zu sagen, auch mit einem kleinen Lächeln. Aber die Botschaft kam an und das ist die Hauptsache. Fakt ist, dass die Praktikantin nicht den Kuchen holen ging und von dieser bestimmenden Art nichts mitbekommen hat. Wenig später tritt Frau Alte Schule an mich heran:

„Ich danke dir für deine Ehrlichkeit in deiner versteckten Botschaft. Ich muss gestehen, dass ich das noch nie hinterfragt habe. Ich kenne das nur so, dass Praktikanten einfache Aufgaben machen sollen. So bin ich in die Berufswelt vor 30 Jahren reingewachsen."

Ich bin froh darüber, dass ich es offen und ehrlich angesprochen habe und vermutlich langfristig ein Umdenken bei ihr auslösen konnte.

In einem Moment der Stille gehe ich in mich und hinterfrage das System Kindergarten. Entwickelt sich das Ganze in eine Richtung, die ich gutheißen kann? Was ist das Optimum, das man in der Kindergartenwelt anstrebt? Sind größere Kindergärten das Richtige? Betreuungseinrichtungen, die möglichst viele Kinder, ganz gleich welchen Alters, sozialer Herkunft, persönlicher Herausforderungen ansprechen und gleichwohl bestmöglich fördern und fit für die Schule und den weiteren Lebensweg machen? Sind nicht besonders die wenig gruppigen Kindergärten das, was im Ansatz den Kindern zumutbar wäre? Auf wessen Kosten geht dieses Modell der Massenbetreuung? Eindeutig auf die der Kinder und folglich der Eltern, die das Verhalten der Kinder dann auffangen müssen, aber natürlich auch auf die des Fachpersonals in sozialen Einrichtungen. Ich denke, wir tun uns da selbst keinen Gefallen. Ich frage mich, geht nicht auch ein Stück weit Qualität in den Kindertagesstätten verloren? Damit will ich nicht sagen, dass generell in größeren Kindertagesstätten schlecht gearbeitet wird. Keineswegs. Alle Kinder, so kann ich behaupten, gehen gerne in meinen jetzigen Kindergarten und die Fachkräfte geben ihr Bestes, um allen einen schönen Tag zu bescheren. Doch man sollte sich vor Augen halten, ob hierbei nicht eventuell bauliche Veränderungen vorgenommen werden müssten, wie beispielsweise unterteilte Außengelände, in denen sich die sehr jungen Kinder von unter drei Jahren dem Alter entsprechend aufhalten können, ohne eventuell von Fangen spielenden Kindern überrannt zu werden. Meist scheitern solche Vorstellungen jedoch an fehlenden Grundstückflächen, Personalknappheit und wie fast immer natürlich auch am Geld.

Kleinere Einrichtungen von ein bis zwei Gruppen haben mit der Rentabilität zu kämpfen. Nicht selten gerät durch das eng bemessene Personal bei Krankheit, Urlaub und Schwangerschaft der gesamte Kindergarten ins Straucheln, da folglich Rotation angesagt ist. Dennoch muss weiterhin die Arbeitsqualität gesichert werden, bei der die Kinder nicht nur betreut, sondern auch gefördert werden, Projekte ihren gewohnten Lauf nehmen, aufwändige Geburtstage gefeiert werden und Azubis und Praktikanten angeleitet werden.

Wir hatten neulich einen Infoabend zu der Zusatzversicherung des Arbeitgebers in unseren Räumlichkeiten. Ich hatte mit meinen Kolleginnen zuvor einen sehr anstrengenden Arbeitstag erlebt. Kinder, die über einen längeren Zeitraum schreien und jeglichen Inhalt aus den Regalen ziehen: Was man eben so macht, wenn man in dem Alter seine Umgebung kennenlernen möchte. Ebenso eine Mutter, die morgens darum gebeten hat, ihre zum Mittag übermüdete zweijährige Tochter ab sofort nicht mehr schlafen zu legen, damit sie ab nachmittags bis morgens zu Hause schläft.

„Ich brauche auch meine Ruhe“, rundete sie ihren Appell ab.

Wieso hat sie sich damals für Kinder entschieden, wenn es ihr lieber ist, wenn sie nach dem Kindergarten direkt ins Bett verschwindet? Der ganz normale Wahnsinn am Vormittag eben. Und nun referiert der Versicherungsfachmann, um uns diese Altersvorsorge näher zu erläutern. Er wirkt gelassen, nicht gestresst und eher zu lockeren Scherzen bereit. Nach dem zweistündigen Referat lässt er einen Stapel dreiseitiger Flyer durch die Reihen gehen, von dem sich jeder einen wegnehmen darf. Er begleitet das Austeilen mit den Worten: „Da steht alles Wichtige, was ich gesagt habe, drin und noch einiges mehr." Spontan schießt mir die Frage in den Sinn, welche Daseinsberechtigung manche Tätigkeiten oder gar Berufe haben. Folglich hätte er gar nicht kommen brauchen, da er die Flyer per Post oder noch bequemer als PDF per E-Mail hätte schicken können. Es ärgerte mich. Wieso kann so wichtige und zudem teure Arbeitszeit nicht produktiv genutzt werden und beispielsweise dem sozialen Bereich zugutekommen? Wieso ist zum Beispiel kaum Personal in sozialen Berufen, um zu unterstützen, während es Arbeiten gibt, die einer Beschäftigungstherapie ähneln? Man kann die Zeit doch deutlich sinnvoller und gemeinnütziger nutzen.

Jeder Mensch gerät mehrmals in seinem Leben in die Situation von sozialen Berufen profitieren zu müssen, zum Beispiel: Kindergärten, Schulen, Pflegediensten oder Altenheimen. Es wäre doch in der heutigen Zeit deutlich angebrachter, wenn mehrere Lehrkräfte eine Klasse begleiten, erziehen und unterrichten. Wieso arbeiten Krankenpfleger über ihr Pensum hinaus und verkümmern irgendwann zu einer Schwester Rabbiata? Nicht jeder wird als solche geboren, ein Großteil wird zu einer solchen gemacht. Ich will damit nicht unbedingt unsere bereits bekannte Schwester Rabbiata in Schutz nehmen. Auch sie stand wohl damals nach der Schule vor einer Berufsentscheidung und hat sich gezielt für den sozialen Bereich entschieden. Es ist wünschenswert, dass sich mehr Menschen für den sozialen Bereich entscheiden. Dafür muss eine finanzielle, gesellschaftliche und qualitative Aufwertung des Berufes geschaffen werden. In meiner zwar kurzen, aber sehr bunten Arbeitszeit konnte ich bereits viele Erzieherinnen erleben, die diese Berufung mit Leib und Seele leben und lieben, aber diesen nicht mehr wie zu Beginn der Karriere ausführen können. Die Zeiten haben sich geändert: Die Kinder stehen unter einem anderen Einfluss und Eltern hegen – gelenkt durch die Politik und folglich die Gesellschaft – andere Erwartungen an sie als damals. Die Möglichkeit der individuellen und entsprechenden Begleitung ist vielmals zeitlich bedingt schlichtweg nicht gegeben und wir züchten uns somit die Problemfälle der Zukunft heran. Verträumt wünsche ich mir einen Sozialstaat nach Maß, in dem sich jeder Bürger mit bloß zwei Stunden seiner Arbeitszeit im Monat in sozialen Einrichtungen einbringt. Damit wäre schon viel geholfen und es wäre durchaus eine Verbesserung zum derzeitigen Modell. Es muss sich schleunigst etwas ändern. Das steht wahrlich fest.

Ich habe im Gefühl, dass der bevorstehende Tag kein gewöhnlicher zu werden verspricht. Der ganz normale Wahnsinn geht weiter. Die Kinder sind mittlerweile eingewöhnt, der rote Faden des Jahreskreislaufs ist zu erkennen und alle scheinen sehr zufrieden zu sein. Derzeit beschäftigt mich das Thema Rauchen während der Arbeit. Inwieweit ist das Rauchen während der Arbeitszeit akzeptierbar? Zum einen hat man zusätzlich zur Pause eine Pause, die wiederum nicht schlimm wäre, wenn sie für alle gelten würde. Man kommt in der Raucherpause mit Kollegen in Kontakt, unterhält sich und kann für einen kurzen Moment mal abschalten. Wann habe ich als Nichtraucher dieses Privileg und wo zieht man die Grenze? Ich lerne Frau Lustlos zu schätzen, die ihre Pause halbiert hat, um morgens und nachmittags jeweils eine Viertelstunde rauchen gehen zu können. Das ist auf meiner jetzigen Arbeitsstelle nicht der Fall. Hier werden zusätzlich zur Mittagspause mehrmals täglich Raucherpausen während der Arbeitszeit genommen. Das stört mich mit der Zeit, denn aus den fünfminütigen Raucherpausen werden mit der Zeit fünfzehn bis dreißig Minuten.

Der Tag nimmt weiter seinen Lauf. Ich bin heute mal wieder an der Reihe die Kinder schlafen zu legen und habe mir mit der Zeit die verschiedenen Schlafrituale der Kinder angeeignet. Heute erwarten mich zehn Kinder, die unterschiedlicher nicht hätten einschlafen können:

Kind 1: Wangen streicheln
Kind 2: Mit dem Finger langsam von der Stirn die Nase herunter streicheln
Kind 3: Nacken kraulen
Kind 4: Hand auf den Oberkörper legen
Kind 5: Ruhiges, gleichmäßiges, hörbares Atmen simulieren
Kind 6: Ein Einschlaflied summen

Kind 7: Sanftes Armstreicheln
Kind 8: Keine Berührung und bloß daneben sitzenbleiben
Kind 9: Das eigene Schlafen simulieren und seinen eigenen Puls herunter drosseln
Kind 10: Gitterbett mit Rollen langsam und gleichmäßig hin- und her rollen

Ebenso ist es für mich von Vorteil so wenig wie möglich im Geschehen selbst drin zu sein, sprich, dass das Kind sich nicht an meinem Finger festkrallt und ich Schwierigkeiten bekomme mich zu lösen, wenn es eingeschlafen ist.

Ich verlasse erfolgreich den Schlafraum und unterhalte mich mit meinen Kolleginnen, die schon fleißig am Vorbereiten nächster Angebote sind. Plötzlich bekommen wir von der Kumpel-Chefin eine Nachricht hineingetragen. Es hat wohl einen Verkehrsunfall in unserer Stadt gegeben. Scheinbar sind einige Menschen dabei gestorben. Wir sind sichtlich berührt, aber werden durch die Kinder recht schnell in den Alltag gezogen, sodass wir schnell auf andere Gedanken kommen. Eine Stunde später kommt die Kumpel-Chefin wieder hinein. Ihr Blick ist versteinert, sie hat Tränen in den Augen. Sie teilt uns mit, dass bei dem Unfall der Vater eines Kindes aus unserer Gruppe involviert war und gestorben ist. Ein blankes Entsetzen macht sich breit. Einige fangen an zu weinen, ich hingegen kann es noch nicht so recht glauben. Fassungslos stehe ich im Badezimmer beim Wickeln, als ich die Nachricht erhalte und kann nicht glauben, was ich da gerade gehört habe. Mehrere Gedanken schießen mir gleichzeitig in den Sinn. Was passiert mit dem Kind? Wie gehen die Kinder damit um? Wie geht seine Frau damit um? Was wird passieren? Wie bringen wir das allen Kindern bei?

Am nächsten Tag ist es nun offiziell. Frau Immermehr kommt mit Tränen in den Augen zu mir: „Pass auf, die Sache ist Folgende. Wir haben das heute Morgen schon mit der Leitung abgesprochen. Wir werden alle Eltern heute darum bitten, dass sie ihre Kinder früher abholen, denn wir bekommen heute Nachmittag Besuch von den Seelsorgern. Die geben uns Ratschläge, wie wir damit umgehen können und auch, wie wir das mit den Kindern thematisieren."

Eine Mutter setzt sich mit ihrem Sohn in die Garderobe. Frau

Immermehr geht langsam zu ihr hin und erzählt ihr das Ereignis so sensibel wie möglich. Die Mutter ist sichtlich fassungslos und kann es nicht glauben. Ich verstehe kein Wort, obwohl ich in der Nähe stehe, denn meine Ohren sind taub. Mir geht das näher als erwartet.

Nachdem Frau Immermehr ihr die Botschaft überbracht hat, rückt sie mit Tränen in den Augen ab und sagt mir: „Sorry, aber die Nächste musst du mal übernehmen."

Absolut verständlich. Dieser Job ist nicht schön, aber so können wir es uns immerhin aufteilen. Ich sehe die nächste Mama kommen. Eine Mutter, mit der man bisher eigentlich nur schöne Momente feiern konnte. Ich trete an sie heran.

„Hallo, ähm ... wie Sie sicher gehört haben, gab es gestern ... einen Unfall. Ja, ... also ein Vater unserer Gruppe ... der war darin verwickelt und ... und der ..."

Ich muss stoppen, weil mir die Tränen in die Augen schießen. Ich habe knapp dreißig Sekunden gebraucht, um diesen gebrochenen Satz zu sagen. Die Mutter hält sich die Hände vor den Mund und ihr schießen die Tränen in die Augen. Ich muss den Satz nicht vollenden, da sie sich den Rest denken kann. Ich habe nichts mehr gesagt, sie ebenfalls nicht. Es ist furchtbar traurig. Eine Situation, die man nicht üben kann. Die Emotionen steuern dich. Frau Immermehr kommt zur Hilfe und fängt mich auf. Sie übernimmt die nächste Familie. An dem Tag habe ich knapp fünf Familien diesen Todesfall verkündet. Ich kann es nicht anders sagen, aber so beschissen ging es mir bisher noch nie. Im Morgenkreis haben wir eine Kerze in die Mitte gestellt. Zu Beginn unseres Morgenkreises begrüßen wir wie immer erst einmal in einem Lied alle Kinder und Erwachsene, doch heute ist der Gesang sehr mager. Ich kann nicht mitsingen, weil ich stetig mit der Fassung kämpfe. Jedes gesprochene Wort würde alle Dämme brechen. Ich halte mich zurück. Zum Glück übernimmt eine Kollegin diesen Morgenkreis und verkündet den Kindern mit Tränen in den Augen die schlimme Botschaft. Einige Kinder verstehen, was sie damit sagen möchte, für viele Kinder ist das Thema in dem Alter noch zu abstrakt. Dennoch gehen die Älteren damit recht rational um.

„Dann ist er ja jetzt im Himmel und kann zu uns runter gucken", sagt ein Kind.

Wir Erwachsenen müssen mit der Fassung kämpfen, aber

bestätigen dieses nette kindliche Denken. Es vergeht seitdem kein Tag, an dem ich nicht an dieses Geschehen denken muss. Plötzlich sind alle Probleme, die man hatte, so nichtig und klein. In den nächsten Tagen folgt ein Elternbrief von meiner Kumpel-Chefin, in dem alle Eltern schriftlich über den Vorfall und das aktuelle Thema Tod informiert werden. Über Wochen besteht eine absolute Trauerphase, in der man der betroffenen Familie so viel Unterstützung wie nötig anbietet und die Geschichte ebenso auch für sich bewältigt.

In den Wochen darauf schleicht sich langsam die Normalität ein. Mit dem jährlich stattfindenden Sommerfest wird das Kindergartenjahr ausgeklungen und wir starten mit voller Kraft nach der dreiwöchigen Sommerschließung in die nächsten aufregenden Kindergartenjahre.

Ausblick – Wie geht es weiter?

Ja, wie geht es denn nun weiter? Wie sieht die berufliche Perspektive aus? Werde ich in diesem Kindergarten bleiben? Was wird aus meinen eigenen Plänen von einer Kindergartengründung? Das alles sind Fragen, denen ich sobald wie möglich nachgehen werde. Ich fühle mich hier in der Einrichtung, die meinen Vorstellungen auch durch meine Mitgestaltung immer näher rückt, stets wohler, genieße das Zusammenarbeiten in einem wundervollen Team und möchte so schnell auch nicht von hier weggehen.

Selbst die schlimmsten Praxiserfahrungen, die ich erlebt habe, hatten etwas Positives an sich. Ich habe durch die rote Gruppe im Waldorfkindergarten erfahren was passiert, wenn man nicht erzieht und das Zepter aus der Hand gibt. Ebenso habe ich gelernt was passiert, wenn man nicht im Team arbeitet. In der U3-Gruppe der Elterninitiative habe ich gesehen, dass man sich glücklich schätzen kann, wenn man einen netten Kindergarten erwischt hat. Ich bin froh, dort gewesen zu sein, denn so konnte ich aktiv das Erziehungsproblem sowie das ganze Drumherum angehen und mich eben auch selbst weiterentwickeln. Denn egal wie schlimm es einem vorkommt, man kann selbst mitbestimmen und gestalten und gegebenenfalls etwas ändern, auch wenn das bedeutet, dass gewisse Leute in ihre Schranken gewiesen werden müssen und man sich ebenso früher oder später verabschieden muss. Wichtig ist immer, dass man auf sein Herz hört und fleißig reflektiert. Ich zitiere an dieser Stelle gerne den Pädagogikguru.

„Geh den Schritt und trete in den Kindergarten ein, wenn du merkst, dass du hier gerne selber Kind wärst!".

Ich möchte an dieser Stelle kein Kindergartenkonzept empfehlen und auch von keinem abraten. Hierbei entscheidet jeder Erzieher und auch jedes Elternteil für sich selbst, welche Richtung seinen Vorstellungen am ehesten entspricht. Ich hingegen habe für mich erkannt, dass ich einen Mix aus mehreren verschiedenen Konzepten bevorzuge.

Es sollte jedem, der sich für einen bestimmten Kindergarten entscheidet, klar sein, was ihn erwartet. Es ist nicht immer alles Friede, Freude, Eierkuchen. Man findet sich regelmäßig in Grenzsituationen wieder, in denen man spontan und selbstverständlich möglichst professionell handeln muss. Grenzsituationen, in denen man instinktiv zu einem launischen und eher weniger gelasseneren Menschen mutiert. Situationen, in denen der Puls höherschlägt, weil das Zeitmanagement nicht stimmt, mehrere unruhige Kinder im engen Gruppenraum sind oder man potenzielle Gefahrenquellen vermeiden möchte. Ebenso ist es nicht selten, dass man auch unangenehme Gespräche mit Eltern führt, die auch schlimmstenfalls emotionsgeladen werden können, wenn man beispielsweise die Entwicklungsdefizite eines Kindes anspricht, um sie gemeinsam im Sinne der Erziehungspartnerschaft zu beheben. Krankheitsfälle sind in jedem Beruf nicht schön, da man schlimmstenfalls doppelte Arbeit verrichten muss. Im sozialen Bereich kommt aber die Komponente Mensch dazu, die darunter zu leiden hat. Bin ich in einer Gruppe von drei bis sechsjährigen Kindern im Normalfall zu zweit, betreuen wir fünfundzwanzig Kinder. Ist einer von beiden jedoch krank oder im Urlaub, so ist man bei flacher Personalbesetzung alleine mit den fünfundzwanzig Kindern. In meinen Augen ein Ding der Unmöglichkeit. In dieser Phase soll der Tagesablauf wie gewohnt weitergehen und auch die Förderung der Kinder darf nicht stillstehen. Die Erwartungen sind hoch, aber man vergisst, was für einen Dienst ein Erzieher zu leisten vermag. Eine Familie, die Drillinge zur Welt bringt, holt sich nicht selten schnellstmöglich wegen der hohen Überforderung Hilfe von außen, z.B. die Großeltern, eine Nanny oder eine Tagesmutter. Doch dass dann beispielsweise eine Tagesmutter nicht nur die drei Kinder, sondern auch noch zwei weitere Kinder in dem Alter ganz alleine zu betreuen hat, wird selten anerkannt. Eine Aufwandsentschädigung ist uns dieser Dienst wert, dafür dass einst fremde und bald schon lieb gewonnene Engel unser wertvollstes Gut behüten und reifen lassen. Über die unterbezahlte Leistung muss ebenso gesprochen werden wie über das daraus resultierende Standing in der Gesellschaft. Das Bild dieses Berufes, bei dem es um reine Betreuung und Spielen ging, ist überholt, z.B. beim Auffangen teils schwer erziehbarer Kinder im Tagesablauf, bei denen schlimmstenfalls in den Augen der Eltern alles in Ordnung ist und somit keine Dankbarkeit oder Wertschätzung existiert. Ebenso werden Themen wie Inklusion, Dokumentationen, Ausflüge mit

Großgruppen, Transparenz, Bildungsstandards, Entwicklungsgespräche, ein Ohr für die Probleme der Eltern und Kinder haben, Personalmangel, Pflegeanteile etc. immer wichtiger.

Die Umstände, die Rahmenbedingungen und die vielen Erwartungen aus allen Richtungen machen diesen Beruf zu einem wahrhaften Meisterwerk, wenn man alles in der Waage halten kann. Dies gelingt nur in einem gut funktionierenden, reflektierenden und erfrischenden Team. Ich habe gelernt, dass man noch so gut sein kann, doch wenn nicht alle an einem Strang ziehen oder das gleiche Ziel verfolgen und gewillt sind dies professionell zu erreichen, dann wird es immer mindestens eine Partei geben, die darunter zu leiden hat.

Ob ich diesen Beruf empfehlen kann? Durchaus! Er erfüllt mich bei jedem Schritt meines Lebens und so sehr ich mich über tägliche Hindernisse und Rahmenbedingungen ärgere, so froh bin ich dennoch, mich für diesen Beruf entschieden zu haben. Du kannst viel bewegen und siehst in kurzen Abständen die Ergebnisse deiner Bemühungen. Ich sehe es als hohes Privileg an, einen Beruf auszuüben, der meinen Lebensakku auflädt während ich arbeite, anstatt erschöpft und lustlos in den Feierabend zu starten. Natürlich gibt es Tage, an denen ich erschöpft ins Bett falle. Davon gibt es sogar sehr viele. Aber das liegt mehr an den Rahmenbedingungen als an der Arbeit selbst. Ich bin davon überzeugt, dass der Beruf immer schöner werden kann, je mehr Fachkräfte nachrücken, die das Herz am rechten Fleck haben. In Gedanken bin ich gerade bei den vielen Pädagogen, die den Kopf nicht in den Sand stecken, obwohl sie allen Grund dazu hätten, und morgen wieder ihren Dienst antreten. Ihr seid so wunderbar!

Ich denke an die vielen tollen Momente, die ich bislang erleben durfte und die ich in vielen anderen Berufen niemals erlebt hätte. Ich bin ständig in der Natur, umgeben von vielen lieben Menschen, die in ihrer Art so unvoreingenommen und ehrlich sind, wie man es sich nur vorstellen kann. Ebenso wird ständig gelacht und nicht alles auf die Goldwaage gelegt. Es geht bei uns nicht um die Wirtschaft, große finanzielle Kundenaufträge oder Ähnliches. Bei uns geht es um den Kern, auf den es ankommt: Den Menschen.

Tipps & Tricks zum Meistern des Alltags (an Erzieher/-innen gerichtet)

- Oft ist es von Vorteil, wenn man seine Sinne frei macht und die Nase mit in den Alltag einbaut. Besonders in einer U3-Gruppe ist diese sehr gefordert. Die vielen Windeln, die man wechselt und eventuell auch die ganzen Anziehsachen, die man wechseln muss. Der Geruch des Weichspülers oder des Waschmittels verraten einem meistens den Besitzer herrenloser Kleidung.
- Wenn ein Kleinkind beim Wickeln durchgehend schreit, hilft es meist ein Ablenkungsspielzeug einzubauen. Es reicht schon ein kleiner Ball oder eine kleine Rassel. Für einige Kinder ist diese Phase lästig, sodass man über die Brücke des Spielzeugs eine Vertrautheit in der Anfangszeit aufbaut. Über kurz oder lang solle man jedoch vom Übergangsobjekt wegkommen, um eine andere Dimension der Vertrautheit in dieser Phase zu erreichen.
- Achte auf dich und denk auch an deine Kollegen und Kolleginnen! Versuche zu jeder vollen Stunde etwas zu trinken. Wenn du gerade dabei bist, dann biete deinen Kollegen und Kolleginnen doch auch etwas an. Das stärkt das Teamgefühl und wird nur selten abgelehnt. Nicht vieles ist schöner als das Gefühl, in stressigen Momenten ein Glas Wasser und ein Lächeln geschenkt zu bekommen.
- Um mit den Eltern einen guten Kurs zu fahren, sind Fotoaushänge immer eine tolle Sache. Es sind die Kleinigkeiten, die die Eltern bereits interessieren. Man möchte eigentlich schon gerne wissen, was sein kleiner Schatz den Tag über im Kindergarten macht. Fotos sprechen oft für sich: Sei es eine Turneinheit, der Ausflug in den Wald, eine Matschaktion etc.
- Versuche sarkastische und ironische Witze sein zu lassen. Kinder verstehen sie noch nicht und nehmen sie ernst.
- Schaffe dir Momente, die dir wirklich Spaß machen! Grtenzeit,

Turnen, Kreativbereich etc. Sorge dafür, dass es feste Termine gibt, in denen du diese Wohlfühloase besuchen kannst.

- Menschen sind nicht perfekt. Nimm dir den Druck, alles möglichst perfekt gestalten zu müssen! Es ist, wie es ist.
- Achte darauf, dass du besonders in den kalten Monaten stets eine Packung Taschentücher bei dir trägst. Die Anzahl der zu putzenden Nasen auf ein Jahr gerechnet, ist unzählbar hoch.
- Schau, dass nicht zu viele Regeln den Alltag bestimmen! Das Gerüst muss feststehen, unsinnige Regeln können auch abgeschafft werden. Das Ziel sollte es sein, regelfreie Umgebungen zu schaffen.
- Sorge für eine gute Stimmung im Team, indem du morgens schon anfängst und in jeder Gruppe deine Kollegen und Kolleginnen begrüß und nachmittags dich auch wieder von ihnen verabschiedest!

Tipps & Tricks zum Meistern des Alltags (an Eltern gerichtet)

Hierbei beziehe ich mich auf die „12 Forderungen eines Kindes an seine Eltern" von Lucia Feider:

- Verwöhne dein Kind nicht! Es weiß genau, dass es nicht alles bekommen kann. Es will dich nur auf die Probe stellen. Kinder brauchen Grenzen und Regeln, an denen sie sich reiben und messen können. Sie geben Sicherheit und Vertrautheit.
- Sei nicht ängstlich im Umgang mit deinem Kind standhaft zu bleiben! Dem Kind ist Haltung wichtig, weil es sich dann sicherer fühlt.
- Weise dein Kind nicht im Beisein anderer zurecht, wenn es sich vermeiden lässt! Es wird deinen Worten mehr Bedeutung schenken, wenn du leise und unter vier Augen mit ihm sprichst.
- Sei nicht fassungslos, wenn es zu dir sagt: „Ich hasse Dich!". Es hasst nicht dich, sondern deine Macht, seine Pläne zu durchkreuzen.
- Bewahre es nicht immer vor den Folgen seines Tuns! Es muss auch peinliche und schmerzhafte Erfahrungen machen, um innerlich zu reifen.
- Meckere nicht ständig! Ansonsten schützt es sich dadurch, dass es sich taub stellt. Manchmal ist weniger mehr.
- Mache keine vorschnellen Versprechungen! Wenn du dich nicht an deine Versprechungen hältst, fühlt es sich schrecklich im Stich gelassen.
- Sei nicht inkonsequent! Das macht das Kind unsicher und es verliert sein Vertrauen zu dir.
- Unterbrich es nicht und höre zu, wenn es Fragen stellt! Sonst wendet sich das Kind an andere, um dort Informationen zu bekommen.
- Lache nicht über die Ängste deines Kindes! Sie sind erschreckend echt, aber du kannst ihm helfen, wenn du versuchst sie ernst zu nehmen.

- Denke nicht, dass es unter deiner Würde sei, dich bei deinem Kind zu entschuldigen! Ehrliche Entschuldigungen erwecken beim Kind ein Gefühl von Zuneigung und Verständnis.
- Versuche nicht so zu tun, als seist du perfekt und unfehlbar! Der Schock ist groß, wenn es herausfindet, dass du es doch nicht bist.

Kindermund tut Wahrheit kund

Ein Gespräch unter Kindern.
Kind A zu Kind B: „Was machst du hier gerade?"
Kind B: „Ich chille."
Kind A: „Jonas schielt auch immer."

Ein Dreijähriger fragt mich, ob ich seine Hose öffnen kann. Ich gehe ins Bad und mache ihm an der Kabine die Hose auf. Eine Kollegin kommt hinzu und wir unterhalten uns abseits der Toilette.
Kind: „Dürfte ich vielleicht meine Privatsphäre haben?"

Bei einem Ausflug machen wir auf einer Spielwiese Halt und spielen Fußball. Eine fremde Kindergartengruppe ist auch da und einige Jungs wollen mitspielen.
Kind: „Darf Daniel mit uns Fußball spielen?"
Ich: „Ja klar, aber nur wenn er nicht foult."
Kind: „Ne, er ist nicht faul! Er ist immer ganz fleißig!"

Ich: „Was hast du denn Leckeres auf deinem Brötchen?"
Kind: „Eine-Wurst."
Ich: „Eine Wurst?"
Kind: „Nein, Eine-Wurst!"
Ich: „Ah, ok. Eine Wurst ..."
Kind: „Nein, Grunz-Grunz-Wurst!!"
Ich: „Ach sooo, Schweinewurst"
Nun wusste ich, dass das Kind noch kein „Sch" aussprechen kann.

Anziehsituation in der Garderobe.
Erzieherin: „Beeil dich, Marcel! Wir wollen los."
Kind: „In der Ruhe liegt die Kraft!"

Morgenkreis zum Thema Sankt Martin.
Erzieherin: „Wieso feiern wir denn Sankt Martin?"
Zweijähriges Mädchen: „Weil die Süßigkeiten wieder leer sind."

Ein Kurs im Kindergarten, bei dem die anleitende Person eine Hausaufgabe aufgegeben hat.
Kind: „Ich konnte die Hausaufgaben nicht machen, weil ich keine Zeit hatte."
Anleitende Person: „Ja, eine Woche ist ja auch nicht viel Zeit."
Kind: „Ja, genau. Und um acht Uhr gehen bei uns zu Hause die Lichter aus. Und dann sollen wir uns noch eine Geschichte anhören und dann ist der Tag auch schon vorbei."

Mittagessenssituation.
Kind: „Ist das Schimmel?"
Erzieherin: „Nein, das ist bloß Brokkoli!"

Gespräch unter Kindern.
Kind A: „Bei meiner Geburtstagsfeier dürfen die Mamas keinen Kaffee trinken!"
Kind B: „Macht nichts, meine Mama trinkt eh nur Wein!"

Ganz normaler Alltag. Kind läuft ständig mit Taschentüchern durch die Gruppe und fragt Erwachsene „Hast du die Nase voll?"

Ein Gespräch zwischen einem Kind und einer jungen Praktikantin.
Kind: „Du hast ja gar keinen Busen."
Praktikantin: „Klar habe ich einen Busen."
Kind: „Kannst du den morgen mal mitbringen?"

Kind malt ein Bild und erklärt die Farben dazu: „Das ist rot, das ist gelb und das ist windelbraun!"

Im Stuhlkreis ist ein ärgerndes Kind und wird von einer Erzieherin dann an den Tisch gesetzt.
Kind singt: „An Tagen wie diesen wünscht man sich Unendlichkeit." (Toten Hosen)

Kinder (vier Jahre alt) sind im Rollenspiel.
Kind A: „Mein Papa hat Haare im Gesicht."
Kind B: „Meine Mama hat Haare unter den Armen. Die stinken."

Kind A (vier Jahre alt) malt ihr komplettes Bild in Dunkelblau an. Ein anderes Kind B (4) sitzt neben ihr und malt auch etwas.
Kind A: „Also ich würde das nicht so machen. Das ist viel zu dunkel."
Darauf das Kind B: „Dann male ich mir halt eine Laterne hin, dann ist es hell."

Gespräch unter Kindern.
Kind A: „Hast du ein neues T-Shirt an?"
Kind B: „Ja, hat mir der Postmann geschenkt."

Eine schwangere Erzieherin redet mit einem neuen Gruppenkind.
Kind: „Warum bist du so dick?"
Erzieherin: „Da ist mein Baby drin."
Kind: „Warum isst du dein Kind?"

Spaziergang mit den Vorschulkindern. Wir kommen am Friedhof vorbei.
Kind A: „Pst, seid leise!"
Kind B: „Wieso? Die wachen doch sowieso nicht mehr auf."

Gesprächsrunde im Morgenkreis.
Erzieherin: „Was ist alles blau?"
Kind A: „Der Himmel."
Kind B: „Der Teppich."
Kind C: „Der Pullover."
Kind D: „Papa."

Ein Kind musste wegen Läusebefall abgeholt werden. Die Eltern, beides studierte Menschen, schauen sich den Kopf ihres Kindes an.
Eltern: „Das sind keine Läuse. Unser Kind isst so viel Obst, das sind Fruchtfliegen"."

Kinder spielen auf dem Flur.
Kind: „Paul ist ein Zuhälter."
Erzieherin: „Ein Zuhälter?"
Kind: „Ja, er hält im Bad die Tür zu."

Eine Fliege landet beim Frühstücken auf das Croissant eines Kindes.
Kind: „Die Fliege ist auf mein Croissant getreten."

Gespräch am Maltisch.
Kind: „Mein Papa hat Affenhaare."
Ich: „Wie, Affenhaare? Wo denn?"
Kind deutet auf die Achseln.
Ich: „Ach, du meinst Achselhaare."

Kindergartenausflug. Ein Junge spricht einen Mann an.
Kind: „Bist du schwanger?"
Mann: „Nein, bloß fett!"

Ein Junge (zwei Jahre alt) liegt auf der Wickelkommode. Neben ihm liegt ein einjähriges Kind, das gerade gewickelt wird.
Der Zweijährige: „Puh, du stinkst wie ein Güllefass!"

Nach einer ausdauernden Vorleseeinheit steht ein Kind auf und geht.
Kind: „Meinen Beinen ist langweilig."
Ich: „Wieso ist denen langweilig?"
Kind: „Die sind eingeschlafen."

Printed in France by Amazon
Brétigny-sur-Orge, FR

20426456R00210